Obra Completa de C.G. Jung
Volume 12

Psicologia e alquimia

**Comissão responsável pela organização do lançamento da
Obra Completa de C.G. Jung em português:**
Dr. Léon Bonaventure
Dr. Leonardo Boff
Dora Mariana Ribeiro Ferreira da Silva
Dra. Jette Bonaventure

*A comissão responsável pela tradução da Obra Completa de
C.G. Jung sente-se honrada em expressar seu agradecimento à
Fundação Pro Helvetia, de Zurique, pelo apoio recebido.*

**Dados Internacionais de Catalogação na Publicação (CIP)
(Câmara Brasileira do Livro, SP, Brasil)**

Jung, Carl Gustav, 1875-1961.
    Psicologia e alquimia / C.G. Jung; tradução e revisão literária,
Dora Mariana Ribeiro Ferreira da Silva; revisão técnica,
Jette Bonaventure. – 6. ed. – Petrópolis, RJ : Vozes, 2012.

    Título original: Psychologie und Alchemie.

    Bibliografia.
    Apêndice.
    Índices.

    20ª reimpressão, 2024.

    ISBN 978-85-326-0183-4

    1. Psicopatologia. 2. Alquimia. 3. Psicologia religiosa
I. Título. II. Série.

	CDD-150.1954
	157
	540.112
	CDU-159.964.2
	159.97
89-1023	133.5:54:159

C.G. Jung

Psicologia e alquimia

12

EDITORA
VOZES

Petrópolis

© 1975, Walter-Verlag, AG, Olten

Tradução do original
em alemão intitulado
Psychologie und Alchemie (Band 12)

Editores da edição suíça:
Marianne Niehus-Jung
Dra. Lena Hurwitz-Eisner
Dr. Med. Franz Riklin
Lilly Jung-Merker
Dra. Fil. Elisabeth Rüf

A obra foi publicada pela primeira
vez em 1944 e como vol. 12 da
Obra Completa em 1992.

Direitos exclusivos de publicação em
língua portuguesa:
1991, Editora Vozes Ltda.
Rua Frei Luís, 100
25689-900 Petrópolis, RJ
www.vozes.com.br
Brasil

Revisão técnica: Dra. Jette Bonaventure
Tradução e revisão literária: Dora Mariana Ribeiro Ferreira da Silva
Diagramação: AG.SR Desenv. Gráfico
Capa: 2 estúdio gráfico

ISBN 978-85-326-2424-6 (Obra Completa de C.G. Jung)

ISBN 978-85-326-0183-4 (Brasil)
ISBN 3-530-40712-7 (Suíça)

Este livro foi composto e impresso pela Editora Vozes Ltda.

Sumário

Prefácio dos editores

O volume 6 *Tipos psicológicos* e o volume 7/1 – *O eu e o inconsciente* e *Psicologia do inconsciente* – eram considerados básicos e imprescindíveis à compreensão de sua Obra Completa pelo próprio C.G. Jung. Nesta Obra Completa, o presente volume 12, *Psicologia e alquimia* ocupa um lugar central. O texto é aqui apresentado em sua terceira edição.

Por motivos técnicos, como se sabe, o duplo volume *Mysterium Coniunctionis* (vol. 14/1 e 2) teve que ser publicado antes (1968), muito embora tenha sido escrito anos mais tarde e tivesse sido impensável sem o trabalho de pesquisa feito para o presente estudo. Sob o título *Estudos alquímicos*, o volume 13 compreende os trabalhos restantes de Jung sobre esta temática que o fascinou e ocupou durante dezenas de anos.

O que o autor quis expressar precipuamente com *Psicologia e alquimia* depreende-se do capítulo introdutório do presente volume, enquanto o prefácio à 1ª edição (1944, volume V da série de ensaios psicológicos por ele editada) apresenta um histórico resumido da gênese da obra. Apesar de o tema fugir aparentemente à normalidade, e do modo como o autor o elaborou em seu rico jogo de inter-relações, o editor, como se verifica no prefácio à segunda edição (1952), surpreendeu-se com o sucesso do livro. A experiência com traduções – nomeadamente o fato de a edição anglo-americana, no âmbito dos Collected Works 1970 ter exigido uma reedição – é mais uma prova de que o presente estudo não atua apenas em profundidade, mas felizmente também em amplitude. Uma relação espiritualizada e anímica com a realidade material deve exercer sobre a nova geração uma atração toda especial, por ser capaz de curar a dissociação antinatural e secular da psique ocidental e, simultaneamente, de superar de dentro o materialismo. Lembre-se o leitor das observações de C.G. Jung em "Memórias, Sonhos e Reflexões" (1961), onde ele relata de modo todo pessoal o seu encontro e confronto com o mundo do espírito e das imagens alquímicas, no capítulo sobre "A origem da obra". Levar a sério a "realidade da alma" – e em primeiro lugar a da própria alma – significa obviamente para o editor, sempre e de novo, a conexão com forças que ultrapassam o destino individual e conseguem captar intuitivamente uma nova era ao mesmo tempo que ajudam a formá-la criativamente.

Lembramo-nos, agradecidos, de todas as colaboradoras de C.G. Jung, que nos facilitaram sensivelmente o trabalho editorial deste volume, com sua erudição e seu cuidado. Assim, por exemplo, pudemos dispor do índice em sua base. Depois do afastamento das nossas dedicadas colaboradoras de muitos anos, Marie-Louise Attenhofer e Jost Hoerni, para se dedicarem à conclusão de seus estudos, a elaboração parcial deste índice inusitadamente trabalhoso foi assumido pelo Sr. Dr. Rudolf ten Haaf. Essa exaustiva tarefa foi terminada pela nova colaboradora, Sra. Elisabeth Imboden-Stahel, que merece nossos melhores agradecimentos.

A fim de corresponder a inúmeros pedidos e conquanto seu sentido não seja esclarecido no contexto, traduzimos para o alemão todas as passagens do texto em língua estrangeira ainda não traduzidas no original. Essas traduções foram acrescentadas diretamente no lugar, ou por meio de nota de rodapé entre colchetes [ ] (este sinal, aliás, é utilizado toda vez que as observações forem do Editor).

Outono de 1971

Os editores

Prefácio

No presente volume V dos Ensaios Psicológicos imprimiram-se dois trabalhos importantes, que faziam parte de conferências pronunciadas nas reuniões Eranos. As palestras foram publicadas pela primeira vez no "Anuário Eranos" 1935 e 1936. O volume da atual edição foi praticamente duplicado por exposições suplementares e por uma documentação mais completa. Além disso, o texto foi aprimorado sob diversos aspectos e em parte reorganizado. A apresentação, enriquecida com material ilustrativo complementar, também é nova. O grande número de ilustrações acrescidas ao texto justifica-se pelo fato de as imagens simbólicas pertencerem, por assim dizer, à constituição espiritual alquímica. Aquilo que não se podia exprimir ou se exprimia apenas imperfeitamente através da palavra escrita, o alquimista traduziu em suas imagens, cuja linguagem, apesar de extravagante, era muitas vezes mais inteligível do que seus conceitos filosóficos insuficientes. Entre essas imagens e as que são criadas espontaneamente por pacientes em tratamento psíquico, existe para o conhecedor uma óbvia relação formal e de conteúdo, na qual, no entanto, não pretendo me deter "expressis verbis" no decorrer da minha exposição.

Quero expressar meu especial agradecimento à Sra. Dr. phil. M.-L. von Franz, pela ajuda filológica na tradução dos controvertidos textos de Zósimo, em parte deteriorados e de difícil interpretação. À Sra. cand. phil. R. Schärf agradeço a pesquisa sobre a lenda de Og e do Unicórnio na literatura talmúdica. Pela elaboração do índice, agradeço à Sra. Dr. phil. L. Frey, e à Sra. O. Fröbe-Kapteyn pela coleta das fotocópias que lhe havia pedido, de numerosas imagens alquímicas. Quero expressar igualmente meus melhores agradecimentos à Sra. Dr. phil. J. Jacobi pela seleção e organização do material ilustrativo, como também por ter-se encarregado da impressão.

Küsnacht, janeiro de 1943

C.G. Jung

Prefácio à segunda edição

É motivo de grande alegria que um livro, que tantas exigências faz ao leitor, possa ser editado pela segunda vez em poucos anos. Isso me leva a concluir, com muita satisfação, que este trabalho encontrou um público numeroso e receptivo.

A segunda edição é publicada sem alterações, apenas com algumas correções e complementações. Devo um especial agradecimento à Sra. L. Hurwitz-Eisner pela minuciosa revisão do texto e do índice.

Julho de 1951

C.G. Jung

Fig. 1. O Criador como Senhor do universo tripartido ou quadripartido (quatro elementos). A água e o fogo constituem a contrapartida do céu. *Liber patris sapientiae.* In: *Theatrum chemicum Britannicum* (1652)

I

Introdução à problemática da psicologia religiosa da alquimia

Calamum quassatum non conteret
et linum fumigans non extinguet (Is 42,3)

(Ele não quebrará o caniço rachado
e não apagará a mecha fumegante.)

Fig. 2. O par ajoelhado de alquimistas junto ao forno do "opus" (obra),
invocando a bênção de Deus.
Mutus liber (1702)

Quem já estiver familiarizado com a psicologia dos complexos 1
não terá necessidade alguma destas observações à guisa de introdução às investigações aqui apresentadas. Creio, no entanto, que o leitor leigo e despreparado precisa deste esclarecimento inicial. O conceito de *processo de individuação,* por um lado, e a alquimia, por ou-

tro, parecem muito distantes entre si e é quase impossível para a imaginação conceber uma ponte que os ligue. A este tipo de leitor devo os esclarecimentos que se seguem, mesmo porque, no momento em que minhas conferências foram publicadas, constatei uma certa perplexidade por parte de meus críticos.

2   O que tenho a dizer acerca da natureza da alma está baseado em primeiro lugar em *observações feitas sobre o homem*. Os argumentos contra tais observações levantavam o problema de que elas se referiam a experiências quase inacessíveis e até então desconhecidas. É um fato curioso constatar a frequência com que todos, até os menos aptos, acham que sabem tudo sobre psicologia, como se a psique fosse um domínio acessível ao conhecimento geral. No entanto, todo verdadeiro conhecedor da alma humana concordará comigo, se eu disser que ela pertence às regiões mais obscuras e misteriosas da nossa experiência. Nunca se sabe o bastante neste domínio. Na minha atividade prática, não passa um só dia sem que eu me defronte com algo de novo e inesperado. É verdade que as minhas experiências não fazem parte das banalidades da vida cotidiana, mas elas estão ao alcance de todos os psicoterapeutas que se ocupam deste campo particular. Acho, pois, impertinente a acusação que me fazem no tocante ao caráter desconhecido das experiências por mim comunicadas. Não me sinto responsável pela insuficiência dos leigos em matéria de psicologia.

3   No processo analítico, isto é, no confronto dialético do consciente e do inconsciente constata-se um desenvolvimento, um progresso em direção a uma certa meta ou fim cuja natureza enigmática me ocupou durante anos a fio. Os tratamentos psíquicos podem chegar a um *fim* em todos os estágios possíveis do desenvolvimento, sem que por isso se tenha o sentimento de ter alcançado uma *meta*. Certas soluções típicas e temporárias ocorrem: 1) depois que o indivíduo recebeu um bom conselho; 2) depois de uma confissão mais ou menos completa, porém suficiente; 3) depois de haver reconhecido um conteúdo essencial, até então inconsciente, cuja conscientização imprime um novo impulso à sua vida e às suas atividades; 4) depois de libertar-se da psique infantil após um longo trabalho efetuado; 5) depois de conseguir uma nova adaptação racional a condições de vida talvez difíceis ou incomuns; 6) depois do desaparecimento de sintomas dolorosos; 7) depois de uma mudança positiva do destino, tais

como: exames, noivado, casamento, divórcio, mudança de profissão etc.; 8) depois da redescoberta de pertencer a uma crença religiosa, ou de uma conversão; 9) depois de começar a erigir uma filosofia de vida ("filosofia", no antigo sentido da palavra!).

Se bem que a esta enumeração possam ser introduzidas diversas modificações, ela define de um modo geral as principais situações em que o processo analítico ou psicoterapêutico chega a um fim provisório, ou às vezes definitivo. A experiência, porém, mostra que há um número relativamente grande de pacientes para os quais a conclusão aparente do trabalho junto ao médico não significa de modo algum o fim do processo analítico. Pelo contrário, o confronto com o inconsciente continua do mesmo modo que no caso daqueles que não interromperam o trabalho junto ao médico. Ocasionalmente, ao encontrarmos tais pacientes anos depois, não é raro que contem histórias interessantes de suas transformações posteriores ao tratamento. Essas ocorrências fortaleceram inicialmente minha hipótese de que há na alma um processo que tende para um fim, independentemente das condições exteriores; essas mesmas ocorrências libertaram-me da preocupação que eu pudesse ser a causa única de um processo psíquico inautêntico (e, portanto, contrário à natureza). Esse receio não era descabido, uma vez que certos pacientes não são levados ao desfecho do trabalho analítico por nenhum dos argumentos mencionados nas nove categorias – nem mesmo por uma conversão religiosa – e nem pela mais espetacular liberação dos sintomas neuróticos. Foram precisamente casos desta natureza que me convenceram de que o tratamento das neuroses se abre para um problema bem mais amplo, além do campo exclusivamente médico e diante do qual a ciência médica é de todo insatisfatória.

Lembrando os primórdios da análise, há cerca de cinquenta anos, com suas concepções pseudobiológicas e sua depreciação do processo de desenvolvimento anímico, podemos constatar que ainda hoje se considera a persistência no trabalho analítico como "fuga à vida", "transferência não resolvida", "autoerotismo" etc. No entanto, como todas as coisas comportam dois pontos de vista, uma apreciação negativa desse "ficar pendente" no sentido da vida só seria legítima se fosse provado que nada de positivo subjaz a ele. A impaciência do médico, aliás muito compreensível, nada prova por si mesma. E é preciso não esquecer que foi através da paciência indizível dos pesquisadores que a nova ciência conseguiu erigir um conhecimento mais profundo da natureza da alma; certos resultados terapêuticos inesperados foram obtidos graças à perseverança abnegada do médico. As opiniões negativas e injustificadas são levianas e às vezes também perniciosas, não passando de um disfarce da ignorância, ou melhor, sendo uma tentativa de esquivar-se à responsabilidade e ao confronto incondicional. O trabalho analítico conduzirá mais cedo ou mais tarde ao confronto inevitável entre o eu e o tu, e o tu e o eu, muito além de qualquer pretexto humano; assim, pois, é provável e mesmo necessário que tanto o paciente quanto o médico sintam o problema na própria pele. Ninguém mexe com fogo ou veneno sem ser atingido em algum ponto vulnerável; assim, o verdadeiro médico não é aquele que fica ao lado, mas sim dentro do processo.

6   Tanto para o médico como para o paciente, o "ficar pendente", ou a dependência pode tornar-se algo indesejável, incompreensível e até mesmo insuportável, sem que isso signifique algo de negativo para a vida. Pelo contrário, pode até ser uma dependência (um "ficar pendente") de caráter positivo: se por um lado parece um obstáculo aparentemente insuperável, por outro, representa uma situação única, exigindo um esforço máximo que compromete o homem total. Podemos então dizer que de fato, enquanto o paciente estiver firme e inconscientemente à procura da solução de um problema insolúvel, a arte ou a técnica do médico consiste em fazer o possível para ajudá-lo nessa busca. "Ars totum requirit hominem!" (a Arte requer o homem inteiro!), exclama um velho alquimista. Justamente é este "homo totus" que se procura. O esforço do médico, bem como a busca do paciente, perseguem esse "homem total" oculto e ainda não manifesto, que é também o homem mais amplo e futuro. No entanto, o caminho correto que leva à totalidade é infelizmente feito de desvios e extravios do destino. Trata-se da "longissima via", que não é uma reta, mas uma linha que serpenteia, unindo os opostos à maneira do caduceu, senda cujos meandros labirínticos não nos poupam do terror. Nesta via ocorrem as experiências que se consideram de "difícil acesso". Poderíamos dizer que elas são inacessíveis por serem dispendiosas, uma vez que exigem de nós o que mais tememos, isto é, a *totalidade*. Aliás, falamos constantemente sobre ela – sua teorização é interminá-

vel –, mas a evitamos na vida real[1]. Prefere-se geralmente cultivar a "psicologia de compartimentos", onde uma gaveta nada sabe do que a outra contém.

Receio que a responsabilidade por este estado de coisas não deva ser apenas atribuída à inconsciência e impotência do indivíduo, mas também à educação anímica geral do homem europeu. Esta não depende só da competência das religiões dominantes, mas também deriva da natureza delas; somente as religiões ultrapassam os sistemas racionalistas, referindo-se *tanto ao homem exterior quanto ao homem interior*. Podemos acusar o cristianismo de retrógrado a fim de desculpar nossas próprias falhas. Não pretendo, porém, cometer o erro de atribuir à religião algo que em primeiro lugar é devido à incompetência humana. Assim, pois, não me refiro a uma compreensão melhor e mais profunda do cristianismo, mas a uma superficialidade e a um equívoco evidentes para todos nós. A exigência da "imitatio Christi", isto é, a exigência de seguir seu modelo, tornando-nos semelhantes a ele, deveria conduzir o homem interior ao seu pleno desenvolvimento e exaltação. Mas o fiel, de mentalidade superficial e formalística, transforma esse modelo num objeto externo de culto; a veneração desse objeto o impede de atingir as profundezas da alma, a fim de transformá-la naquela totalidade que corresponde ao modelo. Dessa forma, o mediador divino permanece do lado de fora, como uma imagem, enquanto o homem continua fragmentário, intocado em sua natureza mais profunda. Pois bem, Cristo pode ser imitado até o ponto extremo da estigmatização, sem que seu imitador chegue nem de longe ao modelo e seu significado. Não se trata de uma simples imitação, que não transforma o homem, representando assim um mero artifício. Pelo contrário, trata-se de realizar o modelo segundo os meios próprios de cada um – *Deo concedente* – na esfera da vida individual. Em todo o caso, não esqueçamos que uma imitação inautêntica supõe às vezes um tremendo esforço moral; neste caso, apesar da meta não ser atingida, há o mérito da entrega total a um va-

7

---

1. É digno de nota que, numa obra sobre homilética, um teólogo protestante tenha a coragem de exigir a integridade ética do pregador – e isto, invocando a minha psicologia (HÄNDLER. *Die Predigt*).

lor supremo, embora este permaneça externo. Não é impossível que pelo mérito do esforço total a pessoa possa ter o pressentimento de sua totalidade, mediante o sentimento da graça, peculiar a este tipo de vivência.

8   A concepção inadequada da "imitatio Christi" apenas exterior é reforçada pelo preconceito europeu que distingue a atitude ocidental da oriental. O homem ocidental sucumbe ao feitiço das "dez mil coisas": distingue o particular, uma vez que está preso ao eu e ao objeto, permanecendo inconsciente no que diz respeito às raízes profundas de todo o ser. Inversamente, o homem oriental vivencia o mundo das coisas particulares e o seu próprio eu como um sonho, pelo fato de seu ser encontrar-se enraizado no fundamento originário; este o atrai de forma tão poderosa que relativiza sua relação com o mundo, de um modo muitas vezes incompreensível para nós. A atitude ocidental – que dá ênfase ao objeto – tende a relegar o "modelo" de Cristo a seu aspecto objetal, roubando-lhe a misteriosa relação com o homem interior. Este preconceito faz com que, por exemplo, os exegetas protestantes interpretem ἐντὸς ὑμῶν (referindo-se ao Reino de Deus), como "entre vós" e não "dentro de vós". Nada pretendo dizer sobre a validade da atitude ocidental, já que estamos mais do que persuadidos de sua problematicidade. Se nos confrontarmos, porém, com o homem oriental – o que é tarefa do psicólogo – tal confronto suscita dúvidas difíceis de serem resolvidas. Quem tiver a pretensão de resolver essa questão cometerá uma violência, pois mesmo sem saber estará se arrogando a ser um "arbiter mundi". No que me concerne, prefiro o dom precioso da dúvida, uma vez que esta não lesa a virgindade dos fenômenos incomensuráveis.

9   Cristo, enquanto modelo, carregou os pecados do mundo. Ora, quando o modelo permanece totalmente exterior, o mesmo se dá com os pecados do indivíduo, o qual se torna mais fragmentário do que nunca; o equívoco superficial em que incorre lhe abre o caminho fácil de jogar literalmente sobre Cristo seus pecados, afim de escapar a uma responsabilidade mais profunda, e isto contradiz o espírito do cristianismo. Esse formalismo e afrouxamento foram a causa da Reforma, mas são também inerentes ao protestantismo. No caso do valor supremo (Cristo) e o maior desvalor (o pecado) permanecerem do lado de fora, a alma ficará esvaziada; faltar-lhe-á o mais baixo e o

mais alto. A atitude oriental (principalmente a hindu) representa o contrário dessa atitude: o mais alto e o mais baixo estão dentro do sujeito (transcendental). Por este motivo o significado do "atman", do si-mesmo, é elevado além de todos os limites. No homem ocidental, no entanto, o valor do si-mesmo desce até o grau zero. Isto explica a desvalorização generalizada da alma no Ocidente. Quem quer que fale de realidade da alma será censurado por seu "psicologismo" e quando se fala em psicologia é neste tom: "é apenas psicológico [...]" A ideia de que há fatores psíquicos equivalentes a figuras divinas determina a desvalorização destas últimas. É quase uma blasfêmia pensar que uma vivência religiosa possa ser um processo psíquico; é então introduzido o argumento de que tal vivência "não é apenas psicológica". O psíquico é só natureza – e por isso se pensa comumente que nada de religioso pode provir dele. Tais críticos não hesitam, no entanto, em fazer todas as religiões derivarem da natureza da alma, 'excetuando a que professam. Julgo significativo o fato de que duas resenhas teológicas de meu livro *Psicologia e religião* – uma católica e outra protestante – silenciaram deliberadamente minha demonstração da origem psíquica dos fenômenos religiosos.

Em face disto dever-se-ia perguntar: donde procede toda essa informação acerca da alma, que permite dizer: "apenas anímico"? Pois é assim que fala e pensa o homem ocidental cuja alma, pelo visto, "de nada vale". Se tivesse valor, falar-se-ia dela com mais respeito. Como não é este o caso, conclui-se que não se dá nenhum valor a ela. Isto não ocorre sempre e necessariamente em toda parte, mas só quando não se põe nada dentro da alma, "deixando Deus do lado de fora". (Um pouco mais de Meister Eckhart não faria mal a ninguém!) **10**

Uma projeção exclusivamente religiosa pode privar a alma de seus valores, torná-la incapaz de prosseguir em seu desenvolvimento, por inanição, retendo-a num estado inconsciente. Ela pode também cair vítima da ilusão de que a causa de todo o mal provém de fora, sem que lhe ocorra indagar como e em que medida ela mesma contribui para isso. A alma parece assim tão insignificante a ponto de ser considerada incapaz do mal e muito menos do bem. Entretanto, se a alma não desempenha papel algum, a vida religiosa se congela em pura exterioridade e formalismo. Como quer que imaginemos a relação entre Deus e a alma, uma coisa é certa: é impossível considerar a **11** alma como "nada mais do que". Pelo contrário, ela possui a dignidade de um ser que tem o dom da relação consciente com a divindade. Mesmo que se tratasse apenas da relação de uma gota de água com o mar, este último deixaria de existir sem a pluralidade das gotas. A afirmação dogmática da imortalidade da alma a eleva acima da mortalidade do homem corporal, fazendo-a partícipe de uma qualidade sobrenatural. Deste modo, ela ultrapassa muito em significado ao homem mortal consciente, e portanto seria vedado ao cristão considerar a alma como um "nada mais do que"[2]. Assim como o olho corresponde ao sol, a alma corresponde a Deus. E pelo fato de nossa consciência não ser capaz de apreender a alma, é ridículo falar acerca da mesma em tom condescendente ou depreciativo. O próprio cristão que tem fé não conhece os caminhos secretos de Deus, e deve permitir que este decida se quer agir sobre ele a partir de fora, ou internamente, através da alma. O fiel não pode contestar o fato de que há "somnia a Deo missa" (sonhos enviados por Deus) e iluminações da alma impossíveis de serem remetidas a causas externas. Seria uma blasfêmia afirmar que Deus pode manifestar-se em toda a parte, menos na alma humana. Ora, a intimidade da relação entre Deus e a alma exclui de antemão toda e qualquer depreciação desta última[3]. Seria talvez excessivo falar de uma relação de parentesco; mas, de qualquer modo, deve haver na alma uma possibilidade de relação, isto é, forçosamente ela deve ter em si algo que corresponda ao ser de Deus, pois de outra forma jamais se estabeleceria uma conexão entre ambos[4]. Esta correspondência, formulada psicologicamente, é o *arquétipo da imagem de Deus*.

12   Todo arquétipo é capaz de uma diferenciação e de um desenvolvimento infinitos. Daí o fato de poder ser mais ou menos desenvolvi-

---

2. O dogma do homem à imagem e semelhança de Deus também tem a maior importância na avaliação do fator humano – sem falar da encarnação de Deus.

3. O fato de o diabo também poder possuir a alma não reduz a importância da mesma.

4. Por esta razão é totalmente impensável, do ponto de vista psicológico, que Deus seja apenas o "totalmente outro"; pois o "totalmente outro" não pode ser o íntimo mais íntimo da alma – e Deus o é. As únicas afirmações psicologicamente corretas acerca da imagem de Deus são os paradoxos ou as antonomias.

do. Numa forma exterior de religião, em que toda ênfase repousa na figura externa (tratando-se, neste caso, de uma projeção mais ou menos completa), o arquétipo é idêntico às representações externas, mas permanece inconsciente enquanto fator anímico. Quando um conteúdo inconsciente é quase totalmente substituído por uma imagem projetada, isso determina sua exclusão de qualquer influência e participação no tocante à consciência. Sua própria vida é com isto profundamente prejudicada uma vez que é impedido de exercer sua função natural de formação da consciência; mais ainda, ele permanece inalterado em sua forma originária, pois no inconsciente nada se transforma. A partir de um certo ponto, o conteúdo inconsciente pode apresentar até mesmo uma tendência à regressão, a níveis mais profundos e arcaicos. Pode acontecer que um cristão, mesmo acreditando em todas as imagens sagradas, permaneça indiferenciado e imutável no mais íntimo de sua alma, porque seu Deus se encontra completamente "fora" e não é vivenciado em sua alma. Seus motivos e interesses decisivos e determinantes, bem como seus impulsos não provêm da esfera do cristianismo, mas de uma alma inconsciente e indiferenciada que é, como sempre, pagã e arcaica. Não só a vida individual, mas a soma das vidas individuais que constituem um povo, provam a verdade desta afirmação. Os grandes acontecimentos do mundo, planejados e realizados pelo homem, não são inspirados pelo cristianismo, mas por um paganismo indisfarçável. Tal fato se origina de uma alma que permaneceu arcaica, não tendo sido nem de longe tocada pelo cristianismo. Como a Igreja supõe, com razão, o "semel credidisse" (ter acreditado alguma vez) deixa alguns vestígios; entretanto, nada transparece deles nos principais fatos em curso. A cultura cristã mostrou-se assustadoramente vazia: nada mais do que um verniz externo, porquanto o homem interior permaneceu intocado, alheio à transformação. Sua alma não corresponde às crenças exteriores. O Cristo em sua alma não acompanhou o desenvolvimento exterior. Sim, exteriormente tudo aí está, na imagem e na palavra, na Igreja e na Bíblia, mas o mesmo não se dá, dentro. No interior, reinam os deuses arcaicos, como nunca; ou melhor, a correspondência entre a imagem interna e externa de Deus não se desenvolveu por carência de cultura anímica, ficando retida no paganismo. A educação cristã fez o humanamente possível, mas não bastou. Poucos experimentaram a imagem divina como a qualidade mais íntima da própria alma. Apenas travaram conhecimento com um Cristo exterior, e nunca a partir do íntimo de sua alma; este é o motivo pelo qual dentro dela reina ainda o mais obscuro paganismo. E é o paganismo que inunda a chamada cultura cristã, ora com indisfarçável clareza, ora sob um disfarce gasto que não convence a ninguém.

13   Com os meios utilizados até hoje foi impossível cristianizar a alma, a fim de que as exigências mais elementares da ética cristã tivessem alguma influência substancial sobre os principais reclamos do europeu cristão. É verdade que os missionários cristãos pregam o Evangelho aos pobres pagãos nus, mas os pagãos interiores que povoam a Europa ainda não ouviram essa mensagem. A cristandade deverá recomeçar necessariamente do início se quiser cumprir sua elevada tarefa educativa. Enquanto a religião restringir-se à fé e à forma exterior, e a função religiosa não for uma experiência da própria alma, nada de essencial poderá ocorrer. Compreendamos ainda que o "Mysterium Magnum" não é apenas algo de existente por si mesmo, mas também algo que se enraíza principalmente na alma humana. Quem não sabe isto por experiência própria pode ser um doutor em teologia, mas nada conhece de religião e ainda menos de educação humana.

14   Todavia, quando demonstro que a alma possui uma função religiosa natural[5] , e quando reafirmo que a tarefa mais nobre de toda a educação (do adulto) é a de transpor para a consciência o arquétipo da imagem de Deus, suas irradiações e efeitos, são justamente os teólogos que me atacam e me acusam de "psicologismo". Se os valores supremos não estivessem depositados na alma, tal como mostra a experiência, sem eliminar o ἀντίμιμον πνεῦμα (o espírito da contrafação, que também nela está presente), a psicologia não me interessaria absolutamente, pois nesse caso a alma não passaria de um miserável vapor. Sei, porém, através de centenas de experiências, que não é este o caso. Ela contém e corresponde a tudo quanto o dogma formulou a seu respeito e mais ainda, aquilo que torna a alma capaz de ser um olho destinado a contemplar a luz. Isto requer, de sua parte, uma ex-

---

5. TERTULIANO. "Anima naturaliter Christiana" (A alma é naturalmente cristã) [*Apologeticus*, XVII].

tensão ilimitada e uma profundidade insondável. Já fui acusado de "deificar a alma". Isto é falso, *não fui eu, mas o próprio Deus quem a deificou!* Não fui eu que atribuí uma função religiosa à alma; simplesmente apresentei os fatos que provam ser a alma "naturaliter religiosa", isto é, dotada de uma função religiosa: função esta que não inventei, nem coloquei arbitrariamente nela, mas que ela produz por si mesma, sem ser influenciada por qualquer ideia ou sugestão. Numa trágica cegueira, esses teólogos ignoram que não se trata de provar a existência da luz, e sim de que há cegos incapazes de saber que seus olhos poderiam enxergar. Seria muito mais importante ensinar ao homem a arte de enxergar. É óbvio que a maioria das pessoas é incapaz de estabelecer uma relação entre as imagens sagradas e sua própria alma, isto é, não conseguem perceber a que ponto tais imagens dormitam em seu próprio inconsciente. Para tornar possível esta visão interior, é preciso desimpedir o caminho que possibilita essa faculdade de ver. Sinceramente, não posso imaginar como isso seria exequível sem a psicologia, isto é, sem tocar a alma[6].

Outro mal-entendido de consequências igualmente sérias consiste em atribuir à psicologia a intenção de ser uma nova doutrina, talvez herética. Quando um cego aprende a enxergar, ninguém espera dele que descubra imediatamente novas verdades com um olhar poderoso de águia. Já é algo promissor que ele veja alguma coisa, podendo compreender até certo ponto o que está vendo. Na psicologia, trata-se do ato de ver, e não da construção de novas verdades religiosas, quando as doutrinas existentes ainda não foram reconhecidas e compreendidas. Em matéria de religião é sabido que não se pode entender o que não se experimentou interiormente. Apenas na experiência interior se revela a relação da alma com aquilo que é apresentado e pregado exteriormente, a modo de um parentesco ou correspondência de tipo "sponsus – sponsa". Ao afirmar, como psicólogo, que Deus é um arquétipo, eu me refiro ao tipo impresso na alma; a origem da palavra tipo vem do grego τύπος, que significa batida, algo que imprime. Assim, a própria palavra arquétipo já pressupõe algu-

15

---

6. Como aqui se trata da questão do esforço humano, deixo de lado os atos da graça que fogem à alçada humana.

ma coisa que imprime. A psicologia, enquanto ciência da alma, deve restringir-se ao seu objeto e precaver-se no sentido de não ultrapassar seus limites, fazendo afirmações metafísicas ou não importa que profissão de fé. Se a psicologia pretendesse pressupor um Deus como causa hipotética, estaria reclamando implicitamente a possibilidade de uma prova de Deus. Com isso, extrapolaria seu campo de competência de um modo absolutamente inadmissível. Ciência só pode ser ciência; não há profissões de fé "científicas", nem "contradictiones in adiecto" (contradições nos termos). Ignoramos em última instância de onde se origina o arquétipo, da mesma forma que ignoramos a origem da alma. A competência da psicologia enquanto ciência empírica não vai além da possibilidade de constatar, à base de uma pesquisa comparativa, se o tipo encontrado na alma pode ou não ser designado como uma "imagem de Deus'. Desta forma, nada se afirma de positivo ou de negativo acerca de uma possível existência de Deus, do mesmo modo que o arquétipo do "herói" não pressupõe a sua existência.

16   As minhas pesquisas psicológicas, provando a existência de certos tipos psíquicos, bem como a sua analogia com representações religiosas conhecidas, abrem uma possibilidade de acesso a conteúdos *suscetíveis de serem experimentados,* os quais constituem incontestavelmente e de modo manifesto o fundamento empírico e palpável da experiência religiosa. O homem religioso é livre de aceitar quaisquer explicações metafísicas sobre a origem destas imagens; o mesmo não ocorre com o intelecto, que deve se ater estritamente aos princípios da explicação científica, evitando ultrapassar as possibilidades do conhecimento. Ninguém pode evitar a fé em aceitar como causa primeira Deus, Purusha, Atman ou Tao, eliminando assim a inquietude última do homem. A ciência trabalha com escrúpulo e não pretende tomar o céu de assalto. Se cedesse a uma tal extravagância já teria serrado o galho no qual se assenta.

17   O fato é que o conhecimento e a experiência da presença de tais imagens interiores abre para a razão e para o sentimento uma via de acesso àquelas outras imagens que a doutrina religiosa oferece ao homem. A psicologia faz, portanto, o contrário daquilo de que é acusada: ela proporciona possibilidades para um melhor entendimento do que existe, ela abre os olhos para a riqueza de sentido dos dogmas; não destrói, mas, pelo contrário, põe novos habitantes numa casa va-

zia. Posso confirmá-lo através de múltiplas experiências: pessoas dos mais variados credos que apostasiaram ou arrefeceram em sua fé encontraram uma nova via de acesso às suas antigas verdades: entre eles, não eram poucos os católicos. Até mesmo um parsi encontrou o caminho de volta ao templo de fogo zoroastriano, o que prova a objetividade do meu ponto de vista.

É justamente por essa objetividade que mais críticas recebe minha psicologia; o não optar por esta ou por aquela doutrina religiosa. Sem antecipar minhas convicções subjetivas, proponho a seguinte pergunta: não é compreensível ser também uma opção o fato de não arvorar-se em "arbiter mundi", e renunciar explicitamente a uma tal subjetividade, acreditando-se, por exemplo, que Deus se exprimiu em muitas linguagens e apareceu em múltiplas formas, e que todas essas afirmações são *verdadeiras*? A objeção apresentada particularmente por parte dos cristãos de que é impossível serem verdadeiras as afirmações mais contraditórias deve tolerar esta interpelação delicada: um é igual a três? Como três pode ser um? De que modo pode uma mãe ser virgem? E assim por diante. Então ainda não se percebeu que todas as afirmações religiosas contêm contradições lógicas e alegações absurdas por princípio, constituindo tal coisa a essência da asserção religiosa? Corroborando este ponto de vista, Tertuliano confessa: "Et mortuus est Dei filius, prorsus credibile est, quia ineptum est. Et sepultus resurrexit; certum est, quia impossibile est." (E o Filho de Deus morreu, e é isto fidedigno por ser absurdo. E sepulto, ressuscitou; isto é certo porque é impossível.)[7] Se o cristianismo exige fé em tais contradições, não pode condenar, ao que me parece, quem defende alguns paradoxos a mais. Surpreendentemente, o paradoxo pertence ao bem espiritual mais elevado. O significado unívoco é um sinal de fraqueza. Por isso a religião empobrece interiormente quando perde ou reduz seus paradoxos; no entanto, a multiplicação destes últimos a enriquece, pois só o paradoxal é capaz de abranger aproximadamente a plenitude da vida. A univocidade e a não contradição são unilaterais e, portanto, não se prestam para exprimir o inalcançável.

18

---

7. [De carne Christi, V].

19   Nem todos possuem a força espiritual de um Tertuliano, o qual não só suportava o paradoxo, como também o considerava a máxima certeza religiosa. O número excessivo dos espiritualmente fracos torna o paradoxo ameaçador. Enquanto este último permanece oculto como algo natural e, portanto, inquestionável, sendo um aspecto habitual da vida, não oferece perigo algum. No entanto, se uma mente pouco desenvolvida (que, como sabemos, é sempre a mais segura de si mesma) pretendesse fazer do paradoxo de uma profissão de fé o objeto de suas elucubrações, tão graves quanto impotentes, não demoraria a explodir numa gargalhada sarcástica e iconoclasta, indicando as "inépcias" manifestas do mistério. Desde o Iluminismo francês o desmoronamento foi rápido; quando desperta essa mentalidade mesquinha que não suporta paradoxos não há sermão sobre a terra que a contenha. Surge então uma nova tarefa: erguer pouco a pouco essa mente não desenvolvida a um nível mais alto e multiplicar o número dos que pelo menos conseguem vislumbrar a amplidão de uma verdade paradoxal. Se isto não for possível, o acesso espiritual ao cristianismo pode ser praticamente obstruído. Não se compreende mais o que os paradoxos do dogma pretendiam dizer; quanto mais exteriormente forem concebidos, mais nos escandalizaremos com sua forma irracional até se tornarem relíquias bizarras do passado, totalmente obsoletas. Quem passar por este processo não pode imaginar a extensão de sua perda espiritual, pois jamais experimentou as imagens sagradas como interiormente suas, isto é, nunca soube do parentesco de tais imagens com sua própria estrutura anímica. Mas a psicologia do inconsciente pode proporcionar-lhe este conhecimento indispensável e sua objetividade científica é do maior valor no tocante a isso. Se a psicologia estivesse ligada a alguma confissão religiosa não poderia nem deveria permitir essa liberdade de movimentos ao inconsciente do indivíduo, que é uma condição prévia e indispensável à produção de arquétipos. O que nos convence é justamente a espontaneidade dos conteúdos arquetípicos, e a intervenção preconceituosa contra ela impede a experiência genuína. Se o teólogo acredita realmente na onipotência de Deus, por um lado, e na validez dos dogmas, por outro, por que não confia então no fato de que Deus pode exprimir-se também pela alma? Por que esse medo da psicologia? Ou então (de modo inteiramente não dogmático) deverá a alma ser considerada como o inferno a partir da qual só os demônios se manifes-

tam? Se fosse esse o caso, tal realidade não seria menos convincente; conforme sabemos, a realidade do mal percebida com horror converteu pelo menos tantas pessoas, quanto a experiência do bem.

Os arquétipos do inconsciente são correspondentes aos dogmas religiosos, fato que pode ser demonstrado empiricamente. Na linguagem hermenêutica dos Padres, a Igreja possui um tesouro de analogias com os produtos individuais espontâneos que encontramos na psicologia. Aquilo que o inconsciente expressa não é arbitrário, nem corresponde a uma opinião, mas ocorre pelo fato de ser assim mesmo, como em qualquer ser natural. É óbvio que as expressões do inconsciente são naturais e não formuladas dogmaticamente como as alegorias patrísticas, as quais atraem a totalidade da natureza para a órbita de suas amplificações. Se estas produzem surpreendentes "allegoriae Christi", o mesmo acontece no que se refere à psicologia do inconsciente. A diferença, no entanto, reside no fato de que a alegoria patrística "ad Christum spectat" (se refere a Cristo), ao passo que o arquétipo psíquico é apenas ele mesmo, podendo ser interpretado segundo o tempo, o lugar e o meio. No Ocidente, o arquétipo é preenchido pela imagem dogmática de Cristo; no Oriente, por Purusha, Atman, Hiranyagarbha, Buda etc. O ponto de vista religioso coloca obviamente a ênfase naquilo que imprime, o impressor, ao passo que a psicologia científica enfatiza o tipo (τύπος), o impresso, o qual é a única coisa que ela pode apreender. O ponto de vista religioso interpreta o tipo como algo decorrente da ação do impressor; o ponto de vista científico o interpreta como símbolo de um conteúdo desconhecido e inapreensível. Uma vez que o tipo é menos definido, mais complexo e multifacetado do que os pressupostos religiosos, a psicologia, com seu material empírico, é obrigada a expressar o tipo mediante uma terminologia que independe de tempo, lugar e meio. Se, por exemplo, o tipo concordasse em todos os detalhes com a figura dogmática de Cristo sem conter algum determinante que a ultrapassasse, teríamos pelo menos de considerar o tipo como uma cópia fiel da figura dogmática, dando-lhe um nome correspondente. Neste caso, o tipo coincidiria com o Cristo. Empiricamente, isto não ocorre, pois o inconsciente, do mesmo modo que nas alegorias dos Padres da Igreja, produz muitos outros determinantes que não estão contidos de um modo explícito na fórmula dogmática; ou melhor, figuras não cristãs, como as que acima mencionamos, estão contidas no tipo.

20

Mas nem estas figuras satisfazem a indeterminação do arquétipo. É impensável que qualquer figura *determinada* possa exprimir a *indeterminação* arquetípica. Senti-me impelido por isso a dar o nome psicológico de *si-mesmo* (Selbst) ao arquétipo correspondente – suficientemente determinado para dar uma ideia da totalidade humana e insuficientemente determinado para exprimir o caráter indescritível e indefinível da totalidade. Estas qualidades paradoxais do conceito correspondem ao fato de que a totalidade consiste, por um lado, do ser humano consciente e, por outro, do homem inconsciente. Não se pode, porém, estabelecer os limites e as determinações deste último. Por isso, na linguagem científica, o termo si-mesmo não se refere nem a Cristo, nem a Buda, mas à totalidade das formas que representam, e cada uma dessas formas é um *símbolo do si-mesmo*. Este modo de expressão é uma necessidade intelectual da psicologia científica e não significa de modo algum um preconceito transcendental. Pelo contrário, como dissemos acima, este ponto de vista objetivo possibilita a alguns de se decidirem por Cristo e a outros, por Buda etc. Quem se escandalizar com esta objetividade deverá considerar que sem ela não há ciência possível. Assim pois, negando à psicologia o direito à objetividade, estará tentando extinguir extemporaneamente a luz viva da ciência. Mesmo que uma tal tentativa surtisse efeito, seu resultado apenas contribuiria para aumentar a brecha catastrófica que já existe entre a compreensão secular, por um lado, e a Igreja e a religião, por outro.

21   Não só é compreensível, como também representa uma "raison d'être" absoluta para uma ciência, poder concentrar-se com relativa exclusividade no seu objeto. Uma vez que o conceito do si-mesmo é de interesse central para a psicologia, o pensamento desta última caminha obviamente em sentido inverso relativamente à teologia; para a psicologia, as figuras religiosas apontam para o si-mesmo, enquanto que para a teologia o si-mesmo aponta para a sua própria representação central, isto é, o si-mesmo psicológico poderia ser compreendido como uma "allegoria Christi". Esta oposição é irritante, mas infelizmente inevitável, a menos que se negue por completo à psicologia o direito de existir. Prego portanto a tolerância, o que não é difícil para a psicologia uma vez que esta, como ciência, não tem pretensões totalitárias.

22   O "símbolo de Cristo" é da maior importância para a psicologia, porquanto constitui, ao lado da figura de Buda, talvez o símbolo mais

desenvolvido e diferenciado do si-mesmo. Isto pode ser avaliado pela amplitude e pelo conteúdo dos predicados atribuídos ao Cristo, que correspondem à fenomenologia psicológica do si-mesmo de um modo incomum, apesar de não incluir todos os aspectos deste arquétipo. A extensão incalculável do si-mesmo pode ser considerada negativa relativamente à determinação de uma figura religiosa. Mas os juízos de valor não constituem de maneira alguma uma tarefa da ciência. O si-mesmo não só é indefinido, como também comporta paradoxalmente o caráter do definido e até mesmo da unicidade. Provavelmente esta é uma das razões pela qual as religiões que foram fundadas por personalidades históricas se tornaram religiões universais, como no caso do cristianismo, budismo e islamismo. A inclusão de uma personalidade humana, única (especialmente quando ligada à natureza divina indefinível), corresponde ao individual absoluto do si-mesmo, que liga o único ao eterno e o individual ao mais geral.. O si-mesmo é uma união dos opostos κατ' ἐξοχήν. Isto o distingue essencialmente do símbolo cristão. A androginia de Cristo é a concessão máxima da Igreja à problemática dos opostos. A oposição entre o luminoso e o bom, por um lado, e o escuro e mau, por outro, permaneceu em conflito aberto, uma vez que Cristo representa só o bem e sua contrapartida, o demônio, o mal. Esta oposição é o verdadeiro problema do mundo, que até agora não foi resolvido. O si-mesmo, de qualquer modo, é o paradoxo absoluto, já que representa a tese, a antítese e a síntese em todos os aspectos. (As provas psicológicas desta afirmação são abundantes. No entanto, não me é possível enumerá-las aqui, *in extenso*. Remeto o conhecedor desta matéria ao simbolismo do mandala.)

Quando, mediante a exploração do inconsciente, a consciência se aproxima do arquétipo, o indivíduo é confrontado com a contradição abissal da natureza humana, o que lhe proporciona uma experiência imediata da luz e da treva, do Cristo e do demônio. Trata-se aqui, no melhor ou no pior dos casos, de uma possibilidade e não de uma garantia; experiências deste tipo não podem ser induzidas através de meios humanos. Há fatores a serem levados em conta que não estão sob nosso controle. A vivência dos opostos nada tem a ver com a visão intelectual, nem com a empatia. É mais aquilo a que poderíamos chamar de destino. Tal vivência pode provar a uns a verdade de Cristo, a outros, a de Buda, até à mais extrema evidência.

23

24   Sem a vivência dos opostos não há experiência da totalidade e,
portanto, também não há acesso interior às formas sagradas. Por essa
razão o cristianismo insiste na pecaminosidade e no pecado original,
com a intenção óbvia de abrir em cada um, pelo menos a partir de
fora, o abismo da contradição do mundo. Este método falha, porém,
quando se trata de uma mente mais ou menos desperta, já que não
acredita mais nessa doutrina, além de considerá-la absurda. Um tal
intelecto, por ser unilateral, fica paralisado diante da "ineptia myste-
rii" (absurdo do mistério). Na verdade, encontra-se a uma distância
infinita das antinomias de Tertuliano; o fato é que não consegue suportar o sofrimento implicado no problema dos opostos. Sabe-se
como os exercícios rigorosos e certas prédicas missionárias dos católicos, assim como a educação protestante que sempre fareja o pecado, causam danos psíquicos que não levam ao Reino dos Céus, mas
ao consultório médico. Apesar de ser inevitável a visão problemática
dos opostos, praticamente poucos a suportam – fato este que não escapou à experiência dos confessores. Uma reação paliativa manifes-
tou-se no "probabilismo moral", que sofre os mais diversos ataques
porquanto visa atenuar o efeito esmagador do pecado[8]. O que quer
que se pense sobre esse fenômeno, uma coisa é certa: nele, além de
outras coisas, está contida uma grande dose de humanidade e de

---

8. Zöckler [*Probabilismus,* p. 67] define da seguinte maneira: "Probabilismo, em geral,
é o modo de pensar que se dá por satisfeito com um grau de probabilidade maior ou menor quando se trata de responder questões científicas. O probabilismo moral, o único
que importa aqui, consiste no princípio de orientar seus atos de liberdade moral não
pela consciência, mas pelo que é dado como provavelmente certo, isto é, pelo que é re-
comendado por uma doutrina ou uma autoridade qualquer que serve de modelo". O
probabilista Escobar († em 1669), por exemplo, é de opinião que, se o penitente invocar
como fundamento para seu modo de agir um parecer provável, o confessor será obrigado a absolvê-lo, mesmo que não tenha a mesma convicção. A pergunta de quantas vezes
na vida somos obrigados a amar a Deus, Escobar responde, citando uma série de autoridades jesuíticas: segundo uns, amar a Deus uma única vez, pouco antes da morte, seria o
bastante; segundo outros, uma vez por ano ou uma vez a cada três ou quatro anos. Ele
próprio chega à conclusão de que é suficiente amar a Deus uma vez, ao despertar da razão, depois, uma vez a cada cinco anos, e uma última vez na hora da morte. Em sua opinião o grande número de doutrinas morais diferentes é a principal prova da bondade da
providência divina, pois isso torna o jugo de Cristo tão leve (op. cit., p. 68). Cf. tb. com
VON HARNACK. *Lehrbuch der Dogmengeschichte* III, p. 748s.

compreensão da fraqueza humana, o que não deixa de compensar a tensão insuportável das antinomias. O psicólogo compreenderá facilmente o grande paradoxo entre a insistência sobre o pecado original, por um lado, e a concessão do probabilismo, por outro, como uma decorrência necessária da problemática cristã dos opostos acima esboçada. O bem e o mal se encontram tão próximos no Si-mesmo quanto dois gêmeos monovitelinos! A realidade do mal e sua incompatibilidade com o bem provoca uma separação violenta dos opostos, conduzindo inexoravelmente à crucifixão e à suspensão de tudo o que é vivo. Uma vez que a alma é "naturaliter christiana" (cristã por natureza), tal consequência é inevitável, como foi na vida de Jesus: todos nós deveríamos ser "crucificados com Cristo", isto é, suspensos num sofrimento moral equivalente à verdadeira crucifixão. Na prática, isto só é possível até certo ponto, pois se trata de algo tão intolerável e hostil à vida que um ser humano comum apenas pode entrar em tal estado de vez em quando, o menos possível. Como poderia continuar a ser um homem comum dentro de um tal sofrimento? Por isso, uma atitude mais ou menos probabilística em relação ao problema do mal é inevitável. Assim sendo, a verdade do si-mesmo, isto é, a unidade inimaginável de bem e mal aparece concretamente no seguinte paradoxo: o pecado é o que há de mais difícil e grave, mas não a ponto de ser impossível livrar-se dele numa perspectiva probabilística. Este procedimento não é necessariamente frouxo ou frívolo, mas simplesmente uma necessidade prática da vida. Na confissão ocorre o mesmo que na própria vida; esta se debate para não perecer numa oposição inconciliável. Por outro lado, permanece – *nota bene* – o conflito "expressis verbis" que corresponde de novo à antinomia do si-mesmo, o qual é simultaneamente conflito e unidade.

O mundo cristão transformou a antinomia entre o bem e o mal num problema universal, erigindo-a em princípio absoluto através da formulação dogmática dos contrários. O cristão é atirado a este conflito ainda insolúvel como protagonista do bem e como um dos atores no drama do mundo. Esta imitação de Cristo, tomada em seu sentido mais profundo, implica um sofrimento intolerável para a maioria dos homens. Consequentemente, o exemplo crístico só é seguido em parte, ou não é seguido de modo algum e a prática pastoral da Igreja se vê obrigada a "aliviar o jugo de Cristo". Isto significa uma

25

redução considerável da rigidez e severidade do conflito, o que redunda praticamente numa relativização do bem e do mal. O bem equivale à imitação incondicional de Cristo e o mal representa um obstáculo a isso. A fraqueza e a inércia moral do homem são os obstáculos principais à imitação; o probabilismo os encara com uma compreensão prática e corresponde talvez mais às virtudes cristãs da tolerância, da benevolência e do amor ao próximo do que a atitude daqueles que veem no probabilismo mera frouxidão. Apesar de podermos atribuir ao esforço probabilístico as principais virtudes cristãs, não devemos ignorar o fato de que ele impede o sofrimento da imitação de Cristo, subtraindo ao conflito do bem e do mal o seu rigor, suavizando-o a proporções toleráveis. Com isto nos aproximamos do arquétipo do si-mesmo, no qual esta oposição aparece unificada; aliás, como já foi dito, contrariamente ao simbolismo cristão, que deixa o conflito em aberto. Para este último, o mundo é trincado por uma "cisão": a luz combate a noite, e o superior, o inferior. Estas dualidades não são uma unidade, como no arquétipo psíquico. Ainda que o dogma tenha horror à ideia de que "dois" sejam "um", a prática religiosa possibilita, como vimos, a aplicação do símbolo psicológico natural, a saber, do si-mesmo unificado. Por outro lado, o dogma insiste em que "três" são "um", mas se recusa a reconhecer que os "quatro" sejam "um". Sabe-se que os números ímpares sempre foram masculinos não só para nós, ocidentais, como também para os chineses; quanto aos números pares, são femininos. Assim, a trindade é uma divindade explicitamente masculina, para a qual a androginia de Cristo e a posição específica e elevação da mãe de Deus não oferecem um equivalente pleno.

26   Com esta constatação que talvez pareça estranha ao leitor, chegamos a um axioma central da alquimia, ou seja, ao aforisma de Maria Prophetissa: "Um torna-se dois, dois torna-se três e do três provém o um que é o quarto". Como o leitor já percebeu pelo título deste livro, ocupa-se ele com o significado psicológico da alquimia e, portanto, com um problema que, salvo raríssimas exceções, tem escapado à pesquisa científica até o presente. Até há bem pouco tempo, a ciência se ocupava apenas com o aspecto que a alquimia desempenhava na história da química e em pequena medida com seu lado filosófico e histórico-religioso. A importância da alquimia na história do

desenvolvimento da química é evidente. Seu significado para a história do espírito humano, no entanto, ainda é tão desconhecido que é quase impossível precisar em poucas palavras em que consiste. Nesta introdução tentei representar a problemática histórico-religiosa e psicológica na qual se insere o tema alquímico. A alquimia constitui como que uma corrente subterrânea em relação ao cristianismo que reina na superfície. A primeira se comporta em relação ao segundo como um sonho em relação à consciência e da mesma forma que o sonho compensa os conflitos do consciente, assim o esforço da alquimia visa preencher as lacunas deixadas pela tensão dos opostos no cristianismo. Isto se exprime de modo impressionante no axioma de Maria Prophetissa acima citado, o qual percorre como um *leitmotiv* mais de dezessete séculos da alquimia. Nesta, os números ímpares da dogmática cristã são entremeados por números pares que significam o feminino, a terra, o subterrâneo e até mesmo o próprio mal. Sua personificação é a "serpens mercurii" (serpente mercurial), o dragão que se gera e se destrói a si mesmo e a "prima materia". Esta ideia básica da alquimia remonta ao Tehom[9], a Tiamat com seu atributo de dragão, e mediante eles, ao mundo originário matriarcal que foi superado, na teomaquia do mito de Marduk, pelo mundo patriarcal e viril. A transformação histórico-universal da consciência para o lado "masculino" é em primeiro lugar compensada pelo inconsciente ctônico-feminino. Em certas religiões pré-cristãs já ocorre uma diferenciação do masculino sob a forma da especificação pai-filho, transformação esta que atinge seu significado máximo no cristianismo. Se o inconsciente fosse apenas complementar, teria acompanhado essa transformação da consciência, ressaltando as figuras de mãe-filha, e o material necessário para isto já se encontrava no mito de Demeter e Perséfone. No entanto, como a alquimia mostra, o inconsciente preferiu o tipo Cibele-Átis, sob a forma da "prima materia" e do "filius macrocosmi", provando com isto não ser ele complementar, mas

---

9. Cf. Gn 1,2. O leitor encontrará uma compilação dos temas míticos em LANG. *Hat ein Gott die Welt erschaffen?* Lamentavelmente a crítica filológica terá muitas reservas a fazer em relação a esse trabalho. No entanto, convém assinalá-lo devido a sua tendência gnóstica.

compensatório. Isto ressalta o fato de o inconsciente não atuar meramente em oposição à consciência, constituindo um parceiro ou adversário que a modifica em maior ou menor grau. Não é uma imagem complementar de filha que o tipo do filho chama do inconsciente ctônico, mas um outro filho. Segundo todas as aparências, este fato digno de nota está ligado à incarnação do deus puramente espiritual na natureza humana terrestre, possibilitada pela concepção do Espírito Santo no útero da Beata Virgo. Assim, pois, o superior espiritual masculino se inclina para o inferior, terrestre, feminino; vindo ao encontro do masculino, a mãe, que precede o mundo do pai, gera então um filho, mediante o instrumento do espírito humano (da "Filosofia") no sentido alquímico: um filho que não é a antítese do Cristo, mas sua contrapartida ctônica; não um homem-deus, mas um ser fabuloso conforme à natureza da mãe primordial. Enquanto a tarefa do filho superior é a da salvação do homem (do microcosmo), a do filho inferior é a de um "salvator macrocosmi".

27   Eis, de modo abreviado, o drama que se desenrolou na obscuridade da alquimia. É inútil dizer que esses dois filhos jamais se uniram, a não ser talvez no espírito e na vivência mais íntima de poucos alquimistas, especialmente dotados. Mas não é difícil perceber a "finalidade" desse drama: a encarnação de Deus, sob a aparência de uma aproximação do princípio do mundo paterno masculino com o princípio do mundo materno feminino, incitando este último a assimilar o primeiro. Isto foi como que a tentativa de lançar uma ponte para compensar o conflito entre ambos.

28   Não se escandalize o leitor se a minha digressão soa como um mito gnóstico. Movemo-nos aqui no terreno psicológico em que está enraizada a gnose. A mensagem do símbolo cristão é gnose, e a compensação do inconsciente o é ainda mais. O mitologema é a linguagem verdadeiramente originária de tais processos psíquicos e nenhuma formulação intelectual pode alcançar nem mesmo aproximadamente a plenitude e a força de expressão da imagem mítica. Trata-se de imagens originárias cuja melhor expressão é a imagística.

29   O processo aqui descrito apresenta todos os traços característicos de uma compensação psicológica. Sabe-se que a máscara do inconsciente não é rígida, mas reflete o rosto que voltamos para ele. A hostilidade confere-lhe um aspecto ameaçador, a benevolência suavi-

za seus traços. Não se trata aqui de um mero reflexo ótico, mas de uma resposta autônoma que revela a natureza independente daquele que responde. Assim, pois, o "filius philosophorum" não é a mera imagem refletida do filho de Deus numa matéria imprópria; esse filho de Tiamat apresenta os traços da imagem materna originária. Embora seja nitidamente hermafrodita, seu nome é masculino, revelando a tendência ao compromisso do submundo ctônico, rejeitado pelo espírito e identificado com o mal: ele é indiscutivelmente uma concessão ao espiritual e ao masculino, embora carregue o peso da terra e o caráter fabuloso de sua animalidade originária.

Esta resposta do mundo materno mostra não ser intransponível o abismo que o separa do mundo paterno, porquanto o inconsciente contém um germe da unidade de ambos. A essência do consciente é a diferenciação; para ampliar a consciência é preciso separar os opostos uns dos outros, e isto *contra naturam*. Na natureza, os opostos se buscam – "les extrêmes se touchent" – o mesmo se dando no inconsciente, sobretudo no arquétipo da unidade, no si-mesmo. Neste último, como na divindade, os opostos são abolidos. Mas com a manifestação do inconsciente começa a cisão, do mesmo modo que na Criação: toda tomada de consciência é um ato criador e desta experiência psicológica derivam os múltiplos símbolos cosmogônicos.

A alquimia trata principalmente do germe da unidade que está oculto no caos de Tiamat e que corresponde à contrapartida da unidade divina. Como esta, ela tem um caráter trinitário na alquimia de influência cristã, e triádico na alquimia pagã. Segundo outros testemunhos aquele germe corresponde à unidade dos quatro elementos, constituindo uma quaternidade. A grande maioria das descobertas psicológicas modernas alinha-se ao lado deste último ponto de vista. Os raros casos por mim observados que produziam o número três eram caracterizados por uma deficiência sistemática no campo da consciência, ou seja, pela inconsciência da "função inferior". O número três não é uma expressão natural da totalidade, ao passo que o número quatro representa o mínimo dos determinantes de um juízo de totalidade. É preciso ressaltar, no entanto, que ao lado da nítida tendência para a quaternidade da alquimia (como também do inconsciente), sempre há uma incerteza marcante entre o três e o quatro. Já no axioma de Maria Prophetissa, a quaternidade é encoberta e vaga.

Na alquimia, fala-se tanto de quatro como de três "regimina" (processos), de três como de quatro cores. Aliás, sempre há quatro elementos, mas frequentemente três são agrupados e um deles fica numa posição especial: ora é a terra, ora o fogo. O "mercúrio"[10] é sem dúvida "quadratus", mas também uma serpente tricéfala, ou simplesmente uma tri-unidade. Esta insegurança indica que se trata de um caráter duplo, isto é, as representações centrais são tanto quaternárias quanto ternárias. O psicólogo não pode deixar de mencionar o fato de que a psicologia do inconsciente também conhece uma perplexidade análoga. A função menos diferenciada (inferior) está de tal modo contaminada pelo inconsciente coletivo, que ao se tornar consciente traz consigo entre outros também o arquétipo do si-mesmo, τὸ ἕν τέταρτον (o um que nasce com o quarto), como diz Maria. O quatro significa o feminino, o materno, o físico; o três, o masculino, o paterno, o espiritual. A incerteza entre o quatro e o três significa, portanto, o mesmo que a hesitação entre o espiritual e o físico: um exemplo marcante de que toda verdade humana é apenas uma penúltima verdade.

32   Nesta introdução, parti da totalidade do homem como meta à qual conduz em última instância o desenvolvimento anímico, no decurso do processo psicoterapêutico. Esta questão liga-se indissoluvelmente a pressupostos filosóficos e religiosos. Mesmo que o paciente se julgue isento de preconceitos neste aspecto, o que é um caso frequente, os pressupostos de seu modo de vida, seus pensamentos, sua moral, sua linguagem, são historicamente condicionados até os mínimos detalhes; muitas vezes este fato permanece inconsciente, por falta de cultura ou de autocrítica. A análise de sua situação, porém, conduz mais cedo ou mais tarde a um esclarecimento de seus pressupostos espirituais, ultrapassando de longe os determinantes pessoais e trazendo à baila a problemática que tentei esboçar nas páginas prece-

---

10. [O autor redigiu a seguinte nota para a edição inglesa (1953): "Nas obras alquímicas o significado da palavra "Mercurius" é dos mais variados; não designa apenas o elemento químico mercúrio (Hg), Mercurius (Hermes) o Deus, e Mercúrio o planeta, mas também – e antes de mais nada – a secreta "substância transformadora" que é ao mesmo tempo o "espírito" inerente a todas as criaturas vivas. Estas diversas conotações aparecerão com maior clareza no decorrer do livro".]

dentes. Esta fase do processo é caracterizada pela produção de símbolos de unidade, dos "mandalas", que aparecem quer nos sonhos quer no estado de vigília, sob a forma de impressões visuais, e que representam, não raro, uma nítida compensação das contradições e conflitos da situação consciente. Talvez não seria correto afirmar que a responsabilidade desta situação se deva a uma "fenda"[11] (Przywara) aberta na ordem cristã do mundo, na medida em que é fácil provar que o simbolismo cristão cura essa ferida ou pelo menos se esforça por fazê-lo. Sem dúvida, seria mais acertado interpretar o fato do conflito permanecer aberto como um sintoma da situação psíquica do homem ocidental e de lastimar sua incapacidade de assimilar toda a amplitude do símbolo cristão. Como médico, não posso fazer exigência alguma ao paciente no tocante a esse ponto; além disso, faltam-me os meios da graça da Igreja. Confronto-me portanto, com a tarefa de enveredar pelo único caminho possível para mim, isto é, o da conscientização das imagens arquetípicas, que de modo algum correspondem às representações dogmáticas. Por isso devo deixar que o paciente decida de acordo com seus pressupostos, com sua maturidade espiritual, cultura, origem, e seu temperamento, na medida em que isso for possível sem sérios conflitos. Minha tarefa como médico é ajudar o paciente a tornar-se apto para a vida. Não posso ter a presunção de julgar suas decisões últimas, pois sei por experiência que toda coerção, desde a mais sutil sugestão ou conselho a quaisquer outros métodos de persuasão, apenas produzem, em última análise, um obstáculo à vivência suprema e decisiva, isto é, o estar a sós com o Si-mesmo, com a objetividade da alma ou como quer que a chamemos. O paciente deve estar a sós para descobrir o que o suporta quando ele não está mais em condições de se suportar a si mesmo. Somente essa experiência dar-lhe-á um alicerce indestrutível.

Eu confiaria ao teólogo de bom grado essa tarefa, que realmente não é fácil, se muitos de meus pacientes não viessem justamente do teólogo. Eles poderiam ter permanecido na comunidade eclesial, mas o fato é que tombaram da grande árvore como folhas secas e se vincularam então ao tratamento. Algo neles se agarra muitas vezes com a

33

---

11. PRZYWARA. *Deus semper maior* I, p. 71s.

força do desespero, como se eles ou algo neles estivesse na iminência de precipitar-se no nada, caso se soltassem. Procuram um chão firme em que se apoiar. Como nenhum apoio externo é adequado devem encontrá-lo em si mesmos. Do ponto de vista da razão, isto parece o que há de mais inverossímil, não o sendo entretanto do ponto de vista do inconsciente. O arquétipo da "origem humilde do Salvador" é um testemunho deste fato.

34   O caminho para a meta a princípio é caótico e imprevisível, e só aos poucos vão se multiplicando os sinais de uma direção a seguir. O caminho não segue a linha reta, mas é aparentemente cíclico. Um conhecimento mais exato o define como uma *espiral:* os temas do sonho sempre reaparecem depois de determinados intervalos, sob certas formas que designam à sua maneira o centro. Trata-se de um ponto central ou de uma disposição centrada que em certos casos surge a partir dos primeiros sonhos. Os sonhos, enquanto manifestações dos processos inconscientes, traçam um movimento de rotação ou de circumambulação em torno do centro, dele se aproximando mediante amplificações cada vez mais nítidas e vastas. Devido à diversidade do material simbólico é difícil a princípio reconhecer qualquer tipo de ordem. De fato, nada permite pressupor que as séries de sonhos estejam sujeitas a um princípio ordenador. A uma observação mais acurada, porém, o processo de desenvolvimento revela-se cíclico ou em espiral. Poderíamos estabelecer um paralelo entre esses processos em espiral e o processo de crescimento das plantas; o tema vegetal (árvore, flor etc.) também retorna frequentemente nesses sonhos e fantasias, ou em desenhos espontâneos[12]. Na alquimia, a árvore é o símbolo da filosofia hermética.

35   O primeiro dos estudos que se seguem trata de uma série de sonhos, cujos conteúdos versam sobre numerosos símbolos do centro, ou melhor, da meta. O desenvolvimento desses símbolos equivale mais ou menos ao processo da cura. O centro, isto é, a meta, tem portanto um sentido de *salvação,* na acepção própria desta palavra. A justificativa de uma tal terminologia decorre dos próprios sonhos que contêm muitas referências ao tema dos fenômenos religiosos.

---

12. Cf. as ilustrações em WILHELM & JUNG. *O segredo da flor de ouro.*

Alguns deles figuram em meu livro *Psicologia e religião*. Parece-me claro que tais processos implicam os arquétipos formadores de religiões. Qualquer que seja a natureza da religião, não resta a menor dúvida de que seu aspecto psíquico, empiricamente constatável, reside nessas manifestações do inconsciente. Insistimos talvez demais na questão, no fundo estéril, de saber se as afirmações da fé são verdadeiras ou não. Abstraindo o fato de que é impossível provar ou refutar a verdade de uma afirmação metafísica, a simples existência da afirmação já constitui uma realidade evidente por si mesma, não necessitando de outra prova. Além disso, se a este fato se acrescentar o "consensus gentium", a validade da afirmação fica comprovada, dentro dessa medida. A única coisa que podemos compreender neste contexto é o fenômeno psíquico, que nada tem a ver com a categoria da exatidão ou da verdade objetiva. É impossível "esgotar" um fenômeno através de uma avaliação racional e na vida religiosa lidamos com fenômenos e fatos, e não com hipóteses a serem discutidas.

No processo do tratamento psíquico, a relação dialética conduz logicamente ao confronto do paciente com sua sombra, essa metade obscura da alma da qual nos livramos invariavelmente através de projeções, ora carregando o próximo – num sentido mais ou menos lato – de todos os vícios que são nossos, ora transferindo os próprios pecados para um mediador divino através da "contritio" ou da "attritio" mais amena[13]. Sabemos sem dúvida que sem pecado não há arrependimento e sem arrependimento não há graça redentora; sabemos também que sem "peccatum originale", o ato de redenção do mundo jamais teria ocorrido. Omitimos, porém, cuidadosamente, uma indagação que deveríamos fazer por boas razões: acaso representa o poder do mal uma vontade especial de Deus? Se como psicoterapeutas lidarmos com as pessoas que se confrontam com sua sombra mais negra, sentir-nos-emos frequentemente compelidos a admitir esse pon-

36

---

13. Contritio é "arrependimento perfeito". Attritio é "arrependimento imperfeito" ("contritio imperfecta" à qual também pertence a "contritio naturalis"). A primeira considera o pecado como oposição ao Bem Supremo; a última o rejeita por sua maldade e feiura e também por medo do castigo.

to de vista[14]. Em todo caso, o médico não pode outorgar-se o direito de apontar as tábuas da Lei num gesto leviano de superioridade moral, dizendo: "Não deves". Deverá julgar objetivamente e ponderar acerca das possibilidades, pois sabe menos por sua educação e formação religiosas do que por intuição e experiência, que existe algo como uma "felix culpa". Ele sabe que se pode perder não só sua felicidade, como também sua culpa decisiva, sem a qual o homem não atingirá sua totalidade. Esta última representa um carisma que não se produz por astúcia ou habilidade; só podemos crescer em direção a ela, suportando o que o seu crescimento acarreta. É sem dúvida desesperador o fato de que a humanidade não seja homogênea, mas composta de indivíduos cuja constituição espiritual se espraia num intervalo de pelo menos dez mil anos. Por conseguinte, não há verdade alguma que não seja salvação para alguns e extravio para outros. Todo universalismo está fincado neste dilema assustador. Mencionei antes o probabilismo jesuíta que descreve perfeitamente a tremenda tarefa da catolicidade eclesial. Pessoas muito bem intencionadas escandalizaram-se com essa posição, mas no confronto imediato com a realidade da vida muitas perderam a indignação ou a vontade de rir. O médico também deve discernir, ponderar, não a favor ou contra a Igreja, mas a favor ou contra a vida e a saúde. No papel, o código moral parece claro e suficientemente límpido, mas o mesmo documento escrito nas "tábuas de carne do coração" não raro significa um triste farrapo, e em particular nas almas dos que falam mais alto. Ainda que se proclame por toda parte que "o mal é mau e que não deve haver hesitação em condená-lo", na vida individual o mal é justamente o mais problemático, exigindo profunda reflexão. A pergunta que me-

---

14. Diante do destino trágico, consequência inevitável da totalidade, é perfeitamente natural que se recorra a uma terminologia religiosa como sendo a única adequada no caso. A "fatalidade do meu destino" significa uma vontade demoníaca a determinar justamente esse destino, uma vontade não necessariamente coincidente com a minha (a vontade do eu). Mas quando esta vontade se opõe ao eu, não se pode deixar de ver nisso um "poder", isto é, algo de divino ou infernal. A aceitação do destino vai chamar a isso vontade de Deus; a luta sem esperança e desgastante contra a determinação do destino tenderá a ver nisso o diabo. De qualquer maneira, esta terminologia, além de ser universalmente compreensível, é plena de significado.

rece a nossa maior atenção pode ser assim formulada: "Quem é que age?" – A resposta a essa pergunta decidirá em última análise acerca do valor da ação. Para a sociedade, de fato, o mais importante é *aquilo* que se faz, por ser algo de imediatamente visível. Mas a longo prazo, no entanto, até a ação justa poderá ter um efeito calamitoso em mãos erradas. Quem vê longe não se ofuscará nem com a ação certa do homem errado, nem com a ação errada do homem certo. O psicoterapeuta deve, portanto, dirigir sua atenção não sobre aquilo que se faz, mas sobre o *como* se faz a ação, pois é isso que inclui todo o ser daquele que age. O mal deve ser considerado tanto quanto o bem, pois bem e mal são afinal de contas prolongamentos e abstrações ideais da ação, e ambos pertencem ao claro-escuro da vida. Ora, em última análise, não há bem que não possa produzir o mal, nem mal que não possa produzir o bem.

O confronto com a metade obscura da personalidade, com a "sombra", produz-se por si só em toda terapia mais ou menos profunda. Este problema é tão importante quanto o do pecado na Igreja. O conflito aberto é inevitável e doloroso. Já me perguntaram muitas vezes: "Como o senhor lida com isso?" – Eu não faço nada, não posso fazer absolutamente nada. Só posso esperar, com uma certa confiança em Deus, até que o conflito suportado com paciência e coragem produza a solução destinada a essa pessoa, e que eu mesmo não posso prever. No entanto, não permaneço passivo ou inativo, mas ajudo o paciente a compreender tudo o que o inconsciente produz durante o conflito. Acreditem, não se trata de banalidades. Pelo contrário, trata-se das coisas mais significativas com as quais já deparei. O paciente também não permanece inativo, pois deve fazer o que é certo, de acordo com suas forças, a fim de não permitir que a pressão do mal se torne excessiva nele. Assim, necessita da "justificação pelas obras", pois a "justificação pela fé'" por si só ainda não ecoou dentro dele, como em tantos outros seres humanos. A *"fé" pode substituir às vezes a falta de experiência.* Neste caso a ação real se torna indispensável. Cristo acolheu o pecador e não o condenou. A verdadeira imitação de Cristo fará o mesmo e como não se deve fazer ao outro o que não se faria a si mesmo, também devemos acolher o pecador que nós mesmos somos. E assim como não acusamos o Cristo de confraternizar

37

com o mal, também não devemos nos inculpar devido ao amor que sentimos pelo pecador que nós mesmos somos, como se isto representasse um pacto de amizade com o diabo. Melhoramos o outro através do amor e o pioramos através do ódio, o que vale também para nós mesmos. O perigo deste modo de ver equivale ao perigo da imitação de Cristo; o justo, porém, não permite que o surpreendam conversando com publicanos ou prostitutas. Devo no entanto ressaltar que a psicologia não inventou o cristianismo, nem a imitação de Cristo. Desejo que a Igreja liberte a todos do peso de seus pecados, mas a quem ela não puder prestar esse serviço só resta o recurso de curvar-se tanto na imitação de Cristo, a ponto de tomar sobre si a carga de sua própria cruz. Os antigos podiam recorrer à antiga sabedoria grega: Μηδὲν ἄγαν τῷ καιρῷ πάντα πρόσεστι καλά (Nada exagerar, todo o bem repousa na justa medida). Mas que abismo ainda nos separa da razão!

38   Abstração feita da dificuldade moral, resta um perigo que não é dos menores, podendo acarretar complicações principalmente em indivíduos com predisposições patológicas: é o fato de que os conteúdos do inconsciente pessoal (precisamente a sombra) não se distinguem a princípio dos conteúdos arquetípicos do inconsciente coletivo, por estarem ligados entre si. Quando a sombra é trazida à consciência pode arrastar consigo, à tona, os conteúdos do inconsciente coletivo. Isto pode exercer uma influência tremenda sobre a consciência, uma vez que a vivificação dos arquétipos molesta o mais frio dos racionalistas, e precisamente a ele. De fato, é este tipo de pessoa que teme a forma inferior da convicção: a superstição que, segundo acredita, o coage. Nessas pessoas, a superstição só se exprime desta forma quando se encontram num estado patológico, e não quando mantêm seu equilíbrio. Neste último caso, por exemplo, a superstição se manifesta sob a forma do medo de "ficar louco", pois tudo o que a consciência moderna não é capaz de definir é considerado como doença mental. Devemos admitir, porém, que os conteúdos arquetípicos do inconsciente coletivo assumem muitas vezes uma forma grotesca e horripilante em sonhos e fantasias. Até mesmo a consciência mais racional não é imune aos sonhos de angústia que podem perturbá-la profundamente, ou às representações obsessivas e angustiantes. A elucidação psicológica dessas imagens que não podem ser

ignoradas ou caladas conduz logicamente às profundezas da fenomenologia histórico-religiosa. A história das religiões em seu sentido mais amplo (incluindo mitologia, folclore e psicologia primitiva) representa o depósito do tesouro das formas arquetípicas; o médico colhe nesse domínio paralelos auxiliares e material comparativo eloquente destinado a tranquilizar e esclarecer a consciência gravemente perturbada em sua orientação. É indispensável, no entanto, dar às fantasias emergentes, estranhas à consciência e aparentemente ameaçadoras em relação a ela, um contexto que as aproxime da compreensão. Como a experiência mostra, isto ocorre favoravelmente através do material mitológico comparativo.

A segunda parte deste volume oferece um grande número de exemplos deste tipo. O leitor surpreender-se-á com a abundância das relações entre o simbolismo do sonho individual e a alquimia da Idade Média. Isto não é uma prerrogativa do caso citado, mas um fato universal que só me chamou a atenção há dez anos atrás, pois só então comecei a aprofundar-me seriamente no pensamento e na simbólica da alquimia.

A terceira parte contém uma introdução à simbólica da alquimia em sua relação com o cristianismo e com o gnosticismo. Sendo uma simples introdução, está longe de representar um estudo exaustivo desta área complicada e obscura, preocupando-se apenas com o traçado de um paralelo entre Christus-lapis (Cristo-pedra filosofal). Este paralelo dá ensejo de fato a uma comparação entre as representações da meta do "opus alchymicum" e as representações cristãs do centro; ambas têm um grande significado para a compreensão e interpretação das imagens que aparecem nos sonhos, assim como para sua atuação psicológica. Esta última é muito importante para a prática da psicoterapia, pois não raro os pacientes cultos e inteligentes, cujo retorno à Igreja é impossível, entram em contato com materiais arquetípicos. O médico é, pois, colocado diante de problemas impossíveis de serem dominados através de uma psicologia de orientação exclusivamente personalista. O simples conhecimento da estrutura psíquica da neurose também é insuficiente nesses casos; quando o processo atinge a esfera do inconsciente coletivo encontramo-nos diante de material *saudável,* ou seja, dos fundamentos universais da psique, com suas variações individuais. O que ajuda a compreender essas camadas mais profundas da psique é, por um lado, o conhecimento da mitologia e da psicologia primitiva e, por outro, de um modo muito especial, o conhecimento das etapas históricas preliminares da consciência moderna. A consciência atual foi modelada tanto pelo espírito da Igreja como pela ciência em cujos primórdios se ocultava muita coisa que não podia ser aceita pela Igreja. Trata-se principalmente de remanescentes do espírito da Antiguidade e do seu sentimento da natureza que não era possível extirpar, tendo encontrado um refúgio na Filosofia Natural da Idade Média. Os antigos deuses dos planetas sobreviveram a muitos séculos de cristianismo sob a forma de "spiritus metallorum" e componentes astrológicos do destino[15]. Enquanto na Igreja a diferenciação crescente de rito e dogma afastava a consciência de suas raízes naturais no inconsciente, a alquimia e a astrologia se empenhavam incessantemente em preservar da ruína a ponte que as ligava à natureza, isto é, à alma inconsciente. A astrologia reconduzia sempre a consciência ao conhecimento da "Heimarmene", isto é, da dependência do caráter e do destino de certos momentos no tempo; por seu lado, a alquimia motivava incessantemente a projeção dos arquétipos que não podiam inserir-se sem atrito no processo cristão. A alquimia movia-se de fato sempre no limite da heresia e era proibida pela Igreja. Ela desfrutou entretanto da proteção eficaz da obscuridade de seu simbolismo, que a qualquer momento podia ser explicado por uma alegoria inofensiva. Para muitos alquimistas, o aspecto alegórico se achava de tal modo em primeiro plano, que estavam totalmente convencidos de tratar-se apenas de corpos químicos. Outros, entretanto, consideravam o trabalho de laboratório relacionado com o *símbolo* e seu efeito psíquico. Tal como demonstram os textos, esses alquimistas tinham a consciência do efeito psíquico, a ponto de condenarem os ingênuos fazedores de ouro como mentirosos, trapaceiros ou extraviados. Proclamavam seu ponto de vista através de frases como esta: "aurum nostrum non est aurum vulgi" (nosso ouro não é o ouro vulgar). Seu trabalho com a matéria constituía um sério esforço de penetrar na natureza das transformações químicas. No entanto, ao mesmo tempo era – e às vezes de modo pre-

---

15. Paracelso ainda fala dos deuses no "mysterium magnum" (*Philosophia ad Athenienses,* SUDHOFF XIII, p. 387s.); bem como a obra de Abraham Eleazar [*Uraltes chymisches Werk*], influenciada por Paracelso (século XVIII).

dominante – a reprodução de um processo *psíquico* paralelo; este podia ser mais facilmente projetado na química desconhecida da matéria, uma vez que ele constituía um fenômeno inconsciente da natureza, tal como a transformação misteriosa da matéria. A problemática acima referida do processo do desenvolvimento da personalidade, isto é, do *processo de individuação,* é expressa no simbolismo alquímico.

A grande preocupação da Igreja é a "imitatio Christi", ao passo que o alquimista, na solidão e na problemática obscura de sua obra, sucumbe sem saber ou mesmo sem querer aos pressupostos inconscientes naturais de seu espírito e de seu ser, por não dispor para se apoiar de modelos claros e inequívocos como o Cristo. Os autores estudados pelo alquimista fornecem-lhe símbolos cujo sentido ele capta a seu modo, embora na realidade toquem e excitem seu inconsciente. Ironizando-se a si mesmos, os alquimistas cunharam a expressão: "obscurum per obscurius" (o obscuro pelo mais obscuro). Através deste método entregavam-se justamente ao processo do qual a Igreja pretendia libertá-los, oferecendo-lhes seus dogmas, analogias estas que em sua mais rigorosa oposição à alquimia haviam sido cortadas de sua vinculação com a natureza, ligadas que eram à figura histórica do Salvador. A unidade dos quatro, o ouro filosófico, o "lapis angularis" (pedra angular), a "aqua divina" (água divina) correspondiam na Igreja à cruz de quatro braços na qual o "Unigenitus" foi sacrificado, uma vez na história e por toda a eternidade. Os alquimistas preferiam, de modo pouco eclesiástico, a busca do conhecimento à verdade oferecida pela fé, ainda que como homens medievais se julgassem bons cristãos. Neste sentido, Paracelso é um exemplo típico. Na realidade, ocorreu-lhes o mesmo que aos homens modernos, os quais preferem ou são obrigados a preferir a experiência originária individual a um tipo de fé legada pela tradição. O dogma não é uma invenção arbitrária, nem um milagre único, apesar de ser assim descrito com a finalidade evidente de destacá-lo de sua vinculação com a natureza. As ideias centrais do cristianismo radicam na filosofia gnóstica que, conforme as leis psicológicas, desenvolveram-se forçosamente no momento em que as religiões clássicas se tornaram obsoletas. Esta filosofia baseia-se na percepção dos símbolos do processo inconsciente de individuação, o qual se desencadeia quando se desagregam as representações coletivas principais que dominam a vida

41

humana. Em tais períodos há necessariamente um certo número de indivíduos intensamente possuídos pelos arquétipos numinosos; estes últimos são impelidos à superfície, a fim de formarem as novas dominantes. A possessão revela-se quase sempre pelo fato de as pessoas possuídas se identificarem com os conteúdos. Não reconhecendo o papel que lhes é imposto como efeito dos novos conteúdos a serem descobertos, elas os encarnam exemplarmente em suas vidas, tornando-se profetas e reformadoras. Na medida em que o conteúdo arquetípico do drama cristão conseguia exprimir de modo satisfatório o inconsciente inquieto e premente da maioria, o "consensus omnium" (consentimento de todos) o elevou à categoria de verdade obrigatória para todos; isto não ocorreu, entretanto, por um ato de julgamento, mas por uma possessão irracional muito mais eficaz. Jesus tornou-se assim a imagem protetora contra todos os poderes arquetípicos que ameaçavam apoderar-se das pessoas. A boa-nova anunciava: "Já aconteceu, e já *não vos* acontecerá mais se acreditardes em Jesus, o filho de Deus!" No entanto, isto podia e pode acontecer a qualquer um que sofre a desagregação da dominante cristã. Por isso sempre houve pessoas que, não se satisfazendo com a dominante da vida consciente, buscaram por debaixo do pano ou por atalhos secundários, para seu bem ou para seu mal, a experiência originária das raízes eternas. Seguindo o fascínio do inconsciente irrequieto, puseram-se a caminho rumo ao deserto, onde, como Jesus, depararam com o filho das Trevas, o ἀντίμιμον πνεῦμα (o espírito da contrafação). Assim implorava um alquimista (e era um membro do clero!): "Horridas nostrae mentis purga tenebras, accende lumen sensibus!" (Dissipa as trevas horríveis de nosso espírito e acende a luz de nossos sentidos!) Esta frase exprimia provavelmente a experiência da "nigredo", primeiro estágio da obra, sentido como "melancholia" e que corresponde psicologicamente ao encontro com a sombra.

42   Eis por que, quando a psicoterapia moderna reencontra os arquétipos ativados do inconsciente coletivo, repete-se o fenômeno frequentemente observado em momentos de grandes transformações religiosas; mas como já dissemos isto também ocorre no indivíduo para o qual as representações dominantes já nada significam. O "descensus ad inferos" (a descida aos infernos) do *Fausto* é um exemplo desse fenômeno que consciente ou inconscientemente representa um "opus alchymicum" (obra alquímica).

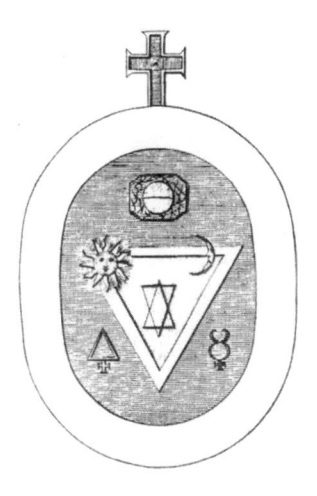

Fig. 3. Símbolo da obra alquímica.
Hermaphroditisches Sonn- und Mondskind (1752)

A problemática dos opostos suscitada pela sombra desempenha 43
um papel importante e decisivo na alquimia, uma vez que conduz à
unificação dos opostos no decorrer da obra, sob a forma arquetípica
do "hieros gamos", ou seja, das "núpcias químicas". Nesta, os opostos supremos sob a forma do masculino e do feminino (como no yang
e yin chinês) se fundem numa unidade em que os contrários desapa-
recem, unidade esta incorruptível. A condição necessária, no entanto, é que o "artifex" não se identifique com as figuras do "opus", mas
as preserve em sua forma impessoal e objetiva. Quando o trabalho alquímico era arduamente realizado no laboratório, havia um clima
psíquico favorável, pois o alquimista não tinha oportunidade alguma
de identificar-se com os arquétipos emergentes, posto que estes últimos eram projetados na substância química. O inconveniente desta
situação, no entanto, era o fato de que o alquimista se via forçado a
representar a substância incorruptível como corpo químico, e isto
era um empreendimento impossível. Daí resultou a ruína da alquimia
de laboratório e sua substituição pela química. Mas a parte anímica
da obra não desapareceu. Ela conquistou novos intérpretes, como ve-
mos por exemplo no *Fausto* e na relação significativa da psicologia
moderna do inconsciente com a simbólica alquímica.

Fig. 4. Representação do processo simbólico, que começa com o caos e termina com o nascimento da Fênix (Luz).
Tirado do frontispício do *Songe de Poliphile* (1600) organizado por Béroalde de Verville.

II

Símbolos oníricos do processo de individuação

Contribuição para o conhecimento dos processos do inconsciente manifestado nos sonhos

> ... facilis descensus Averni;
> noctes atque dies patet atri ianua Ditis:
> sed revocare gradum superasque evadere ad auras,
> hoc opus, hic labor est.
>
> ... fácil é a descida aos infernos;
> noite e dia o portão do deus sombrio está
> aberto: mas o retorno aos ares luminosos
> do céu se faz por caminhos cheios de
> provações.
> VIRGÍLIO. *Eneida*, livro VI, 126-129

1. Introdução

A. *O material*

Os símbolos oníricos do processo de individuação são imagens de natureza arquetípica que aparecem no sonho; elas descrevem o processo de busca do centro, isto é, o estabelecimento de um novo centro da personalidade. As ideias gerais de um tal processo foram expostas em meu trabalho *O eu e o inconsciente*. Por alguns motivos mencionados nesse livro tal centro é designado pelo nome de "si-mesmo", que deve ser compreendido como a totalidade da esfera psíquica. O si-mesmo não é apenas o ponto central, mas também a circunferência que engloba tanto a consciência como o inconsciente. Ele é o centro dessa totalidade, do mesmo modo que o eu é o centro da consciência.

Fig. 5. As sete virgens no processo de transformação.
Le Songe de Poliphile (1600)

45   Os símbolos que aqui serão tratados não se referem às múltiplas fases e transformações do processo de individuação, mas sim às imagens relacionadas direta e exclusivamente com a tomada de consciência do novo centro. Tais imagens pertencem a uma categoria especial, que chamo a *simbólica do mandala*. No livro *O segredo da flor de ouro*, em colaboração com Richard Wilhelm, descrevi essa simbólica com mais pormenores. No presente trabalho gostaria de apresentar em ordem cronológica uma série individual desses símbolos. O material de que disponho consiste em mais de mil sonhos e impressões visuais de um homem ainda jovem cuja formação científica deve ser sublinhada[1]. Neste estudo elaborei os 400 primeiros sonhos, distribuídos ao longo de um período de dez meses. Com o intuito de evitar qualquer influência de minha parte, incumbi uma de minhas alunas, que era então médica principiante, da observação do processo. Isto durou cinco meses. Depois, o sonhador prosseguiu as observações sozinho durante três meses. A não ser uma curta entrevista no início, antes de começar as observações, não encontrei o sonhador durante

---

1. Devo assinalar expressamente que não se trata de uma formação em História, Filologia, Arqueologia ou Etnologia. As referências ao material dessas áreas são inconscientes por parte do sonhador.

os oito primeiros meses. Assim, pois, 355 dos 400 sonhos foram sonhados independentemente de qualquer contato pessoal comigo. Apenas os últimos 45 sonhos ocorreram sob a minha observação. Não foram feitas em relação a estes interpretações dignas de nota, pois o sonhador não necessitava de minha ajuda devido à sua excelente formação científica e ao seu talento. As condições portanto eram ideais para uma observação e um registro isentos.

Em primeiro lugar, quero apresentar extratos dos 22 *sonhos iniciais*, a fim de mostrar como o simbolismo do mandala aparece precocemente e como se ajusta ao material onírico restante. Posteriormente, seleciono em ordem cronológica os sonhos que se referem especialmente ao mandala[2]. {46}

Com poucas exceções, todos os sonhos são resumidos, quer extraindo a parte referente ao conteúdo principal, quer condensando o texto e o reduzindo ao essencial. Esta operação simplificadora não só os abreviou, como também afastou alusões e complicações pessoais, o que era necessário por motivos de discrição. Apesar desta interferência duvidosa evitei, obedecendo ao melhor de meu critério e consciência, qualquer arbitrariedade e distorção do significado. Tomei as mesmas precauções na interpretação, motivo pelo qual certas passagens de sonho parecem ter sido omitidas. Se não tivesse renunciado ao uso do material completo, não teria tido condições de publicar esta série que na minha opinião é inigualável do ponto de vista da inteligência, clareza e coerência. Sinto-me feliz, portanto, em exprimir minha gratidão sincera ao "autor", pelo serviço que prestou à ciência. {47}

B. O método

Em meus trabalhos e conferências sempre fiz questão de assinalar a necessidade de renunciar a toda e qualquer opinião preconcebida, ao abordar a análise e a interpretação dos conteúdos da psique {48}

---

2. Mandala (sânscrito) significa círculo e também círculo mágico. O seu simbolismo inclui todas as figuras dispostas concentricamente, circunvoluções em torno de um centro, redondas ou quadradas, e todas as disposições radiais ou esféricas – para mencionar apenas as principais formas encontradas.

objetiva[3] , isto é, do inconsciente. Não dispomos ainda de uma teoria geral do sonho, que nos permita proceder impunemente de um modo dedutivo, assim como também não dispomos de uma teoria geral da consciência que nos permita fazer inferências. As manifestações da psique subjetiva e, portanto, da consciência só são previsíveis num grau mínimo, e não há demonstração teórica que prove a necessidade de um suposto nexo causal entre elas. Pelo contrário, devemos contar com uma alta porcentagem de arbitrariedade e do acaso (quase 100%) das complexas ações e reações da consciência. De modo semelhante não há razões empíricas e menos ainda teóricas para supor que o mesmo também não ocorra com as manifestações do inconsciente. Estas últimas são tão diversas, imprevisíveis e arbitrárias quanto as primeiras e devem também ser submetidas a múltiplas abordagens. Nas manifestações conscientes encontramo-nos na situação privilegiada de sermos interpelados, confrontados com um conteúdo cujo propósito é ser reconhecido; das manifestações "inconscientes", pelo contrário, não há uma linguagem adaptada e endereçada aos nossos sentidos, mas apenas um fenômeno psíquico que aparentemente só tem várias relações com os conteúdos conscientes. Se uma expressão consciente for incompreensível, temos o recurso de indagar o que ela significa. A psique objetiva, porém, é estranha à consciência na qual ela se exprime. Devemos obrigatoriamente aplicar o mesmo método usado para a leitura de um texto fragmentário, ou que contenha palavras desconhecidas, isto é, a consideração do contexto. Pode ocorrer que o significado da palavra desconhecida seja descoberto quando comparado com uma série de passagens que a contém. O contexto psicológico de conteúdos oníricos consiste no tecido de associações em que a expressão onírica se acha naturalmente incluída. Teoricamente nunca podemos sabê-lo de antemão; na prática isto é às vezes possível quando se tem grande experiência e exercício. Mas uma análise cuidadosa nunca se fiará demasiadamente nas regras do ofício, uma vez que o perigo do erro e da sugestão é considerável. Na análise

---

3. A respeito deste conceito, cf. meu ensaio *Das Grundproblem der gegenwärtigen Psychologie* e WOLFF. *Einführung in die Grundlagen der komplexen Psychologie*, p. 36s.

de sonhos isolados, por exemplo, este conhecimento antecipado e as pressuposições baseadas em expectativas práticas e probabilidades gerais são decididamente condenáveis. Deve-se então tomar como regra absoluta que, de início, todo sonho ou fragmento onírico seja considerado como algo desconhecido; além disso, deve-se fazer uma tentativa de interpretação apenas depois de captar o contexto. Pode-se então aplicar no texto do sonho o sentido encontrado graças à consideração do contexto, observando se disso resultará uma leitura fluente, ou se aparecerá um sentido satisfatório. Não se deve, no entanto, esperar de forma alguma que este sentido corresponda a qualquer esperança subjetiva; possivelmente e até com frequência o sonho diz algo espantosamente diverso daquilo que se espera. Se o sentido do sonho corresponder à expectativa, isso deveria até mesmo ser um motivo para desconfiança, pois, em geral, o ponto de vista do inconsciente é complementar ou compensatório em relação à consciência[4], sendo portanto algo de "diverso" e inesperado. Não contesto de modo algum a possibilidade de sonhos "paralelos", isto é, de sonhos cujo sentido coincida com a atitude da consciência ou venha em apoio desta última. Mas na minha experiência, pelo menos, estes últimos são relativamente raros.

O método que adoto neste estudo parece francamente hostil à atitude que preconizo em relação ao sonho. Parece que os sonhos são "interpretados" sem a menor consideração pelo contexto. Na realidade, não fiz de forma alguma o levantamento do contexto neste caso, pois a série de sonhos não transcorreu sob minha observação, tal como mencionei. Procedo de certo modo como se eu mesmo tivesse tido os sonhos, estando portanto em condições de fornecer-lhes o contexto.   49

Este procedimento, aplicado a sonhos *isolados* de uma pessoa praticamente desconhecida para mim, seria um erro profissional grosseiro. Mas não se trata aqui de sonhos isolados, mas de *séries* conectadas entre si, em cujo decorrer o sentido se explicita pouco a pouco por si mesmo. A série representa o contexto fornecido pelo   50

---

4. Omito intencionalmente a análise dos conceitos *complementar* e *compensatório*, por ser demasiado extensa.

Fig. 6. Uma figura materna hierarquicamente superior às deusas do destino.
THENAUD. *Traité de la cabale* (século XVI)

próprio sonhador. É como se dispuséssemos não de *um* único texto,
mas de muitos, iluminando de todos os lados os termos desconhecidos, de modo que a leitura dos vários textos já basta para esclarecer
as dificuldades de sentido de cada um deles. Além disto o terceiro capítulo desta pesquisa trata de um arquétipo bem definido, que já conhecemos há muito tempo a partir de outras fontes, o que facilita
consideravelmente a interpretação. Certamente a interpretação de

cada parte isolada é essencialmente uma conjetura, mas o desenrolar da série completa nos dá todas as chaves necessárias para corrigir erros eventuais cometidos em passagens anteriores.

É óbvio que o sonhador, enquanto esteve sob observação de minha aluna, não tomou conhecimento destas interpretações e, portanto, não foi influenciado por ideias suscitadas por elas. Baseado em minha farta experiência, considero que a possibilidade e o perigo do preconceito são superestimados. Como a experiência mostra, a psique objetiva é autônoma em alto grau. Se assim não fosse, não poderia exercer sua função própria, que é a compensação da consciência. A consciência é passível de ser domesticada como um papagaio, mas isto não se dá com o inconsciente. Por isso Santo Agostinho agradeceu a Deus por não tê-lo responsabilizado por seus sonhos. O inconsciente é uma realidade psíquica que só aparentemente pode ser disciplinada, e isto em prejuízo da consciência. Ele é e permanece alheio a todo arbítrio subjetivo e representa um âmbito da natureza que não pode ser melhorado nem deteriorado; podemos auscultar seus segredos, mas não manipulá-lo.

51

Fig. 7. O Uróboro como símbolo do Aion.
HORAPOLLO. *Selecta hieroglyphica* (1597)

2. Os sonhos iniciais

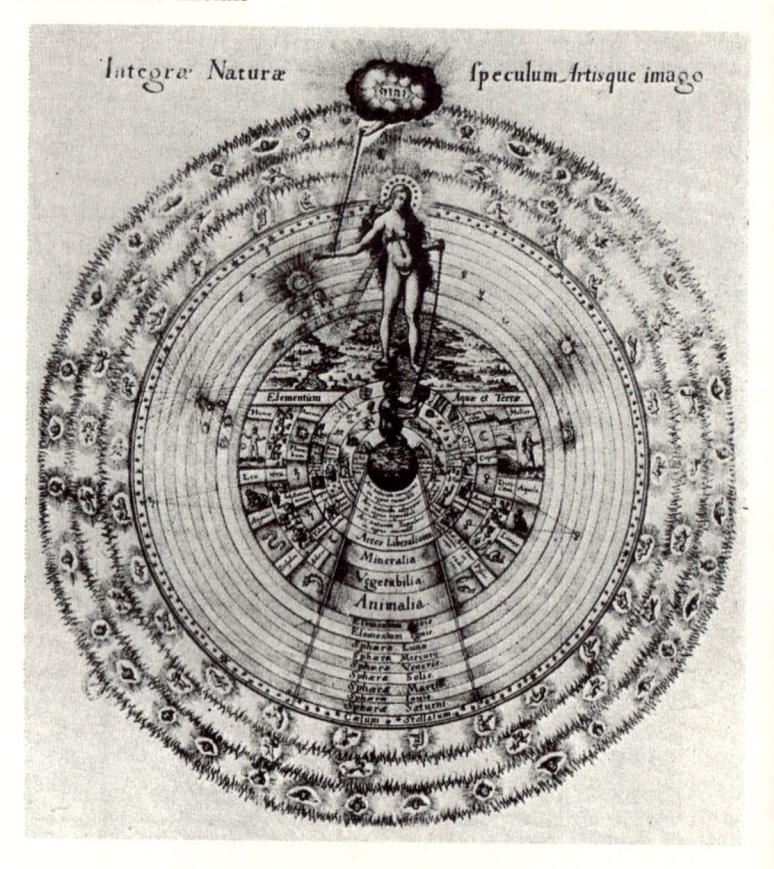

Fig. 8. A figura feminina é a "anima mundi" (lunar), guiada por Deus e a qual, por seu lado, guia o homem.
FLUDD. *Utriusque cosmi* (1617)

SONHO 1

52   *O sonhador está numa reunião social. Ao despedir-se põe um chapéu que não é seu.*

53   O chapéu, sendo aquilo que cobre a cabeça, significa em geral o que *simboliza* a cabeça. Assim como numa expressão idiomática alemã diz-se que "se coloca todas as ideias debaixo de *um chapéu*", o

chapéu recobre toda a personalidade como uma representação principal outorgando-lhe sua significação. A coroação confere ao soberano a natureza divina do Sol, o barrete doutoral, a dignidade do erudito, um chapéu *estranho*, uma natureza estranha. Meyrink utiliza este tema no *Golem,* onde o herói coloca o chapéu de Athanasius Pernath, passando então por uma vivência estranha. No *Golem* é nítido que se trata do inconsciente, e o herói é envolvido em vivências fantásticas. Ressaltemos que o significado do paralelo com o Golem tem aqui um caráter hipotético: o chapéu de um Atanásio é o de um imortal, não submetido ao tempo, homem universal e eterno, que se distingue do indivíduo único, acidental. O chapéu que cinge a cabeça é redondo como o círculo solar da coroa, contendo por isso a primeira alusão ao mandala. O nono sonho mandálico [§ 134] e o trigésimo quinto sonho [§ 254] confirmam respectivamente o atributo da duração eterna e a natureza mandálica do chapéu. Como consequência geral da troca de chapéus podemos prever um desenvolvimento semelhante ao do *Golem*, isto é, uma emergência do inconsciente. Este, com suas figuras, já está como uma sombra atrás do sonhador, pressionando para entrar na consciência.

SONHO 2

O sonhador viaja de trem e, ao ocupar todo o espaço diante de uma janela, impede a visão dos outros passageiros. Ele deve dar-lhes espaço para que vejam.   54

    O processo desencadeou-se e o sonhador descobre que está privando de luz os que estão *atrás dele,* ou seja, os componentes inconscientes de sua personalidade. Não temos olhos nas costas; por isso "atrás" é a região do invisível, isto é, do inconsciente. Liberando o espaço da janela, ou seja, da consciência, os conteúdos inconscientes tornar-se-ão conscientes.   55

IMPRESSÃO VISUAL HIPNAGÓGICA 3

Praia. O mar invade a terra, inundando tudo. O sonhador está sentado numa ilha solitária.   56

57   O mar é o símbolo do inconsciente coletivo porque sob sua superfície espelhante se ocultam profundidades insondáveis[1]. Os que estão atrás do sonhador, representando uma personificação sombria do inconsciente, irrompem a modo de uma maré na terra firme da consciência. Tais irrupções são ameaçadoras por serem irracionais e inexplicáveis à pessoa em questão. Elas acusam uma alteração significativa da personalidade, na medida em que representam um penoso segredo pessoal, isolando a pessoa e alienando-a do seu ambiente. É algo que "não se pode contar a ninguém", devido ao receio de ser acusado de sofrer de doença mental e isto não sem razão, pois algo de semelhante ocorre com os doentes mentais. Mesmo assim, há uma distância enorme entre uma irrupção intuitivamente percebida e a subjugação patológica, mas um leigo não a avalia. O isolamento pelo segredo resulta em geral numa ativação da atmosfera psíquica, numa espécie de substitutivo do contato perdido com os demais. É também uma causa de ativação do inconsciente, dando origem a algo semelhante às ilusões e alucinações que a solidão suscita nos viajantes do deserto, nos navegantes e nos santos. Provavelmente, o mecanismo de tais fenômenos tem uma explicação energética. As relações normais com os objetos do mundo se fazem às expensas de uma certa quantidade de energia. Se essa relação com o objeto é interrompida há uma "retenção" de energia que forma, por seu lado, um substitutivo equivalente. Tal como a mania de perseguição resulta de um relacionamento envenenado pela desconfiança, assim também uma realidade ilusória vem substituir a animação normal do meio ambiente e, em lugar de pessoas, começam a mover-se sombras aterradoras e fantasmagóricas. Este é o motivo pelo qual o homem primitivo povoava os lugares desertos e solitários de "diabos" e outros fantasmas.

---

1. O mar é um lugar de predileção para a gênese de visões (isto é, irrupções de conteúdos inconscientes); por exemplo a grande visão da águia, no 4° Livro de Esdras (11,1) surge do mar e a visão do "homem" (ἄνθρωπος) 13,3, 25 e 51 surge "do coração do mar". Há uma passagem sobre o mar (13,51): "Como ninguém consegue explorar nem conhecer o que está nas profundezas do mar, assim também nenhum habitante da terra pode ver meu Filho" etc.

SONHO 4

O sonhador está cercado por muitas formas femininas indistintas (fig.   58
33). Uma voz interior diz-lhe: "primeiro preciso separar-me do Pai"

Aqui, a atmosfera psíquica foi ativada pelos "succubi", usando   59
uma linguagem medieval. Lembremo-nos das visões de Santo Antão
no Egito descritas com tanta erudição por Flaubert[2]. O elemento alucinatório manifesta-se através do *pensamento em voz alta*. As palavras
"primeiro preciso separar-me" implicariam a complementação "para
depois". Pode-se supor que este complemento corresponde mais ou
menos a: "para depois seguir o inconsciente, isto é, a sedução das mulheres" (fig. 9). O Pai, enquanto representante do espírito tradicional,
como nas religiões e concepções gerais do mundo, impede-lhe o caminho, retendo o sonhador na consciência e seus valores. O mundo tradicional masculino, com seu intelectualismo e racionalismo, manifesta-se como um obstáculo. A partir disto é possível concluir que o inconsciente, com o qual o sonhador está entrando em contato, acha-se
em oposição significativa com as tendências da consciência. Por outro
lado, o sonhador revela uma atração decisiva pelo inconsciente. Este
último não deve, portanto, ser subordinado aos julgamentos racionais
da consciência, mas tornar-se uma vivência *sui generis*. O intelecto não
aceita isto facilmente, porque se trata de um "sacrificium intellectus"
que, embora não sendo total, é pelo menos parcial. Além disso, o problema aqui proposto não é de fácil compreensão para o homem moderno; este tende a compreender o inconsciente como um apêndice
inessencial e até mesmo um tanto irreal da consciência, e não como
uma esfera própria de experiência, de caráter autônomo. No desenro-
lar-se dos sonhos seguintes, tal conflito surgirá muitas vezes até encontrar a fórmula adequada para a correlação consciente-inconsciente,
que confira à personalidade a posição intermediária e correta. Um tal
conflito não pode ser resolvido pela compreensão, mas só pela vivência. Cada estágio do processo deve ser vivido plenamente. Não há interpretação ou quaisquer subterfúgios que pudessem nos enganar se
pretendêssemos contornar a dificuldade. A unificação da consciência e
do inconsciente só pode se dar gradualmente.

---

2. *La tentation de Saint Antoine.*

Fig. 9. Trata-se provavelmente da ressurreição do rei adormecido sob a forma do julgamento de Paris, com Hermes no papel de psicopompo. *Tractatus qui dicitur Thomae Aquinatis de alchimia* (1520)

60   A resistência do consciente contra o inconsciente, bem como a depreciação deste último, é uma necessidade histórica do desenvolvimento da consciência, pois de outro modo ela nunca se teria diferenciado do inconsciente. A consciência do homem moderno, porém, distanciou-se demasiadamente da realidade do inconsciente.

Ele acabou por esquecer-se que a psique não depende da nossa intenção, mas é em sua maior parte autônoma e inconsciente. Por isso o contato com o inconsciente provoca um terror pânico no homem civilizado, em boa parte devido à analogia ameaçadora que ele apresenta com a doença mental. O intelecto não tem qualquer objeção em "analisar" o inconsciente como um objeto passivo. Tal atividade corresponderia exatamente à expectativa racional. No entanto, dar livre curso ao inconsciente e vivenciá-lo como uma realidade ultrapassa a coragem e o saber do europeu médio. Este prefere não compreender este problema e para os espíritos fracos assim deve ser, pois a coisa não é isenta de perigo.

Vivenciar o inconsciente é um segredo pessoal difícil de ser comunicado e a poucos. Por isso, provoca isolamento, como já dissemos acima. O isolamento, porém, determina uma ativação compensatória da atmosfera psíquica e isto suscita o medo. As figuras que aparecem no sonho em questão são femininas, o que indica a natureza feminina do inconsciente. Trata-se de fadas, sereias tentadoras e lâmias (figs. 10,11,12 e fig. 157) que enganam o viajante solitário e o induzem ao erro. Encontram-se do mesmo modo virgens sedutoras no início da nekyia[3] de Polifilo[4] (fig. 33). A melusina de Paracelso[5] pertence à mesma espécie de figuras.

IMPRESSÃO VISUAL 5

Uma serpente traça um círculo em torno do sonhador, que está enraizado como uma árvore no chão.

---

3. Nekyia νεκυια de νέκυς (cadáver), título do 11° Canto da *Odisseia*, é um sacrifício aos mortos para exorcizar os falecidos que se encontram no Hades. Nekyia é, portanto, um termo adequado para designar "a viagem para o Hades", a descida ao país dos mortos, também utilizado neste sentido por Dieterich em seu comentário do Codex de Akhmim, que contém um fragmento apocalíptico do evangelho segundo São Pedro *(Nekyia: Beiträge zur Erklärung der neuentdeckten Petrusapokalypse)*. A *Divina Comédia*, a "clássica Noite de Walpurgis" do *Fausto*, "2ª parte, e os apócrifos sobre a descida de Cristo aos infernos são exemplos típicos do conceito de Nekyia.

4. Cf. a edição francesa de Colonna. *Le Songe de Poliphile* [org. por Béroalde de Verville; fig. 4 deste vol.].

5. Mais pormenores em meu livro *Paracelsus als geistige Erscheinung* (Estudos alquímicos) [§ 179s. e 214s.].

63   Traçar um círculo protetor (fig. 13) é um antigo recurso usado
por todos os que se propõem a realizar um projeto estranho e secreto. Desta forma protegem-se dos "perils of the soul" (perigos da
alma) que ameaçam de fora quem quer que se isole por um segredo.
Por outro lado, usa-se também tal recurso desde os tempos mais remotos, a fim de delimitar um território sagrado e inviolável; assim, o
"sulcus primigenius", por exemplo, era traçado por ocasião da fundação das cidades[6] (fig. 31). O fato de o sonhador estar enraizado no
centro é uma compensação de seu impulso quase irresistível de fugir
do inconsciente. Depois desta visão, é tomado por uma sensação
agradável de alívio e com razão, porquanto conseguiu criar um τέμε-
νος[7] protegido, um espaço tabu, no qual poderá vivenciar o inconsciente. Assim, seu isolamento, antes tão inquietante, é assumido e adquire um sentido e objetivo que o livram de seu caráter aterrador.

Fig. 10.   Fig. 11. Melusina bicéfala   Fig. 12. Sereia
Melusina   ELEAZAR. *Uraltes chymisches*   com máscara
                                Werk (1760)

6. KNUCHEL. *Die Umwandlung in Kult, Magie und Rechtsgebrauch*.

7. Um pedaço de terra delimitado, muitas vezes um bosque, consagrado a Deus.

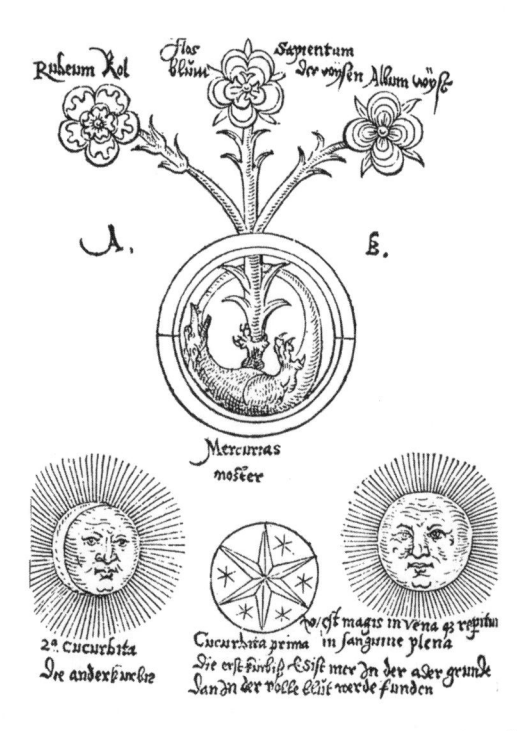

Fig. 13. O Uróboro devorando a cauda, como matéria-prima do processo
alquímico, com a rosa vermelha e branca, "flos sapientum" (a flor dos sábios).
Embaixo: "coniunctio solis et lunae" (conjunção do sol e da lua). No
centro: o "lapis philosophorum" (pedra filosofal) como o filho.
Pandora (1588)

IMPRESSÃO VISUAL 6 (que se segue imediatamente à precedente)

Uma figura feminina oculta em véus está sentada nos degraus de uma   64
escada.

O tema da mulher desconhecida que tecnicamente designamos   65
por anima[8] aparece aqui pela primeira vez. É uma personificação da
atmosfera psíquica ativada, tal como o grupo de figuras femininas indistintas do sonho 4. A partir deste momento, a figura da mulher desconhecida repetir-se-á em vários sonhos. A personificação significa

---

8. Sobre a definição da "anima", cf. JUNG. *O eu e o inconsciente* [§ 296s.].

sempre uma atividade autônoma do inconsciente. O aparecimento de figuras personificadas indica que o inconsciente começou a atuar. A atividade de tais figuras tem não raro um caráter *antecipador,* podendo prenunciar uma atividade que o sonhador exercerá no futuro. Neste caso, trata-se de uma escada que indica o movimento de subir ou descer (fig. 14).

Fig. 14. O sonho de Jacó.
Aquarela de Blake

Como o processo que se desenrola em tais sonhos tem uma ana-   66
logia histórica com os *ritos de iniciação*, não seria supérfluo lembrar
que a escada planetária de sete degraus desempenha um papel considerável nesses ritos, segundo nos relata por exemplo Apuleius. As
iniciações do sincretismo no fim da Antiguidade, fortemente impreg-
nadas pela alquimia (cf. as visões de Zósimo)[9], ocupam-se especialmente com o movimento "ascensional", isto é, com a *sublimação*. A
ascensão é frequentemente representada por uma escada (fig. 15);
daí, a oferenda funerária egípcia de uma pequena escada para o *ka*
dos mortos[10]. A ideia da ascensão através dos sete círculos planetários significa o regresso da alma à divindade solar seu lugar de origem, tal como nos ensina Firmicus Maternus[11] . O mistério de Ísis
descrito por Apuleius[12] culmina naquilo que a alquimia do começo
da Idade Média (remontando diretamente à cultura alexandrina[13]
como nos foi transmitida pela tradição árabe) designa como "solificatio" (solarização): o iniciado é então coroado como Helios.

IMPRESSÃO VISUAL 7

A mulher velada descobre seu rosto que é radiante como o sol.   67

Consuma-se a "solificatio" na anima. Este processo corresponde   68
certamente à "illuminatio" (iluminação). Esta representação por assim dizer mística está em oposição extrema à atitude racional da
consciência, a qual reconhece apenas a visão intelectual como forma
suprema da compreensão e do conhecimento. Esta atitude não leva
em conta o fato de que o conhecimento científico satisfaz apenas a
pequena ponta emergente da personalidade que nos é contemporâ-

---

9. Zósimo viveu por volta do ano 300 d.C. Cf. REITZENSTEIN. *Poimandres,* p. 8s. e
BERTHELOT. *Collection des anciens alchimistes grecs* III, I, 2.

10. A referência ao tema da escada é confirmada nos sonhos 12 e 13. Cf. tb. com a escada de Jacó (fig. 14).

11. "Animo descensus per orbem solis tribuitur" [Diz-se que o espírito desce pela órbita do sol]. (*De errore profanarum religionum.*)

12. *O asno de ouro.*

13. Cf. RUSKA. *Turba Philosophorum.*

Fig. 15. A "scala lapidis" (a escada da pedra) representando
os estágios do processo alquímico.
Emblematical Figures of the Philosophers' Stone (século XVII)

nea; não satisfaz, porém, a psique coletiva[14] cujas raízes mergulham
na bruma da pré-história, sempre exigindo um rito especial para entrar em contato com a consciência contemporânea. É, pois, evidente

---

14. Cf. o conceito do inconsciente coletivo em JUNG. *Psychologische Typen*. Definição ["Inconsciente, o"].

que se prepara um *esclarecimento* do inconsciente, que tem mais o caráter da "illuminatio" do que o da "explicação" racional. A "solificatio" (solarização) está infinitamente distante da consciência que a julga uma quimera.

IMPRESSÃO VISUAL 8

Um arco-íris devia ser usado como ponte, mas não se deve passar por   69
cima e sim por baixo dele. Quem passar por cima sofre uma queda mortal.

Só os deuses conseguem caminhar sobre a ponte do arco-íris; os   70
mortais sucumbiriam na queda, pois o arco-íris é apenas uma bela aparência traçada no céu e não um caminho para os seres humanos corpóreos. Estes devem passar "por baixo" (fig. 16). Mas sob as pontes a *água* flui, seguindo seu declive natural. Esta alusão será confirmada posteriormente.

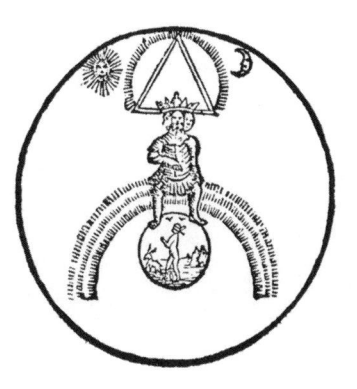

Fig. 16. O "mercurius tricephalus" representado como Anthropos;
embaixo: o homem de olhos vendados guiado pelo animal.
KELLEY. *Tractatus duo de Lapide philosophorum* (1676)

SONHO 9

Uma campina verde onde pastam muitas ovelhas. É o "pais das ovelhas".   71

Este fragmento estranho e impenetrável à primeira vista poderia   72
provir de impressões da infância, particularmente de representações religiosas (que não são muito alheias ao contexto do sonho), assim como, por exemplo, "O Senhor me apascenta em verdes campinas",

ou a alegoria do pastor e das ovelhas no cristianismo primitivo[15] (fig. 18). O fragmento seguinte aponta algo semelhante.

Fig. 17. O Artifex (ou Hermes) como pastor de "Aries" e "Taurus" que representam os impulsos primaveris, o começo do "opus".
Tractatus qui dicitur Thomae Aquinatis de alchimia (1520)

Fig. 18. Cristo, como pastor.
Mosaico do Mausoléu de Galla Placidia. Ravena (424-451)

---

15. A origem imediata do simbolismo cristão do carneiro encontra-se nas visões do Livro de Henoc 89, 10s. (O Apocalipse de Henoc remonta mais ou menos ao início do último século antes do nascimento de Cristo). [*Die Apokryphen und Pseudoepigraphen des Alten Testaments*, p. 291s.].

IMPRESSÃO VISUAL 10

A mulher desconhecida está no país das ovelhas e mostra o caminho.   73

A anima, que já antecipara a "solificatio" (solarização), apresen-   74
ta-se aqui como o psicopompo que indica o caminho[16] (fig. 19). O caminho principia no país das crianças, isto é, no tempo em que a consciência racional do presente ainda não se separara da alma histórica,
do inconsciente coletivo. Esta separação, na verdade, é indispensável, mas conduz a um tal distanciamento da psique pré-histórica nebulosa, que ocorre uma perda do instinto. Isto acarreta uma atrofia
da vida instintiva e consequentemente uma desorientação nas situações humanas em geral. A separação mencionada faz com que o "país
das crianças" permaneça definitivamente infantil, tornando-se uma
fonte perpétua de tendências e impulsos infantis. É evidente que esses intrusos não são bem-vindos pela consciência, que se esforça por
reprimi-los. Tal repressão serve apenas para estabelecer um distanciamento maior da origem, agravando a falta de vida instintiva a ponto
de tornar-se uma ausência de alma. Como resultado disto, a consciência é inteiramente inundada pelo infantilismo ou então vê-se obrigada
a defender-se constantemente e em vão deste último através de uma
senilidade cínica ou mediante uma resignação amarga. É preciso reconhecer, portanto, que apesar do inegável sucesso da atitude racional
da consciência hodierna, sob muitos aspectos ela é infantilmente inadequada e, portanto, hostil à vida. Esta, tendo sido dessecada e blo-
queada, exige que se busque a fonte. Mas a fonte só será encontrada se
a consciência resignar-se a retornar ao "país das crianças" a fim de nele
receber, como antes, as diretivas do inconsciente. É infantil não apenas
aquele que permanece criança por muito tempo, mas aquele que sepa-
rando-se da infância pensa que ela não existe mais porque não a vê.
Entretanto, quem retorna ao "país das crianças" receia tornar-se infantil, pois não sabe que tudo o que é autenticamente anímico tem uma
dupla face: uma voltada para a frente, outra para trás. Ela é ambígua
e, portanto, simbólica como toda realidade viva.

---

16. Em Henoc o chefe e príncipe também aparece sob a forma de carneiro ou bode
(op. cit., p. 89,48).

75   No estado consciente mantemo-nos num cume e pensamos pue-
rilmente que o caminho que prossegue leva ainda a maiores alturas.
Esta é a quimérica ponte do arco-íris. Na realidade, para atingir o
cume seguinte, teremos primeiro que descer àquele país onde os caminhos apenas começam a separar-se.

Fig. 19. A "alma" como guia do caminho.
Aquarela de Blake para o Purgatório de Dante. Canto IV

SONHO 11

Uma voz *diz: "És ainda uma criança".* 76

Esse sonho impõe o reconhecimento de que mesmo uma cons- 77
ciência diferenciada não é isenta de infantilidade e que, portanto, é
necessária uma volta ao mundo da infância.

SONHO 12

Passeio perigoso com pai e mãe, subindo e descendo muitas escadas. 78

A consciência infantil está sempre ligada a pai e mãe, nunca está 79
só. A volta à infância é sempre um regresso ao lar de pai e mãe, à carga do não ego psíquico representado pelos pais e toda sua longa e significativa história. A regressão significa uma dissolução nas determinantes históricas hereditárias, de cujo cerco só se escapa com grande
esforço. A pré-história psíquica é o espírito da gravidade, que exige
degraus e escadas porque não pode voar, a modo do intelecto, sem
corpo e sem peso. A dissolução na multiplicidade das determinantes
históricas se assemelha ao extravio e a um tipo de desorientação na
qual até o que é certo parece um erro alarmante.

Como afirmamos anteriormente, o tema dos degraus e das esca- 80
das (fig. 14 e 15) indica o *processo de transformação* anímica e suas
peripécias. Zósimo dá-nos um exemplo clássico disso, com sua ascensão e descida pelos quinze degraus de luz e escuridão[17].

Não podemos libertar-nos da infância sem trabalhar exaustiva- 81
mente esse tema, o que sabemos desde as investigações de Freud. O
simples conhecimento intelectual não basta, pois só é eficaz uma re-
memoração que seja ao mesmo tempo *vivenciada de novo.* Muitas
coisas irresolvidas ficam para trás devido ao rápido escoar dos anos e
ao afluxo invencível do mundo que acaba de ser descoberto. Mas não
nos *livramos* dessas coisas, apenas nos *afastamos* delas. Se muito tempo depois evocarmos novamente a infância, nela encontraremos
muitos fragmentos vivos da própria personalidade, que nos agarram,
e somos invadidos pelo sentimento dos anos transcorridos. Esses

---

17. BERTHELOT. Op. cit. III, I, 2. Cf. a minha dissertação: *Einige Bemerkungen zu
den Visionen des Zosimos.*

fragmentos permanecem num estágio infantil e por isso são intensos e imediatos. Só através de sua religação com o consciente adulto poderão ser corrigidos, perdendo seu aspecto infantil. O "inconsciente pessoal" deve sempre ser resolvido em primeiro lugar, isto é, deve ser integrado na consciência. De outro modo, o acesso ao inconsciente coletivo tornar-se-ia impossível. A viagem com pai e mãe, subindo e descendo muitas escadas, corresponde a esta conscientização de conteúdos infantis ainda não integrados.

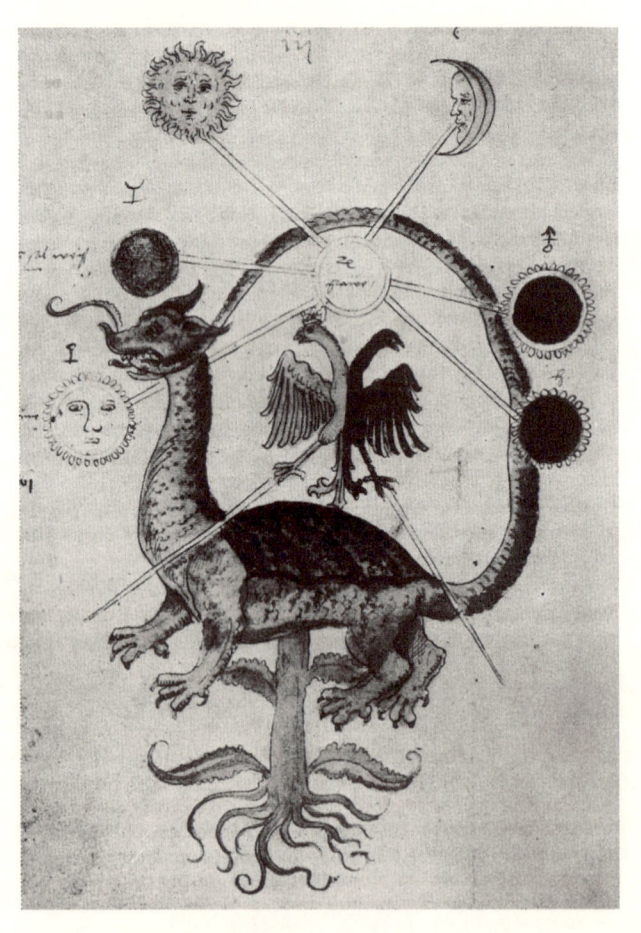

Fig. 20. Os seis planetas unificados no sétimo. Mercúrio, representado pelo Uróboro, e a águia dupla vermelha e branca (hermafrodita). *Tractatus qui dicitur Thomae Aquinatis de alchimia* (1520)

Fig. 21. Os sete deuses dos planetas no Hades.
MYLIUS. *Philosophia reformata* (1622)

SONHO 13

O pai grita ansioso: "Este é o sétimo!" 82

No passeio pelas escadas deve ter ocorrido um acontecimento ao 83
qual o pai se refere como sendo "o sétimo" (fig. 20). O "sete" corresponde ao degrau mais elevado e seria, do ponto de vista iniciático, a
meta almejada (fig. 28). No sentido do espírito tradicional, porém, a
"solificatio" (solarização) é uma ideia excêntrica, mística, nos limites
da loucura, uma vez que tais absurdos só eram pensados antigamente, nos tempos da superstição nebulosa. O mundo mental, lúcido e
purificado da nossa época esclarecida já superou essas brumas há
muito tempo e a tal ponto, que só nos hospícios se albergam iluminados dessa natureza. Não admira, pois, que o pai se encontre ansioso,
como a galinha que chocou ovos de pata e entra em desespero, cons-
tatando as tendências aquáticas de sua prole. Se for correta a interpretação de que o "sétimo" corresponde ao degrau máximo da iluminação, o processo da integração do inconsciente pessoal deveria em
princípio estar concluído. No estágio seguinte começaria a abertura
do inconsciente coletivo, o que explica a ansiedade do pai no sonho,
como representante do espírito tradicional.

84   A volta às brumas originárias do inconsciente, porém, não implica que se deva renunciar inteiramente à conquista valiosa dos antepassados, isto é, à diferenciação da consciência. Trata-se mais da questão de o *homem* ocupar o lugar do intelecto, mas não aquele que o sonhador imagina e sim alguém mais "arredondado" ou completo. Isto significa que muita coisa deve ser assimilada no âmbito da personalidade, ainda que no momento tal coisa pareça penosa ou mesmo impossível. O pai que grita tão ansiosamente: "Este é o sétimo!" é um componente psíquico do sonhador, e a ansiedade também é sua. Consequentemente, a interpretação deve levar em consideração que o "sétimo" não é apenas um ápice, mas também pode significar algo de desfavorável. Encontramos este tema, por exemplo, no conto do Pequeno Polegar e do Ogre. O Pequeno Polegar é o caçula de sete irmãos. Sua estatura de anão e sua esperteza são inofensivas, mas é ele quem conduz seus irmãos à cabana do Ogre, demonstrando sua dupla natureza, portadora de sorte ou de infortúnio. Em outras palavras, ele é também o Ogre. Desde a Antiguidade, o "sete" representa os sete deuses planetários (fig. 20); estes últimos formam aquilo que as inscrições das pirâmides designam por "paut neteru", uma sociedade de deuses[18] (figs. 21, 23). Se bem que uma sociedade signifique os "nove", frequentemente não se trata de nove, mas de dez ou mais componentes. Maspero[19] afirma que principalmente o primeiro e o último da série são capazes de desenvolvimento ou de desdobramento, sem alterar o número nove. Algo de semelhante ocorreu ao "paut" clássico dos deuses greco-romanos ou babilônicos na época pós-clássica, quando os deuses se retiraram: uma parte, em direção aos astros distantes e outra, que se degradou ao nível de demônios, nos metais dentro da terra. Tornou-se então claro que Hermes-Mercúrio, enquanto deus ctônico da manifestação e espírito do mercúrio, possuía uma natureza dupla, razão pela qual era considerado um hermafrodita (fig. 22). Enquanto planeta Mercúrio ele é o mais próximo do sol, o que indica também sua maior afinidade com o ouro. Enquanto metal, o mercúrio dissolve o ouro e apaga seu brilho solar. Durante toda a Idade Média constituiu o objeto misterioso da

---

18. Budge (*The Gods of the Egyptians* I, p. 87) a designa por "company of the gods".

19. *Études de mythologie* II, p. 245.

especulação dos filósofos da natureza: ora era um espírito serviçal e útil, um πάρεδρος (paredros: literalmente, o assistente, o companheiro) ou "familiaris" (espírito familiar); ora era o "servus" ou o "cervus

Fig. 22. Mercúrio no "ovo dos filósofos" (vaso alquímico) está de pé sobre o sol e a lua, enquanto "filius", o que alude à sua dupla natureza. Os pássaros indicam a espiritualização e os raios ardentes do sol fazem amadurecer o "homunculus" no vaso.
Mutus liber (1702)

fugitivus" (o escravo ou o cervo fugitivo), um duende que levava os alquimistas ao desespero, evasivo, enganador e trocista[20], multiplicidade de atributos que tinha em comum com o diabo; citemos, dentre eles, o dragão, o leão, a águia, o corvo, que são os principais. Na hierarquia alquímica dos deuses, ele é o mais baixo, como "prima materia", e o mais alto, como "lapis philosophorum". O "spiritus mercurialis" (fig. 23) é o guia (Hermes psicopompo; fig. 146) e o sedutor dos alquimistas, sua boa sorte e sua perdição. Sua natureza dupla o torna apto para ser não só o sétimo, como também o oitavo, ou seja, o oitavo no Olimpo, "no qual ninguém ainda pensara" (*Fausto, 2ª* parte).

---

20. Cf. o divertido diálogo entre o alquimista e Mercurius no *Dialogus* (*Theatrum chemicum,* 1613, IV, p. 509s.).

85   O leitor talvez achará estranho que lancemos mão de um campo
tão distante como a alquimia medieval. A "arte negra", porém, não é
tão remota quanto se pensa; o sonhador, como homem culto, devia
ter lido o *Fausto*. Este último é um drama alquímico do começo ao
fim, embora o homem culto de hoje tenha apenas uma vaga ideia disto. Apesar de nossa consciência estar longe de uma compreensão total, o inconsciente percebe "os arcanos sagrados imemoriais" e à primeira ocasião os evoca. Talvez tenha ocorrido ao nosso paciente,
com a leitura do *Fausto*, o mesmo que aconteceu ao jovem Goethe ao
ler Theophrastus Paracelsus, em companhia de Fräulein von Kletten-
berg, em Leipzig[21] . Como podemos supor, foi nessa época que o misterioso quiproquó do sete e do oito gravou-se em sua consciência,
sem que esta o tenha decifrado. A ligação com o *Fausto* não é despro-
positada, tal como revela o sonho seguinte.

SONHO 14

86   *O sonhador encontra-se na América, procurando um empregado de*
cavanhaque. Diz-se que todas as pessoas têm um empregado assim.

87   A América é um país onde as coisas são encaradas de um ponto
de vista prático e direto, sem a sofisticação europeia. Lá, procura-se
manter o intelecto em seu papel de empregado. Isto soa como um crime de lesa-majestade, que poderia suscitar escrúpulos, mas é algo
tranquilizador constatar que todas as pessoas (na América) fazem o
mesmo. O "cavanhaque", ou melhor, o "barbicha" é o velho e conhecido Mefistófeles, "empregado" de Fausto. A ele, porém, não é dado
triunfar decisivamente de Fausto, apesar deste último ter ousado descer ao caos sinistro da alma histórica, assumindo as vicissitudes e pre-
cariedades da vida que irrompem da plenitude do caos.

88   Questionando posteriormente o sonhador, este reconheceu a
natureza mefistofélica do "homem de cavanhaque". A versatilidade
intelectual, bem como os dons criativos e as tendências científicas são
atributos do Mercúrio astrológico. O homem de cavanhaque representa portanto o intelecto e é apresentado pelo sonho como o "fami-

---

21. *Dichtung und Wahrheit* [GOETHE].

Fig. 23. O vaso místico, no qual se unem as duas naturezas (Sol e Lua, Caduceu), gerando o "filius hermaphroditus", o Hermes Psicopompo; de cada lado, os seis deuses planetários.
Figurarum aegyptiorum secretarum... (século XVIII)

liaris", isto é, o espírito serviçal, que não deixa de ser um pouco perigoso. Desta forma, o intelecto é degradado de sua posição inicial suprema, passando para o segundo lugar, e marcado a fogo pelo demoníaco. Isto não significa que só agora se tivesse tornado demoníaco – já o era antes, mas o sonhador não percebera que estava possuído pelo intelecto, tacitamente reconhecido como instância suprema. Assim lhe fora dada a possibilidade de examinar mais de perto a função que até então dominara incontestavelmente e de modo decisivo sua vida anímica. Com Fausto, ele poderia dizer: "Então era esse o cerne da questão!" Mefistófeles é o aspecto diabólico de toda função psíquica que escapa à hierarquia da totalidade, assumindo a autonomia e o domínio absolutos (fig. 36). Este aspecto, porém, só será per-

cebido quando a função se separa e se objetiva, ou seja, personifican-
do-se tal como no sonho em questão.

89   É curioso constatar que o "homem de cavanhaque" também aparece na literatura alquímica, como por exemplo no *Güldener Tractat
vom Philosophischen Stein*[22] , escrito em 1625; numa "parábola" que
nele figura, elaborada do ponto de vista psicológico por Herbert Silberer[23] , aparece um jovem filósofo de cavanhaque preto entre velhos filósofos barbudos. Silberer hesita em reconhecer o diabo nesta figura.

90   Mercúrio, enquanto mercúrio químico, presta-se perfeitamente
à caracterização do elemento "líquido", isto é, da mobilidade da
mente (fig. 24). Para os alquimistas, portanto, o mercúrio ora é um
"espírito", "spiritus", ora água, "aqua permanens", que nada mais é
do que o "argentum vivum".

SONHO 15

91   *A mãe do paciente derrama água de uma bacia para outra.* (Somente
no 28° sonho o paciente se lembra de que essa bacia era da irmã.)
*Esta ação é realizada com a maior solenidade; seu significado é de im-
portância para o mundo circunstante. Depois, o sonhador é rejeitado
pelo pai.*

92   Defrontamo-nos aqui de novo com o tema da troca (v. sonho 1).
Uma coisa é colocada em lugar de outra. O "pai" é eliminado e então
começa a ação da "mãe". Assim como o primeiro representa a consciência coletiva, o espírito tradicional, a mãe figura o inconsciente coletivo, a fonte da água da vida[24] (fig. 25). (v. o significado materno da
πηγή[25], do "fons signatus"[26] como atributo de Maria etc. – fig. 26). O
inconsciente troca a localização das forças vitais, o que indica uma
mudança do ponto de vista. A associação feita posteriormente pelo
sonhador permite-nos reconhecer quem se torna agora a origem da

---

22. Publicado em *Geheime Figuren der Rosenkreuzer*.

23. *Probleme der Mystik und ihrer Symbolik*.

24. Água como origem, cf., por exemplo a cosmogonia egípcia.

25. WIRTH. *Aus orientalischen Chroniken*, p. 199.

26. [fonte selada] *Cântico dos Cânticos* 4,12.

Fig. 24. Todas as atividades subordinadas ao Mercúrio.
Manuscrito de Tübingen (cerca de 1400)

fonte da vida: é a "irmã". O filho é subordinado à mãe e está em pé de igualdade com a irmã. A degradação do intelecto o liberta da dominação do inconsciente e, portanto, do infantilismo. A irmã é um remanescente do passado, mas sabemos através de sonhos posteriores que ela era a portadora da imagem da anima. Temos, portanto, o direito de supor que a transferência da água da vida para a irmã significa no fundo *a substituição da mãe pela anima*[27].

---

27. Na verdade é um processo de vida normal, que no entanto em geral se desenvolve de modo totalmente inconsciente. A anima é um arquétipo, que está sempre presente. (Cf. JUNG. *Psychologische Typen*. Definições ["Alma", "imagem anímica"] e *O eu e o inconsciente*.) A mãe é a primeira portadora desta imagem e isso lhe confere um poder de fascínio sobre o filho. Via irmã e outras figuras semelhantes, este poder se transfere à mulher amada.

Fig. 25. A fonte da vida como "Fons mercuriallis".
Rosarium philosophorum (1550)

93   A anima torna-se assim um fator dispensador de vida, uma realidade anímica em profunda oposição ao mundo paterno. Quem poderia – sem pôr em risco sua saúde mental – confiar a direção de sua
vida às diretivas provindas do inconsciente? E isso, supondo que alguém fosse capaz de entender o que isso representaria. Quem quer
que o faça compreenderá sem dificuldade a ofensa monstruosa que
uma tal mudança significa para o espírito tradicional, e em primeiro
lugar para aquele espírito que, na Igreja, revestiu um corpo terrestre.
Foi esse deslocamento sutil, do ponto de vista psíquico, que motivou
no caso dos alquimistas um tipo de comportamento propositalmente
misterioso, o qual determinou por sua vez todos os tipos de heresia.
É lógico, portanto, que o pai rejeite o filho, sinal de *excomunhão*
(convém notar que o sonhador é católico). Mas quem quer que reco-
nheça a realidade da psique e a tome pelo menos como um fator ético
e codeterminante ofende o espírito tradicional que há muitos séculos
vem regulamentando o ser anímico a partir de fora, através de insti-
tuições e também da razão. Não que o instinto irracional se rebele
por si mesmo contra a ordem solidamente estabelecida e é bom ressaltar que ele mesmo é, por sua lei interna, a estrutura mais sólida e o
fundamento originário criador de toda ordem vigente. Mas justa-

mente pelo fato de este fundamento ser criador, toda a ordem que dele promana – mesmo em sua forma mais divina – é passagem e transitoriedade. O estabelecimento da ordem e a dissolução do já estabelecido, contra toda aparência externa, escapam no fundo à arbitrariedade humana. O segredo reside no fato de que só tem vida *aquilo* que por sua vez pode suprimir-se a si mesmo. É bom que tais coisas sejam de difícil compreensão e que usufruam de um estado salutar de ocultação; os espíritos fracos são facilmente perturbados e confundidos por elas. O dogma, quer seja de natureza confessional, filosófica ou científica, oferece uma proteção eficaz contra tais perigos e a excomunhão é uma consequência necessária e útil, do ponto de vista social.

A água, isto é, *o* inconsciente, que a mãe derrama na bacia da anima, é um símbolo excelente da vitalidade do ser anímico (cf. tb. fig. 152). Os velhos alquimistas não se cansavam de inventar sinônimos expressivos que a designassem. A "aqua nostra" (nossa água) também era chamada "mercurius vivus" (mercúrio vivo), "argentum vivum" (prata viva), "vinum ardens" (vinho ardente), "aqua vitae" (água da vida), "succus lunariae" (suco lunar) etc., termos mediante os quais pretendiam caracterizar um ser vivo e não alheio à materialidade, em oposição à incorporalidade obrigatória do espírito abstrato. A expressão "succus lunariae" indica com suficiente clareza sua origem noturna, e "aqua nostra", assim como "mercurius vivus" apontam para o caráter terrestre da fonte. O "acetum fontis" (ácido da fonte) é uma poderosa água corrosiva que por um lado dissolve todas as coisas criadas e por outro conduz à mais durável de todas as criações: o misterioso "lapis" (a pedra). **94**

Tais analogias podem parecer muito remotas. Remeto portanto o leitor aos sonhos 13 e 14 da seção seguinte, onde este simbolismo é retomado[28]. A importância da ação "para o ambiente", percebida **95**

---

28. Os paralelos citados provêm principalmente da literatura latina dos séculos XII a XVII. Um dos textos mais interessantes é o *Rosarium Philosophorum*. Seu autor é anônimo. É manifestamente um "filósofo", que parece consciente do fato de não se tratar de uma vulgar fabricação de ouro, mas de um segredo "filosófico". O *Rosarium* foi editado pela primeira vez sob o título *Rosarium philosophorum. Secunda pars alchimiae de lapide philosophorum vero modo praeparando*, continens exactam eius scientiae progressionem. Foi reproduzido em *Bibliotheca chemica curiosa* [org. por MANGET(US)] II, p. 87s.; e também em *Artis auriferae* II, p. 204s. As minhas citações foram tiradas em sua maioria desta última.

Fig. 26. Maria, cercada de seus atributos. (O jardim fechado quadrangular, o templo redondo, a torre, a porta, o poço e a fonte, assim como a palmeira e o cipreste; árvores da vida, símbolos do feminino.)
Pequena imagem de devoção do século XVII

Fig. 27. A influência regeneradora da conjunção sol-lua sobre o banho.
Biblioteca Ambrosiana, Codex I

pelo próprio sonhador, mostra o alcance coletivo do sonho, importância que se exprime também na decisão que influenciará fortemente a atitude do sonhador.

96   A opinião segundo a qual "extra ecclesiam nulla salus" (fora da Igreja não há salvação) repousa sobre o fato de que uma instituição é um caminho seguro e viável, que possui uma meta certa, visível ou definível, e que, portanto, fora dela não é possível encontrar caminhos, nem metas. Não podemos subestimar o tremendo significado do sentimento de se estar perdido no caos, embora se saiba que esse estado é a "conditio sine qua non" de toda renovação do espírito e da personalidade.

SONHO 16

97   *Diante do sonhador, um Ás de paus. Ao lado deste aparece um sete.*

98   O ás, sendo 1, é a carta mais baixa do baralho, e a mais alta pelo valor. O ás de paus, por ser cruciforme, indica o símbolo cristão[29]. No dialeto suíço-alemão, o naipe de paus também é chamado "Chrüüz" (cruz). As três folhas aludem também à tríplice natureza do Deus *uno*. O mais baixo e o mais alto significam princípio e fim, o A e o Ω.

99   O sete aparece depois do ás de paus, e não antes. Assim sendo, o enunciado deve ser o seguinte: primeiro, o conceito cristão de Deus e a seguir os sete (degraus). Estes significam a transformação (fig. 28). A transformação começa com o símbolo da trindade e da cruz e, de acordo com as alusões arcaizantes dos sonhos anteriores 7 e 13, culminaria na "solificatio" (solarização). No entanto, aqui não há referência a esta solução. Conhecemos uma passagem, de origem medieval, diversa do retorno ao Hélio clássico, tentado sem êxito por Juliano o Apóstata. Trata-se da passagem para a *rosa,* expressa pela fórmula "per crucem ad rosam" (pela cruz à rosa), que foi condensada no fim da Idade Média pela "Rosa-Cruz". A essência solar do sol celeste desce para a flor, réplica terrestre da face do sol (fig. 29). (A qualidade solar também está contida no símbolo da "flor de ouro" da

---

29. Cf. o Sonho 23 [§ 212 e 220].

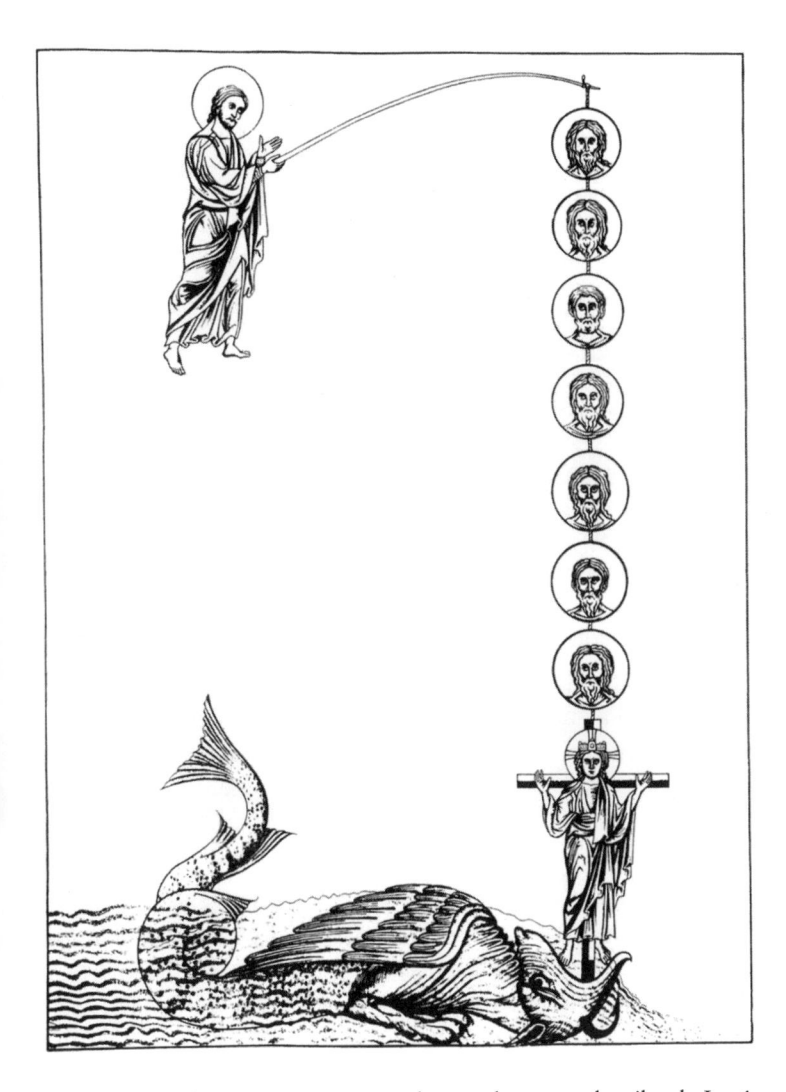

Fig. 28. A pesca do Leviatã com a vara de sete elementos da tribo de Jessé, tendo por isca o crucifixo.
HERRAD VON LANDSBERG. *Hortus deliciarum* (ca. 1180)

Fig. 29. A rosa de sete pétalas, enquanto alegoria dos sete planetas, dos
sete degraus da transformação etc.
FLUDD. *Summum bonum* (1629)

alquimia chinesa[30].) Uma última reminiscência nostálgica da "rosa"
pode ter sido a "flor azul" dos românticos: ela volta a olhar, de um
modo tipicamente romântico, para as ruínas dos claustros medievais,

---

30. Igualmente na "Flor de ouro" da alquimia (fig. 30). Cf. SENIOR ADOLPHUS,
Occulta philosophia. A flor de ouro vem do grego χρυσάνθιον (BERTHELOT, op.
cit. III, XLIX, 19) χρυσάνθεμον = flor de ouro, planta mágica como μῶλυ de Homero, frequentemente mencionada pelos alquimistas. A flor de ouro é o que há de mais
nobre e puro no ouro. O mesmo nome é dado à pirita. (Cf. VON LIPPMANN. *Entstehung und Ausbreitung der Alchemie* I, p. 70). A força da "aqua permanens" [água eter-
na] também é denominada "flos", "flor" (*Turba*, org. por RUSKA, p. 204, 20). O termo "flos" (flor) também foi utilizado pelos alquimistas posteriores para exprimir a
substância mística da transformação. (Cf. "flos citrinus" [flor amarela] em *Aurora
consurgens*; "flos aeris aureus" [flor de ouro do ar] em *Consilium coniugii* em: *Ars
chemica*, p. 167; "flos est aqua nummosa" [a flor é a água rica] <mercurius> na *Allegoria sapientum* no *Theatr. chem.* V, p. 81; "flos eius <operis> est lapis" [a flor da
obra é a pedra] em MYLIUS. *Philosophia reformata*, p. 30.)

mas ao mesmo tempo em seu gracioso caráter terreno, representa uma modesta Novidade. Entretanto, o próprio brilho dourado do sol teve que submeter-se à descida, encontrando sua analogia no brilho do ouro terrestre; o "aurum nostrum", pelo menos para os espíritos mais sutis, distanciava-se da materialidade grosseira do simples metal[31] . Para eles, sem dúvida alguma, tratava-se da natureza simbólica do ouro, distinguindo-se por isso mediante atributos como "vitreum", ou "philosophicum". Sua clara analogia com o sol foi provavelmente o fator que o impediu de alcançar a suprema dignidade filosófica, cabendo esta ao "lapis philosophorum". Acima do transformado está aquilo que transforma e isto é uma das qualidades mágicas da pedra prodigiosa. O *Rosarium* diz: "Pois a nossa pedra, isto é, o mercúrio vivo ocidental, que foi colocado acima do ouro, superando-o, é aquilo que mata e vivifica"[32] (p. 221). Em relação ao significado "filosófico" do "lapis" o seguinte texto do tratado atribuído a Hermes é particularmente esclarecedor: "Compreendei, ó filhos dos Sábios, o que diz esta pedra extremamente preciosa; [...] e a minha luz supera a toda luz, e as minhas virtudes são superiores a todas as virtudes ... Eu gero a luz, mas a escuridão também pertence à minha natureza ..."[33]

SONHO 17

Uma longa caminhada. No caminho o sonhador encontra uma flor   100
azul.

    A caminhada é um andar por sendas sem fim e, portanto, simul-   101
taneamente busca e transformação. De repente o sonhador depara

---

31. "Aurum nostrum non est aurum vulgi" [o nosso ouro não é o ouro vulgar], diz o *Rosarium* [*Art. aurif.* II, p. 220].

32. "Quia lapis noster scilicet argentum vivum occidentale quod praetulit se auro et vicit illud, est illud quod occidit et vivere facit" (op. cit., p. 223).

33. "Intelligite, filii sapientum, quod hic lapis preciosissimus clamat; [...] et lumen meum omne lumen superat ac mea bona omnibus bonis sunt sublimiora [...] Ego gigno lumen, tenebrae autem naturae meae sunt [...]" (op. cit., p. 239). Com referência à qualidade peculiar das citações de Hermes do *Rosarium*, cf. § 140, nota 18 [deste volume].

Fig. 30. A rosa vermelha e branca, a "flor de ouro" da alquimia como
lugar de nascimento do "filius philosophorum".
Ripley Scrowle (1588)

com uma flor azul, filha casual da natureza que se abre despretensio-
samente para ele, no caminho. É como que uma gentil evocação de
tudo o que era romântico e lírico e desabrochara em sua juventude,
quando a visão científica do mundo ainda não o separara dolorosamente da experiência real do mundo, ou melhor, quando esta separação ainda estava no início, mas o olhar já se voltava para trás, divisan-
do as coisas passadas. Na verdade, a flor parecia um aceno amável,
emanação numinosa do inconsciente, indicando, para quem fora des-
pojado daquele caminho que para o homem significa segurança e salvação, o lugar e o momento da história em que poderia encontrar
amigos e irmãos espirituais e onde poderia achar o germe prestes a
desenvolver-se em seu seio. Entretanto, o sonhador ainda não tem a
menor suspeita do ouro solar que une a flor inocente aos escândalos
da alquimia e à blasfêmia pagã da "solificatio". A "flor de ouro da alquimia" (fig. 30) pode também ser ocasionalmente uma flor *azul*, "a
flor de safira do hermafrodita"[34].

---

34. *Epistola ad Hermannum Archiepiscopum Coloniensem* em: *Theatr. chem.* V, p. 899.

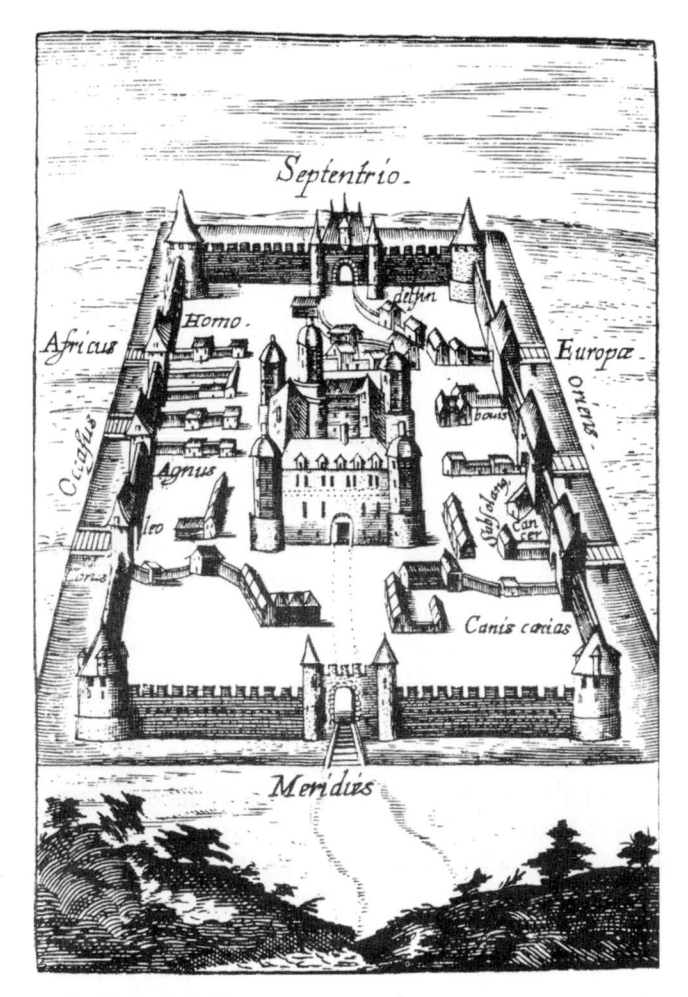

Fig. 31. A cidade simbólica, como centro da terra, representa um témenos
com seus muros protetores dispostos em retângulo.
MAIER. *Viatorium* (1651)

SONHO 18

Um homem estende a mão, oferecendo um punhado de moedas de 102
ouro ao sonhador que, indignado, atira-as ao chão, mas logo se arre-
pende profundamente. Depois, numa área delimitada, começa um es-
petáculo de variedades.

103   Aqui a flor azul já começa a revelar sua história. O "ouro" que é
oferecido é recusado com indignação. A má interpretação do "aurum
philosophicum" é compreensível. Mas logo aparece o remorso por
haver rejeitado o precioso segredo, respondendo erroneamente à indagação da esfinge. Algo de semelhante ocorre ao herói do *Golem* de
Meyrink, quando o fantasma lhe oferece um punhado de grãos e ele
se recusa a aceitá-los. A materialidade bruta do metal amarelo, com
sua odiosa conotação monetária e a insignificância dos grãos, tornam
o repúdio compreensível. É esse precisamente o motivo pelo qual é
tão difícil encontrar o "lapis": por ser "exilis" (vil), insignificante, "in
via eiectus invenitur" (por ter sido jogado fora e encontrado na rua),
por ser o mais barato e encontrar-se por toda parte, "in planitie, in
montibus et aquis" (na planície, nas montanhas e na água)[35]. Tal
como o tesouro de Spitteler[36] em seu *Prometheus und Epimetheus*,
tem um aspecto "ordinário", razão pela qual não será também reconhecido pelos homens de inteligência voltada para os valores munda-
nos. No entanto, o "lapis in via eiectus" (o "lapis" jogado na rua) poderia tornar-se o "angularis" (a pedra angular) e ao intuir essa possibilidade o sonhador é tomado por remorsos violentos.

104   A banalidade do aspecto exterior faz com que o ouro seja cunha-
do, isto é, moldado, estampado e avaliado. No plano anímico tratar-se-ia daquilo que Nietzsche se recusa a fazer no *Zarathustra*, isto
é, dar nome às virtudes. Ao receber forma e nome, o ser psíquico é
dissolvido em unidades cunhadas e avaliadas. No entanto, isto só é
possível porque ele é uma multiplicidade inata, um acúmulo de unidades hereditárias não integradas. O homem natural não é o Si-mesmo, mas uma partícula da massa e a própria massa; é a tal ponto coletivo que nem sequer tem a certeza de seu próprio eu. É esse o motivo
pelo qual necessitou desde os primórdios dos mistérios de transformação, que o tornam "algo", arrancando-o da psique coletiva de caráter animalesco, isto é, pura multiplicidade.

105   No entanto, se a multiplicidade depreciada do homem natural
for rejeitada, sua integração, ou melhor, o processo de autorrealiza-

---

35. No *Tractatus aureus* de Hermes lê-se: "in stercore eiectus [...] vilis et vilissimus"
[jogado no esterco vil e vilíssimo].

36. Cf. JUNG. *Psychologische Typen* [OC, 6, p. 189s.].

ção também será impossibilitado[37]. Isto equivale à morte espiritual. A vida, em seu verdadeiro sentido, não é apenas um deixar acontecer, mas também torná-la consciente: Somente a personalidade unificada é capaz de experimentar a vida, contrariamente àquele evento cindido em aspectos parciais que também se chama homem. A perigosa multiplicidade a que o sonho 4 já aludira é compensada pelo sonho 5, onde a serpente traça o círculo mágico protetor, delimitando desse modo a área tabu (cf. tb. fig. 13), ou seja, um temenos (fig. 31). O símbolo do temenos aparece aqui numa situação análoga, reunindo o múltiplo numa ação conjunta: a reunião é agradável em seu aspecto superficial, mas logo perderá seu caráter prazeroso. A briga dos bodes que se confrontam evoluirá para a "tragédia". As analogias conhecidas, tais como a luta dos sátiros, por exemplo, é um ritual dos mistérios, cuja finalidade deve ser como sempre a religação do homem com a linhagem natural de seus ancestrais e, consequentemente, com a fonte da vida. Lembremos as palavras obscenas (αἰσχρολογία) das damas atenienses durante os mistérios de Elêusis, que serviam supostamente para aumentar a fertilidade da terra[38] (cf. o relato de Heródoto[39]acerca das exibições durante as festividades de Ísis, em Bubástis).

A alusão ao significado compensatório do temenos, porém, ainda permanece obscura para o sonhador. Este preocupa-se muito mais com o perigo da morte espiritual provocado pela rejeição das conexões históricas, o que é bastante compreensível.

106

IMPRESSÃO VISUAL 19

Uma caveira. O sonhador quer chutá-la, mas não o consegue. Pouco a pouco o crânio transforma-se numa bola vermelha; depois, numa cabeça de mulher, que emite luz.

107

---

37. Esta formulação não afirma que o si-mesmo é criado no decorrer da existência, mas apenas é conscientizado. O si-mesmo existe anteriormente e desde todo o sempre, porém, de modo latente, isto é, inconsciente. Cf. minhas explicações posteriores.

38. FOUCART. *Les Mystères d'Eleusis*.

39. [Nove livros das Histórias, 11, 58].

108   Os monólogos da caveira, no *Fausto* e em *Hamlet,* evocam o absurdo aterrador da existência quando é apenas considerada pelo "pálido esboço do pensamento". Foram opiniões e julgamentos tradicionais que levaram o sonhador a rejeitar a oferta desprezível e equívoca. Mas à medida em que ele tenta esquivar-se da visão sinistra da caveira, esta se transforma numa bola vermelha, alusão possível ao sol nascente, e depois se transmuta numa cabeça luminosa de mulher, o que lembra de imediato a visão 7. Trata-se aqui evidentemente de *uma enantiodromia*[40]: após a rejeição atrás mencionada, o inconsciente se manifesta com maior força, primeiro através do antigo símbolo da unidade e divindade do Si-mesmo – o sol – passando depois para o tema da mulher desconhecida, personificação do inconsciente. Esse tema inclui naturalmente não só o arquétipo da anima, como também a relação com a mulher real, a qual por um lado é uma pessoa humana e, por outro, um receptáculo de natureza psíquica (a "bacia da irmã", tal como no sonho 15).

109   Na filosofia neoplatônica a alma mantém uma relação nítida com a forma esférica. A substância da alma configura-se em tomo das esferas concêntricas dos quatro elementos sobre o céu incandescente[41].

IMPRESSÃO VISUAL 20

110   *Um globo; a mulher desconhecida está de pé sobre ele, adorando o sol.*

111   Esta impressão é uma ampliação da visão 7. A rejeição significa certamente vim aniquilamento de todo o desenvolvimento do paciente, até a ocorrência do sonho 18. Por isso reaparecem os símbolos iniciais, mas de forma ampliada. Tais enantiodromias são características nas sequências dos sonhos em geral. Se o consciente não interviesse, o inconsciente permaneceria num movimento ondulatório infrutífero, tal como o tesouro que segundo a lenda leva nove anos, nove meses e nove noites para aflorar; no caso de não ser encontrado na última noite submergirá novamente e tudo recomeçará, a partir do início.

---

40. Cf. este conceito em JUNG. *Psychologische Typen.* Definição ["Einstellung" (atitude)].

O globo deve originar-se da ideia da bola vermelha. Esta repre-   112
senta o sol, ao passo que o globo é uma imagem da terra sobre a qual
a anima está adorando o sol (fig. 32). Assim, pois, a anima se distingue do sol, alusão ao fato de que este é um princípio distinto da anima. Esta última, personifica o inconsciente. O sol, porém, é um símbolo da fonte da vida e da totalidade última do homem (tal como é
indicado na "solificatio"). Ora, o sol é um símbolo antigo, ainda que
muito próximo de nós. Sabemos igualmente que os cristãos dos primeiros séculos tinham uma certa dificuldade em distinguir ἥλιος
ἀνατολῆς (o sol nascente) do Cristo[42]. Ao que tudo indica, a anima
do sonhador ainda é uma adoradora do sol, pertencendo essencialmente ao mundo antigo, uma vez que o consciente, com sua atitude
racional, preocupa-se muito pouco ou quase nada com ela, impossi-
bilitando sua modernização (ou melhor, cristianização). Parece mesmo que o processo de diferenciação do intelecto, iniciado na Idade
Média cristã graças à formação escolástica, induziu a anima a regre-
dir ao mundo da Antiguidade. A Renascença fornece-nos provas suficientes disto; a mais nítida é a "hypnerotomachia" de Polifilo[43], que
encontra sua anima – a dama Polia – na corte de Vênus; Polia não
tem preocupações de ordem cristã, mas é agraciada com todas as
"virtudes" da Antiguidade. (Com toda a razão o século XVI conside-
rou *Polifilo* como um livro de mistérios[44].) Esta anima faz com que
mergulhemos diretamente na Antiguidade. Não consideraria errônea

---

41. Cf. FLEISCHER. *Hermes Trismegistus an die menschliche Seele*, p. 6. E também a
forma redonda do homem original platônico, e o οφαῖρος (esférico) de Empédocles.
Como no Timeu de Platão, a "anima mundi", bem como a "alma do corpo" tem para
os alquimistas a forma esférica; o ouro igualmente (fig. 209). Cf. MAIER. *De circulo
physico quadrato*, p. 11s. Quanto à relação entre o "elemento redondo" e o crânio ou a
cabeça, cf. as minhas explicações em *O símbolo da transformação na missa* [OC, 11/3,
p. 219s.].

42. Cf. o argumento de Agostinho, segundo o qual este sol não é Deus, mas aquele que
o criou (*In Ioannis evangelium* XXXIV, 2) e o testemunho de Eusébio, que ainda achava que entre os "cristãos" havia adoração ao sol (*Constantini oratio ad sanctorum coelum*, VI).

43. Cf. FIERZ-DAVID. *Der Liebestraum des Poliphilo*.

44. A introdução de Béroalde de Verville à edição francesa da *Hypnerotomachia* de
1600 demonstra este ponto de vista claramente. Cf. tb. as minhas explanações em
Estudos alquímicos.

uma interpretação da enantiodromia acima descrita "ex effectu"
como uma tentativa de escapar a essa preocupante e inverossímil regressão à Antiguidade. Ensinamentos básicos essenciais da filosofia
alquimista remontam diretamente ao sincretismo greco-romano tar-

Fig. 32. A "coniunctio solis et lunae". A virgem branca está de
pé sobre a lua (?).
TRISMOSIN. Splendor solis (1582)

Fig. 33. Polifilo rodeado de ninfas.
Le songe de Poliphile (1600)

dio, o que foi suficientemente demonstrado por Ruska em seu livro *Turba*[45], por exemplo. Consequentemente, a simples alusão à alquimia faz-nos sentir a atmosfera do mundo antigo e ao mesmo tempo induz-nos a suspeitar de uma regressão a níveis pagãos.

Não é demais sublinhar aqui, com toda a ênfase, que o sonhador   113
não tem a menor consciência destas coisas. Seu inconsciente, porém, está mergulhado nessas conexões que também se exprimem historicamente, fazendo-o comportar-se como se fosse um grande conhecedor desses estranhos fenômenos da história do espírito. Na realidade, inconscientemente, ele é um porta-voz da evolução anímica autônoma, tal como o alquimista medieval ou os neoplatônicos da Antiguidade. Seria, pois, possível escrever a história a partir do inconsciente "cum grano salis", da mesma forma que a partir dos textos objetivamente disponíveis.

IMPRESSÃO VISUAL 21

O sonhador está rodeado de ninfas. Uma voz diz: "estivemos aqui,   114
mas não o notaste". (fig. 33)

---

45. RUSKA. *Turba.*

Fig. 34. O "negro" (nigredo) de pé sobre o redondo (sol niger).
MYLIUS. *Philosophia reformata* (1622)

115   Aqui, aumenta a regressão, chegando a representações da Antiguidade. Ao mesmo tempo é retomada a situação do sonho 4 e através
dela reaparece a situação de rejeição do sonho 18, onde o repúdio levou à enantiodromia compensatória do sonho 19. Entretanto, a imagem é ampliada pelo reconhecimento alucinatório de que se trata de
uma realidade que sempre existira, embora não tivesse sido notada.
Com essa constatação a psique inconsciente é conectada à consciência
como elemento coexistente. O fenômeno da "voz" sempre tem um caráter definitivo e indiscutível para o sonhador, como o αὐτὸς ἔφα[46]
isto é, a voz enuncia uma verdade ou condição que já não pode ser
posta em dúvida. O fato de que se estabeleceu um contato com o passado remoto, isto é, com as camadas profundas da psique, é aceito pela
personalidade inconsciente do sonhador e comunica-se também à
consciência sob a forma de uma sensação de relativa segurança.

116   A visão que aparece no sonho 20 representa a anima como adoradora do sol. Ela sai, por assim dizer, da esfera (ou da forma esférica) (fig. 32). A primeira forma esférica é a do crânio. Segundo uma

---

46. "Ele próprio <o> disse". Esta frase é uma alusão à autoridade de Pitágoras.

antiga concepção, a cabeça ou o cérebro é a sede da "anima intellectualis" (alma intelectual). Por isso o vaso alquímico deve ser redondo como a cabeça, a fim de que aquilo que nele for produzido também seja "redondo", isto é, simples e perfeito, tal como a "anima mundi" (alma do mundo)[47]. A coroação da obra é a produção do "redondo" presente no início (como "materia globosa": fig. 34; cf. tb. figs. 115, 164, 165) e no fim (como ouro). Provavelmente a frase: "sempre estivemos aqui" refere-se a isso. O caráter regressivo da visão manifesta-se pelo fato de aparecerem de novo uma pluralidade de figuras femininas, tal como no sonho 4. Agora, porém, elas são caracterizadas como imagens da Antiguidade, o que indica uma regressão histórica (tal como a adoradora do sol, no sonho 20). A decomposição da anima numa multiplicidade equivale a uma dissolução no indiferenciado, isto é, no inconsciente. Isto leva à conjetura de que, paralelamente à regressão histórica, opera-se uma relativa dissolução da consciência (processo que em seu grau máximo pode ser observado na esquizofrenia). A dissolução da consciência, o "abaissement du niveau mental" – na expressão de Pierre Janet – aproxima-se de um estado mental primitivo. A "regio nymphidica" (região das ninfas), mencionada no tratado *De vita longa* de Paracelso como sendo a situação originária e inicial do processo de individuação[48], constitui um paralelo da cena onírica das ninfas.

IMPRESSÃO VISUAL 22

Floresta virgem. Surge um elefante ameaçador. Um antropoide enorme, urso ou homem das cavernas com sua clava ameaça atacar o sonhador (fig. 35). De repente aparece o "homem de cavanhaque" e fixa o olhar no agressor de tal forma que este fica enfeitiçado. O sonhador, porém, entra em pânico. A voz diz: "Tudo deve ser regido pela luz".   117

---

47. Cf. *Liber Platonis quartorum* em *Theatr. chem.* V, p. 149s. e 174. Este tratado é um texto harranítico de grande importância para a história da alquimia, com edições em árabe e em latim. Esta última foi infelizmente aviltada. O original foi provavelmente redigido no século X. Cf. STEINSCHNEIDER. *Die europäischen Übersetzungen aus dem Arabischen*, p. 44.

48. Recomendo ler os meus comentários em *Estudos alquímicos* [§ 214].

118   A pluralidade de ninfas fragmentou-se em componentes ainda mais primitivas; isto significa que a animação da atmosfera psíquica intensificou-se consideravelmente, motivo pelo qual podemos concluir que o isolamento do indivíduo em relação a seus contemporâneos acentuou-se na mesma proporção. Não é difícil reportar o isolamento intensificado ao sonho 21, no qual a conexão com o inconsciente foi de fato constatada e aceita. Este dado, altamente irracional do ponto de vista da consciência, constitui um segredo a ser ciosamente guardado, pois seria difícil justificar sua existência a uma pessoa de senso comum. Caso o revelasse, seria tachado como um indivíduo completamente louco. A descarga da energia sobre o ambiente é pois cerceada, disso resultando um excedente energético que pesa do lado do inconsciente: isso explica o aumento anormal da autonomia das figuras inconscientes, culminando na agressão e no pavor. Aquilo que fora o divertido teatro de variedades das figuras inconscientes começa a ser algo perturbador. As ninfas da Antiguidade podem ser aceitas mais facilmente, por representarem elementos estéticos. Por detrás dessas graciosas figuras, nem de longe se suspeita do mistério dionisíaco, do jogo dos sátiros com suas trágicas implicações, inclusive o estraçalhamento sangrento do deus feito animal. Foi preciso que um Nietzsche viesse desnudar em toda a sua fragilidade a concepção ginasiana que o homem europeu nutria em relação à Antiguidade! Sabe-se o quanto Dioniso significou para ele! Devemos levar a sério o que o filósofo alemão disse a respeito do deus – e mais ainda: tudo o que lhe aconteceu. Sem dúvida alguma, no estágio preliminar de sua doença fatal, já previra que a lúgubre sorte de Zagreu lhe estava destinada. Dioniso significa o abismo da diluição passional, onde toda a singularidade humana se dissolve na divindade da alma animalesca primordial. Trata-se de uma experiência ao mesmo tempo abençoada e terrível. A humanidade, protegida pela cultura, acredita ter escapado a essa experiência, até o momento em que se desencadeia uma nova orgia de sangue, provocando o espanto dos "bem-pensantes" que não tardam a acusar como culpados o capitalismo, o armamentismo, os judeus e os maçons[49].

---

49. Escrevi esta passagem na primavera de 1935.

No fim do sonho aparece em cena, frente ao sonhador, o amigo 119
de cavanhaque, qual um "deus ex machina" prestativo, que exorciza
o insólito antropoide ameaçador. Quem sabe quanto a curiosidade imperturbável de Fausto diante dos fantasmas da noite de Walpurgis devia à presença prestativa de Mefisto, com sua atitude "matter-of-fact"!
Oxalá muitos se lembrem ainda a tempo, nos momentos cruciais da

Fig. 35. Interpretação medieval do "homem selvagem".
(Vaticano, século XV)

reflexão científica e filosófica, do intelecto tão denegrido. Aqueles
que o denigrem talvez jamais hajam vivenciado algo que lhes demonstre o valor do intelecto e a razão pela qual a humanidade forjou
tal arma, com esforço tão admirável. O fato de não perceber tal coisa
demonstra uma enorme alienação da vida. O intelecto, sem dúvida, é
o diabo (fig. 36), um "estranho filho do caos", e o primeiro a quem
podemos confiar a tarefa de lidar eficazmente com sua própria mãe.
A experiência dionisíaca dá muito o que fazer ao diabo, sempre à
procura de trabalho; o confronto com o inconsciente, que a isto se

Fig. 36. O diabo, como espírito do ar e do intelecto contrário a Deus.
Ilustração do Fausto. 1ª parte, de Delacroix (1789-1863)

segue – segundo me parece – ultrapassa de longe os trabalhos de Hércules: um mundo de problemas que o intelecto não consegue resolver, nem mesmo em centenas de anos, o que explica por que a razão
já entrou em férias diversas vezes a fim de recuperar-se, realizando
tarefas mais simples. Por isso talvez a alma tenha caído tantas vezes e
durante longos períodos no esquecimento, e o intelecto precisou recorrer com frequência a palavras apotropaicas, tais como "oculto" e
"místico", na esperança de que até as pessoas inteligentes acreditas-
sem que ele dissera alguma coisa.

120   A voz declara categoricamente: "Tudo deve ser regido pela luz",
que deve significar a consciência *capaz de discernimento,* da "illuminatio" (iluminação) verdadeira e honestamente obtida. As profunde-

zas obscuras do inconsciente não devem ser negadas por um sofisma ou pela ignorância provenientes de um medo comum mal disfarçado e também não devem ser explicadas apressadamente por racionalizações pseudocientíficas. O que forçosamente devemos admitir é a existência na alma de coisas sobre as quais pouco ou nada sabemos e que possuem um grau de realidade pelo menos semelhante ao dos fenômenos do mundo físico, os quais também não compreendemos totalmente, embora afetem nossos corpos de modo mais persistente. Nenhuma pesquisa, afirmando que seu objeto não possui caráter próprio ou é "nada mais do que [...]", contribuiu para o conhecimento.

Com a intervenção ativa do intelecto inicia-se uma nova fase no processo inconsciente, a saber, o confronto da consciência com as imagens da mulher desconhecida (anima), do homem desconhecido ("sombra"), do velho sábio ("personalidade mana")[50] e com os símbolos do si-mesmo. O próximo capítulo será dedicado a este assunto. 121

Fig. 37. A flor de sete pétalas.
BOSCHIUS. *Symbolographia* (1702)

---

50. Cf. estes termos com JUNG. *O eu e o inconsciente*.

Fig. 38. Mercúrio como Virgem, de pé sobre a fonte de ouro (sol) e de
prata (lua), com o filho dragão.
Tractatus qui dicitur Thomae Aquinatis de alchimia (1520)

3. O simbolismo do mandala

A. *Sobre o mandala*

Como já disse anteriormente, extraí de uma série concatenada   122
de 400 sonhos todos aqueles que considero de natureza mandálica. A
palavra mandala foi escolhida por designar o círculo ritual ou mágico
utilizado especialmente no lamaísmo e também na ioga tântrica,
como yantra ou instrumento de contemplação (fig. 39). Os mandalas
orientais usados nos cultos são configurações estabelecidas pela tradição; costumam ser desenhadas ou pintadas e em festas especiais[1]
podem ser expressas pelos movimentos do corpo.

Em 1938, no mosteiro de Bhutia Busty[2], tive a oportunidade   123
de conversar com um "rimpoche" lamaísta, chamado Ungdam
Gomchen, sobre o mandala (khilkor). Ele explicou-me que ela é
um "dmigs-pa" (pronuncie-se migpa), imagem mental (imago men-
talis) que só pode ser construída através da imaginação de um lama
que concluiu sua instrução. Nenhum mandala é igual a outro, sendo individualmente diferentes. Acrescentou que os mandalas encontradas nos mosteiros e nos templos não têm significado particular, por serem meras representações exteriores. O verdadeiro
mandala é sempre uma imagem interior, construída pouco a pouco através da imaginação (ativa) somente em períodos de distúrbio
do equilíbrio anímico, ou quando se busca um pensamento difícil
de ser encontrado por não figurar na doutrina sagrada. O acerto
desta afirmação tornar-se-á evidente no decorrer dos esclarecimentos que se seguirão. A configuração aparentemente livre e individual deve ser compreendida "cum grano salis", uma vez que
em todos os mandalas lamaístas domina não somente um estilo inconfundível, como também uma estrutura tradicional. Assim, por
exemplo, ela é sempre um sistema quaternário, uma "quadratura
circuli" (quadratura do círculo), cujos conteúdos procedem inva-

---

1. Remeto o leitor à exposição de Zimmer em *Kunstform und Yoga im indischen Kultbild*, e também a WILHELM & JUNG. *O segredo da flor de ouro*.

2. Nas vizinhanças de Darjeeling.

Fig. 39. Shri-Yantra.

riavelmente da dogmática lamaísta. Há textos como o Shri-Chakra-Sambhara Tantra[3] , que contêm instruções para a construção da "imagem mental". O "khilkor" distingue-se estritamente do "sidpe-korlo", da roda do mundo (fig. 40), que representa todo o percurso das formas humanas de existência, segundo a concepção budista. Contrariamente ao "khilkor", a roda da vida é composta de um sistema ternário, sendo que os três princípios do mundo se encontram no centro, a saber: o galo, que representa a concupiscência, a serpente, que representa o ódio ou a inveja e o porco, que representa a ignorância ou inconsciência (avidya). Deparamos aqui com o *dilema do três e do quatro,* que também desempenha um papel no budismo. Encontraremos novamente este problema no decorrer da nossa série de sonhos.

124   Parece-me fora de dúvida que esses símbolos orientais surgiram originalmente de sonhos e visões e não da fantasia de qualquer monge mahayana. Pelo contrário, pertencem aos símbolos religiosos mais antigos da humanidade (figs. 41, 42, 43, 44), e talvez já tivessem exis-

---

3. [AVALON. *The Serpent Power* VII.]

Fig. 40. A "roda da Vida" tibetana (sidpe-korlo).

tido na era paleolítica (cf. desenhos rupestres rodesianos). Além disto, são universalmente difundidos, fato este que não aprofundarei aqui. Quero apenas sublinhar que os mandalas são produzidos, usando material empírico.

Fig. 41. A "grande pedra-calendário" mexicana.

125   Em seu uso cultual, os mandalas são extremamente significativos, pois seu centro contém em geral uma figura de supremo valor religioso: às vezes é o próprio Shiva, frequentemente abraçado à Shakti, ou então Buda, Amitaba, Avalokiteshvara, ou ainda um dos grandes mestres do Mahayana, ou simplesmente o "dorje", símbolo de todos os poderes divinos, de natureza criativa ou destrutiva (fig. 43). O
texto da *Flor de ouro,* que procede do sincretismo taoista, atribui a
este centro propriedades alquímicas especiais, no sentido das qualidades do "lapis", assim como as do "elixir vitae" (elixir da vida), e portanto de um φάρμακον ἀθανασίας (bebida que dá a imortalidade)[4].

126   É essencial conhecer esta valorização máxima do símbolo, porquanto coincide com o significado central dos símbolos mandálicos
individuais, caracterizados pelas mesmas qualidades de natureza por

---

4. Cf. REITZENSTEIN. *Die hellenistischen Mysterienreligionen.*

Fig. 42. Cristo-menino, carregando a cruz no mandala.
Afresco de ALBERTUS PICTOR. *Igreja de Härkeberga.* Suécia (aprox. 1480)

assim dizer "metafísica"[5]. Se não estivermos completamente enganados, eles representam um centro psíquico da personalidade que não é idêntico ao "eu". Observei tais processos e imagens ao longo de vinte anos, através de um material empírico relativamente abundante. Durante quatorze anos não divulguei, nem escrevi sobre tais observações, receando distorcê-las. No entanto, em 1929, no momento em que Richard Wilhelm confiou-me o texto da *Flor de ouro,* resolvi publicar pelo menos algumas alusões aos resultados de minhas observações. Em casos como esses, a cautela nunca é excessiva, pois o impulso da imitação e a avidez mórbida de apoderar-se da plumagem alheia, pavoneando-se com ela, leva muita gente a fazer uso desse

---

5. As aspas significam que nada "afirmo" com a expressão "metafísico", mas a utilizo apenas impropriamente, no sentido psicológico, a fim de caracterizar a estranha afirmação dos sonhos.

Fig. 43. Vajramandala lamaísta.

tipo de temas "mágicos", para uso externo, como se fosse unguento. Na realidade, não hesitamos em fazer as coisas mais absurdas a fim de escapar à própria alma. Pratica-se a ioga indiana de qualquer escola, seguem-se regimes alimentares, aprende-se de cor a teosofia, rezam-se mecanicamente os textos místicos da literatura universal – tudo isto porque não se consegue mais conviver consigo mesmo e porque falta fé em que algo de útil possa brotar de nossa própria alma. Pouco a pouco esta última tornou-se aquela Nazaré da qual nada de bom se pode esperar; vai-se, portanto, procurá-la nos quatro cantos da terra: quanto mais distante e exótico, melhor. Não pretendo perturbar essas pessoas em suas ocupações prediletas. No entanto, se houver alguém que queira ser levado a sério, mas se ilude, pensando que emprego métodos e doutrinas da ioga e sugiro a meus pacientes que desenhem mandalas para conduzi-los ao "ponto exato", então preciso protestar e recriminar as pessoas que leem meus trabalhos com uma desatenção verdadeiramente condenável. A doutrina segundo a qual todo mau pensamento provém do coração, sendo a alma humana o recipiente de toda a iniquidade, deve estar arraigada até à medula dessas pessoas. Se tivessem razão, a obra criativa de

Fig. 44. Calendário mexicano.

Deus representaria um lamentável fracasso e seria o caso de se aderir ao gnóstico Marcião e expulsar o demiurgo incompetente. De ponto de vista ético, é extremamente prático delegar a Deus a responsabilidade exclusiva pela existência desse asilo de crianças débeis mentais, incapazes de levar a colher à boca. O ser humano é suficientemente dotado para preocupar-se consigo mesmo, uma vez que possui na própria alma o germe de sua transformação[6] . Vale a pena observar pacientemente o que se processa em silêncio na alma. A maioria das transformações e as melhores ocorrem quando não se é regido pelas leis vindas de cima e do exterior. Admito de bom grado que é tal o meu respeito pelo que acontece na alma humana, que receio perturbar e distorcer a silenciosa atuação da natureza, mediante intervenções desajeitadas. Por isso renunciei a observar pessoalmente o caso que nos ocupa, confiando a tarefa a um principiante, livre do peso do meu saber – tudo isto, para não perturbar o processo. Os resultados que aqui apresento são simples auto-observações conscienciosas e exatas, de uma pessoa de grande firmeza intelectual, que ninguém jamais sugestionou e que não seria passível de ser sugestionada. Os verdadeiros conhecedores do material psíquico reconhecerão facilmente a autenticidade e espontaneidade dos resultados aqui expostos.

Fig. 45. Hermes como psicopompo.
Pedra de anel romano

---

6. Como diz Mestre Eckhart: "ez ist zemâle inne, niht ûze, sunder allez inne" (não está fora, mas dentro, todo dentro) (*Deutsche Mystiker* II, p. 8,37).

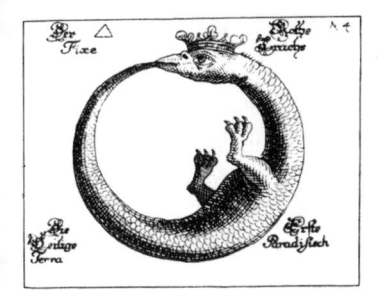 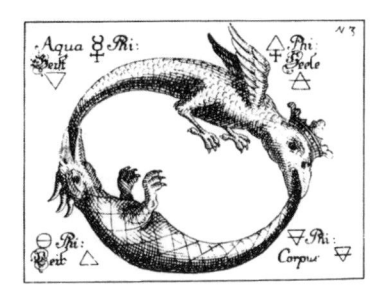

Fig. 46. Dragão coroado,
devorando a própria cauda.

Fig. 47. Círculo formado por
dois dragões; nos quatro cantos,
os sinais dos quatro elementos.

ELEAZAR. *Uraltes chymisches Werk* (1760)

B. *Os mandalas nos sonhos*

Recapitulemos, para concluir, o simbolismo do mandala dos so- **127**
nhos iniciais já discutidos:

1. Impressão visual 5: *Serpente que traça um círculo em torno do
sonhador.*

2. Sonho 17: *A flor azul*

3. Sonho 18: O *homem com as moedas de ouro na palma da
mão. Espaço delimitado para o teatro de variedades.*

4. Impressão visual 19: *A esfera vermelha.*

5. Sonho 20: O *globo terrestre.*

[O símbolo mandálico seguinte aparece no primeiro sonho da
nova série.]

SONHO 6

Uma mulher desconhecida persegue o sonhador. Ele corre sempre em **128**
círculo.

A serpente do primeiro sonho mandálico foi uma antecipação. **129**
Frequentemente uma figura personifica certo aspecto do inconsciente, antecipando uma experiência ou ação que o próprio sujeito fará
no futuro. A serpente indica um movimento circular, no qual o pró-

prio sujeito se envolverá futuramente. Isto quer dizer que algo concebido como um movimento circular está em processo no inconsciente,
pressionando de tal forma o consciente de modo a atingir o sonhador. A mulher desconhecida ou anima representa o inconsciente que
importuna o sonhador, a ponto de fazê-lo girar em círculo. Disso resulta pura e simplesmente um centro potencial, que não é idêntico ao
eu. Este último gira em torno do centro.

SONHO 7

130   *A anima acusa o sonhador de não preocupar-se suficientemente com
ela. Há um relógio marcando cinco para as...?*

131   A situação é semelhante: o inconsciente o importuna como se fosse uma mulher exigente. Isto explica o relógio, cujos ponteiros se mo-
vem em círculo. Para qualquer pessoa que vive atenta ao relógio cinco
para as... representa um estado de certa tensão, uma vez que dentro de
cinco minutos é hora de fazer isto ou aquilo. Talvez até se esteja com
pressa. (O símbolo do movimento circular – cf. fig. 13 – está sempre ligado a uma certa tensão, conforme constataremos mais adiante.)

SONHO 8

132   *A bordo de um navio. O sonhador está ocupado com um novo método
de orientação. Ora está longe demais, ora demasiado perto: o lugar
certo está no meio. Há um mapa e nele está desenhado um círculo
com o seu centro.*

133   A tarefa aqui apresentada é claramente a de estabelecer o centro,
o lugar correto. Este último é o centro de um círculo. Ao anotar o sonho, ele lembrou-se que pouco antes havia sonhado que praticava
tiro ao alvo (fig. 48); ora atirava alto demais, ora demasiado baixo. O
alvo estava no meio. Ambos os sonhos pareciam-lhe muito significativos. O alvo é um círculo com um centro. A posição no mar é determinada de acordo com os astros que aparentemente giram em redor
da terra. O sonho descreve, portanto, uma atividade que tem por fim
construir ou determinar um centro objetivo. Trata-se de um centro
fora do sujeito.

Fig. 48. A "putrefactio" (putrefação), sem a qual a meta do "opus" (obra) não pode ser atingida (daí, o tiro ao alvo). STOLCIUS DE STOLCENBERG. *Viridarium chymicum* (1624)

SONHO 9

Um relógio de pêndulo que não para de funcionar, embora os seus pe-   134
sos não desçam.

    Trata-se de um tipo de relógio cujos ponteiros avançam ininter-   135
ruptamente e, como não há nenhuma perda por atrito, ele é nada mais nada menos do que um "perpetuum mobile", em eterno movimento circular. Deparamos aqui com um atributo "metafísico". Como já foi dito antes, utilizo esta expressão em sentido psicológico, portanto figurativamente. Isto quer dizer que o atributo da eternidade é um testemunho do inconsciente, e não uma hipóstase. De qualquer modo, a mensagem do sonho perturba os critérios científicos do sonhador, mas é precisamente isto que confere ao mandala seu significado peculiar. Coisas importantíssimas não são aceitas por contradizerem aparentemente a razão, submetendo esta última a uma prova demasiadamente árdua. O movimento perpétuo, por não haver perda pelo atrito, indica que o relógio é cósmico e até mesmo transcendente. Em todo o caso, a questão aqui levantada é a de saber se o fenômeno psíquico expresso no mandala está sujeito às leis espaçotempo-

rais ou não. Isto denota uma diferença frente ao eu empírico, difícil de ser resolvida; em outras palavras, o outro centro da personalidade encontra-se num plano diferente do plano do eu, pois, contrariamente a este, possui o atributo da eternidade, ou seja, de uma relativa intemporalidade.

SONHO 10

136   *O sonhador encontra-se na Peterhofstatt em Zurique, juntamente com o médico, o homem de cavanhaque e a mulher-boneca. Esta é uma desconhecida que não fala e com quem ninguém fala. A questão é de saber a qual dos três homens a mulher pertence.*

137   A torre da Igreja de São Pedro em Zurique tem um mostrador de tamanho surpreendente. A Peterhofstatt é uma praça bem delimitada, um temenos, no mais verdadeiro sentido da palavra. Um espaço que pertence à Igreja. Os quatro personagens encontram-se nesse espaço. O círculo do relógio é dividido em quatro partes, tal como o horizonte. O sonhador representa seu próprio eu, o homem de cavanhaque, o intelecto como "empregado" (Mefisto) e a mulher-boneca, a anima. A boneca é o objeto da criança e, portanto, uma excelente expressão para a natureza não ego da anima. Ela também é caracterizada como objeto pelo fato de ninguém dirigir-lhe a palavra. Esta negação – também presente nos sonhos 6 e 7 [§ 128 e 130] – denota uma falta de relação entre o consciente e o inconsciente; o mesmo se dá em relação à dúvida: a quem pertencerá a "desconhecida"? O "médico" também pertence ao não ego e deve conter uma leve alusão a mim mesmo, embora naquela época o sonhador não estivesse em relação comigo[7]. O homem de cavanhaque, pelo contrário, pertence ao ego. Esta situação lembra imediatamente as relações descritas no esquema das funções (fig. 49). Ao conceber as funções de consciência[8] dispostas em círculo, a função mais diferenciada é, em geral a portadora do eu; ela está sempre ligada a uma função auxiliar. A função "inferior" por seu lado é inconsciente, sendo por isso projetada

---

7. Como o sonho não se "referiu" a mim "nominalmente", mas apenas insinuando, o inconsciente não tem, pelo visto, a intenção de salientar a minha importância pessoal.

8. Cf. JUNG. *Psychologische Typen* [cap. X].

no não ego. Ela liga-se também a uma função auxiliar. Logo, não seria impossível ver nas quatro pessoas do sonho uma representação das quatro funções como componentes da personalidade total, inclusive o inconsciente. A totalidade compreende o ego e o não ego. O centro do círculo, enquanto expressão de uma totalidade, não coincidiria, pois com o eu, mas sim com o Si-mesmo, enquanto síntese da personalidade total. (O centro marcado no círculo é uma alegoria bastante conhecida da natureza de Deus.) Na filosofia dos Upanixades, o Si-mesmo é inicialmente o atman pessoal, possuindo ao mesmo tempo uma qualidade cósmica-metafísica enquanto atman suprapessoal[9].

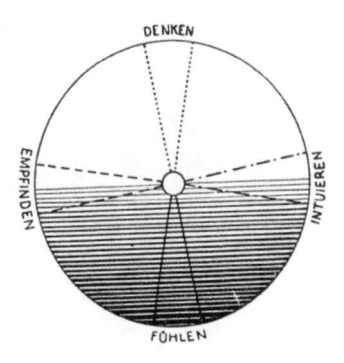

Fig. 49. Representação esquemática das quatro funções da consciência. O pensamento é aqui considerado como a função principal, ocupando o meio do semicírculo claro; o sentimento, enquanto função inferior, ocupa o semicírculo escuro, ao passo que as duas funções auxiliares ficam parcialmente no claro e parcialmente no escuro.

Na gnose encontramos ideias semelhantes. Menciono aqui a ideia do Anthropos, do pleroma, da mônada e da centelha de luz (spinthēr), num tratado do *Codex Brucianus:* "This same is he (Monogenēs) who dwelleth in the Monad (μόνας) which is in the Setheus (σηθεύς), and which came from the place of which none can say where it is [...] From him it is the Monad (μόνας) came, in the manner of a *ship*, laden with all good things (ἀγαθόν), and in the man-

138

---

9. DEUSSEN. *Allgemeine Geschichte der Philosophie I.*

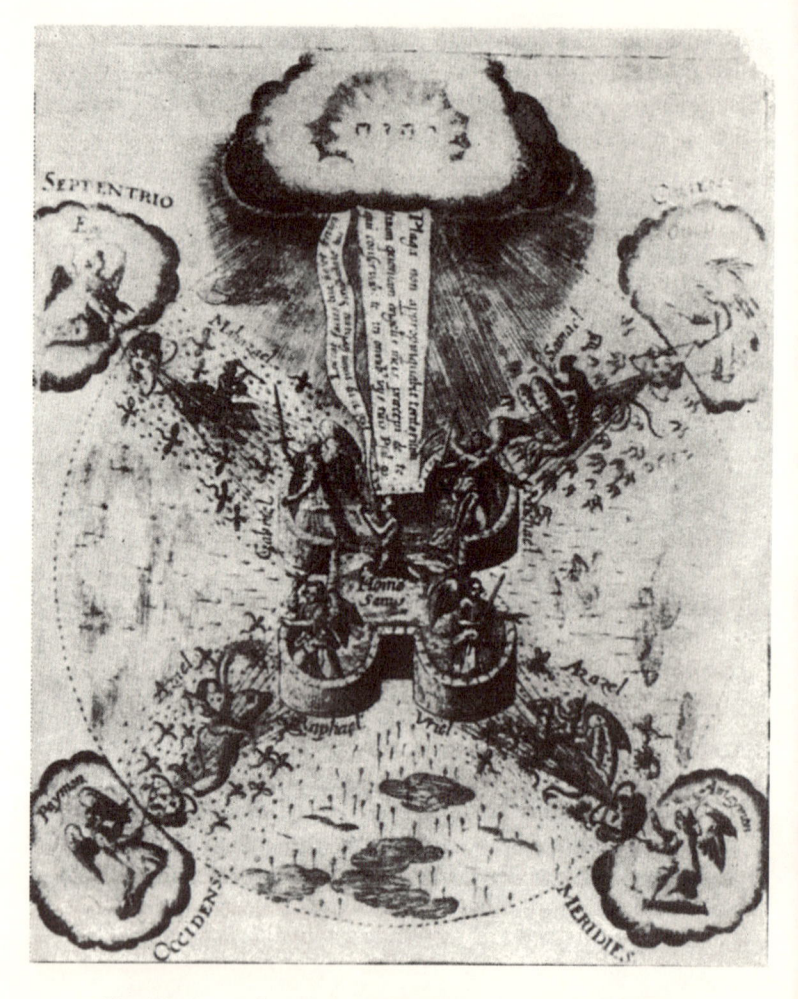

Fig. 50. O castelo que protege contra os espíritos da doença.
FLUDD. *Summum bonum* (1629)

ner of a *field*, filled, or (ἡ) planted with every kind (γένος) of tree, and in the manner of a city (πόλις), filled with all races (γένος) of mankind [...] This is the fashion of the Monad (μόνας) – all these being in it: there are twelve Monads (μόνας) as a crown upon its head [...] And to its veil (Καταπέτασμα) surroundeth it in the manner of a defence (πύργός) there are twelve Gates (πύλη) [...] This same is the

Fig. 51. O santuário do lapis circundado pelas órbitas dos planetas. Ele
representa também um labirinto.
VAN VREESWYK. *De Groene Leeuw* (1672)

Mother-city (μητρόπολις) of the Only-begotten (μονογενής)." (Ele
é *o* próprio Monogenes, o qual habita a mônada que está em Setheus e proveio de um lugar que ninguém sabe dizer onde fica [...] Dele
procedeu a mônada a modo de um *barco* carregado de toda espécie
de boas coisas e a modo de um *campo* repleto ou plantado de toda
espécie de árvores e a modo de uma *cidade* com todas as raças da
humanidade [...] Esta é a maneira de ser da Mônada – uma vez que
tudo isso nela se encontra: há doze mônadas em forma de coroa sobre a sua cabeça [...] E há doze portões que dão para o véu que a cir-
cunda a modo de proteção [...] Esta é a cidade-mãe do Unigênito)[10].

10. [Destacado por JUNG.] (BAYNES. *A Coptic Gnostic Treatise* [p. 89]).

Fig. 52. Harpócrates sentado sobre a flor de lótus.
Gema gnóstica

139   Acrescento à guisa de esclarecimento que Setheus é um nome de
Deus, que designa o Criador. O Monogenes é o Filho de Deus. A
comparação da mônada com um campo e uma cidade corresponde à
ideia do temenos (fig. 50). A mônada também é coroada (cf. nesse
contexto o "chapéu" do sonho 1 [§ 52] e do sonho 35 [§ 254]). Considerada como metrópole, a mônada é feminino, semelhante ao padma (lótus), forma básica do mandala lamaísta. (No contexto chinês
corresponde à flor de Ouro e, no Ocidente, à Rosa e à Flor de Ouro.)
Nela habita o Filho de Deus, o Deus que se manifestou[11] . No Apocalipse encontramos o Cordeiro no centro da Jerusalém celeste. Em
nosso texto diz-se igualmente que Setheus habita o santíssimo do
Pleroma, cidade de quatro portas (que se assemelha à cidade de
Brahman sobre o Meru, a Montanha do Mundo, na Índia). Em cada
porta há uma mônada[12]. Os membros do Anthropos, nascido do Au-
togenes (Monogenes), correspondem às quatro portas da cidade. A

---

11. Buda, Shiva etc. no lótus (fig. 52); Cristo na rosa, no colo de Maria (existe um rico
material sobre este tema em SALZER. *Die Sinnbilder und Beiworte Mariens*); o lugar
germinativo do corpo diamantino na flor de ouro. Cf. a circumambulatio no espaço
quadrado, sonho 16, §164.

12. BAYNES, op. cit., p. 58. Cf. a Vajra-Mandala (fig. 43), em cujo centro se encontra
o grande Dorje, cercado por doze dorjes menores, bem como a mônada única coroada
com doze mônadas. Além disso, em cada um dos quatro portais encontra-se um dorje.

mônada é uma centelha de luz (spinther) e uma imagem do Pai idêntica ao Monogenes. Há uma invocação que diz: "Thou art the House and the Dweller in the House[13]" (Vós sois a Casa e o Habitante da Casa). O Monogenes está de pé sobre um tetrapeza[14], mesa ou estrado de quatro colunas correspondentes à quaternidade dos quatro evangelistas[15].

A ideia do lapis "relaciona-se intimamente com estas representações. Em Hermes, o "lapis" diz: "Me igitur et filio meo coniuncto, nil melius ac venerabilius in Mundo fieri potest." (Nada há no mundo de melhor e mais digno de veneração do que minha união com meu Filho[16].) O Monogenes também é denominado "a luz escura"[17]. Segundo o *Rosarium*, Hermes diz: "Ego 'lapis' gigno lumen, tenebrae autem naturae meae sunt." (Eu gero a luz; no entanto, as trevas também pertencem à minha natureza[18].) A alquimia conhece igualmente o "sol niger" (sol negro)[19] (fig. 34).

A seguinte passagem do *Tractatus aureus,* capítulo IV, é um paralelo interessante do Monogenes que habita o seio da cidade-mãe e é idêntico à mônada coroada e envolta num véu: "O soberano reina, tal como é testemunhado por seus irmãos (e) diz: 'Serei coroado e

140

141

---

13. Op. cit., p. 94

14. Op. cit., p. 70.

15. Cf. IRINEU *[Adversus haereses],* III, XI, e CLEMENTE, *Stromata* V, VI. Semelhante ao tetramorfo como montaria da Igreja (fig. 53).

16. *Rosarium [Art. aurif. II,* p. 240). As citações de Hermes foram tiradas do cap. IV do *Tractatus aureus [Ars chem.,* p. 23s., e *Bibl. chem.* I, p. 427s.].

17. BAYNES, op. cit., p. 87.

18. As citações de Hermes do autor anônimo do *Rosarium* contêm alterações intencionais que são muito mais do que falhas de leitura. São propriamente criações novas às quais confere maior autoridade pelo uso do nome de Hermes. Comparei as três edições impressas do *Tractatus aureus,* de 1566 e 1610 e 1692, e achei que todas elas concordam entre si. As citações do *Rosarium* (p. 239) no *Tractatus aureus* (p. 23s.) dizem o seguinte: "Iam Venus ait: Ego genero lumen, nec tenebrae meae naturae sunt [...] me igitur et fratri iunctis nihil melius ac venerabilius." [Pois Vênus diz: Gero a luz, mas a escuridão não pertence à minha natureza [...] por isso não há nada melhor e mais digno do que a união de mim mesma com meu irmão.]

19. Cf. MYLIUS. *Phil., ref.,* p. 19.

Fig. 53. O Tetramorfo como montaria da Igreja.
HERRAD VON LANDSBERG. *Hortus deliciarum.* Crucifixão (aprox. 1180)

adornado com o diadema e revestido com as vestes do Reino, dou
alegria aos corações e, acorrentado aos braços e seios de minha mãe e
à sua substância, mantenho coesa e em repouso a minha substância, e
componho o invisível a partir do visível; assim aparecerá o que está
oculto, e tudo o que os filósofos ocultaram será gerado a partir de nós.
Compreendei, observai e meditai estas palavras, ó vós que escutais, e

não busqueis mais nada. Desde o princípio, o homem foi gerado pela natureza cujas entranhas são de carne e não de outra substância'".

O "rei" é uma referência ao lapis. Este último é o "Senhor", con-   142
forme se depreende da seguinte passagem do *Rosarium*[20]: "Et sic Philosophus non est Magister lapidis, sed potius minister." (E assim, o filósofo não é o senhor da pedra, mas sim o seu servidor.) Da mesma forma, a realização definitiva do lapis na forma do hermafrodita coroado é designada por "Aenigma Regis" (Enigma do Rei)[21]. Um poema alemão que se refere a este enigma diz[22].

> Hie ist geboren der Kayser aller ehren
> Kein höher mag uber jn geboren werden.
> Mit kunst oder durch die natur
> Von keiner lebendigen creatur.
> Die Philosophy heisen jn jhren Suhn
> Er vermag alles was sie thun. (fig. 54)

> (Aqui nasceu o Imperador digno de todas as honras
> Ninguém superior a ele poderá nascer
> Pela arte ou pela natureza
> De nenhuma criatura viva.
> Os Filósofos chamam-no seu Filho
> Ele torna possível tudo o que eles fazem.)

Os dois últimos versos poderiam ser uma referência direta à cita-   143
ção já mencionada de Hermes.

É como se os alquimistas tivessem começado a vislumbrar que o   144
Filho – o qual, segundo a concepção clássica (e cristã) é eternamente inerente ao Pai, manifestando-se como dádiva divina à humanidade – fosse algo que o homem pudesse produzir ("Deo concedente") a partir de sua própria natureza. A heresia deste pensamento é óbvia.

A natureza feminina da função inferior se deve à sua contaminação   145
com o inconsciente. Por suas características femininas, o inconsciente é personificado pela anima, no homem; na mulher, dá-se o contrário[23].

---

20. *Art. aurif.* II, p. 356.
21. Op. cit., p. 359.
22. Op. cit., p. 359s.
23. Cf. JUNG. *O eu e o inconsciente* [§ 296s.].

Ænigma Regis.
Hie ift geboren der Keyfer aller ehren/
Kein höher mag vber jn geboren werden.

Fig. 54. O Hermafrodita, com três serpentes de um lado e uma do outro;
embaixo, o Dragão-Mercúrio tricéfalo.
Rosarium philosophorum. In: *Artis auriferae* II (1593)

146   Admitindo-se que este sonho e os que o antecederam signifi-
quem realmente algo que suscita no sonhador uma sensação de suma
importância e admitindo-se também que tal importância corresponde, digamos assim, aos pontos de vista referidos no comentário, atin-
giríamos então o ponto culminante de uma intuição introspectiva de
grande audácia. Em todo o caso, para uma consciência despreparada,
o eterno relógio de pêndulo já é difícil de digerir e poderia facilmente
paralisar voos intelectuais demasiadamente altos.

SONHO 11

147   *O sonhador, o médico, um piloto e a mulher desconhecida viajam
num avião. De repente uma bola de croqué despedaça o espelho, ins-*

trumento de navegação indispensável, e o avião cai. Reaparece a dúvida: a quem pertence a mulher desconhecida.

O médico, o piloto e a mulher desconhecida são caracterizados 148 como pertencendo ao não ego. Os três são estranhos. Logo, o sonhador possui unicamente a função diferenciada portadora do eu e isto significa que o inconsciente ganhou muito terreno. A bola de croqué pertence a um jogo em que a bola é impelida com um taco, para passar sob um arco de arame. O sonho 8 [§ 69] diz que não se deve (voar?) por cima do arco-íris, mas que se deve *passar por baixo* dele. Quem quiser passar por cima cairá. O voo é alto demais. O jogo de croqué é jogado na terra e não no ar. Não devemos elevar-nos acima da "terra", ou seja, acima da dura realidade, o que acontece frequentemente ao sermos tomados por intuições geniais. Nunca estamos à altura de nossos pressentimentos e, portanto, jamais devemos identificar-nos com eles. Somente os deuses passam sobre a ponte do arco-íris; os mortais, porém, caminham sobre a terra, estando sujeitos às suas leis (fig. 16). A natureza terrestre do ser humano, apesar de sua capacidade de intuição, é lamentavelmente imperfeita. Esta imperfeição, no entanto, é inata ao seu ser, à sua realidade. O homem não consiste apenas de suas melhores intuições, ideias e aspirações mais altas, mas também de suas condições odiosas, tais como a hereditariedade e aquela série indelével de recordações, gritando: "Você fez isso, então você é isso!" O homem já perdeu a cauda dos sáurios pré-históricos, mas em compensação pende de sua alma uma corrente que o prende à terra: uma corrente homérica* de "condições" tão pesadas, que o melhor é ficar preso a elas, mesmo com o risco de não tornar-se herói, nem santo. (A história dá-nos o direito de não atribuir um valor absoluto a estas normas coletivas.) O fato de estarmos ligados à terra não significa que não possamos crescer. Muito pelo contrário, tal fato é uma "conditio sine qua non" desse crescimento. Não há árvore alguma, por mais alta e nobre que seja, que tenha renuncia-

---

* [A edição anglo-americana tem a seguinte nota de rodapé: "A 'cadeia áurea de Homero' é na alquimia uma corrente de grandes sábios, a começar por Hermes Trismegistus, que conecta o céu com a terra. Ao mesmo tempo é uma corrente de substâncias e diversos estados químicos, que aparecem ao longo do processo alquímico. Cf. *Aurea catena Homeri*]".

do às suas raízes obscuras. Cresce tanto para cima como para baixo. A questão de se saber para onde vamos é, sem dúvida, da maior importância; entretanto, saber quem vai para onde é igualmente importante. O "quem" sempre implica um "de onde vem". É preciso ter uma verdadeira grandeza para permanecer na altura. Mas ser presun-

Fig. 55. Fausto diante do espelho mágico.
Água-forte de Rembrandt (aprox. 1652)

çoso é fácil. Difícil é atingir o centro verdadeiro (cf. sonho 8 [§ 132]). Nesse sentido, é indispensável ter consciência dos dois lados da personalidade humana, de suas metas e de sua origem. Esses dois aspectos nunca devem ser separados, seja pela soberba (hybris), seja pela covardia.

Enquanto "instrumento de navegação indispensável", o "espe-   149
lho" provavelmente é uma referência ao intelecto que é sempre capaz de pensar e nos persuade a identifícarmo-nos com suas percepções (qualidade espelhante). O "espelho" é, para Schopenhauer, uma das metáforas prediletas do intelecto. No sonho, é adequadamente caracterizado pela expressão "instrumento de navegação", por ser o guia indispensável para o homem através do mar sem rumo. No entanto, quando o homem sente faltar o chão debaixo dos pés e começa a especular, seduzido pela intuição que alça voo para o infinito, a situação torna-se perigosa (fig. 55).

O sonhador forma de novo uma quaternidade com as três pessoas   150
do sonho. A mulher desconhecida, a anima, representa invariavelmente a função "inferior", isto é, a função indiferenciada. No caso do nosso sonhador, trata-se do *sentimento*. A bola de croqué pertence ao tema do "redondo", sendo, portanto, um símbolo da totalidade, ou seja, do si-mesmo, que se mostra neste contexto *hostil* ao intelecto (ao espelho). Pelo visto, o sonhador "navega" demais com o intelecto, perturbando assim o processo de individuação. No tratado *De vita longa*, Paracelso descreve o quatro como "Scaiolae", e o si-mesmo como "Adech" (Adão, homem primordial). Como é sublinhado por Paracelso, ambos dificultam a "obra" a tal ponto que quase se poderia falar de uma hostilidade por parte de Adech[24].

SONHO 12

O *sonhador encontra-se numa plataforma de bonde junto ao pai, à*   151
mãe e à irmã, em situação de perigo.

Aqui também o sonhador constitui uma quaternidade com as de-   152
mais personagens do sonho. A queda leva-o de volta à infância, quan-

---

24. Cf. *Estudos alquímicos* [§ 209s.].

do o ser humano ainda está longe de seu estado de totalidade. O grupo familiar representa a totalidade, cujos componentes ainda são projetados sobre os membros da família, sendo por eles personificados. Tal estado é perigoso para o adulto, por ser regressivo; no fundo, significa uma cisão de sua personalidade, fato este que é sentido pelo primitivo como uma ameaça de "perda da alma". Na cisão, os componentes da personalidade integrados com tanta dificuldade são novamente impelidos para fora. Perde-se a culpa, que é substituída por uma inocência infantil; reaparece então o pai mau responsável por isto e a mãe pouco amorosa responsável por aquilo e nesses inegáveis nós causais fica-se preso como uma mosca em teia de aranha, sem perceber que se perdeu a liberdade moral[25]. Tudo o que os pais e os antepassados fizeram de errado contra a criança, o adulto declara ser sua *condição dada* (Gegebenheit), com a qual terá de conviver. Somente a um tolo interessa a culpa do outro, frente à qual nada se pode fazer. O homem inteligente aprende através de sua própria culpa. A pergunta poderia ser esta: Quem sou eu, a quem sucedem todas essas coisas? Olhando para dentro de seu coração ele encontrará certamente a resposta a esta pergunta crucial.

153   No sonho anterior, o veículo era um avião; neste, é um bonde elétrico. O tipo de veículo, num sonho, ilustra o tipo de movimento, ou a maneira pela qual se avança no tempo – em outras palavras, como se vive sua vida psíquica, individual ou coletivamente, por seus próprios meios ou por meios emprestados, espontaneamente ou mecanicamente. No avião, o sonhador é conduzido por um piloto desconhecido, isto é, por uma intuição de origem inconsciente. (A falta, aqui, é a utilização excessiva do "espelho" para a navegação.) No sonho de que tratamos agora, ele está num bonde elétrico que pode ser usado por qualquer pessoa; isto significa que ele se movimenta ou se comporta como qualquer pessoa. Mesmo assim, no sonho em ques-

---

25. Mestre Eckhart diz: "[...] 'Eu não vim à terra para trazer a paz, mas a espada para cortar todas as coisas, para te separar do teu irmão, do teu filho, da tua mãe e do teu amigo, que na verdade são teus inimigos'. Pois, na verdade, aquele que te adoça a vida é teu inimigo. Se o teu olho vê todas as coisas, teu ouvido ouve todas as coisas, e o teu coração se lembra de todas as coisas, na verdade, em todas essas coisas a tua alma é destruída" (*Deutsche Mystiker* II, p. 14, 23s.).

tão, ele continua a ser uma dentre quatro pessoas, o que quer dizer que ele se encontra nos dois veículos por causa de sua aspiração inconsciente para a totalidade.

Fig. 56. A fonte da juventude do Codex de Sphaera (século XV).

SONHO 13

Um tesouro jaz no fundo do mar. É preciso mergulhar por uma abertura 154
ra estreita. É perigoso, mas lá embaixo encontrar-se-á um companheiro. O sonhador ousa pular no escuro e descobre lá embaixo um belo jardim disposto simetricamente, com uma fonte no meio (fig. 56).

155   No mar do inconsciente jaz oculto o "tesouro de difícil acesso", que só é alcançado pelo corajoso. Conjeturo que a joia também pode ser o "companheiro", alguém que anda ao nosso lado e junto de nós através da vida – provavelmente uma analogia ao eu solitário que encontra um tu no si-mesmo, pois este último é inicialmente um não ego estranho. Este é o tema do companheiro mágico. Citarei três exemplos famosos: os discípulos no caminho de Emaús, Krishna e Arjuna no *Bhagavadgîta* e Moisés e El-Khidr na sura 18 do *Corão*[26]. Levo além a conjectura: o tesouro no mar, o companheiro e o jardim são uma e a mesma coisa, isto é, *o* si-mesmo. O jardim é de novo o temenos, e a fonte, a nascente da "água viva" mencionada por *João* 7,38, a qual também foi procurada e encontrada pelo Moisés do *Corão,* com El-Khidr a seu lado[27], um de "nossos servidores, dotado de nossa graça e sabedoria" (sura 18). E segundo a lenda, no chão do deserto, em torno de El-Khidr, brotaram flores primaveris. A imagem do temenos com a fonte, inspirada na antiga arquitetura cristã, tornou-se o pátio da mesquita islâmica, tendo ao centro a casa de banhos ritualística (por exemplo, Ahmed Ibn-Tulun, no Cairo). No claustro ocidental também encontramos algo semelhante: a fonte no jardim. Acrescente-se o "jardim das rosas dos Filósofos", que conhecemos através dos tratados de alquimia, representado mais tarde em belas gravuras em cobre. "O Habitante da Casa" ("The Dweller in the House") – (cf. comentário do sonho 10 [§ 139]) representa o "companheiro". O centro e o círculo aqui figurados como fonte e jardim são analogias do "lapis" que entre outras coisas é um ser vivente (figs. 25 e 26). No *Rosarium,* Hermes põe em sua boca as seguintes palavras: "Protege me, protegam te. Largire mihi ius meum, ut te adiuvem"[28] (Protege-me, e eu te protegerei. Dá-me o que é meu, a fim de que eu te ajude). O "lapis", neste contexto, é como um bom amigo e auxiliar que nos ajuda quando o ajudamos, o que indica uma relação compensatória. (Lembro neste ponto o que foi dito no comentário

---

26. Cf. o meu trabalho *Über Wiedergeburt* [§ 135s.].

27. VÖLLERS. *Chidher* II, p. 235s.

28. *Art. aurif.* II, p. 239. Esta citação do *Tractatus aureus* segundo a edição de 1566 (*Ars chemica*) diz: "Largiri vis mihi meum ut adiuvem te". [Queira dar-me o que é meu, para que eu te ajude.]

Fig. 57. O banho imperial na água da fonte milagrosa,
sob a influência do Sol e da Lua.
Biblioteca Angelica (século XIV)

do sonho 10 [§ 138s.], sobretudo no que diz respeito ao paralelo Monogenes – "lapis" – si-mesmo.)

A queda por terra leva portanto ao fundo do mar, logo, ao inconsciente. Com isto, o sonhador obtém a proteção do temenos con-   156

Fig. 58. O Cristo, fonte do fogo, com os estigmas "chamejantes".
Vitral do Coro da Igreja do antigo Mosteiro da Königsfelden. (Suíça, século XIV)

tra a cisão da personalidade causada pela regressão à infância. A situação assemelha-se à dos sonhos 4 e 5 [§ 58 e 62], na qual o círculo mágico representava a proteção contra a atração da multiplicidade do
inconsciente. (Do mesmo modo, os perigos da tentação acometem
Polifilo, quando este inicia sua Nekyia [descida]).

157   A fonte da vida é, como El Khidr, uma boa companheira, mas
nem por isso isenta de perigos. Segundo o *Corão*, o velho Moisés precisou enfrentar provações penosas por causa dessa fonte – que é o
símbolo da força vital em incessante renovação (figs. 57 e tb. 25, 26,
27 e 84), como o relógio que nunca para. Uma palavra não canônica

do Senhor diz: "Quem está perto de mim está perto do fogo"[29]. Este Cristo esotérico é uma fonte de fogo (fig. 58), que provavelmente tem alguma relação com o πῦρ ἀεὶ ζῶον (eterno fogo da vida) de Heráclito – e assim também a "aqua nostra" (nossa água) é "ignis" (fogo), segundo a concepção dos filósofos alquimistas[30]. A fonte não é apenas o fluir da vida, mas também o seu calor, isto é, o seu ardor, o segredo da paixão, cujos sinônimos têm sempre as características do fogo[31] . A "aqua nostra", que tudo dissolve, é um ingrediente indispensável para a produção do lapis. No entanto, a fonte surge na parte inferior, razão pela qual o caminho passa por baixo. A fonte ardente da vida só é encontrada *embaixo*. Este embaixo é a história natural do homem, de sua ligação causal com o mundo dos instintos (fig. 16). Sem esta ligação, nem o 'lapis", nem o Si-mesmo poderão cumprir-se.

SONHO 14

O sonhador entra com o pai numa farmácia. Lá há ofertas de coisas de   158
valor a preço baixo, sobretudo de uma água especial. O pai conta-lhe
acerca do país de onde essa água provém. Em seguida, atravessa o Ru-
bicão, de trem.

    Nas "farmácias" tradicionais, com seus vidros e potes, suas   159
águas, seu "lapis divinus" e "infernalis" (pedra divina e infernal) e seus magistérios, ainda se conserva uma reminiscência sensível da parafernália da cozinha alquímica daqueles que viam no "donum spiritus sancti" (dom do espírito santo) – o "dom precioso" – apenas a

---

29. Uma citação de Aristóteles no *Rosarium* (*Art. aurif.* II, p. 317) diz: "Elige tibi pro lapide, per quem reges venerantur in Diadematibus suis [...] *quia ille est propinquus igni*" [Elege por tua pedra aquilo que faz com que os reis sejam venerados em suas coroas [...] *pois esta "pedra" está junto do fogo.*]

30. Cf. o texto de Komarios, em que Cleópatra explica o significado da água (BERTHELOT. *Alch. grecs.* IV, XX, 8s.).

31. *Rosarium* (*Art. aurif.* II, p. 378): "Lapis noster hic est ignis ex igne creatus et in ignem vertitur, et anima eius in ignem moratur." [Essa nossa pedra é fogo criado do fogo e em fogo se transformará e sua alma habita no fogo.] Esta passagem poderia ter sido inspirada no seguinte: "Item lapis noster, hoc est ignis ampulla, ex igne creatus est, et in eum vertitur". [Assim também a nossa pedra é o frasco de fogo criado do fogo e que a ele retorna] (*Allegoria Sapientum* em *Bibl. chem.* I, p. 468a).

quimera da fabricação do ouro. A "água especial" é por assim dizer a "aqua nostra non vulgi" (nossa água que não é vulgar)[32] . Não é difícil compreender que o pai o conduz à fonte da vida, uma vez que é seu procriador natural. Ele representa de certo modo a terra ou o solo de onde jorrou a fonte de sua vida. Em sentido figurado, porém, é o "espírito que ensina", que o inicia no sentido da vida, explicando-lhe os segredos, segundo o ensinamento dos antigos. É um mediador da sabedoria tradicional. Na realidade, porém, o educador paterno em nossa época apenas preenche esta função no sonho do filho sob a figura arquetípica do pai: o "Velho Sábio".

160   A água da vida pode ser obtida a baixo preço, pois todos a possuem embora desconheçam seu valor. Ela "spernitur a stultis" (é desprezada pelos tolos), pois eles acreditam que tudo o que é bom sempre está fora e em outro lugar, e que a fonte dentro de sua própria alma nada mais é do que [...] Como o lapis, é de "pretio quoque vilis" (de baixo preço) e, como no *Prometheus* de Spitteler, "in viam eiectus" (atirado à rua) por todos, desde o sumo sacerdote e a Academia até o camponês. E na rua, Ahasverus encontra a joia e a guarda no bolso. O tesouro mergulha de novo no inconsciente.

161   Mas o sonhador percebe algo, e com enérgica determinação atravessa o Rubicão. Compreendeu que o fluir e o fogo da vida não podem ser subestimados, por serem indispensáveis à realização da totalidade. Quem passa o Rubicão não pode voltar atrás.

---

32. A "aqua nostra" também é chamada "permanens"(eterna) e corresponde ao ὕδωρ Θεῖον dos gregos: "aqua permanens, ex qua quidem aqua lapis noster pretiosissimus generatur" [água eterna da qual se origina a nossa pedra preciosíssima], lê-se na *Turba philosophorum* (*Art. aurif.* I, p. 13). "Lapis enim est haec ipsa permanens aqua, et dum aqua est, lapis non *est*" [A pedra é esta água eterna, que enquanto permanece água não é pedra] (op. cit., p. 16). O preço baixo da "água" é ressaltado de várias maneiras, como em op. cit., p. 28: "Quod quaerimus publice minimo pretio venditur, et si nosceretur ne tantillum venderent mercatores". [O que nós procuramos será vendido publicamente por um preço mínimo, e se fosse reconhecido, os comerciantes não o venderiam tão barato.]

SONHO 15

Quatro pessoas descem rio abaixo: o sonhador, o pai um determinado   162
amigo e a mulher desconhecida.

Na medida em que o "amigo" é uma personalidade determinada   163
e bem conhecida, pertence ao mundo consciente do eu, tal como o
pai. Algo de essencial aconteceu: no sonho 11 [§ 147], o inconsciente
estava numa relação três por um; agora a relação se inverteu; o sonhador é que está na relação três por um, que é a mulher desconhecida. Logo, o inconsciente despotenciou-se. A razão disto está no fato
de que o inferior se ligou ao superior pela imersão, isto é, o sonhador
resolveu viver não só como ser mental incorpóreo, mas também acei-
tando o corpo e o mundo dos instintos, a realidade dos problemas da
vida e do amor, vivendo-os concretamente[33]. Foi este o Rubicão
transposto. A individuação, a realização própria, não é apenas um
problema espiritual, e sim o problema geral da vida.

SONHO 16

Há muitas pessoas presentes. Todas caminham da direita para a es-   164
querda, em torno de um quadrado. O sonhador não está no centro,
mas sim num dos lados. Dizem que vão reconstruir o macaco gibão.

O quadrado aparece aqui pela primeira vez. Deve ter-se originado   165
do círculo, mediante as quatro pessoas (isto será confirmado mais
tarde). O problema da quadratura do círculo, assim como o "lapis", a
"tinctura rúbea" (tintura rubra) e o "aurum philosophicum" (ouro filosofal), intrigava os espíritos medievais. A quadratura do círculo é
um símbolo do "opus alchymicum" (trabalho alquímico) (fig. 59), na
medida em que decompõe a unidade caótica originária nos quatro e-
lementos, recompondo-os novamente numa unidade superior. A
unidade é representada pelo círculo e os quatro elementos, pelo qua-

---

33. Os alquimistas referiam-se em geral veladamente a isto. Por exemplo a citação de
Aristóteles no *Rosarium* (*Art. aurif.* II, p. 318): Fili, accipere debes de pinguiori carne"
[Filho, tu deves servir-te da carne mais gorda.] No *Tractatus aureus* (cap. IV) lê-se:
"Homo a principio naturae generatur, cuius viscera carnea sunt [...]" [Desde os pri-
mórdios, o homem é criado da natureza, e as suas vísceras são de carne.]

drado. A produção do uno a partir do quatro é o resultado de um
processo de destilação, ou melhor, de sublimação, que se dá numa
forma "circular"; em outras palavras, o destilado foi submetido a diversas destilações[34], a fim de extrair-se a "alma" ou o "espírito" em
sua forma mais pura. Em geral, o resultado é designado como "quintessência", mas este não é o único nome dado ao "uno" sempre dese-
jado e nunca atingido. Ele tem "mil nomes" como a materia prima,
dizem os alquimistas. Em sua *Confession*[35], Heinrich Khunrath diz a
respeito da destilação circular: "Durch Circumrotation oder Circula-
rische Philosophische umblauffung des Quatemarii [...] widerumb

Fig. 59. "Todas as coisas estão contidas somente no três / no quatro elas se
alegram" (Quadratura do círculo).
JAMSTHALER. *Viatorium spagyricum* (1625)

---

34. Cf. JUNG. *Estudos alquímicos* [§185s.]
35. *Von hylealischen Chaos*, p. 204s.

bracht werden zur höchsten unnd aller reinsten Simplicitet oder Einfalt [...] Monadis Catholicae plusquamperfectae [...] Aus dem unreinen groben Eins wird ein höchstreines subtiles Eins" etc. (Pela circum-rotação ou revolução filosófica circular do quaternário [...] a suprema e puríssima simplicidade ou inocência é restabelecida [...] a mais que perfeita "monadis catholicae" (mônada católica) [...] Do uno grosseiro e impuro resulta o uno puríssimo e sutil etc.). A alma e o espírito devem separar-se do corpo, como se fosse uma morte: "Dahero sagt auch Paulus Tarsensis: Cupio dissolvi, et esse cum Christo[36] [...] darumb, mein lieber Philosophe, mustu allhier den Geist und die Seele Magnesiae[37] auffangen". (Por isso diz Paulo de Tarso: Desejo dissolver-me e ser com Cristo [...] portanto, meu caro filósofo, deves captar aqui o espírito e a alma da Magnésia.) O espírito (ou seja, o espírito e a alma) corresponde ao "ternarius" (ternário) – o número três, o qual deve ser primeiramente separado de seu corpo e, depois de purificado, ser novamente nele infundido[38]. Pelo visto, o corpo é o quarto. É por isso que Khunrath refere-se à citação do Pseudo-Aristóteles[39], segundo a qual o círculo ressurge no quadrado, a partir do triângulo[40]. A figu-

---

36. Fl 1,23.

37. A "magnésia" dos alquimistas nada tem a ver com a magnésia (MgO). Em Khunrath (op. cit., p. 161) ela é "materia caelestis atque divina" [celeste e mesmo divina], logo a "materia lapidis philosophorum", a substância arcana ou da transformação.

38. KHUNRATH, op. cit., p. 203s.

39. Op. cit., p. 207.

40. Uma representação figurativa deste motivo em MAIER. *Scrutinium chymicum: Emblema XXI*. No entanto, Maier concebe o ternarius de modo diferente (cf. fig. 60). Ele diz (p. 63): "Similiter volunt philosophi quadrangulum in triangulum ducendum esse, hoc est, in corpus, spiritum & animam, quae tria in trinis coloribus ante rubedinem praeviis apparent, utpote corpus seu terra in Saturni nigredine, Spiritus in lunari albedine, tanquam aqua, anima sive aër in solari citrinitate. Tum triangulus perfectus erit, sed hic vicissim in circulum mutari debet, hoc est, in rubedinem invariabilem". [Da mesma forma os filósofos afirmam que o quadrado deve transformar-se em triângulo, isto é, em corpo, espírito e alma, os quais antes do vermelho aparecem em três cores, ou seja, o corpo ou a terra num negro saturnino, o espírito num branco lunar como água, a alma ou o ar, amarelo como o sol. Então o triângulo estará completo, todavia, por sua vez, ele deve transformar-se num círculo, isto é, num vermelho inalterável.] Aqui o quarto é o fogo, um fogo perpétuo.

ra do círculo representa, ao lado do Uróboro – o dragão que devora a própria cauda –, o mandala básico da alquimia.

166   O mandala oriental, sobretudo o lamaísta, contém em geral um plano básico de estupa em forma de quadrado (fig. 43). Note-se que a estupa se refere a uma construção. Pelos mandalas executados em forma de corpo sólido, juntamente com o quadrado é sugerida a ideia de uma casa ou templo, ou seja, de um espaço interior cercado de muros[41]. Segundo o ritual, as estupas devem ser sempre percorridas em movimento "circum-ambulatório", da esquerda para a direita, pois o movimento contrário é maléfico. A esquerda ("sinister") significa o lado inconsciente. O movimento para a esquerda equivale, portanto, a um movimento em direção ao inconsciente, enquanto que o movimento para a direita é "correto", tendo por meta a consciência. No Oriente, através de uma longa prática, os conteúdos inconscientes assumiram gradativamente formas definidas. Tais formas exprimem o inconsciente, e devem ser aceitas e mantidas pelo consciente. A ioga, com sua prática estabelecida, procede de maneira semelhante. Imprime formas definidas na consciência. Seu paralelo mais importante no Ocidente são os *Exercitia spiritualia* (Exercícios espirituais) de Inácio de Loyola, os quais também imprimem representações bem definidas da salvação. Este procedimento é "correto", uma vez que o símbolo é uma expressão válida da situação inconsciente. A validade psicológica da ioga, tanto no Oriente como no Ocidente, perdura até o momento em que o processo inconsciente – que antecipa futuras transformações da consciência – esteja desenvolvido a ponto de apresentar nuanças, as quais não são satisfatoriamente expressas pelo símbolo tradicional ou estão em desacordo com ele. Neste caso, e somente neste caso, podemos dizer que o símbolo perdeu a sua "validade". Tal processo representa provavelmente um deslocamento lento e secular da imagem inconsciente do mundo e nada tem a ver com o criticismo intelectual. Os símbolos religiosos são fenômenos da vida, simples fatos, e não opi-

---

41. Cf. "cidade" e "fortaleza" no comentário do sonho 10 no § 137s. (Cf. tb., figs. 31, 50 e 51). Os alquimistas também entendem o "rotundum" que se origina do quadrado, como "oppidum" [cidade]. Cf. AEGIDIUS DE VADIS. *Dialogus inter naturam et filium philosophiae* em *Theatr. chem.* (1602) II, p. 115.

Fig. 60. A quadratura do círculo, compreendendo os dois
sexos numa totalidade.
MAIER. *Scrutinium chymicum* (1687)

niões. Quando a Igreja insiste por tão longo tempo na ideia de que o
Sol gira em torno da Terra, abandonando este ponto de vista no século
XIX, pode muito bem invocar a verdade psicológica de que, para milhões de seres humanos, o Sol girava realmente em torno da Terra; só
no século XIX um número suficiente de pessoas atingiu a firmeza da
função intelectual, podendo reconhecer as provas da natureza planetária da Terra. Infelizmente, não há verdade alguma que seja independente das pessoas que a reconheçam.

A "circumambulatio" (circum-ambulação) do quadrado, da direi-   167
ta para a esquerda, poderia estar indicando que a quadratura do círculo é uma etapa do caminho para o inconsciente; tratar-se-ia assim
de uma passagem, de um instrumento que possibilita alcançar uma
meta além, ainda não formulada. É um dos caminhos em direção ao

centro do não ego, que os pesquisadores da Idade Média também percorreram para produzir o lapis. Diz o *Rosarium philosophorum*[42]: "Com o homem e a mulher traça um círculo e extrai deste o quadrado; do quadrado extrai o triângulo. Traça um círculo e então terás a pedra dos filósofos"[43] (fig. 60 e tb. fig. 59).

168   O intelecto do homem moderno considera tudo isto o maior dos absurdos. No entanto, este juízo de valor não impede que tais associações de ideias existam há muitos séculos, desempenhando um papel de suma importância. É função da psicologia entender estas coisas, e deixar que o leigo vocifere contra tantos absurdos e contra o obscurantismo. (Muitos de meus críticos, que se dizem "cientistas", reagem exatamente como aquele bispo que excomungou os besouros por proliferarem desavergonhadamente.)

---

42. Trata-se de uma citação atribuída ao Pseudo-Aristóteles; no entanto não pode ser comprovada no *Tractatus Aristotelis alchemistae ad Alexandrum Magnun* (*Theatr. chem.* V, p. 880s.).

43. Nos escólios do *Tractatus aureus* (*Hermetis Trismegisti tractatus vere aureus de lapidis philosophici secreto cum scholiis Dominici Gnosii*) lê-se (p. 43): "quadrangulum secretum sapientum" [o quadrado secreto dos sábios]. No centro do quadrado há um círculo com raios. O escólio explica-o da seguinte maneira: "Divide lapidem tuum in quatuor elementa [...] et coniunge in unum et totum habebis magisterium". [Divide a tua pedra nos quatro elementos e une-os em um só, e terás todo o magistério.] (Citação do Pseudo- Aristóteles.) O círculo no centro é chamado "mediator, pacem faciens inter inimicos sive elementa imo hic solus 'mediator' efficit quadraturam circuli" [o mediador que estabelece a paz entre os inimigos ou entre (os quatro) elementos; aliás é aquele que realiza a quadratura do círculo] (op. cit., p. 44). A circum-ambulação tem seu paralelo em "circulatio spirituum sive distillatio circularis, hoc est exterius intro, interius foras: item inferius et superius, simul in uno circulo conveniant, neque amplius cognoscas, quid vel exterius, vel interius, inferius vel superius fuerit: sed omnia sint unum in uno *circulo sive vase*. Hoc enim vas est Pelecanus verus Philosophicus, nec alius est in toto mundo quaerendus". [... Na circulação dos espíritos ou na destilação circular, isto é, do exterior para o interior e do interior para o exterior: e também quando o inferior e o superior se encontram em um e o mesmo círculo, tu não discernirias mais o exterior e o interior, o inferior e o superior: mas tudo seria um só num único círculo ou vaso. Pois este vaso é o verdadeiro Pelicano Filosófico, não havendo outro no mundo inteiro.] Este processo é elucidado pelo desenho ao lado. A divisão em quatro é o "exterius": quatro rios que entram e saem do "Oceano" interior (op. cit., p. 262s.).

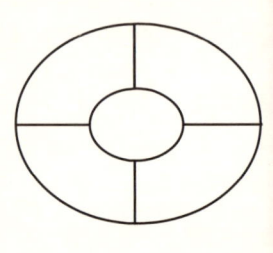

Do mesmo modo que as "estupas" contêm relíquias de Buda em   169
seu santuário mais recôndito, assim também encontramos no interior
do quadrado lamaísta e no ideograma chinês da terra, que corresponde a um quadrado, o santo dos santos ou algo que tem propriedades
mágicas: a fonte cósmica de energia, o deus Shiva, o Buda, um Bodhi-
sattva, ou um grande Mestre; em chinês, trata-se do Ch'ien, o Céu,
com suas quatro forças cósmicas irradiantes (fig. 61). No mandala do
cristianismo medieval do Ocidente, a divindade reina no centro, não
raro sob a forma do Salvador triunfante, juntamente com as quatro
figuras simbólicas dos Evangelistas (fig. 62). O símbolo do sonho que
estamos comentando contrasta violentamente com estas ideias metafísicas supremas: o "gibão", que é um gênero de macaco, deve ser reconstruído no centro. Encontramos novamente o macaco que surgira
pela primeira vez no sonho 22 [§ 117]. Naquele sonho, ele provocara
pânico e a intervenção auxiliadora do intelecto. No sonho em questão, ele deve ser "reconstruído", o que significa o restabelecimento
do antropoide, do "ser humano" como realidade arcaica. O caminho
para a esquerda, evidentemente, não conduz para cima, para o reino
dos deuses e das ideias eternas, mas sim para baixo, para a história
natural, para os fundamentos instintivos animais do ser humano.
Trata-se, por conseguinte, de um mistério dionisíaco na linguagem
da Antiguidade.

O quadrado corresponde ao temenos (cf. fig. 31), onde é repre-   170
sentada uma peça de teatro: uma peça de macacos e não de sátiros. O
interior da "Flor de ouro" é um "lugar de germinação", e nele é concebido o "corpo diamantino". Seu sinônimo, "terra dos ancestrais"[44],
talvez indique que esta criação é o resultado de uma integração dos
estágios ancestrais.

Nos ritos primitivos de renovação, os ancestrais representam um   171
papel significativo. Os aborígenes da Austrália Central identificam-se
com seus antepassados míticos do período *alcheringa,* espécie de era
homérica. Do mesmo modo, os índios Pueblo de Taos identificam-se, na preparação de suas danças ritualísticas, com o Sol, do qual
são os filhos. A retroidentificação com os ancestrais humanos e ani-

---

44. WILHELM & JUNG. *O Segredo da flor de ouro* (edição 1939), p. 112.

Fig. 61. A pérola como símbolo do Ch'ien, rodeado por quatro
emanações energéticas (dragões).
Espelho de bronze chinês do período Tang (séculos VII-IX)

mais significa, no plano psicológico, uma integração do inconsciente,
um verdadeiro banho de renovação na fonte da vida, onde se é novamente peixe, isto é, inconsciente, como no sono, na embriaguez e na
morte; daí o sono de incubação, a consagração orgiástica dionisíaca e
a morte ritualística na iniciação. Tais procedimentos realizam-se
sempre no lugar sagrado. Podemos transpor facilmente estas ideias
para o concretismo freudiano: o temenos seria o útero materno, e o
rito, uma regressão ao incesto. No entanto, neste caso, trata-se de
equívocos de neuróticos, os quais permaneceram parcialmente infantis. Ignoram que essas práticas foram exercidas pelos adultos desde
os primórdios, sendo portanto impossível explicá-las como simples
regressões ao estágio infantil. Caso contrário, as mais altas conquis-

Fig. 62. Mandala retangular com cruz, em cujo centro figura o Cordeiro
de Deus, cercado pelos quatro evangelistas e pelos quatro rios do Paraíso.
Nos quatro medalhões: as quatro virtudes cardeais.
Mosteiro de Zwiefalten. Breviário (século XII)

tas da humanidade não significariam mais do que desejos infantis pervertidos, e a expressão "infantil" perderia a sua razão de ser.

172   Uma vez que a alquimia, em seu aspecto filosófico, preocupou-se com problemas muito afins aos que interessara a psicologia mais moderna, talvez valeria a pena aprofundar mais um pouco o tema onírico do macaco a ser reconstruído no espaço quadrado. Na grande maioria dos casos, a alquimia identifica a substância transformadora com o "argentum vivum" ou Mercúrio. Do ponto de vista químico, este termo designa o mercúrio (metal), mas do ponto de vista filosófico ele significa o "spiritus vitae" (espírito da vida), ou ainda a alma do mundo (fig. 91), assumindo igualmente o significado de Hermes, deus da revelação. Não cabe aqui discutir este assunto em profundidade. Retomaremos o mesmo tema em outra ocasião[45]. Hermes associa-se à ideia do redondo e do quadrado, tal como é demonstrado no Papyrus V, linha 401, dos *Papyri Graecae magicae*[46]. Lá, é descrito como στρογγύλος καὶ τετράγωνος (redondo e quadrado). Também é chamado τετραγλώχιν (quadrangular). De qualquer modo ele se relaciona com o número quatro; por isso também existe um Hermes quadricéfalo, Ἑρμῆς τετρακέφαλος[47]. Tais atributos eram conhecidos na Idade Média, como mostra a obra de Cartari. Nela, podemos ler o seguinte[48]:

"Davantage, les figures quarres de Mercure (fig. 63), qui n'avait seulement que la teste et le membre viril, signifoient que le soleil est le Chef du monde, et qui seme toutes choses, mesmes les quatre costez de la figure quarree, designent ce que signifie la sistre à quatre chordes, qui fut aussi donnee à Mercure, c'est a dire, les quatre parties du monde, ou autrement, les quatre saisons de l'année ou bien que les deux equinocces, et les deux solstices, viennent à faire les quatre parties de tout le Zodiaque". (Além disso, as imagens quadradas de Mercúrio (fig. 63), o qual tinha apenas a cabeça e o membro viril, signifi-

45. JUNG. O *Espírito Mercurius*.

46. Org. por PREISENDANZ, p. 195.

47. Cf. BRUCHMANN. *Epitheta Deorum, quae apud poetas Graecos leguntur*, cf. v.

48. *Les Images des dieux des anciens*, p. 403.

Fig. 63. Hermes. Pintura de vaso grego.

cam que o Sol é o Senhor do mundo, semeador de todas as coisas; os quatro lados da imagem quadrada designam o sistro de quatro cordas, que também foi dado a Mercúrio, as quatro partes do mundo ou, em outras palavras, as quatros estações do ano ou ainda os dois equinócios e os dois solstícios, formando as quatro partes do zodíaco.)

É fácil compreender que tais propriedades tornaram o Mercúrio um símbolo adequado para representar a misteriosa substância transformadora da alquimia, uma vez que ela é redonda e quadrada, isto é, uma totalidade constituída de quatro partes (quatro elementos). Assim sendo, o homem originário gnóstico que consta de quatro partes"[49] (fig. 64), bem como o Cristo Pantocrator são uma "imago lapidis"[50] (imagem da pedra) (fig. 65). Sendo a alquimia ocidental em grande parte de origem egípcia, dirigimos nossa atenção, em primeiro lugar, para a figura helenística do Hermes Trismegistos que, 173

---

49. JUNG. *Estudos alquímicos* [§ 168 e 206s.].

50. Cf. JUNG. *Erlösungsvorstellungen in der Alchemie* (As ideias de salvação na alquimia: cf. cap. III deste vol., p. 243).

Fig. 64. Cristo (como Anthropos) de pé no globo terrestre, cercado pelos
quatro elementos (fogo, água, terra e ar).
DE GLANVILLE. *Le propriétaire des choses* (1487)

Fig. 65. O Tetramorfo (símbolo do Anthropos) de pé sobre duas rodas
(símbolos do Antigo e do Novo Testamento).
Do Mosteiro Watopädi. Monte Athos (1213)

por um lado, é o padrinho do Mercúrio medieval e, por outro, procede do Thoth do Antigo Egito (fig. 66). O atributo de Thoth era o babuíno, sendo às vezes representado diretamente como símio[51]. Esta ideia foi preservada mediante inúmeras edições do Livro dos Mortos até os tempos atuais. É verdade que na alquimia – cujos textos disponíveis pertencem, com raras exceções, à Era Cristã – esta antiquíssima relação entre Thoth-Hermes e o macaco desapareceu, apesar de ter sido vigente no Império Romano. No entanto, uma vez que o Mercúrio tem algo em comum com o diabo (questão que não aprofundaremos agora), o macaco surge novamente junto a Mercúrio na figura do "simia Dei" (macaco de Deus) (fig. 67). Pertence à essência da substância transformadora o fato de que, por um lado, ela é uma coisa de pouco valor e até mesmo desprezível, expressa por uma série de alegorias do diabo: serpente, dragão, corvo, leão, basilisco e águia; por outro lado é também algo valioso, chegando ao divino. A transformação conduz da maior profundidade às maiores alturas, do nível animal, infantil e arcaico até o "homo maximus" místico.

O simbolismo dos ritos de renovação, quando levado a sério, ultrapassa o aspecto meramente infantil e arcaico, em direção àquela disposição psíquica inata, resultado e celeiro de toda a vida ancestral, que remonta até à animalidade; daí, o simbolismo ancestral e animal. Trata-se de tentativas de abolir o hiato entre a consciência e o inconsciente, sendo este último a própria fonte da vida, a fim de realizar uma reunificação do indivíduo com o solo materno da disposição instintiva herdada. Se esses ritos de renovação não produzissem resultados efetivos, não só teriam desaparecido na pré-história, como nem mesmo teriam surgido. Nosso caso demonstra que mesmo quando a consciência está a milhas de distância das representações arcaicas dos ritos de renovação, o inconsciente procura reaproximá-los da consciência, mediante os sonhos. Sem dúvida alguma a autonomia e autarquia da consciência representam qualidades sem as quais esta última não existiria; no entanto, tais qualidades podem constituir também um perigo de isolamento e de aridez, por criarem uma *alienação* insuportável do *instinto,* resultante da cisão entre

174

---

51. BUDGE. *The Gods of the Egyptians* I, p. 21 e 404.

consciência e inconsciente. Esta perda de instinto é fonte de infindá-
veis extravios e confusões.

175   O fato de o sonhador não ocupar a posição "do centro", mas encontrar-se num dos lados, é um indício eloquente do que vai ocorrer
com seu eu: ele não poderá exigir o lugar central, tendo provavelmente que contentar-se com a posição de um satélite ou, pelo menos,
de um dos planetas na órbita do sol. O lugar central, que é o mais importante, está claramente reservado para o gibão que vai ser recons-

Fig. 66. Amon-Ra, o espírito dos quatro elementos dos egípcios.
CHAMPOLLION. *Panthéon égyptien*

truído. O gibão pertence à categoria dos antropoides e, em razão de seu parentesco com o homem, é um símbolo adequado para exprimir a parte da psique que desce às esferas subumanas. Além disso, no exemplo do cinocéfalo (babuíno) associado a Thoth-Hermes (fig. 68) e que era o macaco hierarquicamente superior aos outros, no Antigo Egito, vimos como sua afinidade com o divino o tornou um símbolo adequado para exprimir a parte do inconsciente que ultrapassa o nível da consciência. A hipótese segundo a qual a psique humana possui camadas que se encontram abaixo do nível da consciência provavelmente não causará sérios conflitos. No entanto, o fato de que também existam camadas, por assim dizer, acima da consciência, afigu-

Fig. 67. Demônio simiesco.
Speculum humanae salvationis (século XIV)

ra-se a muitos como uma presunção que toca as raias de um "crimen laesae maiestatis humanae" (crime de lesa-majestade humana). Minha experiência, entretanto, testemunha que a consciência só pode pretender a uma posição relativamente central, devendo aceitar o fato de que de certa forma é ultrapassada e cercada pela psique inconsciente por todos os lados. "Para trás", mediante os conteúdos inconscientes, está conectada com as condições fisiológicas e com os pressupostos arquetípicos. Contudo, também pretende "para frente", através de intuições que por sua vez são parcialmente condicionadas por arquétipos e por percepções subliminares, ligadas à relatividade espaçotemporal do inconsciente. Deixo ao critério do leitor que examine a possibilidade de uma tal hipótese, após uma ponderação cuidadosa sobre esta série de sonhos e sobre a temática por ela levantada.

176   O sonho que se segue é reproduzido na íntegra, no texto original:

SONHO 17

Todas as casas têm alguma coisa que lembra um palco, algo de teatro: bastidores e decorações. Ouve-se alguém pronunciar o nome de Bernard Shaw. A peça será levada num futuro distante. Num dos bastidores estão escritas as seguintes palavras em inglês e alemão:

> *Esta é a Igreja católica universal*

> *Ela é a Igreja do Senhor.*

> *Queiram entrar todos aqueles que se sentem instrumentos do Senhor.*

Mais abaixo está escrito em caracteres menores: "A Igreja foi fundada por Jesus e por Paulo" – como que para recomendar a antiguidade de uma firma. Eu disse a meu amigo: "Venha, vamos ver do que se trata". Ele respondeu: "Não entendo por que tantas pessoas precisam reunir-se quando têm sentimentos religiosos". Ao que eu replico: "Como protestante, você jamais compreenderá isso". Uma mulher concorda vivamente comigo. Vejo uma espécie de proclamação na parede, cujo conteúdo é o seguinte:

> *"Soldados!*

> *Quando sentirdes que estais em poder do Senhor, evitai dirigir-lhe diretamente a palavra. O Senhor não pode ser atingido pelas palavras.*

Além disso, recomendo-vos encarecidamente que não discutais entre vós a respeito dos atributos do Senhor, porque as coisas preciosas e importantes são inexprimíveis".

Assinado: Papa (nome ilegível).

Entramos. O interior da igreja parece o de uma mesquita, sobretudo o de Santa Sofia. Não há bancos. O recinto, como tal, produz belo efeito. Não há imagens. Na parede, a modo de ornamentação há sentenças emolduradas (como os provérbios do Corão). Um desses provérbios diz o seguinte: "Não aduleis os vossos benfeitores". A mulher que antes havia concordado comigo prorrompe em prantos e exclama: "Então já nada mais resta". Respondo-lhe: "Tudo isto me parece muito certo", mas ela desaparece. Primeiramente me vejo diante de uma das pilastras, de tal modo que nada consigo enxergar. Troco então de lugar e percebo que há diante de mim uma multidão. Não faço parte dela e me sinto só. Mas todos estão diante de mim e vejo seus rostos. Dizem em uníssono: "Confessamos estar em poder do Senhor. O Reino dos Céus está dentro de nós". Dizem isto três vezes, com grande solenidade. Depois, ouve-se o órgão tocando uma fuga de Bach, com acompanhamento de coro. Mas o texto original foi suprimido. Às vezes ouve-se apenas uma espécie de trinado e logo, em seguida, ouve-se diversas vezes as seguintes palavras: "O resto é papel" (significando: não atua como vida sobre mim). Terminado o coro, começa de um modo por assim dizer estudantil a parte íntima da reunião. Todos os participantes são alegres e equilibrados. Passeiam, falam uns com os outros, saúdam-se, serve-se vinho (de um seminário episcopal destinado à formação de padres) e refrescos. Deseja-se o florescimento da Igreja e, como que para exprimir a alegria pelo aumento de participantes na festa, um alto-falante transmite uma canção da moda, com o seguinte estribilho: "Agora Carlos é também dos nossos". Um padre me explica: "Estas diversões de segunda ordem foram aprovadas e permitidas oficialmente. Temos que adaptar-nos um pouco aos métodos americanos. Numa organização de massa como a nossa isto é inevitável. Distinguimo-nos fundamentalmente das igrejas americanas por uma orientação nitidamente antiascética". Em seguida despertei. Sensação de grande alívio.

Fig. 68. Thoth como cinocéfalo. (Do túmulo de Amenherchopschef,
perto de Dêr-el-Mêdina, 20a. Dinastia 1198-1167.)

177   Infelizmente devo renunciar ao comentário deste sonho como
um todo[52] e restringir-me ao nosso tema. O temenos tornou-se um
edifício sagrado (de acordo com a alusão anterior). As ações são, por-

---

52. Este sonho mereceu atenção especial em minhas conferências sobre *Psicologia e
religião*.

tanto, caracterizadas como "religiosas". O lado grotesco e humorísti-
co do mistério dionisíaco manifesta-se na parte agradável da cerimônia, quando é servido o vinho e se brinda à saúde da Igreja. Uma inscrição no piso do santuário órfico-dionisíaco dá uma definição adequada da situação: μόνον μὴ ὕδωρ (é proibido tomar água)[53]. Os vestígios dionisíacos que se encontram na Igreja, tais como o simbolismo
do peixe e do vinho, o cálice de Damasco e o selo cilíndrico com o
crucifixo e a inscrição ΟΡΦΕΟΣ ΒΑΚΚΙΚΟΣ[54] (Orfeu báquico) etc.,
só serão mencionados de passagem.

A orientação "antiascética" marca nitidamente o ponto de diver-   178
gência com a Igreja cristã aqui definida como "americana" (v. comentário do sonho 14 [§ 86]. A América é o país ideal do bom-senso, do
intelecto prático, que gostaria de mudar o mundo por meio de um
"brain trust"[55]. Este modo de ver as coisas concorda com a fórmula
moderna intelecto = espírito; no entanto, esquece completamente o
fato de que o "espírito" nunca foi uma "atividade" humana, e muito
menos uma "função". O movimento para a esquerda é assim confirmado como sendo um afastamento do mundo atual das ideias e uma
regressão ao culto de Dioniso pré-cristão, que desconhece a ascese.
Portanto, o movimento geral do sonho não conduz diretamente para
fora do lugar sagrado, mas permanece dentro dele, isto é, não perde
seu caráter sacral. Não submerge no caos e na anarquia e relaciona a
Igreja diretamente com o santuário dionisíaco, tal como se deu no processo histórico, embora em sentido inverso. Poderíamos dizer que este
desenvolvimento regressivo percorre novamente e com fidelidade o
percurso histórico a fim de alcançar o nível pré-cristão. Logo, não se

---

53. Mosaico órfico de Tramithia (EISLER. *Orpheus the Fisher*, p. 271s.). Seria fácil tomar esta inscrição por brincadeira, sem ofender o espírito dos antigos mistérios. Compare-se, por exemplo, com os afrescos da Villa dei Misteri em Pompeia (MAIURI. *La
Villa dei misteri*), onde a ebriedade e o êxtase não estão apenas lado a lado, mas até significam uma e a mesma coisa. Mas, uma vez que desde os tempos mais remotos as iniciações também significavam cura, este conselho poderia eventualmente ser interpretado
como um aviso para se ter cuidado ao beber água, na medida em que se sabe que a água
bebida nas regiões meridionais é mãe de disenterias e da febre tifoide.

54. EISLER. Op. cit.

55. As opiniões do sonhador são *grosso modo* estas.

trata de uma recaída, mas de uma espécie de descida sistemática "ad inferos" (fig. 69), de uma nekyia psicológica[56] .

Fig. 69. Dante e Virgílio a caminho do mundo subterrâneo.
DANTE. *Inferno* (Vaticano, século XV)

179   Encontrei algo de semelhante no sonho de um sacerdote que tinha problemas de fé: *Ele chega de noite à sua igreja e encontra totalmente desmoronada a parede do coro. O altar e as ruínas estão recobertos por um emaranhado de videiras carregadas de uvas. Por uma fenda entra o luar.*

180   Num contexto semelhante encontramos também uma relação do culto de Mitra e de Dioniso com a Igreja primitiva. Eis outro sonho de uma personalidade preocupada com problemas de ordem religio-

---

56. Cf. tb. com figs. 170, 171, 172, 174, 176 e 177.

sa: *Uma gigantesca catedral gótica, quase completamente às escuras. Nela se celebra uma missa solene. De repente desaba quase toda a parede da nave lateral. A luz ofuscante do sol, juntamente com um rebanho de touros e de vacas, invade o interior da igreja.* Este sonho tem um caráter evidentemente mitraico.

Notemos o fato interessante de que a igreja, no sonho em questão, é uma construção sincrética, porquanto a Hagia Sofia é uma igreja cristã antiquíssima, tendo servido até há pouco tempo como mesquita. Isto parece convir à meta do sonho: tentar uma combinação de ideias religiosas cristãs e dionisíacas. Manifestamente, isto deve ocorrer sem que uma exclua a outra, de forma a não destruir valor algum. Tal tendência é extremamente importante, pois é no espaço sagrado que deve se dar a reconstrução do "gibão". Um tal sacrilégio levaria facilmente à suposição perigosa de que o movimento para a esquerda poderia ser uma "diabólica fraus" (astúcia diabólica), e o gibão, o diabo, uma vez que este último é considerado o "macaco" de Deus. O movimento para a esquerda seria neste caso uma deturpação da verdade de Deus, com a finalidade de substituí-lo pela "Majestade Negra". No entanto, o inconsciente não alimenta tais intenções blasfemas, procurando unicamente restituir ao mundo religioso o Dioniso perdido, que de certa forma faz falta ao homem moderno (pensemos em Nietzsche!). O sonho 22 [§ 117], onde o macaco aparece pela primeira vez, termina pelas palavras: "Tudo deve ser regido pela luz" – e assim podemos acrescentar: e também o Senhor das Trevas, com seus chifres e pés de bode: um coribante dionisíaco que chegou inesperadamente à glória de um grande príncipe. [181]

O episódio dionisíaco tem a ver com a emocionalidade ou a afetividade humana que não encontrou uma forma religiosa adequada de expressão na ética e no culto cristãos, predominantemente apolíneos. As festas carnavalescas medievais e o jogo da pela na igreja foram abolidos relativamente cedo; consequentemente, o carnaval foi secularizado, desaparecendo a ebriedade divina do espaço sagrado. Restaram na igreja o luto, a severidade, o rigor e a alegria espiritual temperada. Mas a embriaguez, essa forma de possessão imediata e perigosa, desligou-se dos deuses, envolvendo por isso o mundo dos homens em seu excesso e seu "pathos". As religiões pagãs enfrenta- [182]

vam este perigo, dando lugar no culto a esse êxtase da embriaguez. Heráclito percebia o que se ocultava atrás disso ao dizer: "É o próprio Hades que eles festejam em seu entusiasmo delirante". Por este mesmo motivo, as orgias eram aprovadas no culto, a fim de exorcizar os perigos que provinham ameaçadoramente do Hades.

SONHO 18

183   *Um espaço quadrado. Neste, são celebradas cerimônias complexas, cuja finalidade é a de transformar animais em seres humanos. Duas serpentes, movimentando-se em direções opostas, devem ser imediatamente afastadas. Há animais, como por exemplo raposas e cães. Anda-se de novo em torno do quadrado e deve-se permitir que os animais mordam a barriga da perna dos participantes, cada vez que passam pelos quatro cantos do quadrado (fig. 118). Quem fugir estará perdido. Aparecem então animais mais nobres: touros e bodes. Quatro serpentes dirigem-se para os quatro cantos. Depois, a assembleia sai. Dois oficiantes do sacrifício trazem um réptil enorme e com ele tocam a fronte de uma massa animal ou vital ainda informe. Imediatamente surge uma cabeça humana transfigurada. Soa uma voz: "Eis as tentativas do vir a ser".*

Fig. 70. Ritos pagãos de transformação com serpentes, na Idade Média.

184   A continuação do sonho trata, por assim dizer, do "esclarecimento" daquilo que ocorre no espaço quadrado. Animais devem ser transformados em seres humanos, uma "massa de vida" ainda infor-

Fig. 71. A criação de Adão a partir da massa de argila da "materia prima".
SCHEDEL. *Das Buch der Chroniken und Geschichten* (1493)

me, mediante o contato de um réptil, deve transformar-se numa cabeça humana "transfigurada" (iluminada). A massa animalesca provavelmente significa a totalidade do inconsciente inato, que deve ser unido pela consciência. Isto se dá mediante o uso ritualístico do réptil, provavelmente uma serpente. A ideia de transformação e renovação pela serpente (fig. 70) é um arquétipo comprovado. Trata-se da serpente da cura, que representa um deus (figs. 203, 204). Diz-se acerca dos mistérios de Sabazios: "Coluber aureus in sinum demittitur consecratis et eximitur rursus ab inferioribus partibus atque imis"[57] (Uma serpente cor de ouro é colocada no peito do iniciado e depois retirada pela parte inferior). Para os ofitas, Cristo era a serpente. O desenvolvimento mais significativo do simbolismo da serpente, em seu aspecto de renovação da personalidade, encontra-se na

---

57. ARNOBIUS. *Adversus gentes* V, 21. Com referência a costumes semelhantes na Idade Média, cf. HAMMER-PURGSTALL. *Mémoire sur deux coffrets gnostiques du moyen âge* (fig. 70).

kundalini-ioga[58]. A experiência do pastor com a serpente no *Zarathustra* de Nietzsche foi, sob esse aspecto, um augúrio fatal (aliás não é o único – veja-se a profecia relativa à morte do equilibrista).

185   A "massa de vida informe" lembra diretamente a ideia do "chaos"[59] alquímico, a "massa" ou "materia informis" (matéria informe) ou "confusa" que contém os germes divinos da vida desde a criação. Segundo a interpretação do Midrash, Adão foi criado de modo semelhante: na primeira hora. Deus junta o pó; na segunda, constitui uma massa informe; na terceira, cria os membros e assim por diante[60] (fig. 71).

186   Mas para que tal transformação seja possível, é indispensável que haja a "circumambulatio" (circum-ambulação), isto é, que haja uma concentração exclusiva no *centro,* lugar da transformação criativa. No processo, a pessoa é "mordida" por animais; isto significa que devemos expor-nos aos impulsos animais do inconsciente, sem que nos identifiquemos com eles e sem deles "fugirmos", uma vez que a fuga do inconsciente tornaria ilusória a meta do processo. É preciso perseverar; no caso em questão, o processo iniciado pela auto-observação deve ser vivido em todas as suas peripécias, para depois incorporar-se à consciência através da melhor compreensão possível. Naturalmente, isto provoca muitas vezes uma tensão quase insuportável, devido à falta de proporção entre a vida consciente e a incomensurabilidade do processo inconsciente, o qual só pode ser vivenciado no mais íntimo da alma, sem tocar em ponto algum a superfície visível da vida. O princípio da vida consciente é: "Nihil est in intellectu, quod non antea fuerit in sensu"[61]. O princípio do inconsciente, porém, é a autonomia da própria psique, a qual no jogo de suas imagens não reflete o mundo, mais a si mesma. Não obstante, utiliza as possi-

---

58. AVALON. *The Serpent Power;* WOODROFFE. *Shakti and Shakta.*

59. Os alquimistas referem-se a LACTANTIUS. *Opera* I, p. 14, 20: "a chao quod est rudis inordinataeque materiae confusa congeries" [do caos que é um amontoado confuso de matéria crua e desorganizada].

60. DREYFUS. *Adam und Eva nach Auffassung des Midrasch,* apud REITZENSTEIN. *Poimandres,* p. 258.

61. [Nada há no entendimento que antes não tivesse existido nos sentidos, literalmente: no sentido].

bilidades representativas fornecidas pelo mundo dos sentidos, a fim de tornar claras as suas imagens. O dado sensorial, no entanto, não é a "causa efficiens" (causa eficiente), mas é escolhido e tomado de empréstimo de modo autônomo, o que lesa dolorosamente a racionalidade do cosmos. Entretanto, por seu lado, o mundo dos sentidos atua com a mesma destrutividade sobre os processos psíquicos mais profundos, quando neles irrompe como "causa efficiens". Se nem a razão deve ser ultrajada e nem o jogo criativo das imagens reprimido de um modo desajeitado e violento, então é necessário utilizar um método sintético, cauteloso e prudente, capaz de resolver o paradoxo da união dos inconciliáveis (fig. 72); daí, os paralelos alquímicos em nossos sonhos.

Fig. 72. A "união dos inconciliáveis": as núpcias da água e do fogo. As duas figuras são dotadas de quatro mãos cada uma, a fim de caracterizar suas múltiplas possibilidades.
Segundo uma representação indiana

187   A concentração exigida de atenção ao centro e a advertência quanto à "fuga", no sonho, possuem paralelos inconfundíveis no "opus alchymicum": os alquimistas insistem na necessidade de concentrar-se na obra e de meditar sobre ela. A tendência à fuga, por outro lado, não é atribuída ao operador e sim à substância transformadora: o mercúrio é evasivo e descrito como "servus" (servo), ou "cervus fugitivus" (cervo fugitivo). O vaso deve ser cuidadosamente fechado, a fim de impedir que escape o que ele contém. Eirenaeus Philalethes[62] observa acerca deste "servus": "[...] deveis ser muito cautelosos no modo de conduzi-lo, pois se encontrar uma oportunidade ele vos deixará a ver navios e escapará, abandonando-vos em meio a muitas desgraças"[63]. Não ocorreu a esses filósofos o fato de que poderiam estar perseguindo uma projeção, e que, quanto mais confiassem na matéria, mais estariam se afastando da fonte psicológica de suas expectativas. Podemos reconhecer o progresso psicológico pela diferença que há entre o fragmento do sonho citado e seus predecessores medievais: a fuga aparece agora nitidamente como uma característica do sonhador, isto é, não está mais projetada na matéria desconhecida. A fuga torna-se então uma questão moral. Entretanto, tal aspecto era também familiar aos alquimistas, na medida em que sublinhavam a necessidade de uma devoção religiosa particular durante a obra; não podemos, porém, livrá-los da suspeita de que hajam utilizado orações e exercícios piedosos a fim de forçar o milagre – alguns até mesmo desejavam ter o Espírito Santo como "familiaris"[64]! Mas não devemos omitir, para sermos justos, que em sua literatura há várias passagens que testemunham o conhecimento que os alquimistas tinham da própria transformação. Um dentre eles exclama, por exemplo: "Transmutemini in vivos lapides philosophicos!" (Transformai-vos em pedras filosofais vivas!)

188   Logo que a consciência e o inconsciente entram em contato, os opostos que eles contêm se repelem. É este o motivo pelo qual as ser-

---

62. Ele viveu no início do século XVII na Inglaterra [o pseudônimo significa "o amante pacífico da verdade"],

63. *Erklärung der Hermetisch-Poetischen Werke*. Herrn Georgii Riplaei, p. 133s.

64. [Cf. JUNG. *Mysterium Coniunctionis* II, p. 34, nota 121].

pentes que fogem em direções opostas devem ser afastadas desde o início do sonho. Isto significa que o conflito entre consciente e inconsciente é suprimido por uma decisão, e a consciência é exortada à "circumambulatio" a fim de suportar a tensão. Ao andar, formando esse círculo protetor, impede-se que o inconsciente irrompa no exterior; esta irrupção equivaleria à psicose. "Nonnulli perierunt in opere nostro" (Vários pereceram durante a nossa obra), podemos dizer com o filósofo do *Rosarium*. O sonho mostra que a operação difícil de pensar em paradoxos, possível apenas para um intelecto superior, foi bem-sucedida. As serpentes já não fogem, mas se dispõem ordenadamente nos quatro cantos, e com isto o processo de transformação ou integração se realiza com êxito. A "transfiguração" e iluminação, isto é, a tomada de consciência do centro é alcançada pelo menos na antecipação do sonho. Esta conquista potencial significa – no caso de confirmar-se – a renovação da personalidade, com a condição da consciência não perder novamente sua conexão com o centro[65]. Tratando-se de um estado subjetivo, cuja existência não pode ser legitimada por nenhum critério exterior, nenhuma tentativa posterior de descrição e explicação será bem-sucedida, pois só quem fez tal experiência poderá compreender e testemunhar tal realidade. A "felicidade", por exemplo, é uma realidade importante e não há quem não a deseje; no entanto, não há qualquer critério objetivo para testemunhar a existência indubitável dessa realidade. Assim, justamente nas coisas mais importantes, é que devemos contentar-nos com nosso julgamento subjetivo.

A disposição das serpentes nos quatro cantos indica uma ordenação do inconsciente. É como se houvesse um projeto preexistente, uma espécie de tétrade pitagórica. Observei com extraordinária frequência a presença do número quatro neste contexto. Provavelmente, isto explica a incidência universal e o significado mágico da cruz ou do

189

---

65. Cf. o comentário do sonho 10, § 141; e também com: "et ego vinctus ulnis et pectori meae matris et substantiae eius, continere, et quiescere meam substantiam facio" [e, estando acorrentado aos braços e aos seios de minha mãe e à sua substância, faço com que a minha substância se una e fique em repouso]. (*Tractatus aurem*, IV [*Ars chem.*, p. 24]).

círculo dividido em quatro partes. No caso em questão, parece tratar-se da necessidade de capturar e ordenar os instintos animais, a fim de exorcizar o perigo de sua submersão no inconsciente. Talvez seja esta a base empírica da cruz, que vence os poderes das trevas (fig. 73).

Fig. 73. O homem salvo do poder do dragão (Vaticano, século XV).

O inconsciente avançou bastante com este sonho ao aproximar,   190
não sem perigo, os seus conteúdos da esfera consciente. O sonhador
parece estar muito envolvido na misteriosa cerimônia de síntese e
conservará uma vívida lembrança deste sonho em sua vida consciente. A experiência mostra que isto suscita um considerável conflito no
nível consciente, porquanto nem sempre a consciência está desejosa
ou em condições de fazer o extraordinário esforço intelectual e moral necessário para suportar seriamente um paradoxo. Nada é tão ciu-
mento quanto uma verdade.

A história do espírito medieval mostra-nos como toda a mentali-   191
dade moderna foi moldada pelo cristianismo. (Isto nada tem a ver
com a crença ou falta de crença nas verdades cristãs.) A reconstituição do macaco no espaço sagrado sugerida pelo sonho é de tal forma
chocante, que a maioria das pessoas se nega a compreendê-la. Outros
pretenderão ignorar os abismos profundos do mistério dionisíaco,
saudando o núcleo racional darwinista do sonho como uma tábua de
salvação contra a exaltação mística. Só uma minoria sentirá a colisão
de dois mundos, e compreenderá que no fundo é disso mesmo que se
trata. Aliás, o sonho exprime com clareza que o macaco deve surgir
lá, onde segundo uma antiga tradição mora a divindade. Tal substituição é quase tão grave quanto uma missa negra.

O espaço quadrado que no simbolismo oriental significa terra   192
(na China) e Padma (lótus, na Índia) tem o caráter da "yoni", da feminilidade. O inconsciente do homem também é feminino e personificado pela anima[66]. Esta última representa sempre a "função inferior"[67]
e por isso possui não raro um caráter moral duvidoso; às vezes repre-

---

66. A ideia de "anima" segundo a minha definição não é novidade, mas sim um arquétipo que encontramos nos mais diversos lugares. Também era conhecida pelos alquimistas
como prova o escólio seguinte: "Quemadmodum in Sole ambulantis corpus continuo se-
quitur umbra [...] sic hermaphroditus noster Adamicus, quamvis in forma masculi appa-
reat, semper tamen in corpore *occultatam Evam sive foeminam suam secum circumfert*".
[Assim como a sombra sempre segue aquele que anda no Sol [...], o nosso Adão hermafrodita, ainda que apareça em sua forma de homem, sempre carrega consigo a sua Eva ou
mulher, oculta em seu corpo.] (*Tractatus aureus* em *Bibl. chem.* I, p. 417b).
67. Cf. JUNG. *Psychologische Typen*. Definições ["Função inferior"].

senta o próprio mal. Geralmente, é a quarta pessoa (comparar sonhos 10, 11, 15 [§ 136, 147, 162]). É o ventre materno, escuro e temido (fig. 74) e, enquanto tal, de natureza ambivalente. A divindade cristã é una, em três pessoas. A quarta pessoa no drama celeste é indubitavelmente o diabo. Na versão psicológica, mais amena, é a função inferior. Do ponto de vista moral, é o pecado do homem, e por conseguinte uma função que lhe é atribuída: provavelmente ela é masculina. O elemento feminino é silenciado na divindade, pois a interpretação do Espírito Santo como Sophia-Mater é considerada herética. O drama metafísico cristão, o "Prólogo no Céu", só conhece atores masculinos, tendo isso em comum com múltiplos mistérios originários. O elemento feminino deverá obviamente estar em algum lugar, presumivelmente no escuro. Em todo caso, a antiga filosofia

Fig. 74. O céu (o espiritual) fecunda a terra e gera o homem.
THENAUD. *Traité de la cabale* (século XVI)

chinesa localizou-o no "yin"[68]. Apesar de se unirem, homem e mulher representam opostos irreconciliáveis, os quais, quando ativados, degeneram em hostilidade mortal. Este par primordial de opostos é o símbolo de todos os opostos possíveis e imagináveis: quente-frio, claro-escuro, sul-norte, seco-úmido, bom-mau etc., e também consciente-inconsciente. Na psicologia das funções há duas funções conscientes e portanto masculinas: a função diferenciada e a respectiva função auxiliar. Nos sonhos, podem ser representadas por pai e filho, ao passo que as funções inconscientes o serão por mãe e filha. Devido ao fato de a oposição entre as duas funções auxiliares ser bem menor do que a oposição entre a função diferenciada e a função inferior, a terceira função, ou seja, a função "auxiliar" inconsciente poderá ser trazida à consciência, tornando-se assim masculina. No entanto, ela trará consigo vestígios de sua contaminação com a função inferior, constituindo por conseguinte uma certa mediação com a obscuridade do inconsciente. A interpretação herética do Espírito Santo como Sophia corresponde a esta realidade psicológica, pois foi ele o mediador do nascimento na carne, possibilitando a manifestação, visível da divindade luminosa na escuridão do mundo. Sem dúvida, foi esta associação que valeu ao Espírito Santo a suspeita de feminilidade; Maria era a terra escura a ser lavrada, "illa terra virgo nondum pluviis rigata" (aquela terra virgem que ainda não fora regada pela chuva), tal como Tertuliano a chamava[69].

A quarta função é contaminada pelo inconsciente, e ao ser conscientizada arrasta consigo todo o inconsciente. Isto acarreta o confronto com o inconsciente e a tentativa de estabelecer uma síntese dos opostos[70]. De início, irrompe um conflito violento, semelhante

193

---

68. *Tractatus aureus* em *Ars chem.* (p. 17): "verum masculus est coelum foeminae et foemina terra masculi" [pois o homem é o céu da mulher e a mulher é a terra do homem].

69. *Adversus Judaeos*, XIII.

70. A alquimia considera esta síntese como uma das suas tarefas principais: "Coniugite ergo masculinum servi rubei filium suae odoriferae uxori et iuncti artem gignent" [Uni, pois, o filho másculo do escravo vermelho à sua esposa perfumada, e unidos produzirão a Arte]. (RUSKA, *Turba*, p. 62). Esta síntese foi muitas vezes representada como um incesto de irmão e irmã, versão esta que remonta certamente à *Visio Arislei* (*Art. aurif.* I). (Cf. tb. fig. 167, que representa a coabitação de Gabricus e Beya, os filhos do "Rei Marinho".)

ao de qualquer pessoa de bom-senso que deve engolir as mais absurdas superstições. Sua reação é de resistência e de defesa desesperada contra o que lhe parece uma insensatez criminosa. Os sonhos que se seguem são explicados a partir desta situação.

SONHO 19

194   *Uma guerra feroz entre dois povos.*

195   Este sonho representa o conflito. A consciência defende sua posição e tenta reprimir o inconsciente. Disso resulta, em primeiro lugar, a expulsão da quarta função; como ela está contaminada pela terceira função, esta última também fica ameaçada de desaparecer, o que restabeleceria a situação precedente: duas funções conscientes e as outras duas mergulhadas no inconsciente.

SONHO 20

196   *Dois meninos estão numa caverna. Um terceiro cai junto a eles, como que jorrando de um cano.*

197   A caverna representa a escuridão e o isolamento do inconsciente. Os dois meninos correspondem a duas funções do inconsciente. Teoricamente, o terceiro seria a função auxiliar, indicando que a consciência se restringiu totalmente à função diferenciada. Assim, pois, o jogo é de um a três, o que confere ao inconsciente uma grande vantagem. Podemos então esperar um novo avanço do inconsciente e uma recuperação de sua posição anterior. Os "meninos" aludem ao tema do anão (fig. 77). Retomaremos o tema mais adiante.

SONHO 21

198   *Uma grande esfera transparente, contendo várias esferas pequenas. Em cima, cresce uma planta verde.*

199   A esfera é uma totalidade que abrange todos os conteúdos; isto possibilita a renovação de uma vida paralisada por uma luta inútil. Na kundalini-ioga, o "regaço verde" designa o Ishvara (Shiva) que emerge de sua condição latente.

Fig. 75. A imagem da Trimurti. O triângulo simboliza a convergência do todo para a ponta da unidade; a tartaruga representa Vishnu e o lótus sobre o crânio e as duas chamas, Shiva. Ao fundo, o sol radiante de Brahman – o todo corresponde ao "opus" alquímico, em cujo contexto a tartaruga simboliza a "massa confusa", o crânio, o "vaso" da transformação e a flor, o "Si-Mesmo", isto é, a totalidade.

Segundo uma representação indiana

SONHO 22

Num hotel americano, o sonhador toma o elevador e sobe até o tercei-   200
ro ou quarto andar. Lá, deverá aguardar, com muitas outras pessoas. Um amigo (isto é, uma pessoa determinada), que está entre elas, diz que ele (o sonhador) não devia ter deixado a mulher escura e desconhecida lá embaixo por tanto tempo, pois ele a confiara a seus cuidados. O amigo entrega-lhe então um bilhete aberto, endereçado à mulher escura. No bilhete se lê: "A salvação não pode ser obtida através da não participação ou da fuga. A inércia também de nada serve. A salvação vem de uma entrega total, e o olhar deve estar voltado para um centro". Há um desenho na margem do bilhete, representando uma roda ou coroa de oito raios. O ascensorista chega, dizendo que o quarto dele (do sonhador) fica no oitavo andar. Ele sobe com o elevador um pouco mais até o sétimo ou oitavo andar. Lá, ele encontra um homem desconhecido, ruivo, que o cumprimenta amavelmente. Dá-se

*então uma mudança de cenário. Dizem que há uma revolução na Suí-
ça: um partido militar propõe que se "sufoque completamente a esquerda". À objeção de que a esquerda já é bastante fraca, diz-se que
por isso mesmo ela deve ser completamente sufocada. Aparecem soldados, em uniformes antiquados, parecidos com o homem ruivo. A
munição de suas espingardas é constituída de varetas; os soldados formam um círculo e se preparam para atirar em direção ao centro. Afinal não atiram e aparentemente batem em retirada. O sonhador acorda muito angustiado.*

201   A tendência esboçada no sonho anterior, visando restabelecer a
totalidade, esbarra novamente neste sonho com a orientação contrá-
ria da consciência. O cenário americano do sonho é adequado à situação. O elevador sobe como ocorre quando algo "sobe" do "subconsciente" para a consciência. O que sobe, neste caso, é o conteúdo inconsciente, isto é, o mandala caracterizado pela quaternidade (figs.
61-62 e outras). Por isso, o elevador deveria subir até o quarto andar.
Mas como a quarta função é tabu, ele vai só até o terceiro ou quarto
andar. Isto não acontece apenas com o sonhador em questão, mas
com muitas pessoas. Tal como com o primeiro, elas deverão também
esperar que a quarta função seja aceita. Um bom amigo adverte-o que
não deveria ter deixado a mulher escura, ou seja, a "anima", representante da função tabu, esperar "embaixo", isto é, no inconsciente.
Esta é a razão pela qual ele esperava em cima, com outras pessoas. Na
realidade, não se trata de um problema exclusivamente individual,
mas também coletivo; a animação do inconsciente, hoje na ordem do
dia, já fora prevista por Friedrich Schiller, o qual levantou questões
completamente ignoradas pelo século XIX. Nietzsche decidiu rejeitar a serpente e o "homem mais feio do mundo" em seu *Zarathustra*.

202   O conselho que se lê no bilhete é tão profundo quanto acertado,
a ponto de nada se lhe poder acrescentar. Após ter sido formulado e
de alguma forma aceito pelo sonhador, a ascensão poderá continuar.
O sonhador chega então ao sétimo ou oitavo andar, o que faz com
que a quarta função não seja mais representada por uma quarta parte, mas sim por uma oitava parte, havendo portanto uma redução
pela metade da quarta função.

203   Esta hesitação diante do último passo em direção à totalidade desempenha também ao que parece um curioso papel no *Fausto*, 2ª

parte. Trata-se da cena dos cabiros: "sereias transfiguradas" aproximam-se por sobre as águas. Nereidas e tritões cantam:

> O que nossas mãos trazem
> Vos alegrará.
> Sobre o escuro gigante do quelônio
> Brilham formas severas:
> São deuses que vos trazemos;
> Cantai altos louvores.

> SEREIAS:
> De pequena estatura
> E grande poder.
> Salvadores dos náufragos.
> Deuses há muito venerados.

> NEREIDAS E TRITÕES:
> Os cabiros trazemos
> Para a festa da paz;
> Em seus santos domínios,
> etuno é propício.

Uma "forma severa" é trazida por "sereias", e, portanto, por figuras femininas (figs. 10, 11, 12 e 157) que de certa forma representam o inconsciente enquanto mar e onda do mar. A palavra "severa" sugere formas rigorosamente arquitetônicas ou geométricas, uma ideia definida sem ornamentos românticos (sentimentais). Ela "irradia" do escudo (carapaça) de uma tartaruga[71] (fig. 76), animal que, como a serpente, é um animal primitivo de sangue frio, simbolizando o aspecto instintivo do inconsciente. A forma (Gebilde) é de certo modo idêntica às divindades anãs invisíveis e criativas, aos encapuçados (fig. 77) ocultos na cista escura, como figurinhas de cerca de um pé de altura que ficam à beira-mar, protegendo por seu parentesco com o inconsciente a viagem marítima, isto é, a aventura no escuro e no incerto. Sob a forma de dáctilos, são deuses da invenção, pequenos e insignificantes como a incitação do inconsciente, mas tão poderosos quanto este. El gabir é o grande, o poderoso.

---

71. O "testudo" é um instrumento alquímico, uma tigela, com a qual se cobria a vasilha de cocção no forno. Cf. RHENANUS. *Solis e puteo emergentis*, p. 40.

Fig. 76. A tartaruga: um instrumento alquímico.
PORTA. *De distillationibus* (1609)

NEREIDAS E TRITÕES:
Três, nós trouxemos,
O quarto, recusou.
Disse ter razão.
Pensando pelos quatro.

SEREIAS:
Um Deus bem pode
Zombar de um outro Deus.
Mas vós, respeitai-os,
Temendo ofendê-los.

204   É característico da natureza sentimental de Goethe que o quarto elemento seja precisamente o pensador. Se o "sentimento é tudo" constituindo o princípio supremo, o pensamento deve contentar-se com o papel desfavorável e desaparecer no abismo. Tal desenvolvimento é descrito no *Fausto*, 1ª parte. O próprio Goethe serviu-lhe de modelo. Neste caso, o pensamento torna-se a quarta função (a função-tabu). Através da contaminação com o inconsciente, assume a forma grotesca dos cabiros; estes, enquanto anões, são deuses ctônicos, geralmente disformes. ("Vejo-os como potes de argila deformados.") Eles se mantêm num desacordo igualmente grotesco relativamente aos deuses celestes, aos quais escarnecem (v. "macaco de Deus").

Fig. 77a e b. Telésforo, o Cabiro ou "familiaris" de Esculápio.
77a: figura de bronze, St. Germain-en-Laye; 77b: estatueta de mármore. Viena.

NEREIDAS E TRITÕES:
Na verdade são sete.

SEREIAS:
Onde estão os três restantes?

NEREIDAS E TRITÕES:
Não sabemos dizê-lo.
Interrogai o Olimpo;
Lá pode estar o oitavo
E ninguém nele pensou;
Eles nos dão suas graças.
Sejam embora incompletos.
São seres incomparáveis
Ansiosos de perfeição.
Nostálgicos e famélicos
De todo o Inacessível.

Sabemos que (os Cabiros) "na verdade" são sete ou oito; e nova-		205
mente ocorre uma dificuldade em relação ao oitavo, tal como já
ocorreu com o quarto. Da mesma forma, contrastando com a afirmação anterior de que eles se originavam de um plano inferior, do escuro, diz-se que os Cabiros "na verdade" se encontram no Olimpo. O
fato é que eles aspiram eternamente passar da região inferior para a
região superior, podendo portanto ser encontrados tanto embaixo
quanto em cima. A "forma severa" é obviamente um conteúdo do inconsciente impelido para a luz. Ele busca e ao mesmo tempo é aquilo

que em outra parte chamei de "tesouro de difícil acesso"[72] . Tal hipótese é imediatamente confirmada:

> Por mais que se ostente a glória
> Dos heróis da Antiguidade
> Ao conquistar o Velo de ouro,
> Ela não basta.
> Mas eis os Cabiros.

206   O "velo de ouro" é o alvo cobiçado pelos Argonautas, nessa "busca" temerária que constitui uma das inúmeras maneiras de exprimir a conquista do inatingível. Acerca disto Tales comenta sabiamente:

> Eis o que o homem ambiciona:
> Apenas a ferrugem torna a moeda valiosa.

207   O inconsciente é sempre o cisco no leite: o defeito temerosamente escondido da perfeição, o desmentido doloroso de todas as pretensões idealistas, os resquícios da terra que não se despegam da natureza humana, turvando-lhe tristemente a transparência cristalina tão almejada. Segundo a concepção dos alquimistas, a ferrugem e a pátina são doenças do metal. No entanto, é justamente esta lepra que constitui a "vera prima materia" ("verdadeira matéria-prima"), base para o preparo do ouro filosofal. O *Rosarium philosophorum* diz a respeito: "Nosso ouro não é o ouro vulgar. Mas indagaste acerca do verde (viriditas, provavelmente a pátina), supondo que o bronze fosse um corpo 'leprosum' devido ao verde que o recobre. Por isso eu te digo que se há algo perfeito no bronze é esse verde, uma vez que ele será em breve transformado pelo nosso método (magisterium) no ouro mais verdadeiro"[73].

208   A observação paradoxal de Tales, segundo a qual só a ferrugem dá à moeda seu valor autêntico, é uma espécie de paráfrase alquímica; seu significado fundamental é o de que não há luz sem sombra, nem totalidade anímica sem imperfeição. A vida em sua plenitude não precisa ser *perfeita,* e sim *completa.* Isto supõe os "espinhos na

---

72. JUNG. *Símbolos da transformação.* Índice cf. verbete.

73. *Art. aurif.* II, p. 220: uma citação de Senior. A "viriditas" é ocasionalmente denominada "Azoth", que é um dos múltiplos sinônimos da "pedra".

carne", a aceitação dos defeitos, sem os quais não há progresso, nem ascensão.

A problemática do três e quatro, do sete e oito, que Goethe, to- 209
cou neste ponto, é um dos enigmas da alquimia que remonta historicamente a textos atribuídos a Christianos[74]. No tratado referente à produção da "água mística" lê-se: "Por isso, a profetisa hebraica exclamava sem temor: 'O um se tornará dois, o dois, três, e do terceiro surgirá o uno, que é o quarto'"[75]. Esta profetisa comparece na literatura alquímica como Maria Prophetissa[76] (fig. 78), também chamada a Judia, irmã de Moisés, ou a copta; não é impossível que seja relacionada com a Maria da tradição gnóstica. Epifânio testemunha acerca da existência dos escritos de Maria – as *Interrogationes magnae* e *parvae,* nas quais seria relatada a seguinte visão: Cristo, na montanha, teria feito uma mulher surgir de seu flanco, misturando-se depois com ela[77]. Não deve ser por acaso que o tratado de Maria fala do "matrimonium alchymicum" (matrimônio alquímico), num diálogo com o filósofo Aros[78]; daí provém um conhecido ditado que apareceu mais tarde: "Case goma com goma num matrimônio verdadeiro"[79]. Tratava-se originalmente da "gummi arabicum" ("goma arábica") usada aqui como um arcano da substância transformadora, devido à sua qualidade adesiva. Assim por exemplo Khunrath[80] esclarece

---

74. O autor anônimo chamado CHRISTIANOS, apud BERTHELOT (*Les Origines de l'alchimie,* p. 99s.), é um contemporâneo de Stephanus de Alexandria, logo ele deve ter vivido mais ou menos no início do século VII.

75. BERTHELOT. *Alch. grecs,* VI, V, 6, linha 16. O ἐκραύγαζεν (grito) quase animalesco indica um estado de êxtase.

76. Um tratado (de origem árabe?) a ela atribuído, com o título *Practica Mariae Prophetissae in artem alchemicam* em *Art. aurif.* I, p. 319s.

77. *Panarium,* XXVI. Com referência a outras relações possíveis da *Pistis Sophia* com Mariamne e com Maria Madalena compare-se com LEISEGANG. *Die Gnosis,* p. 113s., e SCHMIDT (org.). *Gnostische Schriften in koptischer Sprache* VIII, p. 596s.

78. Aros = Horos Ἴσις προφῆτις τῷ υἱῷ αὐτῆς (BERTHELOT. *Alch. grecs,* I, XIII) poderia ter servido de modelo ao Diálogo de Maria. Era fácil confundir Isis e Maria.

79. "Matrimonifica gummi cum gummi vero matrimonio" em *Art. aurif.* I, p. 320.

80. *Hyleal. Chaos,* p. 239.

Fig. 78. Maria Prophetissa; no fundo, a união (coniunctio)
do superior e do inferior.
MAIER. *Symbola aureae mensae* (1617)

que a goma "vermelha" é a "resina dos sábios" e um sinônimo da
substância transformadora. Esta substância como "vis animans" (força vital) é comparada por outro intérprete com o "glutinum mundi"
(cola do mundo), mediadora entre o espírito e o corpo, sendo ao
mesmo tempo a união de ambos[81]. O antigo tratado *Consilium Coniugii* explica que o "homem filosofal" é feito das "quatro naturezas da
pedra". Três delas seriam terrestres, ou da terra; "a quarta natureza é
a água da pedra, isto é, o ouro viscoso, denominado goma vermelha,
com a qual são tingidas as três naturezas terrestres"[82]. A goma, como
aqui se diz, é a quarta natureza crítica: ela é dupla, isto é, masculina e
feminina, sendo ao mesmo tempo uma única "aqua mercurialis". A
união das duas é, portanto, uma espécie de *autofecundação*, que é

81. *Aphorismi Basiliani* em *Theatr. chem.* IV (1613) p. 368.
82. *Ars chem.*, p. 247 e 255.

sempre atribuída ao dragão mercurial[83]. A partir destas alusões é fácil perceber quem é o homem filosofal: o andrógino originário, ou o Anthropos do gnosticismo[84] (cf. tb. figs. 64, 82, 117, 195 etc.), cujo paralelo na Índia é o atman. O *Brihadâranyaka-Upanishad* diz acerca deste último: "Seu tamanho era o de uma mulher e um homem abraçados. Ele dividiu o si-mesmo (atman) em duas partes, dando assim origem a esposo e esposa. Ele uniu-se a ela"[85] etc. A origem comum dessas ideias reside na noção primitiva do ser originário bissexual.

Fig. 79. O rei Sol com seus seis filhos-planetas.
LACINIUS. *Pretiosa margarita novella* (1546)

---

83. Arnaldus de Villanova (*Carmen* em *Theatr. chem.* IV [1613], p. 614s.) encontrou uma maneira feliz de resumir a quintessência do tratado nos versos seguintes: "Maria, mira sonat, breviter quae talia sonat: / Gumi cum binis fugitivum figit in imis./ [...] Filia Platonis consortia iungit amoris: / Gaudet massata, quando tria sunt sociata". [Maria enuncia em breve ideias explosivas, pois são verdades que brotam de sua boca: / com dupla goma fixa os elementos que escapam para baixo/ [...] esta Filha de Plutão une as afinidades do amor:/ e se alegra com tudo o que é semeado, cozido, reunido por três.]

84. Cf. as minhas observações sobre o "Adech" de Paracelso em *Estudos alquímicos* [§ 168 e 203s.].

85. 1, 4,3. Cf. *The Upanishads* II, p. 85s.

210   A quarta natureza – para voltarmos ao texto do *Consilium coni-*
ugii – leva-nos diretamente à ideia do Anthropos, representação da
totalidade do homem, de um ser unitário preexistente ao homem e,
ao mesmo tempo, sua meta. O uno junta-se ao três como quarto, esta-
belecendo assim a síntese dos quatro na unidade[86] (fig. 196). Quanto
ao sete e ao oito, parece tratar-se de algo semelhante; no entanto, este
tema é bem mais raro na literatura. Encontramo-lo, porém, em Paracelso ao qual Goethe teve acesso[87], em *Ein ander Erklärung der gant-*
zen Astronomey (Uma outra explicação de toda a astronomia: "O um é
poderoso / seis sendo sujeitos, o oito é também poderoso"[88], até mesmo um pouco mais do que o primeiro. O um é o rei, o seis são os ser-
vos e o filho: o rei-sol e os seis planetas, ou seja, os "homunculi" metá-
licos, tal como documenta a ilustração da *Pretiosa margarita novella*
de Janus Lacinius (1546)[89] (fig. 79). O oitavo não comparece aqui.
Talvez Paracelso o tenha inventado. Mas uma vez que este (o oitavo)
é ainda mais poderoso do que o primeiro, a coroa deveria perten-
cer-lhe. Em Goethe, o oitavo "existente" no Olimpo é uma referência direta ao texto de Paracelso, que formula a "Astrologia do Olimpo", isto é, a estrutura do "corpus astrale" (corpo astral)[90] .

211   Retornando agora ao nosso sonho, tocamos o ponto crítico, isto
é, entre o sétimo ou oitavo andar aparece o homem ruivo, sinônimo
do homem de cavanhaque, o Mefisto astuto que modifica magicamente a cena: o importante para ele é o que Fausto jamais vira – a "forma

---

86. Há uma formulação um pouco diferente na Distinção XIV das *Allegoriae sapientum*
(*Theatr. chem.* V, p. 86): "Unum et est duo, et duo et sunt tria, et tria et sunt quatuor, et
quatuor et sunt tria, et tria et sunt duo, et duo et sunt unum". [Um e é dois, e dois e são
três, e três e são quatro, e quatro e são três, e três e são dois, e dois e são um.] Isto representa evidentemente a quadripartição (tetrameria) do uno e a síntese do quatro em um.

87. Cf. *Dichtung und Wahrheit.*

88. SUDHOFF/MATTHIESEN (org.) XII.

89. HUSER (org.) II, p. 451. Aqui a "aqua mercurialis" é qualificada como "Bacchi
candens et limpidus humor" (!) [o fluido resplandecente e límpido de Baco]. O rei e o
filho são unidos na operação, de tal modo que ao final restam somente o rei renovado e
os cinco criados. É apenas na alquimia tardia que o "senarius" (o seis) representa um
papel modesto.

90. HUSER I, p. 530.

severa", o tesouro supremo, o que é "imortal[91] . Há uma súbita transformação. Aparecem os soldados, representantes da uniformidade, da
opinião coletiva, que decididamente não tolera qualquer inconveniên-
cia. Para a opinião coletiva o três e o sete constituem a autoridade máxima, são sagrados; quanto ao quatro e ao oito, pertencem ao mal:
"potes de argila deformados", "nada mais do que" inferioridade e in-
consistência, segundo o juízo severo dos bonzos de todas as tendências. A "esquerda", que deve ser "completamente sufocada", refere-se
ao inconsciente e a tudo o que é suspeito, aquilo que provém do lado
esquerdo e, portanto, do inconsciente. Trata-se de uma opinião antiquada, que recorre a meios antiquados; no entanto, até mesmo as armas antiquadas são capazes de acertar o alvo. Por motivos desconhecidos e não mencionados no sonho desaparece aos poucos esta ameaça
de atentado contra o "centro", em direção ao qual (segundo o aviso)
"deve sempre dirigir-se o olhar". Este centro é caracterizado pela roda
de oito raios que figura no desenho à margem do bilhete (fig. 80).

Fig. 80. Mercúrio gira a roda de oito raios, simbolizando o processo.
Numa das mãos, segura o "telum passionis" (dardo da paixão).
Speculum veritatis (Vaticano, século XVII)

---

91. Cf. Fausto, 2ª Parte. Os anjos carregam para o céu a "parte imortal" de Fausto, depois de terem enganado o diabo. Segundo versão mais antiga, isto é a "enteléquia de
Fausto".

SONHO 23

212 *Num espaço quadrado. O sonhador vê sentada à sua frente a mulher desconhecida, cujo retrato ele deve desenhar. O que desenha, no entanto, não é um rosto, mas trevos de três folhas ou cruzes retorcidas pintadas de quatro cores: vermelho, amarelo, verde e azul.*

213   Em sequência a este sonho, o sonhador traça espontaneamente um círculo. Os quartos deste círculo são pintados com as mesmas cores referidas acima. Trata-se de uma roda de oito raios. No centro acha-se uma flor azul de quatro pétalas. A pequenos intervalos aparecem numerosos desenhos, todos referidos à estrutura peculiar do "centro", em busca de uma configuração que expresse adequadamente a natureza desse "centro". Eles se originam quer de impressões visuais, quer de percepções intuitivas, ou então de sonhos.

214   Quanto à roda, convém observar que ela é uma expressão favorita da alquimia para designar o processo de circulação, a "circulatio". Por um lado, deve-se pensar na "ascensus" e "descensus" (ascensão e descida) dos pássaros, por exemplo, alçando voo e descendo, a modo de vapores que se precipitam[92] , e, por outro, na revolução do universo como modelo da obra, e também no ciclo anual em que a obra se realiza. O alquimista não ignorava a conexão da "rotatio" (rotação) e dos círculos que desenhava. A alegoria moral contemporânea da roda destaca entre outros significados que o "ascensus" e o "descensus" corresponderia à descida de Deus até o homem e a ascensão deste último até Deus, mencionados num sermão de São Bernardo: "Por sua descida ele nos permitiu uma ascensão suave e salutar"[93]. Além disso, a roda exprime as virtudes importantes para a realização da Obra: "constantia", "obedientia", "moderatio", "aequalitas" e "humilitas"[94] (constância, obediência, moderação, equanimidade e humildade). As relações místicas da roda desempenham um papel importante em Jacob Böhme. Como os alquimistas, ele também opera com as rodas de Ezequiel e diz: "[...] reconhecemos, portanto, que a

---

92. Cf. os movimentos da substância de transformação na *Tabula Smaragdina* (*De alchemia*, p. 363).

93. *Sermo IV de ascensione Domini*, col. 312.

94. PICINELLUS. *Mundus symbolicus*. Índice (cf. v. "rota").

vida do espírito está voltada para dentro de si mesma, e que a vida da natureza está voltada para fora e para a frente. Podemos compará-las a uma roda esférica que gira para todos os lados, tal como a roda de Ezequiel"[95]. E continua: "A roda da natureza gira de fora para dentro de si mesma; a divindade, no entanto, mora dentro de si mesma e sua figura não pode ser representada; trata-se apenas de uma semelhança natural, como Deus ao retratar-se na imagem deste mundo. Em toda a parte Deus está por inteiro, habitando também em si mesmo. Observe a roda externa que é o zodíaco, com os astros, seguindo-se os sete planetas"[96] etc. "Ainda que esta imagem não seja suficientemente elaborada, nem por isso deixa de ser uma meditação; poder-se-ia projetá-la sobre um grande círculo, para a meditação dos menos aptos. Observe, pois, que o desejo volta-se para dentro de si mesmo, até o coração que é Deus" etc. Para Böhme, a roda significa também, em termos alquímicos, a "informatio", a "impressão" da vontade eterna. Ela é a Mãe-Natureza, ou seja, "o fundo do ser (Gemüth) da Mãe originária / mediante o qual ela atua e cria: são as estrelas como roda planetária / segundo o modelo do astro eterno / o qual é um espírito / e o eterno fundo do ser (Gemüth) da sabedoria divina / enquanto natureza eterna / de onde procederam os espíritos eternos que passaram a habitar as criaturas"[97]. A "propriedade" da roda é a vida, sob a forma de "quatro intendentes", os quais "conduzem o regimento na mãe que gera a vida". Trata-se dos quatro elementos, "aos quais a roda do ser total confere vontade e desejo / de tal forma que toda essa essência seja uma só coisa", como o "fundo do ser (Gemüth) do homem; tal como é em sua alma e corpo"; pois ele foi criado à imagem desta "essência total". Deste modo, a natureza também é "essência total", dotada de alma em seus quatro elementos[98]. Essa "roda sulfúrica" também é a origem do bem e do mal, isto é, ela conduz para dentro destes princípios ou para fora dos mesmos[99].

---

95. *Vom irdischen und himmlischen Mysterium*, cap. V, 1s.

96. *Vom dreyfachen Leben*, cap. IX, 58s.

97. *De signatura rerum*, cap. XIV, 11.

98. Op. cit., cap. XIV, 12.

99. Op. cit., cap. XIV, 13.

215   A mística de Böhme é influenciada em seu mais alto grau pela alquimia. Assim, ele diz: "A forma do nascimento é como uma roda gi-
ratória que Mercúrio faz no enxofre."[100]. O "nascimento" é a "Criança de ouro", o "filius philosophorum" (filho dos filósofos = arquétipos da criança divina [101]), cujo "mestre de obras" é Mercúrio[102]. O
próprio Mercúrio é "a roda de fogo da essência", em forma de serpente. Do mesmo modo, a alma (não iluminada) é um "Mercúrio ígneo desse tipo". Vulcano nela acende a "roda de fogo da essência",
quando a mesma se "desprende" de Deus; isto dá origem ao desejo e
ao pecado, que são a "ira de Deus". A alma é então um "verme", tal
como a "serpente de fogo", uma "larva" e um "monstro"[103].

216   A interpretação da roda, em Böhme, revela algo do "arcanum"
místico da alquimia, sendo, pois, tanto nesta quanto na acepção psicológica, de considerável importância: a roda surge aqui como uma
ideia da totalidade, representando a essência do simbolismo do mandala e compreendendo também o "mysterium iniquitatis" (mistério
da iniquidade).

217   Os fatos demonstram que a ideia do "centro", o qual o inconsciente tentara repetidamente aproximar do consciente, começa a tomar
consistência e a exercer um fascínio peculiar sobre este último. Mais a-
diante, o desenho (fig. 85) reproduz de novo a flor azul, mas desta vez
subdividindo-a em oito partes; seguem-se as imagens de quatro montanhas em torno de um lago dentro de uma cratera; um anel vermelho
está pousado por terra e dentro dele há uma árvore seca, na qual uma
serpente verde se enrosca, subindo pela esquerda (fig. 13).

218   Não será pouca a perplexidade do leigo diante da seriedade e
atenção com que se trata aqui de um problema que pede algum conhecimento da ioga e da filosofia medieval do "lapis". Conforme já
mencionamos no caso da quadratura do círculo, este é um dos métodos para a produção do "lapis"; outro, seria o uso da "imaginatio"

---

100. Op. cit., cap. IV, 25.

101. Cf. JUNG & KERÉNYI. *Das göttliche Kind.*

102. BÖHME. *De signatura rerum*, IV, 26.

103. BÖHME. *Gespräche einer erleuchteten und unerleuchteten Seele*, p, 11-24.

(imaginação), como indica o seguinte texto: "Cuida de fechar muito bem a tua porta, para que aquele que está dentro não possa escapar e – pela vontade de Deus – alcançarás a tua meta. A natureza opera progressivamente e eu quero que faças o mesmo, sim, que a tua imaginação seja orientada pela natureza. E que enxergues de acordo com a natureza, através da qual os corpos se regeneram nas entranhas da terra. E imagina tal coisa com a imaginação verdadeira e não com a imaginação fantasiosa"[104].

O "vas bene clausum" (vaso bem fechado), medida de precaução frequentemente aplicada pelos alquimistas, é um equivalente do círculo mágico. Em ambos os casos, o que está dentro deve ser protegido da invasão ou contaminação daquilo que está fora[105], bem como desse modo será impedido de escapar. A "imaginatio" (imaginação) deve ser entendida aqui em seu sentido literal e clássico, ou seja, como verdadeira *força de criar imagens,* e não como "fantasia", a qual designa uma ideia que ocorre de repente, a modo de um pensamento insubstancial. Petronius emprega este termo reforçando sua conotação de ridicularia: "phantasia non homo"[106] (fantasia, não um homem). A "imaginatio" (imaginação) é uma evocação ativa de imagens (interiores) "secundum naturam" (segundo a natureza) e constitui uma verdadeira função do pensamento ou do poder de representação, que não tece fantasias aleatórias, sem meta ou fundamento; assim, pois, não joga com os objetos, mas procura captar a realidade interior por meio de representações fiéis à natureza. Esta atividade é designada como sendo um "opus" (obra). A maneira pela qual o sonhador lida com os objetos dessa experiência interior não pode ser caracterizada senão como um verdadeiro trabalho, devido ao modo exato, cuidadoso e consciencioso mediante o qual o sonhador colige e elabora o conteúdo que abre passagem do inconsciente para o cons-

219

---

104. *Rosarium* (*Art. aurif.* II, p. 214s.).

105. Op. cit., p. 213: "[...] nec intrat in eum <lapidem> quod non sit ortum ex eo, quoniam si aliquid extranei sibi apponatur, statim corrumpitur" [E nada entra nele <no lapis> que dele não tenha saído, pois se fosse acrescentado algo de estranho, ele se corromperia imediatamente].

106. [*Satyricon,* § 38].

Fig. 81. "Sol et ejus umbra" (o sol e sua sombra). A terra está situada entre
a luz e as trevas.
MAIER. *Scrutinium chymicum* (1687)

ciente. A semelhança com o "opus" torna-se óbvia para quem estiver
familiarizado com a alquimia. Além disso, os sonhos confirmam uma
tal analogia, como veremos no sonho 24.

220   O sonho 23, do qual estamos tratando, deu origem aos desenhos
comentados acima, e não contém qualquer sinal que indique o "es-
trangulamento" do lado esquerdo. Muito pelo contrário, o sonhador
encontra-se novamente no temenos, confrontado com a mulher desconhecida que personifica a quarta função, ou função "inferior"[107].

---

107. Fili, extrahe a radio suam umbram: accipe ergo quartam partem sui, hoc est,
unam partem de fermento et tres partes de corpore imperfecto" etc. [Filho, extrai do
raio sua sombra: retira-lhe então a quarta parte, isto é, uma parte do fermento e três
partes do corpo imperfeito]: Instrução para a preparação do "lapis". [Citação de Hermes do Rosarium (*Art. aurif.* II, p. 317).] Com referência a "umbra", cf. op. cit., p.
233: "Fundamentum artis est Sol, et eius umbra" [O fundamento da Arte é o Sol e sua
sombra] (fig. 81). O texto acima corresponde apenas ao sentido segundo o *Tractatus
aureus,* mas não à sua forma literal.

Seu desenho foi antecipado pelo sonho, e o que este último representa
de modo personificado é reproduzido pelo sonhador sob a forma de
um ideograma abstrato. Isto poderia indicar que o sentido da personificação é o símbolo de algo que também poderia ser representado sob
uma forma totalmente diversa. Esta "forma diversa" é uma referência
retroativa ao sonho 16 [§ 97], ao Ás de paus cuja analogia com a cruz
de braços desiguais foi ressaltada. Aqui a analogia é confirmada. Tentei resumir a situação daquele momento através da seguinte fórmula: a
Trindade cristã, matizada porém, tingida ou sombreada pelas quatro
cores. Estas aparecem aqui a modo de uma concretização da "te-
traktys". O *Rosarium* cita uma declaração semelhante no *Tractatus aureus*: "Vultur[108] [...] clamat voce magna, inquiens: 'Ego sum albus niger et rubeus citrinus'"[109] (O abutre [...] clama com voz alta, dizendo:
'Eu sou o branco negro e o vermelho amarelo'). Por outro lado, é sublinhado o fato de o "lapis" reunir em si "omnes colores" (todas as cores). Poder-se-ia supor, portanto, que a quaternidade representada pelas cores constitui um estágio preliminar. Isto é confirmado no *Rosarium*: "[...] lapis noster est ex quatuor elementis" ([...] nosso lapis provém dos quatro elementos)[110] (figs. 64, 82, 117 e outras). O mesmo
ocorre com o "aurum philosophicum": "[...] in auro sunt quatuor elementa in aequali proportione aptata" (ouro filosófico:... no ouro, os
quatro elementos se acham reunidos em proporções iguais)[111]. O fato
é que no sonho também as quatro cores representam a transição da
Trindade para a Quaternidade e, portanto, para a quadratura do círculo (figs. 59 e 60); este último, devido à sua rotundidade (simplicidade
perfeita), aproxima-se mais da natureza do lápis, segundo a concepção

---

108. Cf. sonho 58, § 304. Abutres, águias, corvos alquímicos são sinônimos em sua essência.

109. Esta citação de Hermes também é arbitrária. Na realidade, a passagem diz o seguinte: "Ego sum albus nigri, et rubeus albi, et citrinus rubei, et certe veridicus sum."
[Eu sou o branco do negro e o vermelho do branco, o amarelo do vermelho e digo a
verdade com certeza.] (*Tractatus aureus*, p. 12). Desta maneira exprimem-se três significados por quatro cores, contrariamente à fórmula de Hortulanus, que atribui quatro
naturezas e três cores ao "lapis" (*De Alchemia*, p. 372).

110. Op. cit., p. 207.

111. Op. cit., p. 208.

Fig. 82. O Anthropos com os quatro elementos.
De um manuscrito russo do século XVIII

dos alquimistas. Uma receita atribuída a Raimundo, para a preparação do lapis, diz o seguinte: "Recipe de simplicissimo et de rotundo corpore, et noli recipere de triangulo vel quadrangulo, sed de rotundo: quia rotundum est propinquius simplicitati quam triangulus. Notandum est ergo, quod corpus simplum nullum habens angulum: quia ipsum est primum et posterius in planetis, sicut Sol in stellis" (Filho, toma do corpo mais simples e redondo, e não do triangular ou quadrangular, [toma] do redondo; porque o redondo está mais próximo da simplicidade do que o triangular. Note-se que o corpo simples não tem ângulo algum, pois é o primeiro e o último dentre os planetas, como o sol entre as estrelas)[112].

SONHO 24

221   *Duas pessoas conversam sobre cristais e em especial sobre um diamante.*

---

112. *Rosarium*, op. cit., p. 317.

Dificilmente não nos ocorrerá aqui a ideia do lapis. Mais do que 222
isso, este sonho revela o fundo histórico, sugerindo que se trata efetivamente do lapis cobiçado, do "tesouro difícil de se obter". O "opus"
do sonhador é como que uma recapitulação inconsciente dos esforços da filosofia hermética. (Cf. a respeito do "diamante" outros sonhos: 37, 39, 50 [§ 258, 262, 284].)

SONHO 25

Trata-se da construção de um ponto central e de tornar a figura simé- 223
trica por espelhamento neste ponto.

O termo "construção" indica a natureza sintética do "opus", 224
bem como a laboriosa edificação, que requer toda a energia do sonhador. O "tornar simétrico" é uma resposta ao conflito do sonho 22
[§ 200] que pretendia "sufocar a esquerda" de modo completo. Agora, um lado deve corresponder perfeitamente ao outro, tal como uma
imagem no espelho. A imagem aparece no ponto central, o qual possui a propriedade de refletir, sendo um "vitrum"[113], um cristal ou espelho d'água (fig. 209). Refletir no espelho é provavelmente outra
alusão à ideia subjacente do lapis, do "aurum philosophicum", do
Elixir, da "aqua nostra" etc. (fig. 265).

Assim como a "direita" representa a consciência, seu mundo e 225
seus princípios, o "espelhamento" significa uma conversão da imagem do mundo para a esquerda, produzindo uma imagem correspondente invertida. Em outras palavras, mediante o "espelhamento", a
"direita" se apresenta como uma inversão da "esquerda". A "esquerda" parece, pois, ter os mesmos direitos que a "direita", ou melhor, o
inconsciente e sua ordem quase sempre ininteligível vem completar
simetricamente a consciência e seus conteúdos. Permanece, porém,
obscuro o fato de se saber o que se reflete e o que é o refletido (fig.
55). Continuando nosso raciocínio, poderíamos considerar o "ponto

---

113. "Lapis nihilominus non funditur, nec ingreditur, nec permiscetur: sed vitrifica-
tur" etc. [A pedra não pode ser fundida, nem penetrada, nem misturada, mas sim, vi-
trificada.] (ADEMARUS: citação no *Rosarium,* op. cit., p. 353).

central" como uma intersecção de dois mundos correspondentes, mas invertidos pelo reflexo no espelho[114].

226　　A ideia de tornar simétrico poderia significar assim um ponto culminante no reconhecimento do inconsciente e sua incorporação numa imagem geral do mundo. O inconsciente adquire aqui um caráter cósmico.

SONHO 26

227　*É noite, céu estrelado. Uma voz diz: "Agora vai começar". O sonhador pergunta: "O quê?" A voz responde: "O movimento circular pode começar". Uma estrela cadente cai, descrevendo estranha curva para a esquerda. Muda a cena. O sonhador encontra-se num local duvidoso de diversões. O dono desse bar parece ser um explorador sem escrúpulos. Algumas jovens decaídas também lá estão. Começa então uma contenda acerca de direita e de esquerda. O sonhador retira-se e percorre num táxi o perímetro de um quadrado. Depois, novamente o bar. O dono deste afirma: "O que as pessoas comentavam acerca de direita e de esquerda não tocou o que sinto. Há verdadeiramente um lado direito e um lado esquerdo na sociedade humana?" O sonhador responde: "A existência da esquerda não contradiz a da direita. Ambas existem em todo o ser humano. A esquerda é o reflexo da direita. Sempre que a sinto como uma imagem refletida no espelho, sinto-me unificado. Não há lado direito, nem esquerdo na sociedade humana; mas há pessoas simétricas e assimétricas. Os assimétricos são os que conseguem realizar apenas um lado, o esquerdo ou o direito. Encontram-se ainda na situação infantil". O dono do bar diz, pensativo: "Isto já é bem melhor". E retorna aos seus afazeres.*

228　　Relatei este sonho inteiro, por ser uma ilustração excelente do modo pelo qual o sonhador acolhe as ideias sugeridas no sonho 25 [§ 223]. A ideia da relação simétrica é despida de seu caráter cósmico e traduzida numa linguagem psicológica, expressa em símbolos sociais. "Direita" e "esquerda" são termos usados quase como "slogans" políticos.

---

114. Existem paralelos parapsicológicos muito interessantes, que não posso mencionar aqui.

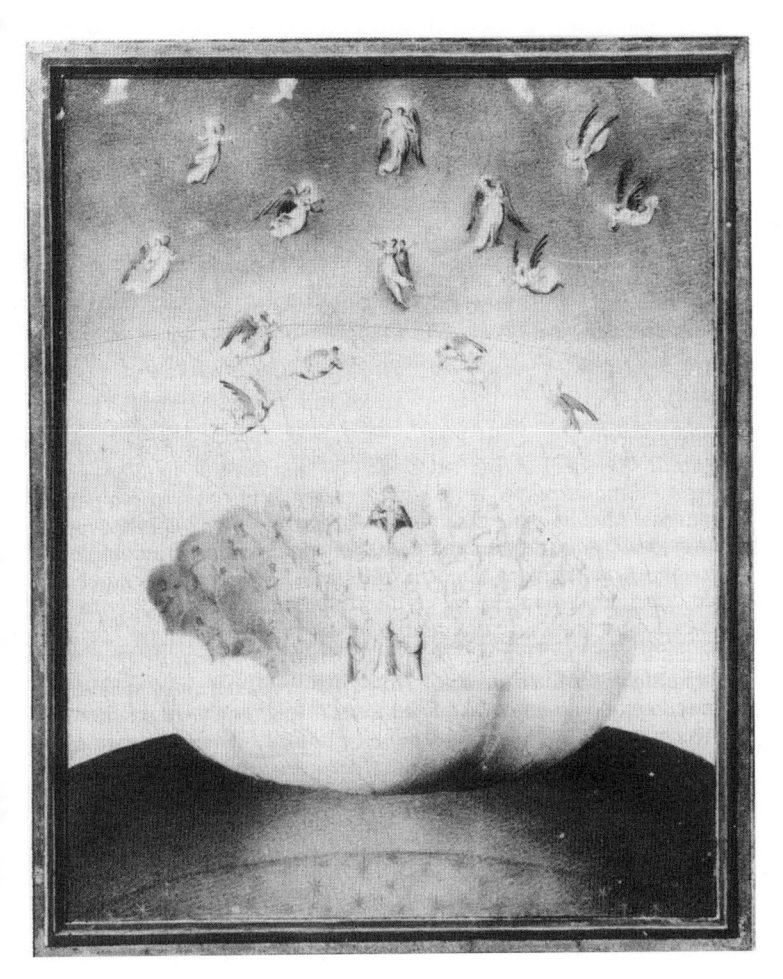

Fig. 83. Dante é conduzido à presença de Deus na rosa celeste.
DANTE. *Paraíso* (Vaticano, século XV)

O aspecto cósmico aparece no início do sonho. O sonhador ob-   229
servou que a estranha curva traçada pela estrela cadente correspon-
dia exatamente à linha que traçava ao esboçar a flor dividida em oito
partes[115]. A curva configura o desenho das pétalas. A estrela cadente

---

115. Cf. o comentário do sonho 23, § 217.

desenha o contorno de uma flor que abarca completamente o céu estrelado. Aqui começa o movimento circular da luz[116]. Esta flor cósmica corresponde à rosa do "Paradiso" de Dante (fig. 83).

230   A natureza cósmica de uma experiência, cujo aspecto "interior" só pode ser compreendido psicologicamente, choca e provoca imediatamente uma reação do aspecto "inferior". O aspecto cósmico é evidentemente "alto" demais, sendo por isso compensado no sentido oposto (para baixo). Assim sendo, a simetria já não é mais a das duas imagens do mundo, mas apenas a da sociedade humana e enfim do próprio sonhador. O dono do bar, comentando essa interpretação psicológica como "bem melhor", exprime um reconhecimento que ainda deveria ser complementado pela frase: "mas não o suficiente".

231   A contenda acerca de direita e de esquerda, iniciada no bar, é um conflito que irrompe no próprio sonhador ao ter que reconhecer a simetria. É isto que ele não consegue fazer, pois o outro lado tem um aspecto tão deplorável que não é fácil olhá-lo de perto. Daí, a razão da "circumambulatio" mágica (a caminhada em torno do quadrado), o que mantém o sonhador dentro e o impede de fugir, fazendo-o suportar sua imagem refletida no espelho. Embora o faça da melhor maneira possível, não contenta o outro lado. Daí, a relativa frieza da apreciação de seus méritos.

IMPRESSÃO VISUAL 27

232   *Um círculo; em seu centro há uma árvore verde. No círculo desenrola-se uma batalha furiosa entre selvagens. Eles não veem a árvore.*

233   É óbvio que o conflito entre a "direita" e a "esquerda" ainda não terminou; continua, uma vez que os selvagens permanecem em "estado infantil" e, por serem assimétricos, só conhecem a direita ou a esquerda e nunca a terceira posição, que está acima do conflito.

IMPRESSÃO VISUAL 28

234   *Um círculo, dentro do qual há degraus que levam a um pequeno reservatório acima, dentro do qual há uma fonte.*

---

116. Cf. § 245s. e 258s., bem como com WILHELM & JUNG. O *Segredo da flor de ouro*, passim.

Quando um estado é insatisfatório por faltar-lhe um aspecto es-   235
sencial do inconsciente, o processo interior recorre a símbolos anteriores, tal como neste caso. O simbolismo remete de novo ao sonho
13 [§ 154], onde deparamos com o jardim mandálico dos filósofos, e
com a fonte da "aqua nostra" (nossa água) (fig. 84 e tb. 25, 26 e 56).
O círculo e a fonte reforçam o mandala representado pela "rosa"[117]
no simbolismo medieval. O "jardim das rosas dos filósofos" é um
símbolo que ocorre com frequência[118].

Fig. 84. A fonte no jardim cercado de muros significa a
"constantia in adversis" (constância na adversidade); situação bem
característica na alquimia!
BOSCHIUS. *Symbolographia* (1702)

IMPRESSÃO VISUAL 29

Um ramo de rosas, depois o sinal ⧎ *, que deveria no entanto ser* ✳.   236

O ramo de rosas é semelhante a uma fonte que jorra. O sentido   237
do primeiro sinal (árvore?) não é claro, ao passo que a correção representa a flor dividida em oito partes (fig. 85). Trata-se manifesta-

---

117. Cf. VALLI. *Die Geheimsprache Dantes und der Fedeli d'Amore.*
118. Cf. *Rosarius minor* em *De alchemia*, p. 309s.

mente da correção de um erro, que de certa forma prejudicava a totalidade da "rosa". A reconstrução deve reaproximar da consciência o problema do mandala, ou melhor, a avaliação e interpretação corretas do "ponto central".

Fig. 85. A flor de oito pétalas como oitava ou a primeira das sete.
Recueil de figures astrologiques (século XVIII)

SONHO 30

O sonhador está sentado a uma mesa redonda, com a mulher escura e   238
desconhecida.

Sempre que se atinge um ponto máximo de clareza ou da possibi-   239
lidade mais ampla de chegar a uma conclusão é comum ocorrer uma
regressão. Alguns sonhos intercalados nesta série mostram com nitidez que a exigência insistente da totalidade provoca no sonhador um
sentimento algo penoso, uma vez que a realização de tal exigência
acarreta consequências práticas significativas em sua vida, cujo caráter pessoal transcende os limites de nossas considerações.

A forma redonda da mesa é novamente uma alusão ao círculo da   240
totalidade. A esta totalidade pertence a anima, como representante
da quarta função, principalmente sob seu aspecto "escuro", o qual
sempre se manifesta quando algo deveria ser concretizado, vertido
na realidade, ou quando algo está a ponto de traduzir-se por si mesmo na realidade. O "escuro" é o ctônico, o terrestre e o real. É também a fonte do medo gerado pela regressão[119].

SONHO 31

O sonhador está sentado a uma mesa redonda em companhia de um   241
homem que emana qualidades negativas. Sobre a mesa há um copo
cheio de massa gelatinosa.

Este sonho representa um progresso em relação ao sonho anteri-   242
or, na medida em que o "escuro" é aceito como a própria "escuridão", a ponto de produzir uma verdadeira "sombra"[120] que concerne

---

119. "Ab eo, quod nigram caudam habet abstine, terrestrium enim deorum est" [Afas-
ta-te daquilo que tem um rabo preto, pois pertence aos deuses da terra.] (*Symbola
Pythagore phylosophi* em FICINUS. *Auctores platonici*, fol. X, III).

120. Apesar de o tema deste estudo não permitir a ampliação da discussão da psicologia dos sonhos, devo esclarecer alguns pontos. O sentar-se a uma mesa na companhia
de outros significa relação, ligação, "composição". A mesa redonda significa aqui com-
por a totalidade. A figura da anima (isto é, o inconsciente personificado) separada da
consciência do eu, portanto inconsciente, significa que a existência de uma camada
isoladora do inconsciente pessoal está intercalada entre o eu e a anima. A existência de
um inconsciente pessoal demonstra que conteúdos de caráter pessoal poderiam de fato

à vida pessoal do sonhador. Isto faz com que a anima seja liberta da projeção da inferioridade moral, podendo então assumir sua própria função, isto é, seu aspecto vivo e criativo[121]. Este último é representado pelo copo com seu conteúdo estranho, o qual, juntamente com o sonhador, já comparamos com a "massa da vida" indiferenciada, no sonho 18 [§ 183]. Naquela etapa tratava-se de uma transformação gradual do animalesco primitivo em algo humano. A expectativa agora é algo semelhante, uma vez que a espiral do desenvolvimento interior parece ter chegado novamente ao mesmo grau, mas em nível superior.

243   O copo corresponde ao "unum vas" (vaso uno) da alquimia (fig. 243 86) e seu conteúdo à mistura viva semiorgânica da qual deverá emergir o corpo do lápis, dotado de espírito e vida, ou então aquela inesquecível figura da segunda parte do *Fausto* de Goethe, que dissolve três vezes consecutivas o cocheiro-menino, o "homunculus" e Euphorion que se despedaça no trono de Galateia (os três simbolizando a dissolução do "centro" no inconsciente). O lápis não é somente uma "pedra", mas, segundo é claramente constatado, compõe-se "de re animali, vegetabili et minerali" (coisas animais, vegetais e minerais), consistindo de corpo, alma e espírito[122] ; ela cresce a partir da carne e do sangue[123]. O filósofo (Hermes na *Tabula smaragdina*) diz o seguinte: "O vento carregou-a em seu ventre" (cf. fig. 210). Vê-se cla-

---

tornar-se conscientes, mas são ilegitimamente mantidos no inconsciente. Estamos, portanto, na presença de uma consciência insuficiente ou inexistente da sombra. A sombra corresponde a uma personalidade do eu negativo, compreendendo portanto todas as características cuja existência é desagradável e deplorável. Neste caso, a sombra e a anima, por serem ambas inconscientes, contaminam-se mutuamente, o que o sonho representa sob a forma de algo como um "matrimônio". Mas se a existência da anima (ou da sombra) for reconhecida e compreendida, ocorre uma separação das duas figuras, tal como aconteceu em nosso caso. Com isso a sombra é reconhecida como algo que pertence ao eu, a anima, porém, como algo não pertencente ao eu.

121. Cf. o que disse sobre a função da anima em minha conferência intitulada: *Über die Archetypen des kollektiven Unbewussten* [§ 53s.]. No tratado *Hermes an die menschliche Seele*, a anima é chamada "a intérprete suprema e a guardiã mais próxima" (do eterno), o que caracteriza muito bem sua função de mediadora entre o consciente e o inconsciente.

122. *Rosarium (Art. aurif.* II), p. 237.

123. Op. cit., p. 238.

ramente que "O vento é o ar, o ar é a vida e a vida, a alma". "A pedra é a coisa intermediária entre os corpos perfeitos e imperfeitos, e o que a própria natureza começou será levado à perfeição pela Arte"[124]. Esta pedra é chamada o "lapis invisibilitatis" (pedra da invisibilidade)[125].

No sonho trata-se de dar vida (e realidade) ao "centro", trata-se por dizer assim de seu nascimento. O fato desse nascimento provir de uma massa amorfa encontra um paralelo na ideia alquímica da "prima materia" como uma "massa informis" caótica, prenhe de sementes de vida (figs. 162 e 163). Como vimos, a qualidade da goma arábica e da cola lhe é atribuída, ou também é designada como "viscosa" e "unctuosa". (Em Paracelso, o "Nostoc" é a substância arcana.) Embora a ideia de "gelatinoso" esteja baseada primeiramente em concepções modernas de solo nutriente, excrescências gelatinosas e coisas semelhantes, ela também se reporta a ideias alquímicas muito mais antigas, as quais, como já insistimos diversas vezes, exercem uma influência poderosa, apesar de não serem conscientes, na escolha do símbolo.

244

Fig. 86. O aparelho de destilação alquímica, o "unum vas", com as serpentes do Mercúrio (duplo).
KELLEY. *Tractatus duo de Lapide philosophorum* (1676)

---

124. Op. cit., 235s.
125. Op. cit., p. 231.

SONHO 32

245   *O sonhador recebe uma carta de mulher desconhecida. Ela diz estar sofrendo de dores uterinas. Há um anexo à carta com um desenho semelhante ao seguinte:*[126]

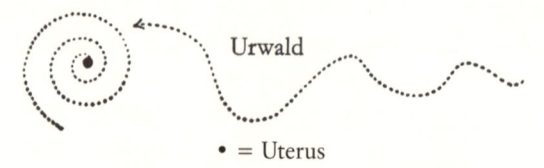

• = Uterus

Há muitos macacos na floresta virgem. Depois descortina-se uma vista sobre geleiras brancas.

Fig. 87. A Virgem representada como vaso da criança divina.
Rosário dela gloriosa vergine Maria. Veneza (1524)

---

126. O útero é o centro, o vaso doador da vida (fig. 87). A pedra é como o Graal, o próprio vaso criador, o "elixir vitae". É circundado pela espiral, símbolo da aproximação indireta pela circum-ambulação.

A anima envia a notícia de processos dolorosos no centro criador 246 de vida. Este não é mais o "copo" contendo a massa de vida, mas um ponto central caracterizado como "útero", e que através de uma espiral é atingido através da circum-ambulação. De qualquer modo, a espiral acentua o ponto central e, portanto, o útero, sinônimo frequente do vaso alquímico. Ele também é um dos significados básicos do mandala oriental[127]. A linha em forma de serpente conduz ao vaso e

Fig. 88. Visão do Santo-Graal – do *Roman de Lancelot du Lac* (século XV).

---

127. O centro do mandala corresponde ao cálice do lótus indiano: sede e local de origem dos deuses. O nome que o designa, "padma", tem um significado feminino. O "vas" é muitas vezes conhecido como útero, onde é gestada a "criança". Na ladainha de Loreto, Maria é designada três vezes como "vas" ("vas spirituale", "honorabile" e "insigne devotionis"); na poesia medieval também é chamada "Flor do mar", que contém o Cristo dentro de si. (Cf. o sonho 36, § 256.) O vaso do Graal (fig. 88) tem íntima relação com o vaso hermético; Wolfram von Eschenbach chama a pedra do Graal de "lapsit exillis"; Arnaldus de Villanova († 1313) chama o lapis de "lapis exilis", a "pedra insignificante" (*Rosarium,* op. cit., p. 210). Para a interpretação utilizada por Wolfram, isto pode ser relevante.

constitui uma analogia com a serpente medicinal de Esculápio (figs. 203, 204) e com o símbolo tântrico do Shiva bindu, do deus criativo, latente, sem extensão, sob a forma do ponto ou lingam circundado três vezes e meia pela serpente Kundalini[128]. Com a floresta virgem, encontramos de novo a imagem do macaco que já aparecera nos sonhos 16, 18 [§ 164 e 183] e na visão 22 [§ 117]. Na visão 22, essas imagens eram seguidas pela frase: "tudo deve ser regido pela luz", enquanto no sonho 18 aparecia a imagem da cabeça "transfigurada". O sonho 32 acaba com uma vista sobre "geleiras brancas". Isto lembra ao sonhador um sonho precedente (que não está incluído nesta série), no qual ele vê a via láctea e entra num diálogo sobre a imortalidade. O símbolo das geleiras é, pois, a ponte reconduzindo ao aspecto cósmico que causara a regressão. Como de costume, o antigo não retorna com a mesma simplicidade, mas introduz uma nova complicação, a qual, como era de se prever logicamente, é tão chocante para a consciência intelectual como o fora o aspecto cósmico. A complicação a que nos referimos é a lembrança do diálogo sobre a imortalidade. Já houve alusão a este tema no sonho 9 [§ 134], através do relógio de pêndulo, um "perpetuum mobile". A imortalidade é um relógio que jamais para, um mandala que gira eternamente, tal como o céu. O aspecto cósmico volta com juros e juros acrescidos. Isto poderia ser excessivo para o sonhador, porquanto um estômago de cientista tem uma capacidade digestiva limitada.

247   De fato, o inconsciente propõe uma desconcertante profusão de definições para essa coisa obscura chamada mandala ou Selbst (si-mesmo). Parece até que estamos dispostos a continuar no inconsciente o sonho secular da alquimia, amontoando novos sinônimos sobre os velhos, para afinal sabermos tanto ou tão pouco quanto os Antigos. Não entrarei em detalhes acerca do que o lapis significava para os nossos ancestrais, nem sobre o significado que até os dias atuais o mandala tem para os lamaístas, os tantristas, os astecas e os índios Pueblo, ou ainda a "pílula de ouro"[129] para os taoistas e o "germe de ouro" para os hindus. Conhecemos os textos que os descrevem vivi-

---

128. Cf. AVALON. *The Serpent Power* (Shat-Chakra-Nirupana).

129. Sinônimo da "Flor de ouro".

damente. Mas o que significa o fato de o inconsciente apresentar com tanta obstinação um simbolismo tão abstruso a um europeu erudito? Na minha opinião, o único ponto de vista aplicável aqui é o psicológico (talvez haja outros, que não me são familiares). Deste ponto de vista (psicológico), tudo aquilo que pode ser agrupado sob o conceito global de mandala parece ser a essência de determinada atitude. As atitudes conhecidas da consciência exprimem intenções e metas que podem ser definidas. A atitude voltada para o si-mesmo, porém, é a única que não tem meta definível, nem intenção visível. Sem dúvida, podemos pronunciar a palavra "si-mesmo", mas o que ela quer dizer permanece envolto numa obscuridade "metafísica". Não obstante, defino o "si-mesmo" como sendo a totalidade da psique consciente e inconsciente. No entanto, essa totalidade transcende a nossa visão: é um verdadeiro "lapis invisibilitatis" (pedra da invisibilidade). Na medida em que o inconsciente existe, não é definível e sua existência é um mero postulado. Nada podemos afirmar acerca de seus conceitos possíveis. A totalidade é empírica somente em seus aspectos parciais e na medida em que estes são conteúdos da consciência. Enquanto totalidade, porém, ela transcende necessariamente a consciência. Consequentemente, o "si-mesmo" é um conceito-limite, algo como a "coisa-em-si" de Kant. Mas acrescentemos que sua nitidez aumenta constantemente com a experiência, conforme atestam nossos sonhos, sem nada sacrificar de sua transcendência. Dado que não podemos saber quais são os limites daquilo que desconhecemos, também não temos condições de estabelecer quaisquer limites ao si-mesmo. Seria arbitrário e, portanto, anticientífico restringir o si-mesmo aos limites da psique individual, independentemente da circunstância de ignorarmos seus limites, que jazem no inconsciente. Podemos definir os limites da consciência; o inconsciente, porém, é o psiquismo desconhecido e, portanto, ilimitado, pelo fato de ser indefinível. Não devemos, pois, surpreender-nos se as manifestações empíricas dos conteúdos inconscientes apresentarem características de algo sem limites e não determinado por espaço e tempo. Tal qualidade é numinosa e, portanto, assustadora, principalmente para quem reflete atentamente, cônscio do valor de conceitos bem delimitados. É uma sorte não sermos filósofos, nem teólogos, pois isto nos evita o confronto com tais "númenos" no exercício da nossa profissão. O pior é quando, paulatinamente, torna-se claro que os "númenos" são "entia" (entes) psíquicos que se impõem à consciência enquanto noite após noite os sonhos filosofam por sua própria conta. E ainda mais: se tentarmos nos esquivar desses "númenos", rejeitando com irritação o ouro alquímico que o inconsciente nos oferece, sentir-nos-emos verdadeiramente mal, apesar de todo o nosso bom-senso. Apresentaremos sintomas e no momento em que resolvermos encarar de novo essa pedra de escândalo, transformando-a em pedra angular – ainda que apenas hipoteticamente – os sintomas desaparecerão e sentir-nos-emos "inexplicavelmente" bem. Em tal dilema podemos pelo menos consolar-nos com a ideia de que o inconsciente é um mal necessário e que devemos levá-lo em conta; a atitude mais inteligente que podemos ter em relação a ele é acompanhá-lo em algumas de suas incursões simbólicas e estranhas, embora o sentido das mesmas seja extremamente questionável. Talvez seja bom para a saúde recordar "as lições da humanidade anterior" (Nietzsche).

248   A única objeção contra tais expedientes intelectuais é que nem sempre eles resistem à prova dos acontecimentos. Observa-se em tais casos e em outros análogos, que no correr dos anos a enteléquia do si-mesmo se impõe de tal forma, que a consciência é obrigada a realizar proezas cada vez maiores para acompanhar o ritmo do inconsciente.

249   Podemos afirmar por agora que o símbolo do mandala é uma realidade psíquica autônoma, caracterizada por uma fenomenologia que se repete e é idêntica em toda a parte. Parece tratar-se de uma espécie de núcleo atômico, sobre cuja estrutura mais profunda e sobre cujo sentido último nada sabemos. Podemos também considerá-lo como um reflexo real (ou melhor, atuante) de uma atitude da consciência; esta é incapaz de indicar sua meta ou suas intenções e devido a esta impossibilidade ela projeta por inteiro a sua atividade no centro virtual do mandala[130]. A força compulsiva necessária para essa projeção está sempre numa situação da qual o indivíduo não sabe como sair. No entanto, ver o mandala meramente como um reflexo psicológico contraria a natureza autônoma deste símbolo que se ma-

---

130. Esta projeção é considerada aqui como fenômeno espontâneo e não como uma extrapolação deliberada. A projeção não é um fenômeno voluntário.

nifesta em sonhos e visões com uma espontaneidade às vezes arrasadora e a natureza autônoma do inconsciente em geral. Ora, este último não é apenas a forma originária do psíquico, mas também a situação que vivemos na primeira infância e à qual retornamos todas as noites. Não há provas da atividade meramente reativa (ou reflexa) da psique. Esta concepção, no melhor dos casos, seria uma hipótese de trabalho biológica, de valor limitado. Elevada à dignidade de verdade universal, não passa de um mito materialista, uma vez que não leva em consideração a inegável capacidade criativa da alma, diante da qual todas as "causas" se reduzem a meros ensejos.

SONHO 33

Uma luta entre selvagens, durante a qual são cometidas atrocidades   250
bestiais.

Como era de se esperar, a nova complicação (a "imortalidade")   251
desencadeou um conflito tremendo que utiliza a mesma simbologia,
tal como na situação análoga do sonho 27 [§ 232].

SONHO 34

Conversa com um amigo. O sonhador diz-lhe: "Tenho que perse-   252
verar diante do Cristo ensanguentado e continuar trabalhando na mi-
nha salvação".

Este sonho, como o anterior, indica um sofrimento extraordiná-   253
rio e sutil (fig. 89), provocado pela irrupção de um mundo espiritual
estranho, de difícil aceitação. Daí a analogia com a paixão de Cristo:
"Meu Reino não é deste mundo". Mas o sonho revela também que
prosseguir na tarefa de seu desenvolvimento tornou-se uma questão
de vida e de morte para o sonhador. A referência a Cristo pode revestir-se de um significado mais profundo do que uma simples advertência moral, uma vez que se trata do processo de individuação, reiteradamente proposto ao homem ocidental sob o modelo dogmático e
religioso da vida de Cristo. A tônica do significado recaía sempre sobre a "realidade histórica" da existência do Salvador, razão pela qual
sua natureza simbólica permaneceu na sombra, embora a encarnação
de Deus constituísse uma parte essencial do "Symbolon" (Credo). A

Fig. 89. O pelicano, alimentando seus filhotes com o próprio sangue,
como alegoria de Cristo.
BOSCHIUS. Symbolographia (1702)

eficácia do dogma não repousa, porém, de modo algum na realidade
histórica, que é única, mas em sua natureza simbólica, em virtude da
qual é expressão de um pressuposto anímico relativamente ubíquo,
que independe da existência do dogma. Logo, existe um Cristo
"pré-cristão", bem como um Cristo "não cristão", na medida em que
se trata de uma realidade anímica existente por si mesma. A teoria da
prefiguração repousa, aliás, sobre este pensamento. Nada mais lógico portanto, que a figura do Anthropos ou do Poimen apareça no homem moderno, isento de pressupostos religiosos, uma vez que está
presente em sua própria psique (figs. 117, 195 e outras).

SONHO 35

254   *Um ator atira o chapéu contra a parede, onde este adquire a seguinte
forma:*

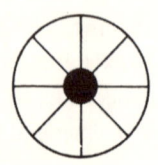

O ator indica (conforme comprova material não incluído neste 255
texto) determinado fato da vida pessoal do sonhador. Este último havia até então conservado uma autoimagem que o impedia de tomar-se a sério. A atitude de seriedade ora adotada tornara-se incompatível com a ficção anterior. Era preciso renunciar ao ator, pois este rejeitava o si-mesmo. O chapéu refere-se ao primeiro sonho da série [§ 52], no qual o sonhador usava um chapéu alheio. O ator atira o chapéu contra a parede: o chapéu revela-se um mandala. O chapéu alheio era, pois, o si-mesmo que lhe parecia estranho na época em que o sonhador desempenhava um papel fictício.

SONHO 36

O sonhador vai de táxi à Rathausplatz (Praça Municipal), que no so- 256
nho se chama "Marienhof" (Pátio de Maria).

Menciono este sonho de passagem, por revelar a natureza femi- 257
nina do *temenos,* tal como a "rosa mystica" que é também um dos atributos da Virgem na litania de Loreto (fig. 26).

SONHO 37

Curvas delineadas por uma luz em torno de um centro escuro. Depois, 258
uma caminhada através de caverna escura, na qual se trava uma luta
entre o bem e o mal. Mas nela há também um príncipe onisciente.
Este oferece ao sonhador um anel de diamante, colocando-o em seu
quarto dedo da mão esquerda.

A circulação da luz iniciada no sonho 26 [§ 227] reaparece aqui 259
com maior clareza. A luz é sempre uma referência à consciência que inicialmente percorre apenas a periferia. O centro ainda permanece obscuro. É a caverna sombria. Penetrar nela significa obviamente desencadear um novo conflito. No entanto, esse centro é também semelhante ao príncipe onisciente que está acima de tudo, o dono da pedra preciosa. O presente equivaleria a um voto de compromisso do sonhador com o si-mesmo, tratando-se do dedo anular da mão esquerda onde se usa a aliança. A esquerda, porém, é o inconsciente, o que nos leva a concluir que a situação ainda está em sua maior parte recoberta pela inconsciência. O príncipe parece ser o representante

do "aenigma regis" (enigma do rei) (cf. comentário do sonho 10 [§ 142] – cf. fig. 54). A caverna sombria corresponde ao vaso contendo os opostos em conflito. O si-mesmo manifesta-se nas oposições e no seu conflito; trata-se de uma "coincidentia oppositorum". Eis por que o caminho para o Si-mesmo é inicialmente um conflito.

Fig. 90. O urso, tal como o dragão e o leão, representa o aspecto perigoso da "prima materia".
Tractatus qui dicitur Thomae Aquinatis de alchimie (1530)

SONHO 38

260   *Uma mesa circular em torno da qual há quatro cadeiras. Mesa e cadei-ras estão vazias.*

261   Este sonho confirma a conjetura feita mais acima. O mandala ainda não está "em uso".

IMPRESSÃO VISUAL 39

O sonhador cai no precipício. Lá embaixo há um urso, cujos olhos bri-   262
lham alternadamente em quatro cores: vermelho, amarelo, verde e
azul. Na realidade, ele tem quatro olhos que se transformam em qua-
tro luzes. O urso desaparece. O sonhador passa por um longo corredor
escuro. Ao fim do corredor brilha uma luz. Lá se encontra um tesouro
e sobre ele o anel de diamante. Dizem que o anel o levará para longe,
rumo ao Oriente.

O sonho desperto mostra que o sonhador ainda se preocupa com   263
o centro obscuro. O urso representa o elemento ctônico, que poderia
agarrá-lo. Mas logo fica esclarecido que o animal é apenas uma introdução às quatro cores (cf. sonho 23 [§ 212]) que por sua vez conduzem ao lapis, isto é, ao diamante cujo brilho revela todas as cores do
arco-íris. O caminho rumo ao Oriente representa talvez uma alusão
ao antípoda inconsciente. Segundo a lenda, a pedra do Graal vem do
Oriente e para lá deve voltar. Do ponto de vista da alquimia, o urso
corresponde à "nigredo", à "prima materia" (fig. 90), dela advindo a
irisação da "cauda pavonis".

SONHO 40

Guiado pela mulher desconhecida, o sonhador precisa descobrir o   264
polo, arriscando em extremo a própria vida.

O polo é o ponto em torno do qual tudo gira: eis de novo um   265
símbolo do si-mesmo. A alquimia também usou a mesma analogia:
"No polo está o coração do Mercúrio, o qual é verdadeiro fogo. Nele
repousa seu Senhor. Ao navegar através do mar imenso, ele se orienta
pela estrela boreal"[131]. O Mercúrio é a alma do mundo, e o polo, seu
coração (fig. 149). A ideia da "anima mundi" (figs. 91 e 8) coincide
com o conceito do inconsciente coletivo, cujo centro é o si-mesmo. O
símbolo do mar é outro sinônimo do inconsciente.

---

131. "In polo est cor Mercurii, qui verus est ignis, in quo requies est Domini sui, navi-
gans per mare hoc magnum [...] cursum dirigat per aspectum astri septentrionalis"
(PHILALETHES. *Introitus apertus*, p. 655).

IMPRESSÃO VISUAL 41

266   *Esferas amarelas rolando em círculo em direção à esquerda.*

267   Representação da rotação em torno do centro, que lembra o sonho 21 [§ 198].

SONHO 42

268   *Um antigo mestre mostra-lhe no chão uma mancha vermelha e iluminada.*

269   O "philosophus" mostra-lhe o "centro". A cor rubra poderia ser
uma alusão à aurora, imagem da "rubedo" na alquimia, que geralmente precede imediatamente a conclusão da obra.

SONHO 43

270   *Uma luz amarela como o sol, embora turva, aparece na neblina. De
seu centro partem oito raios. É esse o centro que eles devem atravessar, o que ainda não ocorreu completamente.*

271   O sonhador observa por sua própria conta a identidade desse
ponto que a luz deve atravessar com o polo (sonho 40 [§ 264]). Trata-se, portanto, como foi previsto, do aparecimento do sol, que é
amarelo neste sonho. A luz, porém, continua turva, alusão provável a
uma compreensão insuficiente. O fato de a luz "dever atravessar" indica a necessidade de uma decisão que requer esforço. A cor amarela
(citrinitas) coincide frequentemente com a "rubedo". O "ouro" é
amarelo ou amarelo-avermelhado.

SONHO 44

272   *O sonhador encontra-se num espaço quadrado, onde deve permanecer imóvel. Trata-se de uma prisão para liliputianos ou crianças (?).
Uma mulher cruel os vigia. As crianças começam a movimentar-se e
circulam na periferia desse espaço. O sonhador sente vontade de fugir,
mas é impedido. Uma das crianças transforma-se num animal que lhe
morde a barriga da perna (fig. 118).*

273   A claridade insuficiente exige outro esforço de concentração; é
essa a razão pela qual o sonhador se encontra num estado infantil

(figs. 95 e 96); "oblíquo" também (v. sonho 26 [§ 227]) e confinado no temenos sob a guarda de uma mãe-anima cruel. O animal que surge, como no sonho 18 [§ 183], e morde o sonhador sugere que este último deve pagar um preço. A "circumambulatio", como já vimos, significa a necessidade de concentrar-se no centro. Este estado de tensão é quase insuportável. No entanto, ao despertar o sonhador experimenta a sensação agradável e intensa de haver encontrado uma solução, "tal como se já estivesse com o diamante na mão". As "crianças" aludem ao tema do anão, exprimindo talvez o elemento "cabírico", isto é, as forças formativas do inconsciente (sonhos 56s. [§ 301]), ou então a condição infantil do sonhador.

Fig. 91. Anima Mundi.
THURNEYSSER ZUM THURN. *Quinta Essentia* (1574)

SONHO 45

274   *Um terreno de manobras. Há tropas que se preparam para a guerra, formando uma estrela de oito raios que gira para a esquerda.*

275   O essencial parece ser aqui a indicação de um conflito superado. A estrela não está no céu, nem é um diamante, mas sim uma configuração sobre a terra constituída por seres humanos.

SONHO 46

276   O *sonhador encontra-se preso num espaço quadrado. Surgem leões e uma feiticeira má.*

277   A prisão ctônica retém-no, pois ele ainda não está pronto para realizar aquilo que deve (trata-se de um assunto pessoal importante, ou mesmo de um dever que lhe causa muita preocupação). Os leões, como todos os animais selvagens, indicam afetos latentes. Na alquimia, o papel do leão é importante e tem um significado semelhante. Trata-se de um animal "do fogo", alegoria do diabo, e indica o perigo do sonhador ser tragado pelo inconsciente.

SONHO 47

278   O *velho sábio mostra-lhe um lugar na Terra, assinalado de um modo especial.*

279   Deve ser o lugar na Terra próprio para o sonhador realizar o si-mesmo (cf. acima, o sonho 42).

SONHO 48

280   *Uma pessoa conhecida recebe prêmio por ter encontrado um torno de cerâmica ao escavar a terra.*

281   O torno de cerâmica gira sobre a terra (sonho 45), produzindo vasos de argila ("terrestres"), os quais podem designar simbolicamente o corpo humano. O torno, por ser redondo, alude ao si-mesmo e à sua atividade criadora, na qual se manifesta. O torno simboliza igualmente a circulação, tema que já apareceu várias vezes.

SONHO 49

Imagem de uma estrela em rotação. Nos pontos cardeais do círculo há   282
figuras representando as estações do ano.

Assim como já foi definido o lugar, agora é designado o tempo.   283
Lugar e tempo são os elementos fundamentais e mais necessários
para qualquer determinação. A determinação de tempo e lugar fora
ressaltada desde o início (nos sonhos 7-9 [§ 130-134]). Situar-se no
espaço e no tempo faz parte da realidade da existência. As estações
do ano referem-se à divisão do círculo em quatro partes, e isso corresponde ao ciclo do ano (fig. 92). O ano é um símbolo do homem
primordial[132] (figs. 99, 100, 104). O tema da rotação alude ao fato de
que o símbolo do círculo não deve ser concebido de uma forma estática, mas dinâmica.

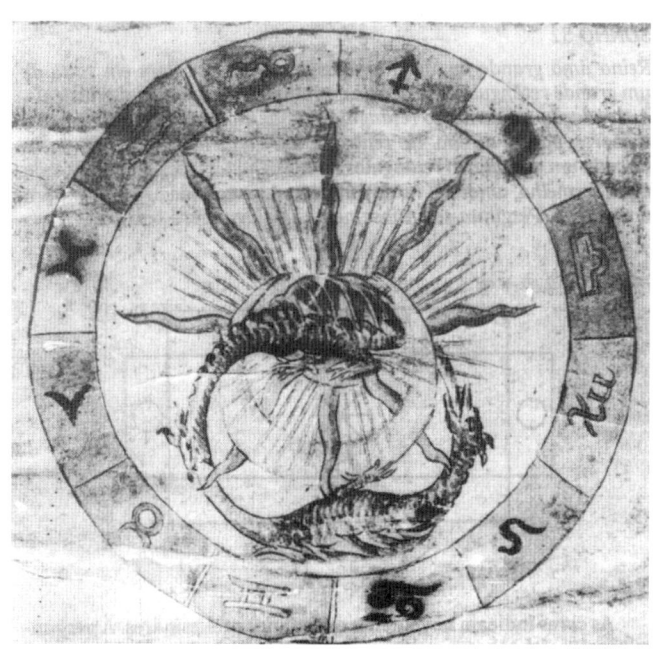

Fig. 92. O processo alquímico no zodíaco.
Ripley Scrowle (1588)

---

132. *Estudos alquímicos* [§ 229 e 237].

SONHO 50

284   *Um homem desconhecido dá ao sonhador uma pedra preciosa. Este*
      último é atacado por apaches. Ele foge (pesadelo) e consegue sal-
      var-se. A mulher desconhecida diz-lhe que não será sempre assim: che-
      gará o dia em que ele não poderá mais fugir, mas deverá resistir.

285   Aproximamo-nos a largos passos da realidade quando a um lu-
      gar definido se acrescenta o tempo determinado. Isto esclarece o
      dom da pedra preciosa e também o medo da decisão e a falta de força
      para assumi-la.

SONHO 51

286   *Reina uma grande tensão. Numerosas pessoas circulam em volta de*
      um grande retângulo central e de quatro pequenos retângulos laterais.
      A circulação em tomo do retângulo grande é para a esquerda e a dos
      menores, para a direita. No centro, a estrela de oito raios. No centro
      de cada um dos quatro retângulos menores há um recipiente contendo
      água vermelha, amarela, verde e incolor. A rotação da água dá-se para
      a esquerda. Pergunta-se ansiosamente se a água será bastante.

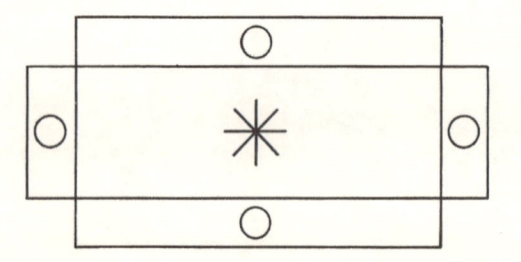

287   As cores indicam novamente os estágios preliminares. A pergun-
      ta "ansiosa" é sobre a questão de se haverá ou não suficiente água da
      vida ("aqua nostra", energia, libido) para alcançar a estrela. No cen-
      tro, a circulação ainda se faz para a esquerda, isto é, a consciência
      move-se em direção ao inconsciente. O centro não se encontra ainda
      suficientemente iluminado. A circulação para a direita nos retângulos
      pequenos, que representam o quatro, parece ser uma alusão à toma-
      da de consciência das quatro funções. Estas são geralmente caracteri-
      zadas pelas quatro cores do arco-íris. Surpreendentemente falta o

azul e súbito a forma básica quadrada desaparece. A horizontal alongou-se em detrimento da vertical. Trata-se, portanto, de um mandala "perturbado"[133]. Observe-se, de um ponto de vista crítico, que a disposição antitética das funções ainda não está bastante consciente a fim de discernir-se suas polaridades características[134]. A predominância das linhas horizontais sobre as verticais indica um predomínio da consciência do eu, em detrimento da altura e da profundidade.

SONHO 52

Um salão de baile retangular. Todos se deslocam na periferia da direi- 288
ta para a esquerda. Subitamente ecoa uma voz de comando: "Para o
centro!" No entanto, o sonhador deve primeiro dirigir-se à sala ao
lado, onde quebra algumas nozes. Em seguida, as pessoas descem até a
água mediante escadas de corda.

Teria chegado o momento de penetrar até o "centro", mas o so- 289
nhador deverá quebrar antes algumas nozes (resolver problemas)
no retângulo menor (a sala ao lado), isto é, em uma das quatro funções. Nesse meio-tempo o processo continua para baixo, em direção às profundezas da "água". Assim se alonga a vertical e o quadrado se reconstitui a partir do retângulo incorreto. Isto exprime a simetria total do consciente e do inconsciente, inclusive com todas as implicações que a "simetrização" do consciente e do inconsciente têm, no nível psicológico.

SONHO 53

O sonhador encontra-se num espaço quadrado, vazio e em rotação. 290
Uma voz exclama: "Não o deixem sair. Ele não quer pagar o imposto."

---

133. De vez em quando aparecem mandalas "perturbados". Elas consistem de todas as formas derivadas do círculo, do quadrado ou da cruz regular, bem como as formas baseadas não no número quatro, mas no três ou no cinco. Os números seis e doze constituem neste caso uma certa exceção. O doze pode ter relação com o quatro ou o três. Os doze meses e os doze signos do zodíaco são símbolos circulares, colocados à nossa disposição. Da mesma forma, o seis é um conhecido símbolo do círculo. O três sugere a predominância da ideia e da vontade (trindade) e o cinco, o homem físico (materialismo).

134. Cf. "teoria das funções" em JUNG. *Psychologische Typen* [§ 642s.].

291   Trata-se de uma referência à autorrealização insatisfatória num assunto pessoal já mencionado; essa questão representa uma das condições inelutáveis e essenciais da individuação. Como era de se esperar, após a insistência preparatória na vertical do sonho anterior, o quadrado é reconstituído. A causa da perturbação fora a subestima da exigência do inconsciente (das verticais), o que por sua vez produziu o achatamento da personalidade (retângulo deitado).

292   Depois deste sonho, o sonhador elaborou seis mandalas, tentando estabelecer o comprimento exato das verticais, a "circulação" e a distribuição das cores. Depois deste trabalho teve o sonho seguinte:

SONHO 54

293   *Chego a uma casa especial, solene: a "Casa da Concentração". Ao fundo distingue-se muitas velas dispostas de um modo especial, as quatro pontas convergindo para o alto. Do lado de fora da porta da casa há um velho parado. Pessoas entram e permanecem silenciosas e imóveis a fim de se recolherem interiormente. O homem que está à porta diz a respeito dos visitantes da casa: "Assim que saírem lá de dentro estarão puros". Depois disso eu mesmo entro na casa e sou capaz de concentrar-me plenamente. Uma voz diz: "É perigoso o que fazes. A religião não é um imposto a ser pago para poderes livrar-te da imagem da mulher; esta imagem é imprescindível. Ai daqueles que utilizam a religião como sucedâneo de um outro aspecto da vida da alma: estão errados e serão malditos. A religião não é um sucedâneo, mas deve aliar-se às demais atividades da alma como complemento último. Da plenitude da vida é que deves engendrar a tua religião; somente então serás bem-aventurado!" Ao ouvir esta frase dita em voz alta, ouço ao longe uma música: simples acordes de um órgão. Algo faz-me lembrar do tema da "Magia do Fogo" de Wagner. Ao sair da casa vejo uma montanha em chamas e sinto: "Um fogo que não pode ser extinto é um fogo sagrado" (Shaw, "Santa Joana").*

294   O sonhador sublinha que este sonho representou para ele uma "experiência muito forte". O sonho é de fato de caráter numinoso e não seria errado presumir que represente, portanto, um novo ponto culminante de compreensão e discernimento. A "voz" tem em geral um caráter indiscutível de autoridade e costuma comparecer nos momentos decisivos.

A casa corresponde provavelmente ao quadrado, que é um lugar   295
de "concentração" (fig. 93). As quatro pontas iluminadas no plano

Fig. 93. A "Montanha dos Adeptos". O templo dos Sábios (Casa da
Concentração), iluminado pelo sol e pela lua, ergue-se sobre os sete patamares.
Sobre o templo, a Fênix. O templo fica oculto na montanha, alusão ao fato de a
pedra dos filósofos encontrar-se dentro da terra, de onde deve ser extraída e
purificada. O zodíaco, ao fundo, simboliza o tempo em cujo ciclo o "opus" se
insere. Os quatro elementos nos cantos indicam a totalidade. Embaixo, à
direita: o homem cego. À esquerda: o pesquisador, seguindo o instinto natural.
MICHELSPACHER. *Die Cabala, Spiegel der Kunst und Natur* (1654)

de fundo constituem novamente uma alusão ao quatro. A observação sobre a purificação refere-se à função transformadora do espaço-tabu. A realização da totalidade, impedida devido à "sonegação do imposto", exige naturalmente a "imagem da mulher"; esta, enquanto anima, representa a quarta função, a função "inferior", que é feminina por ser contaminada pelo inconsciente. O sentido do pagamento do imposto depende da natureza da função inferior, bem como de sua função auxiliar, e também do tipo de atitude[135]. O pagamento pode ser de natureza concreta, como também simbólica. A consciência não é qualificada para decidir acerca da forma válida.

296   A opinião expressa do sonho, segundo a qual a religião não é um sucedâneo de "outro aspecto da vida da alma", representa, por certo, uma novidade decisiva para muita gente. De acordo com essa opinião, a religião coincide com a totalidade e se manifesta como a expressão da integração do si-mesmo na "plenitude da vida".

Fig. 94. O Etna. "Gelat et ardet" (gela e arde).
BOSCHIUS. *Symbolographia* (1702)

297   A ressonância longínqua da "Magia do Fogo", do tema de Loki, está dentro do contexto. Senão o que significaria a "plenitude da vida"? O que significaria "totalidade"? Ao que me parece há razões de

---

135. JUNG. *Psychologische Typen* [§ 621s.].

sobejo para um certo receio, uma vez que o homem como ser total projeta uma sombra. Não foi por nada que o quarto foi separado do três e banido para o reino do fogo eterno. Mas há uma palavra não canônica do Senhor que diz: "Quem está perto de mim está perto do fogo"[136] (fig. 58). Essas ambiguidades terríveis não são destinadas a adultos que permaneceram crianças. Eis por que o velho Heráclito era cognominado o "obscuro": ele dizia coisas demasiado claras e falava da vida como de um "fogo eternamente vivo". Por isso existem as palavras não canônicas para aqueles que têm os ouvidos apurados.

O tema da montanha em chamas (fig. 94) se encontra no Apocalipse de Henoc[137]. Henoc vê as sete estrelas acorrentadas como enormes montanhas ardentes, no lugar da punição dos anjos. Originalmente, as sete estrelas eram os sete grandes deuses babilônicos, mas na época do Apocalipse de *Henoc* trata-se dos sete arcontes, senhores "deste mundo", anjos caídos e punidos. Por outro lado, o tema da montanha em chamas tem igualmente relação com os milagres de Javé presenciados no Sinai. O número sete entretanto não é somente nefasto, pois é na sétima montanha do país ocidental que se encontra a árvore que produz os frutos dispensadores de vida, a saber, a "arbor sapientiae" (árvore da sabedoria)[138] (figs. 188 e outras).   298

SONHO 55

Uma fruteira de prata com quatro nozes quebradas nos pontos cardeais.   299

Este sonho anuncia a solução dos problemas do sonho 52. No entanto, a solução ainda não está completa. O sonhador representa a meta por ora atingida no desenho de um círculo dividido em quatro   300

---

136. "Ait autem ipse salvator: Qui iuxta me est, iuxta ignem est, qui longe est a me, longe est a regno". [O próprio Salvador, porém, diz: Quem está perto de mim, está perto do fogo, e aquele que está longe de mim está longe do Reino.] (ORÍGENES. *Homiliae in Jeremiam* XX, 3, apud PREUSCHEN. *Antilegomena*, p. 44.)

137. KAUTZSCH. *Die Apokryphen und Pseudoepigraphen des Alten Testaments* II, p. 251 e 254.

138. Um comentário mais detalhado deste sonho encontra-se em JUNG. *Psicologia e religião* [§ 59s.].

partes, cujos quartos têm as quatro cores. Circula-se da direita para a esquerda. Isto pode satisfazer a simetria, mas o caráter antitético das funções ainda não é reconhecido, apesar dos esclarecimentos do sonho 54, onde o vermelho, o azul, o verde e o amarelo aparecem lado a lado, em lugar de se oporem. Podemos, então, concluir que a "realização" encontra resistências interiores. Estas, por um lado, são filosóficas e, por outro, éticas, e sua justificação histórica não pode ser descartada facilmente. A falta de reconhecimento da antítese manifesta-se primeiro pelo fato de as nozes ainda terem de "ser quebradas" e, segundo, por deverem ser permutadas umas pelas outras, o que revela que ainda não foram diferenciadas.

SONHO 56

301   *Quatro crianças carregam um anel grande e escuro, movimentando-se em círculo. A mulher escura e desconhecida aparece, dizendo que voltará, pois agora é a festa do solstício.*

302   Eis aqui novamente reunidos os elementos do sonho 44: as crianças e a mulher escura (anteriormente era a feiticeira má). O "solstício" alude ao momento crítico da mudança. Na alquimia, a obra é concluída no outono (vindemia Hermetis – vindima de Hermes). As crianças (fig. 95), deuses-anões, trazem o anel; isto significa que o símbolo da totalidade ainda se encontra no âmbito das forças plasmadoras e criativas infantis. Cumpre notar que as crianças têm seu papel no "opus alchymicum" (obra alquímica). A obra, ou uma determinada parte dela, é designada por "ludus puerorum" (jogo de crianças). Não encontrei outra explicação para isso, a não ser a de que a obra é fácil como uma "brincadeira de crianças". Mas uma vez que a obra é extremamente difícil, a julgar pelo testemunho unânime de todos os adeptos, deve tratar-se de um eufemismo e provavelmente também de uma definição simbólica. Tratar-se-ia de uma alusão à cooperação das forças "infantis", isto é, inconscientes, representadas sob a forma de Cabiros e gnomos (homunculi) (fig. 96).

IMPRESSÃO VISUAL 57

303   *O anel escuro; no centro, um ovo.*

Fig. 95. O "Ludus puerorum" (jogo de crianças).
TRISMOSIN. *Splendor solis* (1582)

Fig. 96. Pataeken (deuses-crianças prestativos).
Fragmentos de um brinquedo mecânico egípcio

IMPRESSÃO VISUAL 58

304 *Uma águia negra sai do ovo e carrega no bico o anel que agora é de ouro. O sonhador está num navio à frente do qual o pássaro voa.*

305   A águia significa altura (antes tratava-se de profundidade: as pessoas desciam até a água). Ela se apodera do mandala e portanto da orientação do sonhador que, levado por um navio, segue o pássaro (fig. 97). Os pássaros representam pensamentos e voos do pensamento. De hábito, as fantasias e ideias intuitivas são representadas desta forma (o Mercúrio alado, Morfeu, os gênios e os anjos). O navio constitui o veículo que conduz o sonhador através do mar e das profundezas do inconsciente. Enquanto construção humana, tem o significado de sistema ou método (ou caminho – cf. Hinayana e Mahayana = veículo menor e maior: as duas formas do budismo). O voo do pensamento vai à frente, seguido pela elaboração metódica. O homem não pode atravessar a ponte do arco-íris, tal como um Deus, mas deve passar por baixo, mediante os meios de reflexão de que dispõe. A águia (sinônimo de Fênix, abutre, corvo) é um conhecidíssimo símbolo alquímico. Até mesmo o lapis, a rebis (composta de duas partes e, portanto, muitas vezes hermafrodita, enquanto fusão de Sol e de Luna), é amiúde representado por uma forma alada (figs. 22 e 54), ou seja, como intuição ou potencialidade espiritual (alada!). To-

Fig. 97. A "grande viagem" (peregrinatio) de navio. As duas águias voam em sentido oposto em torno do globo terrestre, o que indica o caráter da viagem que abarca a totalidade.

MAIER. *Viatorium* (1651)

dos estes símbolos descrevem, em última análise, aquela realidade
que transcende a consciência, denominada si-mesmo. A impressão
visual em questão é como que um instantâneo fotográfico de um processo em desenvolvimento, conduzindo ao estágio seguinte.

306   Na alquimia, o ovo é o caos, tal como o concebe o "artifex" (artífice, adepto), a saber, a "prima materia" onde está aprisionada a alma do
mundo. Do ovo, simbolizado pelo caldeirão redondo, levanta voo a
águia ou a Fênix, ou ainda a alma agora liberta, que em última análise se
identifica com o Anthropos, antes aprisionado no seio da Physis (fig. 98).

Fig. 98. O ovo filosófico, do qual nasce a águia dupla, com a coroa
espiritual e a temporal.
(Vaticano, século XV)

C. A visão do relógio do mundo

A "GRANDE VISÃO" 59[139]

Há um círculo vertical e outro horizontal com um centro comum. É o   307
relógio do mundo. Ele é carregado por um pássaro negro.
O círculo vertical é um disco azul com borda branca, dividida em 32
partes (4X8=32). Nele gira um ponteiro.
O círculo horizontal é constituído de quatro cores. Nele estão de pé
quatro homenzinhos com pêndulos e ao seu redor o anel escuro e agora de ouro (anteriormente fora carregado por quatro crianças).
O "Relógio" tem três ritmos ou pulsações:
A pequena pulsação: O ponteiro do disco vertical azul avança de
1/32.
A média pulsação: Uma volta completa do ponteiro. Ao mesmo tempo, o círculo horizontal avança de 1/32. A grande pulsação: 32 pulsações médias correspondem a uma volta do anel de ouro.

Esta visão extraordinária causou no sonhador a mais profunda e   308
duradoura impressão, uma impressão de "suprema harmonia", segundo ele mesmo disse. O relógio do mundo deve ser a "forma severa" que é idêntica aos Cabiros (fig. 77), isto é, às quatro crianças, aos
quatro homenzinhos com os pêndulos. É um mandala tridimensional, que adquire corporeidade e, através dela, a realização. (Lamentavelmente, o sigilo médico não me permite dar os dados biográficos.
É preciso que nos baste a constatação de que esta realização se con-
cretizou "de fato".) O homem torna-se efetivamente aquilo que faz
na realidade.

Por que essa configuração singular causa uma impressão de "su-   309
prema harmonia"? Por um lado, sua compreensão é difícil, mas por
outro não o é, se levarmos em consideração o material histórico comparativo. É difícil intuí-la, uma vez que seu sentido é extremamente
obscuro. Mas quando o sentido é impenetrável e a forma e a cor não
levam em consideração as exigências estéticas, nem a compreensão e

---

139. Esta visão foi elaborada mais pormenorizadamente em JUNG. Psicologia e religião [§ 112s.].

nem o senso de beleza são satisfeitos. Não podemos compreender o porquê da impressão de "suprema harmonia", a não ser que arrisquemos a seguinte hipótese: os elementos disparatados e incongruentes se combinaram de um modo feliz, produzindo simultaneamente uma configuração que concretiza em alto grau as "intenções" do inconsciente. Devemos supor, portanto, que a imagem é uma expressão particularmente bem-sucedida de uma realidade psíquica que de outro modo seria irreconhecível e que até então só se manifestara através de aspectos aparentemente desconexos.

310   A impressão é extremamente abstrata. Uma das ideias básicas parece ser a da intersecção de dois sistemas heterogêneos, com um centro comum. Se partirmos, como o fizemos até agora, da hipótese que o "centro" e sua circunferência representam a totalidade do ser anímico – o si-mesmo –, então a configuração significará que ocorre no si-mesmo a intersecção de dois sistemas heterogêneos, funcionalmente relacionados entre si, regidos por leis e regulados por "três ritmos". O si-mesmo é por definição o centro e a circunferência dos sistemas conscientes e inconscientes. Mas a regulação de suas funções de acordo com "três ritmos" é algo que não posso comprovar. Ignoro aquilo a que aludem os três ritmos, mas não duvido de forma alguma que a alusão se justifica. A única analogia possível seria a dos três "regimina" (processos) mencionados na introdução, através dos quais os quatro elementos se transformam uns nos outros, ou são sintetizados na quintessência:

     1° "regimen": da terra à água

     2° "regimen": da água ao ar

     3° "regimen": do ar ao fogo

311   Provavelmente não erramos ao presumir que este mandala busca a união dos opostos, a mais completa possível; portanto, busca igualmente a união da trindade masculina com a quaternidade feminina, de modo análogo ao hermafrodita alquímico.

312   O aspecto cósmico da configuração (relógio do mundo!) leva-nos a supor que se trata de uma redução ou talvez da origem do espaço-tempo, mas, de qualquer modo, de sua essência. Em termos matemáticos, seu caráter seria quadridimensional e apenas visualizado numa projeção tridimensional. Não quero exagerar a importância

desta conclusão, uma vez que não posso comprovar o acerto desta interpretação.

As 32 pulsações poderiam derivar da multiplicação do quatro [313] (8X4), pois a experiência mostra muitas vezes que o quatro encontrado no centro de um mandala se transforma frequentemente em 8, 16, 32, à medida em que vai para a periferia. Na cabala, o número 32 desempenha um papel importante. Assim, no livro *Jesirah* (1,1), lemos: "No interior de 32 vias misteriosas da sabedoria, Yah, Yhwh dos Exércitos, o Deus de Israel, o Deus vivo e Rei do mundo [...] sepultou seu nome". Essas vias consistem em "10 números contidos em si mesmos (Sephiroth) e 22 letras fundamentais" (1,2). O significado dos 10 números é o seguinte: "1) o espírito do Deus vivo; 2) o espíri-

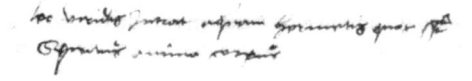

Fig. 99. Símbolo do tempo do lapis. A cruz e os três símbolos dos evangelistas e uma pessoa (que representa o anjo) indicam analogia com Cristo.
Tractatus qui dicitur Thomae Aquinatis de alchimia (1520)

to do Espírito; 3) a água do Espírito; 4) o fogo da água; 5-10) altura, profundidade, leste, oeste, sul, norte" (1,14)[140]. Quanto a Cornelius Agrippa, diz: "O número 32 é atribuído pelos sábios hebraicos à sabedoria, por ser o número das vias da sabedoria descritas por Abraão"[141]. Franck estabelece uma relação entre o número 32 e a trindade cabalística, Kether, Chochmah e Bina: "Estas três pessoas contêm e reúnem em si tudo o que existe; e são, por sua vez, unidas na cabeça encanecida, no ancião dos Anciãos, pois ele é *Tudo* e *Tudo é ele*. Ora ele é representado com três cabeças que são uma só, ora é comparado ao cérebro que, sem comprometer sua unidade, se divide em três partes, estendendo-se pelo corpo através de trinta e dois pares de nervos, da mesma forma que a divindade se estende no universo através de trinta e duas vias miraculosas"[142]. Esses 32 "canales occulti" são também mencionados por Knorr von Rosenroth. Este denomina Chochmah a unidade abrangente ("semita altissima omnium, complectens omnes" [a via altíssima oni-abrangente de todas as coisas]), referindo-se a *Jó* 28,7: "É um caminho que o abutre não conhece e o olho do falcão não percebe"[143] . René Allendy, em uma publicação utilíssima sobre o simbolismo dos números, diz o seguinte: "32. – C'est la différenciation apparaissant dans le monde organisé: ce n'est pas la génération créatrice, mais plutôt le plan, le schéma des diverses formes de créatures modelées par le Créateur... comme produit de 8X4 [...]"[144] (32. – É a diferenciação aparecendo no mundo organizado; não é a geração criadora, mas sim o plano, o esquema das diversas formas de criaturas modeladas pelo Criador... como produto de 8X4 [...]) Não é certo que se possa comparar os 32 sinais propícios (mahavyanjana) do Buda menino ao número cabalístico.

314   No que concerne à comparação histórica, encontramo-nos numa situação mais propícia, pelo menos no tocante ao aspecto geral. Temos

---

140. BISCHOFF. *Die Elemente der Kabbalah* I, p. 63s. Outras associações relacionadas com o número "32" são mencionadas em op. cit., p. 175s.

141. *De occulta philosophia* II, cap. XV, XXXII.

142. *Die Kabbala*, p. 137s.

143. *Kabbala denudata* I, p. 601s.

144. *Le Symbolisme des nombres*, p. 378.

à nossa disposição em primeiro lugar todo o *simbolismo do mandala* de três continentes; em segundo lugar, o simbolismo do tempo da mandala, especialmente como é desenvolvido pela astrologia no Ocidente. O horóscopo (fig. 100) é um mandala (um relógio) com um

Fig. 100. Horóscopo com as casas, os animais do zodíaco e os planetas. Xilogravura de Schön para a capa do *Calendário da Natividade* de Reymann (1515)

centro escuro[145], uma "circumambulatio" para a esquerda, com "casas" e graus planetários. Nos mandalas das igrejas, em especial nos do chão ao pé do altar-mor, ou sob o transepto, é frequente o uso dos animais do zodíaco ou das estações do ano. Outra ideia conexa é a da identidade de Cristo com o ano litúrgico, do qual Ele é simultaneamente o polo em repouso e a vida. O Filho do Homem é uma antecipação da ideia do si-mesmo (fig. 99). Daí a mistura gnóstica de Cristo com outros sinônimos do si-mesmo, entre os naassenos de Hipólito. Há também uma relação com o simbolismo de Horus. Por um lado, o Cristo Pantocrator em trono de glória, com os símbolos dos quatro evangelistas, três animais e um anjo (fig. 101), e, por outro, Hórus-Pai

Fig. 101. Cristo na Mandorla, rodeado pelos símbolos dos quatro
evangelistas.
Afresco romano na Igreja de St. Jacques-des-Guérets (Loire-et-Cher)

---

145. Cf. HIPÓLITO. *Elenchos*, lib. V, Cap. X.

com seus quatro filhos ou então Osíris com os quatro filhos de Hórus"[146] (fig. 102). Horus também é um ἥλιος ἀνατολῆς (sol nascente)[147], tal como Cristo era venerado pelos cristãos primitivos.

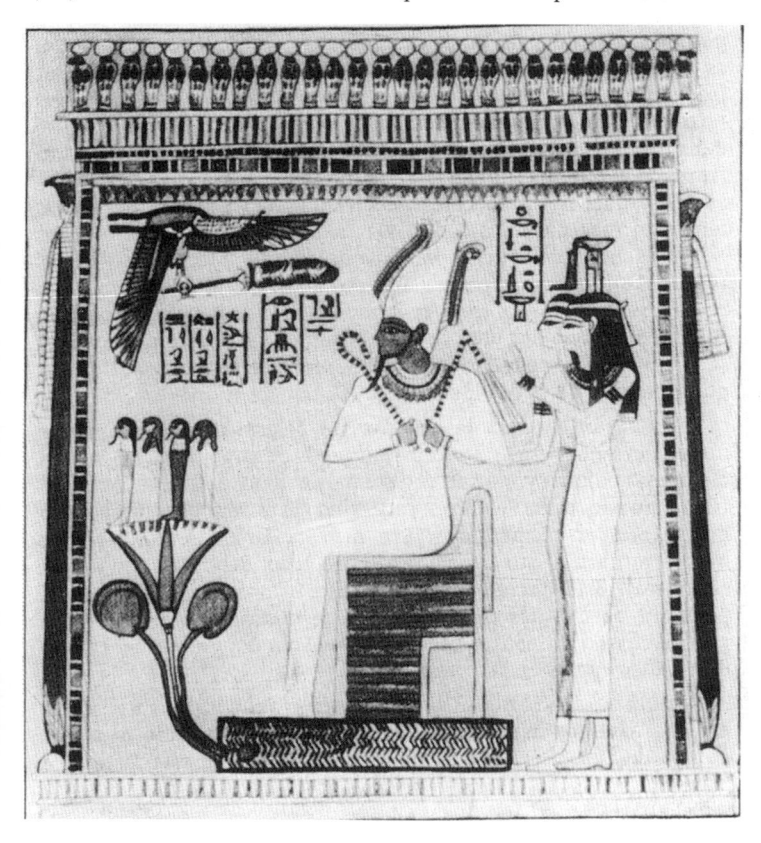

Fig. 102. Osíris com os quatro filhos de Hórus sobre a flor de lótus.
Livro dos Mortos (Papiro de Hunefer)

---

146. Baixo-relevo de Philae (BUDGE. *Osiris and the Egyptian Resurrection* I, p. 3; e também *The Book of the Dead* [Papyros of Hunefer], p. 5). Às vezes três com cabeças de animais e um com cabeça humana, como no Papiro Kerasher (BUDGE. Op. cit.). Em um manuscrito do séc. VII (Gellone), os evangelistas têm as suas cabeças de animais, como em muitos outros monumentos romanos.

147. Assim denominado por MELITÃO DE SARDES. Cf. *Analecta sacra*, apud CUMONT. *Textes et monuments relatifs aux mystères de Mithra* I, p. 355.

315   Encontramos um paralelo especial em Guillaume de Digulleville, prior do mosteiro cisterciense de Châlis, poeta normando, que
compôs independentemente de Dante, entre 1330 e 1355, três "pèlerinages" (peregrinações): *Les Pèlerinages de la vie humaine, de l'âme
et de Jésus-Christ*.[148] O último canto da *Pèlerinage de l'âme* contém
uma visão do paraíso. Este é constituído de sete esferas grandes, cada
uma das quais contém sete esferas menores[149]. Todas as esferas estão
em rotação e a última é denominada "siècle" (saeculum). Os "siècles"
celestes são protótipos dos séculos terrestres. O anjo que guia o poeta
lhe explica: "Quand la sainte Église dans ses oraisons ajoute: *in saecula
saeculorum,* il ne s'agit point du temps de là-bas, mas de l'éternité".
(Quando a santa Igreja acrescenta às suas orações: in saecula saeculorum, não se trata do tempo terrestre, mas da eternidade.) Os "siècles"
são também espaços esféricos habitados pelos bem-aventurados. "Siècles" e "cieux" (céus) são idênticos. No mais alto dos céus, que é de
puro ouro, o rei se assenta sobre um trono redondo, que brilha mais
que o próprio sol. Ele é cercado por uma coroa (couronne) de pedras
preciosas. A seu lado, num trono redondo de cristal marrom, se assenta a Rainha, que intercede pelos pecadores (fig. 103).

316   "En regardant vers le ciel d'or, le pèlerin aperçut un cercle mer-
veilleux qui paraissait avoir trois pieds de large. Il sortait du ciel d'or
en un point et y rentrait d'autre part et il en faisait tout le tour."
(Olhando para o céu de ouro, o peregrino viu um círculo maravilhoso que parecia ter três pés de largura. Ele saía em um ponto do céu de
ouro e tornava a entrar nele por outro lado, depois de uma volta
completa.) Este círculo é cor de safira, isto é, azul. O círculo é pequeno, de três pés de diâmetro, parecendo mover-se sobre um grande
círculo, como um disco rolante. O círculo grande e o círculo de ouro
do céu se entrecortam[150].

---

148. DELACOTTE. *Guillaume de Digulleville*.

149. Uma ideia que corresponde ao sonho da esfera que contém muitas esferas menores [21, § 198].

150. Cf. "circulus flavus et... alter caeruleus" [um círculo amarelo... e um outro azul
cor do mar] em ORÍGENES. *Contra Celsum* VI, cap. 38.

Fig. 103. Sponsus et sponsa (esposo e esposa).
Detalhe do *Polittico con l'Incoronazione,* de Stefano da Sant'agnese
(século XV)

Enquanto Guillaume se acha absorto nesta visão, surgem três es- 317
píritos vestidos de púrpura, com coroas e cintos de ouro, e entram no
céu de ouro. Segundo o que o anjo lhe ensina, este instante é "une
fête" (uma festa), tal como uma festividade da Igreja sobre a terra:

"Ce cercle que tu vois est le calendrier" (Este círculo que vês é o
calendário),

> Qui en faisant son tour entier
> Montre des Saints les journées

Quand elles doivent être fêtées.
Chacun en fait le cercle un tour,
Chacune étoile y est pour jour.
Chacun soleil pour l'espace
De jours trente ou zodiaque"[151].

(Que ao fazer uma volta completa
Mostra os dias dos santos
Que devem ser celebrados.
Cada ano faz uma volta o círculo
Cada estrela lá está por um dia.
Cada sol pelo espaço
De trinta dias ou zodíaco.)

318   As três figuras representam santos, cujo onomástico está sendo festejado naquele dado momento. O círculo pequeno tem três pés de largura e entra no céu de ouro; são três as figuras que repentinamente também entram no céu. Significam o momento do tempo na eternidade, tal como o círculo do calendário (fig. 104). Não se explica por que o "calendário" tem precisamente três pés de diâmetro e por que são três as figuras que entram no céu. Pensamos naturalmente nos três ritmos da nossa visão, desencadeados pelo movimento do ponteiro sobre o círculo azul; os três ritmos são incorporados inexplicavelmente ao sistema, do mesmo modo que o círculo do calendário entrando no céu de ouro.

319   O guia continua instruindo Guillaume acerca do significado dos signos do zodíaco, relativamente à história da salvação, e conclui observando que a festa dos doze pescadores – os quais aparecem diante da Trindade – será celebrada no signo de Peixes. Guillaume percebe então que nunca entendera realmente a natureza da Trindade e interroga o anjo. Este responde: "Or, il y a trois couleurs principales: le vert, le rouge et l'or. Ces trois couleurs se voient réunies en maints ouvrages de soie moirée et dans les plumes de maints oiseaux, tel le paon. Le roi de toute puissance qui met trois couleurs en unité ne peut-il faire aussi qu'une substance soit trois?"[152] (Ora, há três cores

---

151. (p. 205).
152. (p. 213).

Fig. 104. Deus como Trindade, criando o zodíaco.
PETRUS LOMBARDUS. *De sacramentis* (Vaticano, século XIV)

principais, o verde, o vermelho e o ouro. As três cores se encontram reunidas em numerosos trabalhos de seda moirée e na plumagem de muitos pássaros, como o pavão. O rei todo-poderoso que coloca três cores numa unidade não poderá acaso fazer com que uma substância única seja três?) A cor de ouro régia é atribuída a Deus Pai; a cor vermelha, a Deus Filho, por ter derramado seu sangue, e a cor verde, ao Espírito Santo, "la couleur qui verdoie et qui réconforte" (a cor que verdeja e reconforta). Em seguida o anjo diz-lhe para não fazer mais perguntas e desaparece. Mas Guillaume acorda e se encontra na própria cama. Assim termina a "pèlerinage de l'âme" (peregrinação da alma).

Fig. 105. A Virgem como personificação do céu estrelado.
Speculum humanae salvationis (Vaticano, século XV)

320   Mas ainda há uma pergunta a fazer: "São três – mas onde ficou o
quarto?" Por que falta o *azul*? Aliás, esta cor já faltara na mandala
"perturbada" do nosso sonhador. Curiosamente o "calendrier" que
corta o círculo de ouro é azul, assim como o círculo vertical do mandala tridimensional. Presumimos que o azul, como vertical, signifique altura e profundidade (o céu azul em cima e o mar azul embaixo), e que
a redução da vertical transforme o quadrado num retângulo horizon-

tal, produzindo como que uma inflação da consciência[153]. A vertical corresponderia, portanto, ao inconsciente. Mas o inconsciente possui no homem uma característica feminina. E o azul é a cor tradicional do manto celeste da Virgem (fig. 105). Guillaume, por estar tão absorto na Trindade e no tríplice aspecto do "Roy", esqueceu a "Reyne". Fausto, num ato de adoração à Virgem, diz as seguintes palavras:

> "Hoechste Herrscherin der Welt!
> Lasse mich im blauen
> Ausgespannten Himmelszelt
> Dein Geheimnis schauen".

> (Soberana do mundo!
> Permite que eu contemple
> Teu segredo na tenda
> Azul do céu.)

Fig. 106. O "Elixir da Lua" (Vaticano, século XVII)

Segundo Guillaume, na tétrade das cores do arco-íris falta inevitavelmente o azul, por ser este de natureza feminina. No entanto, a anima, como a mulher, representa a altura e a profundidade do homem. Sem o círculo vertical azul a mandala dourada permanece in- 321

---

153. Cf. este conceito com as minhas explanações sobre a "inflação" em *O eu e o inconsciente* [§ 227s.].

corpórea e bidimensional, mera imagem abstrata. Somente a interferência do tempo e do espaço no aqui e agora cria a realidade. A totalidade se concretiza apenas no instante, naquele instante que Fausto
buscou pela vida afora.

322   O poeta em Guillaume deve ter pressentido a verdade herética,
ao associar ao Rei uma Rainha, assentada num cristal da cor da terra.
Ora, o que é o céu sem a mãe-terra? E como pode o homem alcançar
a sua plenitude se a Rainha não interceder em favor de sua alma negra? Ela compreende a escuridão – pois levou consigo, para o céu,
seu trono, a própria terra, ainda que na mais sutil das insinuações!
Ela acrescenta o azul inexistente ao ouro, ao vermelho e ao verde,
criando o todo harmonioso.

D. Os símbolos do si-mesmo

323   A visão do "relógio do mundo" não é o último estágio, nem o
ponto culminante no desenvolvimento dos símbolos da psique objetiva. No entanto ela é mais ou menos o desfecho da terça parte inicial
do material que abrange cerca de quatrocentos sonhos e visões. A singularidade desta série reside na descrição particularmente completa
de uma realidade psíquica que eu já observara há muito tempo em
numerosos casos individuais[154]. Graças não só ao caráter completo
do material objetivo, mas também ao cuidado e ao discernimento do
sonhador, tivemos condições de acompanhar passo a passo o processo de síntese do inconsciente. Não resta a menor dúvida de que as peripécias desta síntese teriam sido representadas com maior exatidão,
se os 340 sonhos que se intercalaram entre os 59 aqui descritos tivessem sido incluídos nesta reflexão. No entanto isto foi impossível,
pois os sonhos às vezes tocam a intimidade da vida pessoal do sonhador, razão pela qual omitimos sua publicação. Tive que me restringir,
portanto, ao material impessoal.

---

154. Cf. o comentário a WILHELM & JUNG. *O segredo da flor de ouro* [§ 31s.] e
JUNG. *O eu e o inconsciente* [e ainda *O simbolismo do mandala*].

Fig. 107. A Virgem carregando o Salvador.
Speculum humanae salvationis (Vaticano, século XV)

Espero ter conseguido facilitar a compreensão dos símbolos do 324
si-mesmo em seu desenvolvimento, superando pelo menos parcialmente as sérias dificuldades inerentes a todo material empírico. Ao
mesmo tempo tenho a plena confiança de que o material comparativo indispensável para ilustrar e completar este estudo poderia ter
sido consideravelmente mais abundante. No entanto, para não sobrecarregar o leitor em seu entendimento, resolvi restringir o mate-

rial ao máximo. Muita coisa por isso permaneceu como simples alusão. Espero que os leitores não interpretem tal opção como leviandade. Acredito ter condições de documentar detalhadamente todas as opiniões aqui expostas. Não quero, contudo, insinuar que me julgo capaz de fazer afirmações concludentes acerca de um tema tão complexo. Não é a primeira vez que trato de uma série de manifestações espontâneas do inconsciente. Já o fiz em meu livro *Símbolos da transformação*; neste se tratava do problema de uma neurose (da puberdade), ao passo que aqui a problemática se prolonga até a individuação. Além disso, há uma diferença considerável entre as duas personalidades em questão. O primeiro caso, do qual aliás nunca tratei pessoalmente, terminou numa catástrofe psíquica (psicose); o segundo, aqui em questão, apresenta um desenvolvimento normal, tal como tenho observado frequentemente em pessoas de elevado nível intelectual.

325   É digno de nota no caso que estamos comentando a sequência lógica naquilo que concerne ao símbolo central. Difícil livrar-nos neste caso da impressão de que o processo inconsciente como que se move em espiral em torno de um centro, do qual o paciente se aproxima lentamente. Neste processo, as características do "centro" tornam-se cada vez mais nítidas. Poderíamos talvez dizer inversamente que o centro – em si mesmo incognoscível – age como um ímã sobre o material e os processos disparatados do inconsciente, capturando-os pouco a pouco em sua teia de cristal. Por isto costuma-se representar o centro, em outros casos, como aranha na teia (fig. 108), sobretudo quando predomina ainda no consciente a atitude temerosa em relação aos processos inconscientes. No entanto, deixando fluir o processo – o que ocorreu no caso presente – o símbolo central força passagem através do caos aparente da psique pessoal e de seus emaranhados dramáticos, com uma persistência sempre renovada. No epitáfio do grande Bernoulli[155] lê-se acerca da espiral algo que ilustra o que acabamos de dizer: "Eadem mutata resurgo" (Ressurgirei mudado, porém o mesmo). Por isso, as representações em espiral do centro são frequentes, como, por exemplo, a da serpente enroscada no ponto criativo, isto é, no ovo.

---

155. No claustro da catedral de Basileia.

Parece até mesmo que os emaranhados pessoais, bem como as pe- 326
ripécias subjetivas e dramáticas da vida, em toda a sua intensidade, são
apenas hesitações, recuos receosos ou até complicações mesquinhas e
desculpas meticulosas que visam não encarar o caráter definitivo desse
estranho ou alarmante processo de cristalização. Muitas vezes temos a
impressão de que a psique pessoal galopa em torno deste ponto central
como um animal assustado, ao mesmo tempo fascinado e temeroso;
embora fuja constantemente, cada vez mais se aproxima do centro.

Fig. 108. Maya, a eterna tecelã do mundo ilusório dos sentidos,
circundada pelo Uróboro.
Vinheta danificada do título de uma coleção de sentenças bramânicas

Não quero dar ensejo a mal-entendidos, nem quero que pensem 327
que sei algo a respeito da natureza do "centro", pois este é simplesmente incognoscível. Ele só pode ser expresso simbolicamente através de sua fenomenologia, o que aliás ocorre com qualquer objeto da
experiência empírica. Entre as características particulares do "centro", o que desde o início mais me impressionou foi o fenômeno da
quaternidade (fig. 109). O fato de não raro ocorrer uma competição
entre o número três e o quatro prova que não se trata apenas do
"quatro", como por exemplo dos quatro pontos cardeais ou algo semelhante[156]. Ocorre também, embora com menor frequência, uma

---

156. Isto foi observado especialmente em homens. Mas dizer se se trata de um acaso
ou não foge à minha competência.

Fig. 109. Os quatro evangelistas com seus símbolos e os quatro rios do
paraíso; no centro, as rodas de Ezequiel com o "spiritus vitae"
em seu interior (Ez 1,21).
Miniatura de um evangeliário da biblioteca de Aschaffenburg (século XIII)

competição entre o quatro e o cinco; os mandalas de cinco raios são
considerados anormais por faltar-lhes simetria[157]. É como se normal-
mente existisse uma nítida insistência no quatro, ou como se houvesse estatisticamente uma probabilidade maior em relação ao quatro.

---

157. Constatado principalmente em mulheres. A raridade da observação não permite
tirar conclusões.

Não posso silenciar a seguinte observação: o fato de o principal elemento químico constitutivo do organismo físico ser o carbono – caracterizado por quatro valências – é sem dúvida um "lusus naturae" (um jogo da natureza) bastante estranho; além disso, o "diamante" também é um cristal de carbono, como se sabe. O carbono é preto (carvão, grafito), mas o diamante é a "água mais límpida". Sugerir tal analogia seria um lamentável exemplo de mau gosto intelectual, se o fenômeno do quatro representasse uma mera invenção da consciência e não um produto espontâneo da psique objetiva. Ainda que supuséssemos serem os sonhos influenciados pela autossugestão – e neste caso a forma seria mais importante do que o sentido – teríamos que provar ainda que a consciência do sonhador deveria esforçar-se consideravelmente para impor a ideia de quaternidade ao inconsciente. No entanto, tal possibilidade está fora de cogitação no caso que ora tratamos, como em muitos outros que observei, sem mencionar os inúmeros paralelos históricos e étnicos[158] (fig. 110, e cf. também figs. 50, 61, 62, 63, 64, 65, 66, 82, 109 e outras). Numa visão de conjunto chega-se, segundo me parece, à conclusão inevitável de que há um elemento psíquico que se exprime através da quaternidade. Isto não requer especulações ousadas, nem uma imaginação extravagante. Se designei o centro por "si-mesmo" não foi sem refletir maduramente, avaliando antes com todo o cuidado os dados empíricos e históricos. Numa interpretação materialista poder-se-ia afirmar que o "centro" *nada mais é do que* aquele ponto em que a psique se torna incognoscível, por ser lá que se funde com o corpo. Numa interpretação espiritualista, inversamente, afirmar-se-ia que o si-mesmo *nada mais é do que* o espírito, o qual anima a alma e o corpo, irrompendo no tempo e no espaço através desse ponto criativo. Recuso-me expressamente a entrar em tais especulações físicas ou metafísicas e me contento com a constatação dos fatos empíricos; acho que isto é infinitamente mais importante para o progresso do conhecimento humano do que ir atrás de modismos intelectuais ou de pretensas crenças "religiosas".

---

158. Mencionei aqui apenas alguns desses paralelos.

328   Baseado em minha experiência, posso afirmar que se trata de
"processos nucleares" significativos na psique objetiva, de certas imagens da meta que o processo psíquico parece propor a si mesmo por
"ser orientado para um fim", independentemente de qualquer sugestão externa[159]. É óbvio que externamente isto sempre ocorre numa
situação de carência psíquica; há uma espécie de fome, cuja meta são
alimentos bem conhecidos e preferidos e nunca iguarias estranhas à
consciência, ou absurdas. O alvo que se propõe à carência psíquica, a

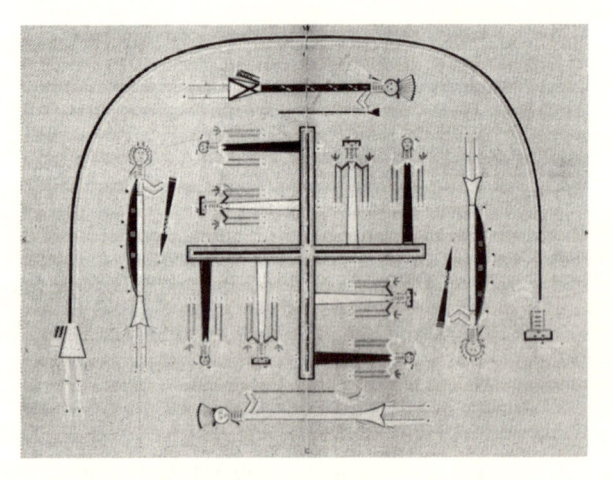

Fig. 110. Desenho na areia dos índios Navajo.
(América do Norte)

imagem que promete "curar" e integrar é, à primeira vista, bastante
estranha à consciência, de modo que só é aceita com as maiores dificuldades. Evidentemente a situação é bem outra quando se trata de
pessoas que vivem numa circunstância histórica e ambiental em que
tais imagens de alvo têm uma validez dogmática. Essas imagens neste

159. A mesma imagem apresentada como meta no nosso material serve frequentemente como imagem da origem, quando considerada do ponto de vista histórico. Menciono como exemplo a ideia do Paraíso do Antigo Testamento e especialmente a criação
de Adão do livro de Henoch eslavo (FÖRSTER. *Adams Erschaffung und Namengebung*, p. 477s.).

caso são apresentadas *eo ipso* à consciência e o inconsciente nelas vê
o reflexo de sua própria e misteriosa imagem. Então se reconhece, re-
ligando-se novamente à consciência.

No que concerne à origem das formas mandálicas, uma observa-   329
ção superficial poderia levar à suposição de que elas se criariam gradativamente no decorrer da série de sonhos. Na realidade, os mandalas vão aparecendo com uma clareza e diferenciação crescentes, pois
sem dúvida sempre estiveram presentes. Aliás já se manifestaram desde o primeiro sonho (como dizem as "ninfas": "Ora, sempre estivemos aqui, mas não o notaste"). É mais provável, portanto, que se trate de tipos existentes *a priori*, de arquétipos inerentes ao inconsciente
coletivo e assim alheios ao vir-a-ser e desaparecimento do indivíduo.
O arquétipo é por assim dizer uma presença "eterna" e a questão é de
saber se a consciência o percebe ou não. A hipótese mais plausível,
que explica melhor os dados da observação, é que as formas mandálicas e suas manifestações mais claras e frequentes[160] no decorrer da série onírica correspondem a uma percepção cada vez mais nítida de
um "tipo" existente *a priori*. Isto é mais provável que a suposição de
que as formas mandálicas vão sendo criadas apenas no decorrer da
série de sonhos. Há uma circunstância que contraria esta última suposição: o fato de ideias tão importantes quanto a do chapéu cobrin-
do a personalidade, a da serpente formando um círculo e a do perpetuum mobile já terem aparecido desde o início (sonhos 1, 5 e 9 [§ 52,
62, 134]).

Se as formas mandálicas são arquétipos deveriam, como fenôme-   330
nos coletivos, ocorrer teoricamente em todos *os* indivíduos de um
modo nítido. Na prática, porém, só se encontram em casos relativa-

---

160. Dividindo os 400 sonhos em 8 grupos de 50 sonhos cada um, obtém-se a seguinte
distribuição:

I. 6 mandalas	V. 11 mandalas
II. 4 mandalas	VI. 11 mandalas
III. 2 mandalas	VII. 11 mandalas
IV. 9 mandalas	VIII. 17 mandalas

Ocorre, portanto, um aumento significativo dos temas mandálicos.

mente raros, o que não impede o fato de desempenharem o papel de
polos secretos em torno dos quais tudo gira. Afinal, cada vida é a realização de uma totalidade, isto é, de um "si-mesmo", motivo pelo
qual esta realização também pode ser chamada de individuação. Pois
toda vida está ligada a portadores e realizadores individuais e é inconcebível sem eles. Cada um destes portadores recebe um destino e
uma especificidade individuais e a vida só encontra o seu sentido
quando eles se cumprem. Na verdade, o "sentido" poderia muitas vezes ser chamado de "sem-sentido", mas entre o mistério do ser e a razão humana há um abismo incomensurável. "Sentido" e "sem-sentido" são interpretações antropomórficas cujo significado é dar-nos
uma orientação suficientemente válida.

331   Os paralelos históricos demonstram que o simbolismo do mandala não é mera curiosidade, mas sim um fenômeno que se repete
com regularidade. Se assim não fosse, não haveria materiais comparativos. Pois bem, são justamente as possibilidades de comparação
com os produtos espirituais de todos os tempos e dos quatro cantos
do mundo que nos mostram com clareza a importância imensa que o
"consensus gentium" atribui aos processos da psique objetiva. Esta

Fig. 111. A "cauda pavonis" que reúne todas as cores é um
símbolo da totalidade.
BOSCHIUS. *Symbolographia* (1702)

razão já é suficiente para não tratarmos o tema com leviandade. Minha experiência médica só pode confirmar tal constatação. Há, de fato, pessoas que consideram anticientífico levar algo a sério; não querem que a seriedade interfira em seu campo de jogos intelectuais. No entanto, o médico que ignora os valores do sentimento humano comete um erro lamentável. Se tentar corrigir a atividade misteriosa e dificilmente compreensível da natureza em nome de uma atitude dita científica, estará substituindo os processos curativos da natureza por sofismas banais. Tomemos a peito a antiga sabedoria alquímica: "Naturalissimum et perfectissimum opus est generare tale quale ipsum est". (A obra mais natural e mais perfeita é gerar o que é semelhante a si mesmo.)

Fig. 112. Os símbolos principais da alquimia.
TRISMOSIN. 17 *d'or* (1613)

III

As ideias de salvação na alquimia

Uma contribuição à história das ideias na alquimia

Habentibus symbolum facilis est transitus
(A travessia é fácil para aqueles que possuem o símbolo)
Um "verbum magistri" (apotegma) alquímico extraído de:
MYLIUS, *Philosophia reformata*

1. Os conceitos básicos da alquimia

A. *Introdução*

332   Lentamente, no decurso do século XVIII, a alquimia pereceu em sua própria obscuridade. Seu método de explicação – "obscurum per obscurius, ignotum per ignotius" (o obscuro pelo mais obscuro, o desconhecido pelo mais desconhecido) – era incompatível com o espírito do iluminismo e particularmente com o alvorecer da ciência química, no final do século. Mas estas duas novas forças intelectuais apenas eram o tiro de misericórdia na alquimia. Sua decadência interna começara pelo menos um século antes, no tempo de Jakob Böhme, quando muitos alquimistas abandonaram seus alambiques e cadinhos, devotando-se inteiramente à filosofia (hermética). Foi então que o *químico* e o *filósofo hermético* se separaram. A química tornou-se uma ciência natural, enquanto a filosofia hermética perdeu o fundamento empírico sob os seus pés, aspirando a alegorias bombásticas e especulações vazias que só se alimentavam das lembranças de tempos melhores[1]. Eram os tempos em que a mente do alquimista ainda lutava realmente com os problemas da matéria, em que a consciência indagadora se confrontava com o obscu-

Fig. 113. Forno da Lua e do Sol, aludindo à "coniunctio",
a união dos opostos.
Mutus liber (1702)

---

1. Um exemplo apavorante desta espéde de "alquimia" é a obra ilustrada *Geheime Figuren der Rosenkreuzer aus dein 16. und 17. Jahrhundert. O* denominado Sachse-Codex, datado da primeira metade do séc. XVIII, também dá uma ideia excelente dessa espantosa literatura (HALI. *Codex Rosae Crucis*).

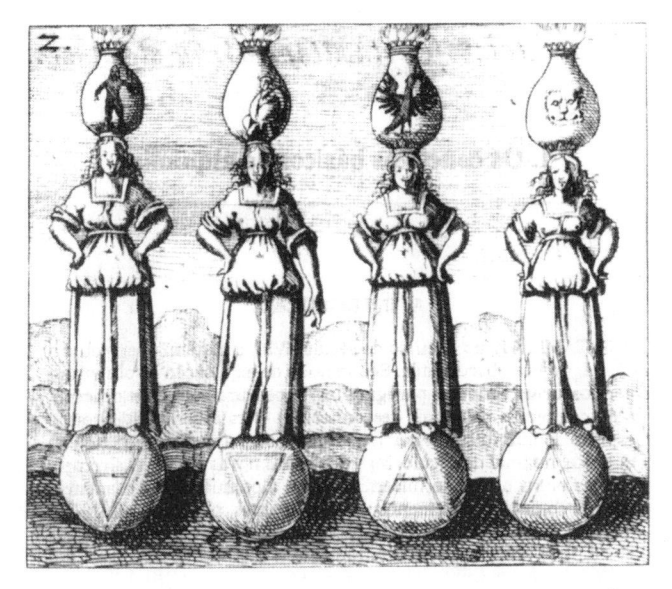

Fig. 114. Os quatro estágios do processo alquímico (os quatro elementos são indicados pelas esferas).
MYLIUS. *Philosophia reformata* (1622)

ro espaço do desconhecido, no qual figuras e leis eram obscuramente percebidas e atribuídas à matéria, apesar de realmente pertencerem à psique. Todo desconhecido e vazio é preenchido com projeções psicológicas; é como se o próprio fundamento psíquico do investigador se espelhasse na obscuridade. O que ele vê ou pensa ver na matéria são principalmente os dados de seu próprio inconsciente nela projetados. Em outras palavras, ele encontra na matéria, como se pertencessem a ela, certas qualidades e significados potenciais de cuja natureza psíquica ele é inteiramente inconsciente. Isto é verdadeiro sobretudo na alquimia clássica, onde a ciência empírica e a filosofia mística eram mais ou menos indiferenciadas. O processo de divisão que separava a φυσικά (física) da μυστικά (mística) principiou no fim do século XVI e produziu uma espécie de literatura fantástica, cujos autores eram, pelo menos num certo grau, conscientes da natureza psíquica de suas transmutações "alquímicas". Sobre este aspecto da alquimia, especialmente quanto a seu significado psicológico, o livro de Herbert Silberer *Probleme der Mystik und ihrer Symbolik* (1914) fornece uma informação abundante.

O simbolismo fantástico relacionado com o aspecto psicológico é graficamente descrito num trabalho de Bernoulli: *Seelische Entwicklung im
Spiegel der Alchemie*...[2] Podemos encontrar em Evola um relato detalhado da filosofia hermética: *La tradizione ermetica*. Mas um estudo abrangente das ideias contidas nos textos, e da sua história, ainda está faltando, embora sejamos devedores a Reitzenstein por sua importante obra
preparatória neste campo.

B. As fases do processo alquímico

333   Como sabemos, a alquimia descreve um processo de transformação química e dá inúmeras instruções para a sua realização. Apesar de
que dificilmente dois autores sejam da mesma opinião no tocante ao
decurso exato do processo e à sequência de seus estágios, a maioria
concorda sobre os principais pontos, desde os primeiros tempos, isto
é, desde o começo da era cristã. Quatro estágios (fig. 114) são assina-
lados, caracterizados pelas cores originárias já mencionadas em Heráclito: melanosis (o enegrecimento), leukosis (embranquecimento),
xanthosis (amarelecimento), iosis (enrubescimento)[3]. A divisão do
processo em quatro fases era chamada a τετραμερεῖν τὴν φιλο-
σοφίαν (a tetrameria da filosofia). Mais tarde, por volta dos séculos
XV e XVI, as cores foram reduzidas a três, e a xanthosis, também
chamada "citrinitas", caiu gradualmente em desuso, ou então era raramente mencionada. Em seu lugar a "viriditas" (o verde) aparece raras vezes após a melanosis ou "nigredo", apesar de não ser sempre reconhecida. Embora a tetrameria original fosse equivalente à quaternidade dos elementos, sempre se acentuou que, apesar dos elementos
serem quatro (terra, água, ar e fogo) e quatro as qualidades (quente,
frio, seco e úmido), havia apenas três cores: preto, branco e vermelho. Uma vez que o processo nunca conduzia à meta desejada, cada
uma de suas partes nunca era levada a termo de modo padronizado; a
mudança na classificação de seus estágios era devida ao significado

---

2. p. 231s.

3. Esta palavra deriva de ἰός (veneno). Mas tem quase o mesmo significado da tintura
vermelha na alquimia tardia, razão pela qual traduzi "iosis" por "enrubescimento".

simbólico do quatérnio e da Trindade ou, em outras palavras, era devida a razões de ordem interna e psicológica, e não externa[4] .

O negrume ou "nigredo" (fig. 115) é um estado inicial, sempre   334
presente no início como uma qualidade da "prima materia", do caos
ou da "massa confusa"; pode também ser produzido pela separação
dos elementos (solutio, separatio, divisio, putrefactio). Se o estado de
divisão se apresenta de início, como acontece algumas vezes, então a
união dos opostos se cumpre à semelhança da união do masculino e
feminino (chamado o coniugium, matrimonium, coniunctio, coitus),
seguido pela morte do produto da união (mortificatio, calcinatio, pu-

Fig. 115. A "nigredo". Obscurecimento do Mercúrio senex (velho Mercúrio),
exalando o "spiritus" e a "anima". O corvo simboliza a "nigredo".
JAMSTHALER. *Viatorium spagyricum* (1625)

---

4. Isto evidencia-se particularmente nos trabalhos de Dorneus, cujo ponto de vista trinitário o coloca em violenta oposição à quaternidade, o "quadricornutus serpens" [serpente de quatro chifres]. Cf. JUNG. *Psicologia e religião* [§ 103s.].

trefactio) e seu respectivo enegrecimento. A partir da "nigredo", a lavagem (ablutio, baptisma) conduz diretamente ao embranquecimento, ou então ocorre que a alma (anima) liberta pela morte é reunida ao corpo morto e cumpre sua ressurreição; pode dar-se finalmente que as múltiplas cores (omnes colores) – a "cauda pavonis" (cauda do pavão) – conduzam à cor branca e una, que contém todas as cores. Neste ponto, a primeira meta importante do processo é alcançada: trata-se da "albedo", "tinctura alba", "terra alba foliata", "lapis albus" etc., altamente valorizada por muitos alquimistas como se fosse a última meta. É o estado lunar ou de prata, que ainda deve alçar-se ao estado solar. A "albedo" é, por assim dizer, a aurora; mas só a "rubedo" é o nascer do sol. A transição para a "rubedo" constitui o amarelecimento (citrinitas), se bem que como já observamos este é suprimido posteriormente. A "rubedo" sucede então diretamente à "albedo", mediante a elevação do fogo à sua maior intensidade. O branco e o vermelho – Rainha e Rei – podem então celebrar suas "nuptiae chymicae" (núpcias químicas) nesta fase (fig. 116).

Fig. 116. Hermafrodita coroado, representando a união de Rei e Rainha entre as árvores do Sol e da Lua.
De um fascículo de manuscritos herméticos (Paris, século XVII)

C. *Concepções e símbolos da meta*

A sequência das fases nos diversos autores depende, em primeiro   335
lugar, de sua concepção da meta; às vezes trata-se da tintura branca e
vermelha (aqua permanens); às vezes, da pedra filosofal que, como
hermafrodita, contém as duas; ou ainda da panaceia (aurum potabi-
le, elixir vitae), ouro filosófico, vidro de ouro (vitrum aureum), vidro
maleável (vitrum malleabile). As concepções da meta são tão vagas e
suas variantes são tantas como os processos individuais. O "lapis philosophorum", por exemplo, é muitas vezes a "prima materia", ou o
meio de produzir o ouro; ou ainda é simplesmente um ser místico às
vezes chamado "Deus terrestris", "Salvator", ou "filius macrocosmi", figura só comparável ao Anthropos gnóstico, o homem divino
originário[5] (fig. 117).

Ao lado da ideia da "prima materia", a da água (aqua perma-   336
nens) e a do fogo (ignis noster) desempenham um papel importante.
Apesar destes dois elementos serem antagônicos e constituírem um
típico par de opostos, são uma e a mesma coisa, de acordo com o testemunho dos autores[6]. Como a "prima matéria", a água tem mil nomes[7]; diz-se mesmo que ela é o material original da pedra[8]. Apesar

---

5. Compare-se com JUNG. *Estudos alquímicos* [§ 165s. e 203s.].

6. *Rosarium* em *Art. aurif.* II, p. 264. A "aqua permanens" é a "forma ignea verae
aquae" [a forma ígnea da água verdadeira]. RIPLAEUS. *Opera omnia chemica,* p. 62:
"Anima aerea est secretus ignis nostrae philosophiae, oleum nostrum, nostra aqua
mystica" [A alma pneumática é o fogo secreto da nossa filosofia, nosso óleo, nossa
água mística]. *Figurarum aegyptiorum* [ms.] p. 6: "[...] aqua philosophorum est ignis"
[a água dos filósofos é fogo]. *Musaeum hermeticum,* p. 653: "Est nempe in Aqua nostra requisitus [...] Ignis" etc. [Em nossa água é o fogo que se procura]. *Aurora* I, cap.
XI, sexta parábola [org. VON FRANZ]: "Senior dicit: Cumque voluerint extrahere
hanc aquam divinam, quae est ignis, calefaciunt igne suo, qui est aqua, quem mensura-
ti sunt usque in finem et occultaverunt propter insipientiam fatuorum" [Senior diz: E
quando eles querem extrair esta água divina, que é fogo, aquecem-no com seu fogo
que é água, que eles mediam até o fim, e escondiam por causa da estupidez dos tolos].
Aurora II em: *Art. aurif.* I, p. 212: (Dicit Senior) "Ignis noster est aqua" [Senior diz:
Nosso fogo é água]; op. cit., p. 227: "Philosophus autem per aquam, vulgus vero per
ignem" [Portanto, o filósofo pela água, as pessoas comuns, pelo fogo.]

7. ZÓSIMO em BERTHELOT. *Alch. grecs,* III, LII, 2.

8. *Turba* em: *Art. aurif.* I, p. 13. *Cons. coniugi* em *Ars chem.,* p. 121, "lapidem esse
aquam fontis vivi" [a pedra é água de uma fonte viva].

Fig. 117. Anthropos como "anima mundi", contendo os quatro elementos
e designado pelo número 10 que significa a perfeição (1 + 2 + 3 + 4).
ALBERTO MAGNO. *Philosophia naturalis* (1560)

disto, por outro lado se afirma que a água é extraída da pedra ou da "prima materia", como sua alma vivificadora (anima)[9]. Esta perplexidade irrompe claramente na seguinte passagem da *Exercitatio VIII in Turbam*:

---

9. *Cons. coniugii*, op. cit., p. 66: A "vita uniuscuisque rei" é a água, "est vivum, quod
non moritur, quam diu mundus est, quia est caput mundi" [a vida de todas as coisas (é
a água); é viva, porque não morre, enquanto o mundo existir, pois é a coisa mais importante do mundo].

"Muitos discutem em longas controvérsias se a pedra, sob diversos nomes, consiste de várias substâncias, de duas, ou somente de uma. Mas este filósofo (Scites)[10] e Bonellus[11] dizem que toda a obra e a substância de toda a obra não são mais do que a água; e que o tratamento (regimen) da mesma também ocorre na água. E há de fato *uma* substância na qual tudo está contido e que é o sulphur philosophorum [o qual] é água e alma, óleo. Mercúrio e Sol, o fogo da natureza, a águia, a lágrima, a primeira hyle dos sábios, a materia prima do corpo perfeito. E por qualquer nome que os filósofos designem a sua pedra, eles sempre querem significar e referir-se a esta substância única, isto é, a água da qual tudo [se origina] e na qual os erros são cometidos e também corrigidos. Eu a chamo água 'filosófica', não água vulgi (comum), mas 'aqua mercurialis', quer seja simples ou compósita; pois ambas são águas filosóficas, apesar do mercúrio vulgar ser diferente do filosófico. Aquela [água] é simples [e] não misturada; esta [água] é composta de duas substâncias, a saber, de água mineral e da simples. Estas águas compósitas formam o Mercúrio filosófico, do qual podemos afirmar que a substância ou 'prima materia' consiste de água compósita. Alguns alquimistas acham que consiste de três e outros somente de duas. Quanto a mim, acho que duas espécies são suficientes: masculina e feminina, ou irmão e irmã (fig. 118). Mas todos chamam a água simples de veneno, mercúrio (argentum vivum), cambar, 'aqua permanens', goma, vinagre, urina, água do mar, dragão e serpente".

Esta consideração torna uma coisa evidente: a água filosófica é a pedra, ou mesmo a "prima materia"; mas ao mesmo tempo é o seu solvente, como se percebe pela seguinte receita: 337

'Triturar a pedra até obter um pó muito fino; pô-la num vinagre claro celestial (coelestino) e ela dissolver-se-á imediatamente em água filosófica"[12].

Podemos também mostrar como o fogo desempenha o mesmo papel que a água. Outra ideia, não menos importante, é a do vaso 338

---

10. Scites, Frictes, Flritis = Sócrates (RUSKA, *Turba*, p. 25).

11. Bonellus, Ballinus, Bonilis = Apolônio de Tiana (STEINSCHNEIDER & BERTHELOT, apud RUSKA, op. cit., p. 26).

12. Ambas as citações [trad. do latim] em: [In: *Turbam philosophorum exercitationes*] *Art. aurif.*, p. 167s.

Fig. 118. O par irmão-irmã no "banho da vida" são mordidos na barriga
da perna por dragões; sobre suas cabeças se derrama a água lunar
fecundada pelo sopro divino.
Theatrum chemicum Britannicum (1652)

hermético (vas Hermetis), representado pelas retortas e fornos que
contêm as misturas das substâncias a serem transformadas (fig. 119).
Apesar de ser um instrumento tem no entanto relações peculiares
com a "prima materia", assim como com o lapis; não é, portanto, um
mero instrumento. Para os alquimistas o vaso é algo verdadeiramente
maravilhoso, um "vas mirabile". Maria Prophetissa (fig. 78) diz que
todo o segredo reside em conhecer o vaso hermético. "Unum est vas"
(um é o vaso) é constantemente reafirmado[13] . Ele deve ser completa-

---

13. P. ex. "[...] unum in uno circulo sive vase" [Um em um círculo ou vaso] (*Scholia a
Hermetis Trismegisti Tractatus aureus* em *Bibl. chem.* I, p. 442).

Fig. 119. Forno alquímico.
GEBER, De Alchemia (1529)

mente redondo[14], à semelhança do cosmos esférico[15], de maneira que a influência das estrelas pode contribuir para o sucesso da opera-

---

14. Por este motivo, chama-se "domus vitrea sphaeratilis sive circularis" [casa de vidro em forma de esfera ou círculo]. (*Epistola ad Hermannum* em *Theatr. chem.* V, p. 896. – O "vas" é uma "sphaera, quam cribrum vocamus" [esfera, que chamamos de crivo] (*Allegoriae super librum Turbae* em *Art. aurif.* I, p. 144). Esta ideia já estava presente na alquimia grega, por exemplo, em Olimpiodoro. (BERTHELOT. *Alch. grecs.* II, IV, 44,1.17-18). O "vas" é um ὄργανον κυκλικόν (aparelho circular), uma φιάλη σφαιρο-ειδής (frasquinho esférico).

15. "[...] vas spagiricum ad similitudinem vasis naturalis esse construendum. Videmus enim totum caelum et elementa similitudinem habere sphaerici corporis, in cuius centro viget ignis calor inferioris [...] necessarium igitur fuit nostrum ignem poni extra nostrum vas, et sub eius rotundi fundi centro, instar solis naturalis". [[...] o vaso espagírico deve ser construído segundo o modelo do vaso natural. Pois vimos que o céu inteiro e os elementos se assemelham a um corpo esférico, em cujo centro atua o calor do fogo inferior [...] era portanto necessário deslocar o nosso fogo de dentro do vaso para fora, e abaixo do centro de sua base redonda, tal como o sol natural]. (DORNEUS. *Physica Trismegisti* em *Theatr. chem.* (1602) I, p. 430.) "Vas autem factum est rotundum ad imitationem superi<oris> et inferi < oris >". [O vaso é construído redondo imitando o superior e o inferior] – os < > contêm as minhas emendas do texto bastan-

ção[16]. É uma espécie de "matrix" (matriz) ou "uterus" do qual deve nascer o "filius philosophorum"[17], a pedra milagrosa (fig. 120). Daí a exigência de que o vaso, além de ser redondo, também tenha a forma de um ovo[18] (figs. 121 e 22). Pensa-se naturalmente que esse vaso é uma espécie de retorta ou frasco; mas logo se percebe que tal concepção é inadequada, porquanto o vaso é muito mais uma ideia mística, um verdadeiro símbolo, como todas as ideias principais da alquimia. Percebemos então ser a água, ou melhor, a "aqua permanens", o próprio Mercúrio dos filósofos[19]. No entanto, ele não é somente a água, como também seu oposto, o fogo[20].

---

te deteriorado –. (*Liber Platonis quartorum* em: *Theatr. chem.* V, p. 148 e 150). Reitzenstein (*Poimandres*, p. 141) compara, pois, com toda razão o "vas mirabile" sobre a cabeça do anjo no Tratado *Isis an Horus* (BERTHELOT, op. cit., 1, XIII, 21) com o κύκλος δισκοειδής sobre a cabeça de Chnuphis em Porfírio [fig. 203].

16. "[...] vas nostrum ad hunc modum esse debet, ut in eo materia regi valeat a caelestibus corporibus. Influentiae namque caelestes invisibiles, et astrorum impressiones, apprime necessariae sunt ad opus." [[...] o nosso vaso deve ser construído de tal forma que nele a matéria seja dominada pelos corpos celestes. Pois as influências celestes invisíveis e a influência dos astros são indispensáveis à obra.] (DORNEUS. *Congeries Paracelsicae chemiae* em *Theatr. chem.* (1602) I, p. 574).

17. "Vas" como "matrix" (RIPLAEUS. Opera, p. 23). In *Turbam philosophorum exercitationes* em *Art. aurif.* I, p. 159; *Aurora* II, em: *Art. aurif.* I, p. 203; *Cons. coniugii* em: *Ars. chem.*, p. 204 etc.

18. "In uno vitro debent omnia fieri, quod sit forma ovi." [Tudo deve ser feito em um único vidro, que deve ter a forma do ovo] (RIPLAEUS, op. cit., p. 30).

19. "Quum igitur de vase nostro loquimur, intellige aquam nostram, quum de igme itidem aquam intellige, et quum de furno disputamus, nihil ab aqua diversum aut divisum volumus." [Portanto, quando falamos do nosso vaso entenda-se nossa água, quando falamos do fogo, entenda-se água igualmente, e quando falamos do forno, não queremos dizer nada que seja diferente ou separado da água]. (*Fons chemicae philosophiae* em: *Mus. herm.*, p. 803). O Mercurius, isto é, a "aqua permanens é o "vas nostrum, verum, occultum, hortus item Philosophicus, in quo Sol noster orietur et surgit" (O nosso verdadeiro vaso oculto, como também o jardim filosófico, onde nasce e sobe o Sol). (PHILALETHES. *Metallorum metamorphosis* em: *Mus. herm.* p. 770). Outros nomes são "mater", "ovum", "fulus secretus etc. (op. cit., p. 770, e ainda Aurora II em: *Art. aurif.* I, p. 203). "Vas Philosophorum est aqua eorum [O vaso dos filósofos é a água deles]). Hermes, apud HOGHELANDE. *De alchimiae difficultatibus* em: *Theatr. chem.* (1602) I, p. 199.)

20. "Vas" igual a "ignis verus" (PHILALETHES. Op. cit., p. 770); "vas" igual a "vinum ardens, ignis" (MYLIUS. *Phil. ref.*, p. 245). "<Vas Hermetis> est mensura ignïs tui"[<O vaso de Hermes> é a medida de teu fogo] (Practica Mariae prophetissae em: *Art. aurif.* I, p. 323). No comentário alquímico ao fogo e a água, moralmente interpretados, são "chamas e lágrimas" ("Recueil stéganographique" de Beroalde de Verville, a respeito do *Songe de Poliphile*).

Fig. 120. Mercurius no vaso.
BARCHUSEN, *Elementa chemicae* (1718)

Não me estenderei acerca dos inúmeros sinônimos do vaso. Os   339
poucos que mencionei serão suficientes para demonstrar seu significado indubitavelmente simbólico.

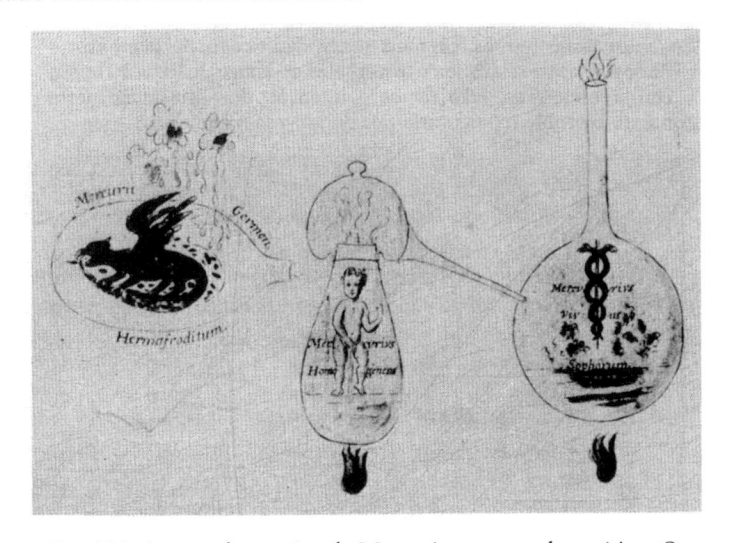

Fig. 121. As transformações de Mercurius no vaso hermético. O
homunculus como "Manneken piss" alude à "urina puerorum" (urina das
crianças) = aqua permanens.
Cabala mineralis (British Museum)

340   Quanto ao decurso do processo como um todo, os autores são
vagos e contraditórios. Muitos se contentam com algumas sugestões
sumárias; outros fazem uma lista elaborada das várias operações.
Assim, em 1576, Josephus Quercetanus, alquimista, médico e diplo-
mata, que na França e na Suíça francesa desempenhou um papel semelhante ao de Paracelso, estabeleceu a sequência das doze operações[21] que se seguem (fig. 122):

1. Calcinatio (calcinação)   7. Cibatio (nutrição)

2. Solutio (solução)   8. Sublimatio (sublimação)

3. Elementorum separatio   9. Fermentatio (fermentação)
(separação dos elementos)

4. Coniunctio (conjunção)   10. Exaltatio (exaltação)

5. Putrefactio (putrefação)   11. Augmentatio (ampliação)

6. Coagulatio (coagulação)   12. Proiectio (projeção)

Cada um destes termos tem mais de um significado; basta olharmos a
bibliografia especializada e os verbetes do léxico de Ruland para o
compreendermos. Não temos a intenção de aprofundar neste contexto o problema das variantes do processo alquímico.

341   Tal é superficialmente e em suas linhas gerais a estrutura da alquimia, como é conhecida por todos. Do ponto de vista do nosso conhecimento moderno da química, ela nos diz pouco ou nada e se nos
voltarmos para os textos, com seus mil e um processos e receitas lega-
dos pela Idade Média e pela Antiguidade, encontraremos poucos
dentre eles, relativamente, de significado identificável pelo químico.
É provável acharmos a maioria sem sentido; é indubitável que jamais
foi produzida uma verdadeira tintura ou ouro artificial durante todos
esses séculos de intenso labor. Podemos então perguntar com toda a
razão o que induzia os velhos alquimistas a prosseguir trabalhando
ou "operando" (como diziam) de modo constante, escrevendo todos
aqueles tratados sobre a "divina" arte, se toda a sua ação era tão des-
provida de esperança? Para fazer-lhes justiça devemos acrescentar

---

21. *Ad Iacobi Auberti Vindonis De ortu et causis metallontm contra chemicos explicationem* em *Theatr. chem.* (1602) II, p. 198s.

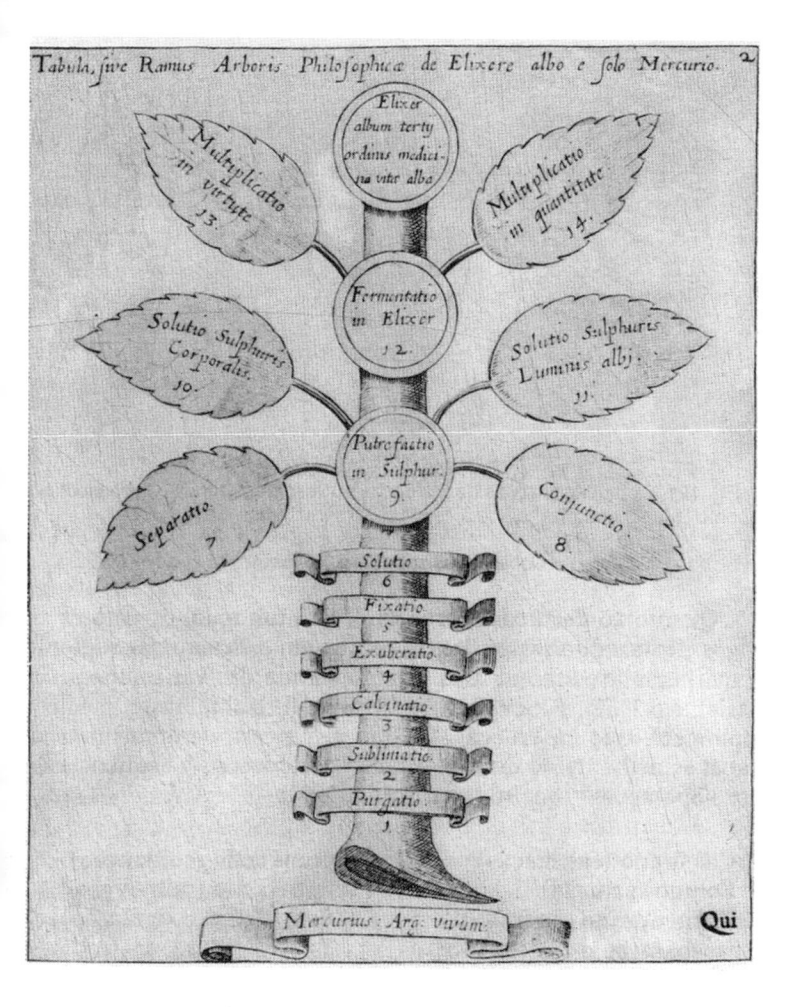

Fig. 122. As doze operações alquímicas representadas como
"arborphilosophica".
NORTON. *Mercurius redivivus* (1630)

que todos os conhecimentos essenciais da química e suas limitações
eram-lhes desconhecidos e assim podiam ter esperança como aqueles
que sonhavam com o voo e cujos sucessores fizeram tal sonho tornar-se realidade. Nem poderíamos subestimar o sentido da satisfação
que nasce do empreendimento, da aventura: o "quaerere" (buscar) e
o "invenire" (achar). Estes permanecem, na medida em que os méto-

dos empregados parecem ter sentido. Nada havia naquele tempo que pudesse convencer o alquimista da falta de sentido de suas operações químicas; e o que é mais, ele contava com uma longa tradição de não poucos que haviam obtido o maravilhoso resultado[22]. Afinal o assunto não era completamente desesperador e absurdo, uma vez que um certo número de descobertas úteis emergia ocasionalmente, como produtos de seu trabalho de laboratório. Como precursora da química, a alquimia já tinha suficiente "raison d'être". Assim, pois, mesmo que a alquimia consistisse – se o quiserem – numa série infindável de experimentos químicos fúteis e infrutíferos, isso não seria mais surpreendente do que as tentativas ousadas da medicina e da farmacologia medievais.

Fig. 123. Hermafrodito.
Hermaphroditisches Sonn- und Mondskind (1752)

2. A natureza psíquica da obra alquímica

A. *A projeção de conteúdos psíquicos*

342   O opus alquímico não concerne em geral unicamente aos experimentos químicos, mas a algo semelhante aos processos psíquicos, ex-

---

22. Até Meyrink (no séc. XX) ainda acreditava na possibilidade do método alquímico. Existe um relato importante sobre as suas próprias experiências na introdução a *Thomas Aquinas: Abhandlung über den Stein der Weise*, p. XXIXs.

presso numa linguagem pseudoquímica[1]. Os antigos conheciam aproximadamente o que eram os processos químicos; deviam saber pelo menos que o que praticavam não era química comum. O conhecimento desta diferença já se exprime no título de um tratado atribuído ao (pseudo-) Demócrito, o qual data do primeiro século: τὰ φυσικὰ καὶ τὰ μυστικά (a Física e a Mística). E logo depois as evidências se acumulam de que na alquimia há duas correntes heterogêneas (segundo nos parece), fluindo lado a lado e que não podemos conceber como sendo compatíveis. O "tam ethice quam physice" (tanto eticamente – isto é, psicologicamente – quanto fisicamente) da alquimia é inconcebível pela nossa lógica. Se admitimos que o alquimista usa o processo químico só simbolicamente, então por que trabalha num laboratório com cadinhos e alambiques? E se, como ele constantemente afirma, está

Fig. 124. Os alquimistas operando.
Mutus liber (1702)

---

1. Evola (*La Tradizione ermetica*, p. 28s.) diz: "A constituição espiritual do homem pertencente aos ciclos pré-modemos da cultura era tal, que cada percepção física tinha simultaneamente um componente psíquico que o 'animava', conferindo à imagem um 'significado' adicional e ao mesmo tempo uma tonalidade emotiva particular e poderosa. Assim sendo, a física antiga era ao mesmo tempo uma teologia e uma psicologia transcendental: pelo fato de receber os lampejos das essências metafísicas na matéria dos sentidos corporais. A ciência natural era ao mesmo tempo uma ciência espiritual e os múltiplos sentidos dos símbolos reuniam os diversos aspectos em um único conhecimento".

descrevendo processos químicos, por que os desfigura com seu simbolismo mitológico até torná-los irreconhecíveis?

343   Este enigma significou um quebra-cabeças para muito estudioso honesto e bem intencionado da alquimia. Por um lado, o alquimista declara que está ocultando a verdade intencionalmente, de maneira a impedir que os maus ou estultos tomem posse do ouro, provocando um desastre. Mas, por outro lado, o mesmo autor assegura-nos que o ouro procurado não é – como os tolos supõem – o ouro comum (aurum vulgi), mas o ouro filosófico, ou mesmo a pedra maravilhosa, o "lapis invisibilitatis" (a pedra da invisibilidade)[2], ou o "lapis aethereus" (a pedra etérea)[3], ou finalmente a inconcebível "rebis hermafrodita" (fig. 125) e acaba dizendo que todas as receitas simplesmente devem ser desprezadas[4] . De qualquer modo, por razões psicológicas, é muito improvável que a consideração pela humanidade fosse o motivo pelo qual o alquimista tinha a mania do segredo. Quando se descobre algo de real, geralmente isso é divulgado com alarde. O fato é que os alquimistas tinham pouco ou nada a divulgar no tocante à química e ainda menos no tocante à fabricação do ouro.

344   Fazer segredo pode ser um mero blefe com o propósito óbvio de explorar os crédulos. Mas toda tentativa de explicar a alquimia unicamente sob este ponto de vista é, na minha opinião, desmentida pelo fato de que um bom número de tratados detalhados, eruditos e conscienciosos foram escritos e impressos anonimamente, não podendo portanto ter representado uma vantagem ilegítima para alguém. Mas há sem dúvida um grande número de produções fraudulentas e charlatãs.

---

2. *Rosarium* em: *Art. aurif.* II, p. 231: "Et ille dicitur lapis invisibilitatis, lapis sanctus, res benedicta." [E ele é chamado a pedra da invisibilidade, a pedra sagrada, a coisa abençoada.]

3. MAIER, *Symbola aurae mensae*, p. 386: ... non parvis sumptibus illam / Invenere artem, qua non ars dignior ulla est, / Fingendi Lapidem Aetherium [...não foi com pouco esforço que inventaram aquela arte – a mais digna entre todas – de confeccionar a pedra etérea] (referência a Marcellus Paungenius, poeta et sacerdos).

4. "[...] omnes receptae spernendae sunt in arte", como diz o *Rosarium* (*Art. aurif.* II, p. 223).

Fazer segredo pode também ter outra causa. O verdadeiro segre- 345
do não age ocultamente, mas apenas usa uma linguagem secreta: ele é
prefigurado por uma grande variedade de imagens que apontam para
a sua essência. Não me refiro aqui ao segredo pessoal guardado por
alguém e cujo conteúdo lhe é conhecido, mas a uma coisa ou questão
"secreta", isto é, conhecida apenas através de alusões, mas essencialmente desconhecida. Assim sendo, o alquimista desconhecia a verdadeira natureza da matéria. Ele a conhecia unicamente através de alusões. Na medida em que procurava investigá-la, projetava o inconsciente na escuridão da matéria, a fim de clareá-la. Na tentativa de
explicar o mistério da matéria, projetava outro mistério, isto é, projetava seu próprio fundo psíquico desconhecido no que pretendia explicar: "obscurum per obscurius, ignotium per ignotius" (o obscuro
pelo mais obscuro, o ignorado pelo mais ignorado!). Tratava-se evidentemente não de um método intencional, mas de um acontecimento involuntário.

A rigor, a *projeção* nunca é feita – ela *acontece,* ela simplesmente 346
está aí. Na obscuridade de algo exterior eu me defronto, sem reco-
nhecê-la, com minha própria interioridade ou vida anímica. A meu
ver, seria um erro reduzir a fórmula "tam ethice quam physice" (moral tanto quanto física) à teoria das correspondências, fazendo desta
última sua causa ("prius"). Pelo contrário, essa teoria seria muito
mais uma racionalização da vivência da projeção. O alquimista não
pratica sua arte por acreditar teoricamente numa correspondência,
mas tem uma teoria das correspondências pelo fato de vivenciar a
presença da ideia na matéria (physis). Minha tendência é, portanto, a
de acreditar que a verdadeira raiz da alquimia deve ser buscada menos nas conceituações filosóficas do que nas projeções vivenciadas de
cada pesquisador. Na minha opinião, o praticante tinha certas vivências psíquicas enquanto realizava as experiências químicas no laboratório; no entanto, essas vivências se lhe afiguravam comportamentos
específicos do processo químico. Como se tratava de projeções, naturalmente ele não sabia, no nível da consciência, que a vivência nada
tinha a ver com a matéria propriamente dita (isto é, tal como hoje a
conhecemos). O alquimista vivenciava sua projeção como uma propriedade da matéria; mas o que vivenciava na realidade era o seu inconsciente. Deste modo, repetia toda a história do conhecimento da

Fig. 125. Mercurius como hermafrodita do Sol e da Lua (Rebis), de pé
sobre o caos (redondo).
MYLIUS, *Philosophia reformata* (1622)

natureza. Como é sabido, a ciência teve início com a observação das
estrelas, nas quais a humanidade descobria as dominantes do inconsciente, os "deuses", bem como as estranhas qualidades psicológicas
do zodíaco – uma teoria completa e projetada do caráter. A astrologia é uma experiência primordial, como a alquimia. Projeções deste
tipo repetem-se todas as vezes que o homem tenta explorar uma escuridão vazia, preenchendo-a involuntariamente com formas vivas.

347   Assim, pois, dirigi minha atenção para o problema de saber se há
relatos de tais experiências feitos pelos próprios alquimistas, a partir
do exercício de sua arte. Não tinha a esperança de fazer grandes descobertas, uma vez que se tratava de vivências "inconscientes" que,
precisamente por isso, dificilmente constariam de tais relatos. Ora,
há de fato na literatura alquímica alguns relatos inequívocos. É um
fato característico serem os relatos mais recentes mais minuciosos e
precisos do que os antigos.

O relato mais recente provém de um tratado alemão de 1732, in-   348
titulado: *Abtala Jurain* etc.[5], onde se lê:

> "Toma uma boa medida de água de chuva comum, pelo me-
> nos dez quartilhos, conservando-a num frasco de vidro bem
> tampado pelo menos durante dez dias; ela deixará no fundo
> um depósito de material e detritos. Decanta o líquido claro e
> coloca-o num recipiente de madeira redondo como uma bola,
> corta-o pelo meio, enchendo a terça parte do recipiente;
> põe-no sob o sol do meio-dia, num lugar secreto e isolado.
>
> Depois, pinga uma gota de vinho tinto consagrado na água.
> Instantaneamente verás surgir na superfície desta última névoa
> e uma densa obscuridade, tal como ocorreu na primeira cria-
> ção. Pinga em seguida mais duas gotas e verás a luz sair da escu-
> ridão; depois, sucessivamente, a cada metade de um quarto de
> hora põe a terceira, depois a quarta, a quinta, a sexta gota, e en-
> tão para; verás com teus próprios olhos surgir na superfície da
> água uma coisa após outra, tal como Deus criou todas as coisas
> nos seis dias (fig. 126) e o modo pelo qual isto aconteceu, sendo
> que esses segredos não devem ser enunciados, nem eu tenho o
> poder de revelá-los. Cai de joelhos antes de empreender esta
> operação. Deixa que teus olhos o testemunhem, pois o mundo
> foi criado desta forma. Deixa as coisas ficarem assim, e meia
> hora depois tudo desaparecerá.
>
> Nisso vereis claramente *os* segredos de Deus, os quais se acham
> agora ocultos como as crianças. Compreendereis o que Moisés
> escreveu acerca da criação; vereis que espécie de corpo Adão e
> Eva tiveram antes e depois da queda, o que era a serpente, a ár-
> vore, de que frutos comeram; o que é o paraíso e onde ele se
> encontra, com que corpos as pessoas ressuscitarão, não com o
> corpo que recebemos de Adão, mas com o que alcançamos pelo

---

5. Abtala Jurain Filii Jacob Juran, *Hyle und Coahyl. Aus dem Äthiopischen ins Latei-
nische, und aus dem Lateinischen in das Teutsche translatieret und übegesetzt durch D.
Johann Elias Müller.* – O texto não é antigo, de modo algum, mas apresenta todas as
características do período da decadência (séc. XVIII). Agradeço ao Prof. Th. Reichste-
in (Basileia), pois lhe devo o conhecimento desse livrinho. Citações: *Die Schöpfung*,
cap. VIII, p. 52s. e *Die Himmel*, cap. IX, p. 54s.

Espírito Santo, a saber, com aquele que o nosso Salvador trouxe do céu."

Fig. 126. Os seis dias da Criação, culminando no sétimo dia.
HILDEGARD VON BINGEN. *Scivias* (séc. XII)

"Tomai sete moedas feitas de cada um dos metais, denominadas segundo os planetas, e imprimi em cada uma o caráter do planeta em sua casa; cada moeda deve ter o tamanho e a espessura de um rose noble[6]; o mercúrio, porém, deverá pesar apenas um quarto de onça e nada deve ser impresso nele.

Em seguida, colocai as moedas num cadinho, segundo a ordem em que se apresentam no céu, e fechai todas as janelas do apo-

---

6. Rose noble = moeda de ouro inglesa dos séculos XV e XVI.

Fig. 127. A transfiguração de Mercurius no fogo.
BARCHUSEN, *Elementa chemicae* (1718)

sento, de modo a torná-lo totalmente escuro. Depois, devereis fundi-las conjuntamente no meio do aposento, pingando em seguida sete gotas na pedra abençoada; sairá então imediatamente do cadinho uma chama (fig. 127) que se espalhará por todo o aposento (não temais qualquer dano) e o fará brilhar mais intensamente do que o sol e a lua, e vereis sobre vossas cabeças todo o firmamento como um céu estrelado, e os planetas terão seu curso certo como no céu. Deixai que tudo cesse por si mesmo; num quarto de hora tudo voltará ao seu lugar."

Retiramos mais um documento de um tratado de Theobald de Hoghelande (séc. XVI):

    349

"Vários nomes teriam sido dados à pedra devido à multiplicidade maravilhosa de figuras que aparecem no decorrer da obra, sendo que muitas vezes surgem cores ao mesmo tempo, assim como imaginamos estranhas formas de animais, répteis ou árvores nas nuvens ou no fogo. Encontrei também algo semelhante" – prossegue o autor– "num livro atribuído a Moisés: depois de dissolvido o corpo, diz o livro, aparecerão às vezes dois ramos, às vezes três ou mais, às vezes formas de répteis; às vezes podemos ter a impressão de ver um homem com a cabeça e todos os membros, sentado numa cátedra"[7].

350   As exposições de Hoghelande vêm provar, tal como os dois textos anteriores, que durante as experiências de laboratório ocorrem alucinações ou visões, as quais só podem ser projeções de conteúdos inconscientes. Hoghelande reproduz uma citação de Senior que afirma ser mais importante buscar a visão do vaso hermético do que a escritura[8]. (Não é esclarecido o significado de "scriptura" – tratar-se-ia acaso da descrição tradicional do vaso nos tratados dos mestres?) Os autores referem-se ao olhar com os olhos do espírito, sendo que nem sempre fica claro se se trata de visões propriamente ditas ou de visões no sentido metafórico. O *Novum lumen*[9] diz:

---

7. *De Alchemiae difficulatibus* em: *Theatr. chem.* (1602) I, p. 164s. [Tradução]. O mesmo em PHILALETHES, *Introitus apertus* em: *Mus. herm.*, p. 687: "Terra enim germinandi avida aliquid semper fabricat, interdum aves aut bestias reptiliaque in vitro conspicere imaginabere..." [A terra ávida de produzir sempre cria alguma coisa; às vezes imaginas ver pássaros, animais ou répteis dentro do vidro...]. O homem sentado na cátedra refere-se sem dúvida a uma visão de Hermes, tal como nos é apresentado no antigo tratado *Senioris Zadithfilii Hamuelis Tabula Chymica*, p. 1s. (fig. 128). Senior era um autor árabe do século X. A figura aqui descrita do velho sábio segurando o livro dos segredos sobre os joelhos foi reproduzida no frontispício do *Poliphile* (fig. 4). A visão mais antiga desta espécie poderia ser a de Krates. O livro de Krates nos foi transmitido em árabe e, em sua forma atual, parece ter pertencido ao século IX. A maior parte do seu conteúdo, porém, é de origem grega, logo, consideravelmente mais antigo. Diz a tradução de Berthelot: "Puis je vis un vieillard, le plus beau des hommes, assis dans une chaire; il était revêtu de vêtements blancs et tenait à la main une planche de la chaire, sur laquelle était placé un livre <in manibus extentis super genua sua, tabulam marmoream extractam ab ea (statua respective cathedra), Senior, p. 4>[...] Quand je demandai quel était ce vieillard, on me répondit: 'C'est Hermès Trismégiste, et le livre qui est devant lui est un de ceux qui contiennent l'explication des secrets qu'il a cachés aux hommes". [Depois vi um ancião, o mais belo dos homens, sentado numa cátedra; cobriam-no vestimentas brancas e na mão segurava uma prancha da cátedra, sobre a qual tinha sido colocado um livro... Quando perguntei quem era esse ancião, responderam-me: "É Hermes Trismegisto, e o livro que tem diante de si é um daqueles que contêm as explicações do segredo, os quais ele ocultava aos homens".] (*Chimie au moyen âge* III, p. 46s.).

8. *De alch. diff.*, op. cit., p. 199.

9. *Mus. herm.*, p. 574 [Sendivogius].

Deus permite ao filósofo inteligente, por intermédio da natureza (per naturam), que ele faça aparecer as coisas ocultas na sombra, e delas retire a sombra... Todas essas coisas acontecem e os olhos das pessoas comuns não as veem, mas os olhos do intelecto (intellectus) e da imaginação as percebem (percipiunt) com a verdadeira, a mais verdadeira das visões (visu).

Raimundo Lulo escreve: 351

"Filho amado, escuta, o curso da natureza é transformado, de modo que sem a invocação do familiaris (espírito familiar) por exemplo, e sem exaltação espiritual, poderás ver espíritos fugitivos ou os que já escaparam condensados no ar sob a forma de diversos animais monstruosos, ou de seres humanos, movendo-se como nuvens de lá para cá, de cá para lá[10]" (fig. 129).

Dorneus diz algo semelhante[11]   352

"Com seus olhos mentais (oculis mentalibus) fará transparecer pouco a pouco um número indefinido de centelhas, que aumentarão a cada dia, transformando-se progressivamente numa luz intensíssima."

O psicólogo não estranhará que uma metáfora às vezes se transforme numa alucinação. Hoghelande (1594) descreve em suas notas biográficas como no terceiro dia da "decoctio" (decocção) ele viu a superfície da substância cobrir-se de cores, principalmente de "verde, vermelho, cinza e o resto iridescente". Sempre que se lembrava desse dia vinha-lhe à mente o verso de Virgílio: "Ut vidi, ut perii, ut me malus abstulit error". [Quando vi, eu pereci e um terrível equívoco tomou conta do meu destino.] Esse equívoco ou ilusão ótica (ludibrium oculis oblatum) teria sido a causa de muitas penas e desgastes futuros. Pois acreditara que naquele momento atingira a "nigredo". Mas poucos dias depois seu fogo ter-se-ia apagado durante a noite, provocando um "irreparabile damnum" (dano irreparável); isto é, ele nunca mais conseguiu reproduzir o fenômeno[12]. Muito embora a pele iridescente so-   353

---

10. Compendium em *Bibl. chem.* I, p. 875.
11. *Speculativa philosophia* em *Theatr. chem.* (1602) I, p. 275.
12. HOGHELANDE. De alch. diff. em *Thear. chem.* (1602) I, p. 150.

bre os metais em fusão não seja necessariamente uma alucinação, o texto demonstra uma disposição evidente do autor para admiti-la.

354   O *Tractatus Aristotelis*[13] contém uma passagem significativa acerca da psicologia do alquimista:

Fig. 128. Hermes Trismegistos.
SENIOR. *De chemia* (1566)

---

13. *Theatr. chem.* (1622) V, p. 884.

"A serpente é o mais astuto dos animais da terra; mostra sob a beleza de sua pele um aspecto inofensivo e, como uma 'materia hypostatica', parece formar-se a si mesma, por efeito de uma ilusão, ao ser imersa na água. Nesta recolherá então as forças (virtutes) da terra, que é o seu corpo. Por sentir muita sede bebe exageradamente e, embriagada, provoca a desaparição (decipere) da natureza à qual está unida"[14].

Fig. 129. "Spiritus" personificados, escapando da "prima materia" aquecida.
Tractatus qui dicitur Thomae Aquinatis de alchimia (1520)

A serpente é o mercúrio que, enquanto substância fundamental   355
(hypostatica), forma-se a si mesma na "água" e engole a natureza à qual está unida (fig. 130); (cf. o Sol se afogando na fonte de Mercurius, o leão devorando o Sol [fig. 169], Beya dissolvendo Gabricus dentro dela). A matéria forma-se por efeito da *ilusão* – necessariamente, a do alquimista. Esta ilusão poderia ser a "vera imaginatio" (imaginação verdadeira) que possui o poder "de informar".

O fato de que visões estejam ligadas à obra alquímica também   356
deve explicar por que *sonhos* e *visões oníricas* não raro sejam citados como "intermezzi" significativos da obra, ou como fontes de revelação. Nazari, por exemplo, apresenta sua teoria da transmutação sob

---

14. Texto da passagem mais importante: "[...] quasi Materia Hypostatica fingit se in aquam demersum per illusionem..." A ilusão pode referir-se a "demergere" ou a "fingere". Como o primeiro sentido não é inteligível, escolhi o segundo.

Fig. 130. A serpente mercurial na água ou no fogo, devorando-se a si mesma.
BARCHUSEN. *Elementa chemicae* (1718)

a forma de três sonhos, em uma analogia bem clara com o *Polifilo*[15]. A clássica *Visio Arislei*[16] reveste-se de uma forma onírica semelhante. Do mesmo modo, Ostanes comunica sua doutrina sob a forma de uma revelação onírica[17]. Nestes textos (como também nos de Senior e Krates) os sonhos e visões são em sua maioria formas literárias, ao passo que a visão onírica de Zósimo possui um caráter essencialmente mais autêntico[18]. Destaca-se repetidamente na literatura alquímica que a "aqua permanens" procurada seria revelada pelo sonho[19]. De qualquer maneira, a "prima materia", assim como a pedra ou o segredo de sua produção, é revelada por Deus ao alquimista. Laurentius Ventura diz[20]: "Não nos é dado conhecer o processo a não ser por uma dádiva de Deus, ou através da instrução de um mestre de grande experiência; e tudo isso depende da vontade divina". Na opinião de Khunrath[21], deve ser possível "elaborar perfeitamente / 'nosso Chaos naturae' (= prima materia) [...] na maior inocência [...] a partir da misteriosa visão e revelação divina/ sem grandes investigações e elucubrações a respeito de suas causas"[22]. Hoghelande explica a necessidade da iluminação divina, dizendo que a produção da pedra trans-

---

15. *Della Tramutazione metallica sogni tre*. Um carme de Josephus Avantius [op. cit.] sobre o autor diz: "Somnia credentur vix; non tamen omnia falsa. Quae tali fuerint praemeditata viro". [E difícil acreditar nos sonhos; porém nem todos os sonhos pressentidos por um homem tão importante são falsos].

16. *Art. aurif.* I, p. 146s.

17. BERTHELOT, *Chimie du moyen âge* III, p. 319s.

18. Compare-se com as minhas exposições em *Die Visionen des Zosimos*.

19. SENDIVOGIUS, *Parabola* em *Bibl. chem.* II, p. 474s. – Khunrath (*Hyleal. Chaos*, p. 42) diz: "<O> habitaculum Materiae Lapidis [...] cabalístico, i.é, originariamente dado a conhecer do alto pela inspiração divina / e por uma revelação especial (ambas através de um, ou sem intermediário / seja em estado desperto, seja no de sono ou sonho)".

20. *De ratione conficiendi lapidis* em *Theatr. chem.* (1602) II, p. 256.

21. Op. cit., p. 184s.

22. Algo semelhante em HOGHELANDE. *De alch. diff.* em *Theatr. chem.* (1602) I, p. 154; e também *Turba* (org. por RUSKA), p. 155,8; *Mus. herm.* p. 8, 55, 75 e 212; DORNEUS. *Physica Trismegisti* em *Theatr. chem.* (1602) I, p. 413.

cende a razão[23], e que só o conhecimento sobrenatural divino sabe o momento exato do aparecimento da pedra[24]. Somente Deus conhece a "prima materia"[25]. Na época pós-paracélsica, a fonte da iluminação passa a ser o 'lumen naturae' (luz da natureza):

> "Esta luz é a luz verdadeira/ da natureza/ que ilumina todos os filósofos que vêm a este mundo e amam a Deus. Ela está no mundo/ e toda a construção do mundo é por ela adornada/ e será por ela preservada até o último grande dia do Senhor;/ mas o mundo não a conhece: antes, no que diz respeito à grande pedra católica dos filósofos/ que... o mundo inteiro tem diante dos olhos/ e mesmo assim não a conhece"[26].

B. A atitude espiritual em relação ao opus

357   A citação que se segue, extraída do texto de um autor anônimo[27], mostra um aspecto algo diverso da relação do psíquico com o trabalho químico: "Rogo-te observar com os olhos do espírito esta pequenina árvore que produz o grão de trigo, em todos os seus aspectos, a fim de poderes plantar a árvore dos filósofos" etc.[28] (fig. 131 e tb. figs. 135, 188, 189, 221, entre outras). Isto parece uma alusão à imaginação ativa que na verdade desencadearia o processo.

358   Dorneus diz em sua *Philosophia meditativa*[29]: Jamais farás com que os outros se tomem o Um, se antes tu mesmo não te tornares

23. Op. cit., p. 194. Hoghelande remete à Turba, XXXIX (org. por RUSKA, p. 147,2: "maius est, quam quod ratione percipiatur <nisi> divina inspiratione"). [É grande demais para ser compreendido pela razão, a não ser por inspiração divina].

24. Op. cit., p. 205.

25. SENDIVOGIUS. *Novum lumen* em *Mus. herm.*, p. 577: "[...] materia prima, quam solus Deus seit".

26. KHUNRATH. Op. cit., p. 71s. – Observe-se a referência implícita ao Logos (Jo 1,9-11).

27. Instructio de arbore em *Theatr. chem.* VI, p. 168.

28. "Quaeso, oculis mentis hanc grani triticei arbusculam secundum omnes suas circumstantias aspice, ut arborem Pliilosophorum, eodem modo plantare... queas."

29. *Theatr. chem.* (1602) I, p. 472: "Ex alijs nunquam unum facies quod quaeris, nisi prius ex teipso fiat unum".

Fig. 131. Adão como "prima materia" atravessado pela flecha de Mercúrio
deixa que a "arbor philosophica" nasça de seu corpo.
Miscellanea d'alchimia (século XV)

Um". Qualquer que seja o sentido do "Um" para o alquimista[30], ele se refere ao "artista" como sujeito, cuja unidade é colocada como *conditio sine qua non* para a realização completa da obra. Não há dúvida alguma de que se trata da condição psicológica da obra e que esta é fundamental.

359   Lê-se no *Rosarium philosophorum*[31]:

> "Quem conhece o sal e sua solução, conhece o segredo oculto dos velhos sábios. Dirige, pois, teu espírito para o sal, pois é somente neste, somente na "mens" e "in ipsa sola" que se esconde a ciência e o segredo mais nobre e mais oculto de todos os antigos filósofos"[32].

360   Se o segredo se referisse realmente ao sal, deveríamos admitir aqui um duplo erro de impressão. "Espírito" e "sal" são parentes pró-

---

30. Uma provável referência à *Tabula smaragdina* (org. por RUSKA, p. 2): "Et sicut omnes res fuerunt ab uno, meditatione unius: sic omnes res natae" etc. [E como todas as coisas procedem do Uno, pela meditação sobre o Uno: assim nascem todas as coisas]. Daí a exigência de o alquimista não ter defeito físico sério algum, mutilações etc. Cf. GEBER. *Summa perfectionis,* lib. I, p. 24: "Si vero fuerit artificis corpus debile et aegrotum, sicut febrientium, vel leprosorum corpora, quibus membra cadunt, et in extremis vitae laborantium, et iam aetatis decrepitae senum, ad artis complementum non perveniet. His igitur naturalibus corporis impotentijs impeditur artifex in intentione sua". [Mas, se o corpo do alquimista (artifex) estiver doente e fraco, como o corpo das pessoas portadoras de febres, ou lepra, cujos membros apodrecem e caem, ou dos moribundos, dos decrépitos, ele não atingirá a conclusão da Arte. Estas debilidades naturais do corpo são para o artifex obstáculos ao seu projeto.] Há ensinamentos semelhantes em outra fonte antiga, o *Septem tractatus seu capitula Hermetis Trismegisti, aurei* em *Ars chem.*, cap. I, p. 11: "Ecce vobis exposui, quod celatum fuerat, quoniam opus vobiscum, et apud vos est, quod intus arripiens et permanens in terra vel in mari habere potes." [Olhai, eu tenho revelado a vós o que estava oculto; a Obra está convosco e no meio de vós, e se a captas, poderás tê-la para sempre na terra ou sobre o mar.]

31. Em *Art. aurif.* II, p. 244s. Ruska (*Turba,* p. 342) situa o *Rosarium* em meados do séc. XV.

32. Pone ergo mentem tuam super salem, nec cogites de alijs. Nam in *ipsa sola* occultatur scientia et arcanum praecipuum et secretissimum omnium antiquorum Philosophorum". Mangetus (*Bibl. chem.* II, p. 95) menciona "ipsa sola"; e também na primeira edição do *Rosarium philosophorum, secunda pars alchemiae de lapide philosophico* etc. de 1550; e também a edição de 1593. Infelizmente não tenho acesso aos manuscritos.

ximos (cum grano salis!)[33]. Assim sendo, o sal não é apenas o centro físico da Terra, segundo Kunrath, mas também o "sal sapientiae[34] (sal da sabedoria). A respeito deste último, ele diz: "Por isso, dirige teu coração/ sentidos/ razão e pensamento a este sal e somente a ele"[35]. Em outra passagem, o autor anônimo do *Rosarium* afirma que a obra deve ser realizada "pela imaginação verdadeira e não pela imaginação fantasiosa"[36], e em outra ocasião diz que a pedra só será encontrada "no momento em que a investigação tornar-se pesada para aquele que investiga"[37]. Esta observação só deve significar novamente que a condição psicológica é indispensável para a descoberta da pedra miraculosa.

As duas observações deixam bem clara a possibilidade de que, na opinião do autor, o segredo essencial da arte está oculto no espírito humano e, portanto, em termos modernos, no inconsciente (fig. 132). 361

Os alquimistas começaram a compreender que sua obra se achava ligada de algum modo à alma humana e suas funções; por conseguinte parece-me provável que o trecho do *Rosarium* acima mencionado não é um mero erro de impressão, coincidindo com as opiniões de outros autores. Eles insistem, sem exceção, no estudo meticuloso dos livros e na meditação dos mesmos. Assim, Richardus Anglicus[38] escreve em seu *Correctorium fatuorum*: 362

> "Consequentemente, todos aqueles que desejam alcançar o benefício desta Arte devem dedicar-se ao estudo e haurir a verdade nos livros e não nas fábulas inventadas ou obras men-

---

33. Compare-se com o "sal sapientiae", que segundo o antigo rito do batismo é dado ao batizando.

34. Op. cit., p. 257, 260 e 262.

35. Op. cit., p. 258.

36. *Art. aurif.* II, p. 214s.: "Et vide secundum naturam, de qua regenerantur corpora in visceribus terrae. Et hoc imaginare per veram imaginationem et non phantasticam."

37. Op. cit., p. 243: "Et invenitur in omni loco, et in quolibet tempore, et apud omnem rem, cum inquisitio aggravat inquirentem".[E é encontrada em todos os lugares, e em qualquer momento, e em todas as circunstâncias, quando a procura tem muito peso para aquele que procura.]

38. Cônego de S. Paul, Londres, médico particular do Papa Gregório IX, † aprox. 1252 (FERGUSON. *Bibliotheca chemica* II, p. 270s.).

Fig. 132. Representação dos conteúdos "secretos" (isto é, inconscientes) da obra; no centro, a mulher ligada ao rei do mar (como Netuno), e embaixo, à esquerda, como pescadora; à direita, o artifex como pescador da melusina.
Mutus liber (1702)

tirosas, porquanto esta Arte não será considerada verdadeira (muito embora o ser humano esteja sujeito a muitas ilusões), a não ser depois de concluídos os estudos e do conhecimento das palavras dos filósofos" etc.[39]

Bernardus Trevisanus relata como lutara inutilmente anos a fio,   363
até que finalmente um "sermo" (sermão) de Parmênides, inserido na *Turba,* conduziu-o ao bom caminho[40].

Hoghelande[41] escreve: 364

"Ele deve colecionar livros de vários autores, sem o que sua compreensão será impossível, e também não deverá rejeitar nenhum livro, mesmo que não o entenda depois de tê-lo lido uma, duas ou três vezes; que o releia dez, vinte, cinquenta vezes ou mais. Por fim, notará os pontos acerca dos quais os autores geralmente concordam: aí é que está oculta a verdade" etc.

O mesmo autor, referindo-se a Lulo, afirma não ser possível aos   365
homens executarem a obra por causa de sua ignorância, a não ser depois de terem passado pelo estudo da filosofia universal, que lhes revelará aquilo que permanece oculto e desconhecido aos demais. "Eis por que a nossa pedra não é uma banalidade, mas sim o âmago da nossa filosofia"[42]. Dionysius Zacharius conta que foi aconselhado por um "religiosus doctor excellentissimus" a abster-se de gastos inúteis em "sophisticationibus diabolicis" (sofística diabólica), dedicando-se de preferência ao estudo dos livros dos velhos filósofos, a fim de travar conhecimento com a 'vera materia" (verdadeira matéria). Depois de um ataque de desespero, auxiliado pelo espírito divino, ele se reergueu e com seriedade consagrou-se à leitura dos livros até esgotar seus recursos financeiros. Depois, começou a trabalhar no laboratório, onde viu o aparecimento das três cores, e na Páscoa do ano seguinte aconteceu o milagre – "vidi perfectionem" (vi a obra em sua perfeição) – a saber, o mercúrio "conversum in purum aurum

---

39. *Theatr. chem.* (1602) II, p. 444.

40. "Parmenides... qui me primum retraxit ab erroribus, et in rectam viam direxit." *Liber de alchemia* em *Theatr. chem.* (1602) I, p. 795.

41. De *alch. diff.* em *Theatr. chem.*, op. cit., p. 213s.

42. Op. cit., p. 206.

prae meis oculis" (convertido em ouro puro diante de meus olhos).
(Dizem que isso ocorreu no ano de 1550[43].) Este relato alude evidentemente à forte dependência da obra e sua meta de um pressuposto
espiritual. Richardus Anglicus rejeita toda a imundície com que tra-
balhavam os alquimistas, tais como cascas de ovos, fios de cabelo,
sangue de uma pessoa ruiva, basilisco, vermes, ervas e fezes humanas.
"Um homem colhe aquilo que semeia. Se ele semear imundície, também colherá imundície" [44]. "Voltai, ó irmãos, ao caminho da verdade
que ignorais; por isso eu vos aconselho, para vosso próprio bem, a es-
tudardes e trabalhardes no laboratório, refletindo permanentemente
sobre as palavras dos filósofos, de onde podereis extrair a verdade".[45]

366   Insiste-se na importância ou necessidade da razão (mens) e da inteligência, não só porque a execução de uma obra tão difícil exige
uma inteligência invulgar, mas porque segundo se presume há uma
espécie de poder mágico inerente à mente humana, capaz de transformar a própria matéria. Dorneus, que dedicou uma série de tratados interessantes[46] ao problema do modo pelo qual a obra se relaciona com o ser humano (fig. 133), escreveu o seguinte: "Na verdade, a
forma que corresponde ao intelecto do homem é o começo, o meio e
o fim do processo; tal forma é revelada pela cor amarela, indício que
o ser humano é a forma principal e a maior no opus espagírico"[47].
Dorneus traça um paralelo perfeito entre a obra alquímica e a transformação moral e intelectual do homem. O caminho de seu pensamento já fora antecipado no entanto no texto harranita do *Tratado
das tetralogias platônicas,* cujo título original é *Liber Piatonis quarto-*

---

43. *Opusculum phiosophiae naturalis* em *Theatr. chem.* (1602) I, p. 813 e 815s.

44. *Correctorium alchymiae* em *Theatr. chem.* (1602) II, p. 451.

45. Op. cit., p. 459.

46. *Theatr. chem.* (1602) I.

47. *Philosophia chemica* em *Theatr. chem.* (1602) I, p. 485: "Verum forma quae hominis est intellectus, initium est, medium et finis in praeparationibus: et ista denotatur
a croceo colore, quo quidem indicatur hominem esse maiorem formam et principa-
lem in opere spagirico". A "forma" age por "informatio" (que também é designada
por "fermentatio"). "Forma" é o mesmo que *ideia.* Ouro, prata etc. são formas da matéria, por isso a possibilidade de fazer ouro quando se consegue imprimir a forma do
ouro (impressio formae) à "informis massa" ou ao caos, isto é, à "prima materia".

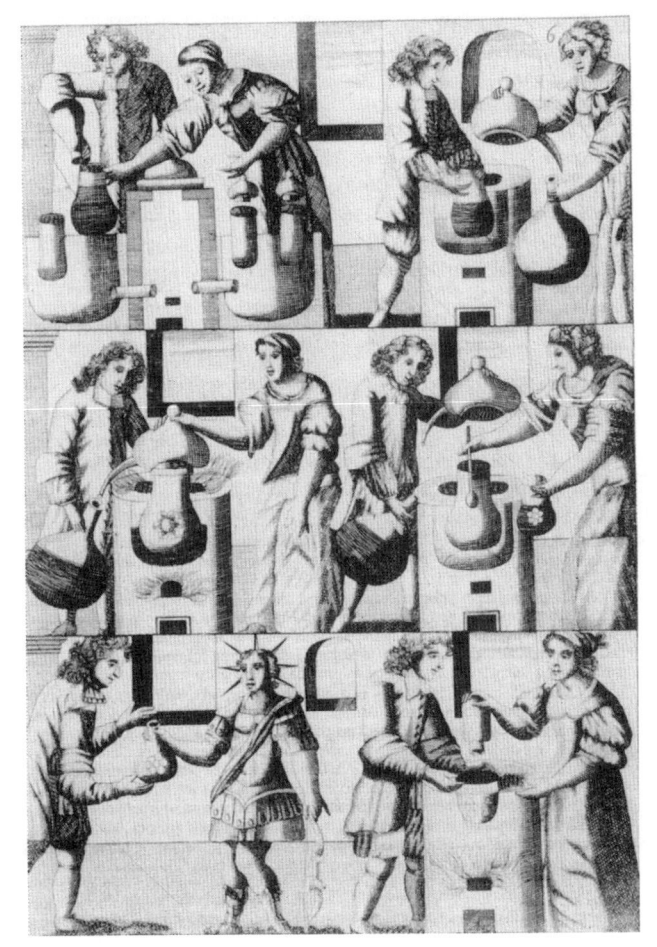

Fig. 133. Alquimistas trabalhando no opus várias etapas do processo.
Abaixo, surge o sol, trazendo a flor de ouro.
Mutus liber (1702)

rum[48]: "Para auxiliar o estudioso" o autor estabelece quatro linhas de correspondências, cada uma das quais consta de quatro "livros"[49]:

---

48. *Theatr. chem.* V, p. 114s.
49. Op. cit., p. 137.

I	II[53]	III	IV
1. De opere naturalium (Sobre a obra das coisas)	1. Elementum aquae	1. Naturae compositae (Naturezas compostas)	1. Sensus (Sentidos)
2. Exaltatio divisionis naturae (Exaltação da divisão da natureza)[50]	2. Elementum terrae	2. Naturae discretae (Naturezas distintas)	2. Discretio intellectualis (Discernimento intelectual)
3. Exaltatio animae (Exaltação da alma)[51]	3. Elementum aëris	3. Simplicia (Coisas simples)	3. Ratio (Razão)[54]
4. Exaltatio intellectus (Exaltação do intelecto)[52]	4. Elementum ignis	4. Aetheris simplicioris (Coisas etérias ainda mais simples)	4. Res quam concludunt hi effectus praecedentes (A coisa incluída nas operações precedentes)[55]

---

50. O livro mostra "quid separetur et praeparetur" [o que se deve separar e preparar]. A "Separatio" ou "solutio" refere-se à decomposição da matéria originária nos elementos.

51. O texto diz: "[...] liber in exaltatione animae, cum sit separatio naturae et ingenium in conversione sua a materia sua". [O livro sobre a exaltação da alma, sua separação da natureza e sua qualidade de transformar-se a partir da sua matéria.] A "anima" é separada de seu corpo (separatio). Enquanto "ingenium" ela é a sua qualidade, ou "alma", que deve ser transformada em sua própria matéria.

52. "Est sicut praeparatio totius, et conversio naturae ad simplex [...] et necesse est in eo elevari ab animalitate, plus quam natura, ut assimuletur praeparation(e) ipsis intelligentiis, altissimis veris". [É como a preparação do Todo e a conversão da natureza ao simples [...] e é necessário superar a animalidade mais do que o faz a natureza, a fim de que, por esta preparação, se assemelhe às inteligências mais elevadas e verdadeiras]. Assim sendo, o trabalho principal cabe ao intelecto: isto é, a sublimação até o estágio mais elevado, onde a natureza é transformada no simples, o qual, segundo sua própria natureza, tem afinidade com os espíritos, os anjos e as ideias eternas. Na segunda coluna, a este estágio mais elevado corresponde o fogo, "qui est super onmia dementa, et agit in eis" [que está acima de todos os elementos, e neles age], na terceira coluna, a forma etérea (a mais elevada) da natureza transformada, e, na quarta, a meta de todo o processo.

53. Esta coluna é precedida pela observação: "Vel si vis potes illas <scl. exaltationes> comparare elementis". [E se quiseres, podes comparar tais exaltações aos elementos.]

54. "Rationi vere dirigentti ad veritatem" [razão que realmente conduz à verdade].

55. Os "effectus" referem-se aos estágios precedentes do processo da transformação.

As quatro linhas mostram quatro aspectos do opus. A *primeira li-*   367
nha horizontal começa pelas coisas naturais, a "prima materia" representada pela água. Estas coisas são compostas, isto é, misturadas.
Corresponde-lhes na quarta coluna (vertical) a percepção dos sentidos. A *segunda linha horizontal* significa um grau mais elevado do
processo: na primeira coluna (vertical) da mesma, as naturezas misturadas são decompostas e transformadas de novo em seus elementos
originais; na segunda coluna, a terra é separada da água (primordial),
segundo o tema do Gênesis, tão apreciado na alquimia; na terceira
coluna, trata-se de uma separação conceitual e na quarta, do ato psicológico do discernimento.

A *terceira linha horizontal* mostra ainda mais nitidamente a pro-   368
gressão ascendente: na primeira coluna (vertical) a alma emerge da
natureza; na segunda, ocorre uma elevação (Erhebung) para o reino
do ar; na terceira, o processo chega às coisas "simples", as quais, por
não serem misturadas, são incorruptíveis, eternas e se aproximam
das ideias platônicas; na quarta, finalmente, ocorre uma ascensão da
"mens" (mente) à "ratio" (razão), à "anima rationalis" (alma racional),
isto é, à forma suprema da alma. A *quarta linha horizontal* mostra a
plenitude de cada uma das quatro colunas.

Primeira coluna: esta coluna é de natureza "fenomenológica"   369
(com a permissão do termo moderno): da somatória dos fenômenos
naturais emerge o elemento psíquico, o qual culmina na "exaltatio
intellectus", no fenômeno nítido da apercepção e do entendimento.
Sem dúvida, não estamos violentando o texto ao considerarmos esse
"intellectus" como a suprema lucidez da consciência.

Segunda coluna: de acordo com uma antiga concepção alquími-   370
ca, a terra surge das águas caóticas e originárias, da "massa confusa"; sobre ela o ar se acumula como elemento volátil, desprenden-
do-se da terra. Acima de tudo, o fogo[56], a substância mais "fina", isto
é, o pneuma ígneo[57], que já toca o trono dos deuses[58] (fig. 134 e tb.
figs. 166, 178 e 200).

---

56. Ἀνωτάτω μὲν οὖν εἶναι τὸ πῦρ (DIOGENES LAERTIUS. *De viris philosophorum*, VII, 1: Sobre Zenão, 137).

57. Doutrina estoica.

58. Ainda em Lactantius (*Institutiones*, VII, 12) a alma é de natureza ígnea e luminosa.

Fig. 134. Saturno ou Mercurius senex é cozido no banho até que seu
espírito, a pomba branca (pneuma), dele se eleve.
TRISMOSIN, *Splendor solis*

Terceira coluna: esta coluna é de natureza conceitual ou ideal,   371
contendo portanto juízos intelectuais. O que é misturado decompõe-se
em seus diversos componentes que, por sua vez, são reduzidos ao
"simples"; deste, emergem finalmente as quintessências, ou seja, as
ideias simples e primordiais. O éter é a quintessência[59].

Quarta coluna: esta coluna é exclusivamente psicológica. Os   372
sentidos transmitem a percepção. A "discretio intellectualis" corresponde à apercepção, que está submetida à "ratio", ou à "anima rationalis", supremo bem concedido por Deus ao homem. Acima da "anima rationalis" só está a "coisa", resultado de todas as operações precedentes. O *Liber quartorum* interpreta esta "coisa" como sendo "o
Deus invisível e imóvel[60], cuja vontade criou a inteligência; a alma
simples originou-se da vontade, bem como da inteligência (compreendida aqui como 'intellectus'[61]; mas a alma condiciona as naturezas
distintas que produziram as naturezas compostas, e estas últimas
mostram que uma coisa só pode ser conhecida através daquilo que
lhe é superior. A alma é superior à natureza, e através dela se conhece
a natureza; a inteligência é conhecida pelo que lhe é superior e só é
abrangida pelo Deus único, cujo ser é inapreensível"[62].

O texto original diz o seguinte: 373

> "[...] scias quod scientia antiquorum quibus appraeparatae
> sunt scientiae et virtutes, est quod res ex qua sunt res est Deus
> invisibilis et immobilis, cuius voluntate intelligentia condita
> est; et voluntate et intelligentia[63] est anima simplex, per ani-
> mam sunt naturae discretae, ex quibus generatae sunt compo-
> sitae, et indicant quod res non cognoscitur, nisi per suum su-

---

59. ARISTÓTELES. *De celo*, I, 3, e *Meteorologica*, I, 3.

60. Em ARISTÓTELES (*Meteor.*, XII, 7) Deus é οὐσία τις ἀίδιος καὶ ἀκίνητος [um
ser eterno e imutável].

61. Fechner também pensa deste modo (*Elemente der Psychophysik* 11, p. 526): "O
psiquicamente homogêneo e simples liga-se a uma multiplicidade física, a multiplicidade física contrai-se psiquicamente no homogêneo, no simples ou no mais simples
ainda.

62. Liber quartorum em *Theatr. chem.* V, p. 145 e 144.

63. Em vez de "intelligentiae".

perius. Anima vero est super naturam, et per eam cognoscitur natura, sed intelligentia est superior anima et per eam cognoscitur anima, et intelligentia(m)[64] noscit, qui[65] superior ea est, et circundat eam Deus unus, cuius qualitas apprehendi non potest."

374   O autor acrescenta uma citação, cuja origem não posso comprovar. Ei-la:

> "O filósofo disse no *Livro dos Diálogos*: "eu circundei os três céus, a saber, o das naturezas compostas, o das naturezas distintas e o da alma. Mas quando quis circundar o céu da inteligência, a alma me disse: 'Aquele não é o teu caminho. Então a natureza me atraiu e eu fui atraído'. Tal constatação de princípio o filósofo não a fez para designar esta ciência, mas porque desejava que suas palavras revelassem a força que liberta a criatura. Queria que se compreendesse, neste tipo de obra, como se reconhece o processo inferior pelo superior". O texto original diz: "Et dixit philosophus in libro Dialogorum: Circuivi três coelos, scilicet coelum naturae compositae, coelum naturae discretae et coelum animae. Cum autem volui circumire coelum intelligentiae, dixit mihi anima, non habes illuc iter, et attraxit me natura, et attractus sum".

375   Neste texto antiquíssimo – que em sua versão árabe não se situa muito depois do século X, contendo inúmeras partes ainda mais antigas – encontramos uma enumeração sistemática dos pontos de correspondência entre o "opus alchemicum" e os processos paralelos filosóficos e psicológicos. Por aí podemos perceber facilmente até que ponto os processos químicos materiais coincidiam com os fatores espirituais, ou melhor, psíquicos, para aqueles pensadores. A correspondência chegava tão longe que se designava por "cogitatio" ou pensar aquilo que devia ser extraído da matéria[66]. Essa estranha ma-

---

64. Em vez de "intelligentia".

65. Em vez de "et quid".

66. Op. cit., p. 144. "Sedentes super flumina Eufrates, sunt Caldaei [...] priores, qui adinvenerunt extrahere cogitationem." [Os caldeus estabelecidos à margem do Eufrates... foram os primeiros a inventar a arte de extrair o "pensamento"].

neira de ver as coisas poderia ser explicada pela seguinte hipótese: os antigos filósofos suspeitavam da projeção de seus conteúdos anímicos na matéria. Como há uma conexão íntima entre o ser humano e o segredo da matéria, não só Dorneus como antes dele o *Liber quartorum* já exigiam que o operator estivesse à altura de sua tarefa; este devia realizar em si próprio o processo que atribuía à matéria, "uma vez que as coisas são levadas à perfeição pelo que lhes é semelhante". Esta é a razão pela qual o operator deve "estar presente" na obra (oportet operatorem interesse operi). "Se o pesquisador estiver longe de possuir a semelhança (com a obra) não galgaria a altura que descrevi, nem atingiria o caminho que conduz à meta"[67].

Devido à projeção há uma *identidade inconsciente* entre a psique do alquimista e a substância arcana ou substância de transformação: o espírito cativo dentro da matéria. Assim sendo, o *Liber quartorum* recomenda que se use o "occiput" (isto é, a parte posterior do crânio humano) como vaso de transformação[68] (comparar com fig. 75), por nele estarem contidos o pensamento e o intelecto[69] (fig. 135). De fato, precisamos do cérebro como morada da "parte divina" (partis divinae). "As coisas – prossegue o texto – são transformadas através do tempo e de definições mais precisas em intelecto, na medida em que as partes são assimiladas umas às outras na composição e na forma. Mas, por estar mais perto da 'anima rationalis', o cérebro assimilou-se à mistura e, como dissemos, a 'anima rationalis' é simples"[70].

376

---

67. Op. cit., p. 137.

68. "Si utaris opere exteriori, non utaris nisi occipitio capitis, et invenies" [Se aplicares a operação exterior, deves usar unicamente o "occiput", e então encontrarás] (Op. cit., p. 124). Esta conjectura é sujeita a reservas, pois ainda não tenho em mãos o texto árabe.

69. "Os capitis est mundum et est [...] minus os, quod sit in (h)omine <texto: nomine>, et vas mansionis cogitationis et intellectus [...]" [O crânio é puro; ele é um osso menor no corpo humano, ele é o vaso onde habitam o pensamento e a razão] (Op. cit., p. 124).

70. "Res convertuntur per tempus ad intellectum per certitudinem, quantum partes assimulantur in compositione et in forma. Cerebrum vero propter vicinitatem, cum anima rationali <o 'et' deve ser eliminado> permixtioni oportuit assimulari, et anima rationalis est simplex sicut diximus."

377   O pressuposto inerente a esta linha de pensamento é o efeito operacional da analogia; em outros termos, assim como a partir da multiplicidade das percepções sensoriais produz-se a unidade na psique e a simplicidade da ideia, assim também a partir da água originária produz-se finalmente o fogo, isto é, a substância etérea; não porém – e isto é decisivo – como simples analogia, mas como *efeito do estado espiritual sobre a matéria*. Dorneus diz, consequentemente: "Há, escondida no corpo humano, uma substância metafísica conhecida por poucos e que no fundo não necessita de qualquer medicamento, pois ela mesma é um medicamento incorruptível". Este remédio é de natureza tríplice: metafísica, física e moral (que hoje chamaríamos de "psicológica"). "O leitor atento – diz Dorneus – concluirá que se deve passar da metafísica para a física mediante um processo filosófico"[71]. Este remédio é obviamente a substância arcana, também definido por ele em outra passagem como "veritas" (verdade):

> "Há uma certa verdade nas coisas naturais, impossível de ver-se com os olhos exteriores, mas que só a mente percebe (sola mente). Os filósofos a experimentaram e acharam que sua força é tão grande a ponto de operar milagres"[72]. "Toda a Arte consiste nesta (verdade) que liberta o espírito (spiritus) de suas cadeias, do mesmo modo que, como já dissemos, o entendimento é liberto (moralmente) do corpo"[73]. "Tal como a fé que opera milagres no ser humano, assim também esta força, a 'veritas efficaciae' (verdade da eficácia), faz o mesmo na matéria. Esta verdade é a força suprema, de uma fortaleza invencível e nela a pedra dos filósofos está em segurança"[74].

378   Pelo estudo dos filósofos o homem toma-se capaz de atingir esta pedra. E esta última, por sua vez, é o homem. Neste sentido, Dorneus exclama: "Transformai-vos de pedras mortas em pedras filosofais vivas"![75], exprimindo deste modo claramente a identidade daquilo que está no homem com aquilo que está escondido na matéria.

---

71. *Speculativa philosophia* em *Theatr. chem.* (1602) I, p. 265.

72. Op. cit., p. 298.

73. Op. cit., p. 264.

74. Op. cit., p. 266.

75. Op. cit., p. 267: "Transmutemini de lapidibus mortuis in vivos lapides philosophicos".

Fig. 135. O crânio como símbolo da "mortificatio" de Eva,
representando o aspecto feminino da "prima materia". Contrariamente ao
caso de Adão, onde "arbor" corresponde ao falo (cf. fig. 131),
a árvore cresce aqui na cabeça de Eva.
Miscellanea d'alchimia (século XV)

379   Em seu *Recueil stéganographique*[76], Béroalde de Verville diz o seguinte:

> "Qui quelquefois a veu changer la goutte de mastic, et la pres-
> sant en faire sortir vne larme limpide, qu'il prenne garde et il
> verra au temps prefix de la douce pressure du feu issir du subiet
> philosophic, vne substance pareille: car aussi tost que sa noirceur
> violette sera pour la seconde fois excitée, il s'en suscitera comme
> vne goutte ou fleur ou flame ou perle, ou autre similitude de pi-
> erre précieuse, laquelle sera diversifiée iusques à ce qu'elle coule
> en blancheur tres-claire, qui puis après sera susceptible de se ves-
> tir de l'honneur des beaux rubis, et pierres etherees, qui sont le
> vray feu de l'ame et lumière des Philosophes." (Quem por aca-
> so já viu a mudança da gota de resina e premindo-a dela fez
> sair uma lágrima límpida, então preste atenção e verá no tem-
> po oportuno sair da coisa filosófica pela doce pressão do fogo
> uma substância semelhante: assim que seu negrume violáceo
> for excitado pela segunda vez, aparecerá uma espécie de gota
> ou flor ou chama ou pérola ou qualquer espécie similar de pe-
> dra preciosa, que se diversificará até escorrer em alvura clarís-
> sima, depois susceptível de vestir-se com a honra de belos ru-
> bis e de pedras etéreas, que são o verdadeiro fogo da alma e
> luz dos filósofos.)

380   O que dissemos deve ser suficiente para se compreender que desde os tempos mais remotos a alquimia apresentava um duplo aspecto: por um lado, a obra química prática no laboratório e, por outro,
um processo psicológico, em parte consciente e psíquico, e em parte
inconsciente e projetado nos processos de transformação da matéria.

381   Não é necessário despender muitos esforços no começo da obra;
basta abordá-la com "espírito livre e vazio", tal como diz o texto[77].
Há uma regra importante a ser observada: "o espírito (mens) deve estar em harmonia com a obra e esta deve estar acima de todas as coi-

76. Le Tableau des riches inventions [5ª p. sem numeração].

77. IOANNES A MEHUNG (JEAN DE MEHUN, nascido entre 1250 e 1280). *De-
monstratio naturae* em *Mus. herm.* "[...] liberi vacuique animi" (p. 157).

sas"[78]. Segundo outro texto, a fim de atingir a "compreensão áurea" (áurea apprehensio) devemos manter os olhos do espírito e da alma bem abertos e contemplar e conhecer com a luz interior acesa por Deus na natureza e em nossos corações, desde os primórdios[79].

O fato de a psique do artista estar intimamente ligada à obra, não só como mediadora, mas também como origem e ponto de partida, torna compreensível a relevância dada à constituição e à atitude mental e psíquica do alquimista. Alphidius diz o seguinte[80]: "Sabe, não poderás obter esta ciência sem primeiro purificar teu espírito diante de Deus, isto é, até que erradiques toda corrupção de teu coração". Segundo a *Aurora Consurgens,* a casa do tesouro da sabedoria hermética repousa sobre o fundamento de catorze virtudes principais: saúde, humildade, santidade, castidade, força[81], vitória, fé, esperança, amor (caritas), bondade (benignitas), paciência, moderação, atitude ou compreensão espiritual[82] e obediência.

382

O pseudo-Tomás do tratado que citamos menciona esta frase: "Expurgai as pavorosas trevas do nosso espírito"[83], e dá como exemplo Senior, o velho alquimista, falando a respeito da "nigredo" e da

383

---

78. THOMA NORTONUS ANGLUS. *Tractatus chymicus,* cap. VI, em *Mus. herm.* "Nam mens ejus cum opere consentiat..." (p. 519).

79. *Aquarium sapientum* em *Mus. herm.,* p. 107.

80. *Aurora* I, cap. X, quinta parábola, p. 90 e 92: De domo thesauraria: "Et Alphidius: Scito, quod hanc scientiam habere non poteris, nisi mentem tuam Deo purifices, hoc est in corde omnem corruptionem deleas".

81. O texto diz: "[...] virtus, de qua dicitur, virtus ornat animam, et Hermes, et recipit virtutem superiorum et inferiorum Planetarum, et sua virtute penetrat omnem rem solidam..." [A força da qual se diz: a virtude é o ornamento da alma e Hermes: e ela recebe a força dos planetas superiores e inferiores, e com esta força ela penetra todas as coisas sólidas] (Op. cit., p. 190); compare-se com RUSKA (org.). *Tabula smaragdina* (p. 2): "[...] et recipit vim superiorum et inferiorum".

82. O texto é esclarecido através de Ef 4,23s.: "[...] renovamini [autem] spiritu mentis vestrae, et induite novum hominem..." [renovai-vos, pois, no espírito de vossa mente, e revesti-vos do homem novo...] e acrescenta "hoc est intellectum subtilem" [e isto é uma inteligência sutil].

83. Op. cit., I, cap. IX, quarta parábola (p. 76): "[...] de corpore, de quo canitur: Horridas nostrae mentis purge tenebras".

"dealbatio" (alvejamento)[84]. Deste modo, as "trevas do nosso espírito" coincidem indubitavelmente com a "nigredo" ou "negrume"
(figs. 34, 48, 115 e 137); o autor sente ou vivencia deste modo o estágio inicial do processo alquímico como algo idêntico à sua própria
condição psicológica.

384   Geber, outra autoridade antiga, também testemunha neste sentido. Segundo o *Rosarium,* em seu livro *Liber perfecti magisterii*[85], Geber requer do artifex (artista) as seguintes qualidades psicológicas e
caracterológicas: ele deve ter o espírito extremamente sutil e dispor
de conhecimentos suficientes acerca dos metais e dos minerais.
Assim, pois, não pode ser grosseiro de espírito ou rígido, nem pode
ser voraz ou cobiçoso, indeciso e inconstante. Não deve ser apressa-
do ou presunçoso. Pelo contrário, deve ter firme propósito, longani-
midade, perseverança, paciência, docilidade e moderação.

385   O autor do *Rosarium* afirma que quem desejar ser iniciado nesta
arte e sabedoria não deve ser arrogante e sim piedoso, correto, profundamente compreensivo, humano, de semblante alegre e temperamento feliz. "Meu filho – prossegue ele – antes de mais nada eu te
exorto ao temor de Deus, que sabe a espécie de homem que és, e
onde está o auxílio para todo e qualquer solitário"[86].

---

84. Op. cit.: "Senior: et facit omne nigrum album..." [e ele branqueia tudo que é
negro].

85. Segundo o *Rosarium* em *Art. aurif.* II, p. 228. O texto da *Summa perfectionis* é
muito mais detalhado. Ocupa todo o capítulo V do liber I sob o título "De impedi-
mentis ex parte animae artificis" [Dos obstáculos provenientes da alma do artifex]. Cf.
DARMSTAEDTER. *Die Alchemie des Geber,* p. 20s.

86. *Rosarium* em *Art. aurif.* Il, p. 227: "Deum timere, in quo dispositionis tuae visus est,
et adiuvatio cuiuslibet sequestrati". A citação provém do *Tractatus aureus* (também intitulado *Septem tractatus seu capitula Hermetis Trismegisti, aurei:* isto na primeira edição? em *Ars chem.*) Mas lá a passagem soa (no início do cap. 2, p. 14): "Fili mi, ante omnia moneo te Deum timere, in quo est nisus tuae dispositionis et adunatio cuiuslibet
sequestrati." [Meu filho, exorto-te antes de mais nada a temer Deus em quem está a
força da tua disposição e a aliança como todo e qualquer solitário]. Sobre a modifica-
ção da citação de Hermes no *Rosarium*, compare com § 140, nota 18 [deste volume].

A introdução à Arte, dada por Morienus a Calid[87], é particular-   386
mente instrutiva:

> "Esta coisa que há tanto tempo procuras não pode ser con-
> quistada ou realizada à força ou com paixão. Ela só é conquis-
> tada pela paciência e humildade e através do amor decidido e
> perfeito. É que Deus concede esta ciência divina e pura a seus
> fiéis servidores, àqueles a quem Ele decidiu concedê-la desde
> o estado primordial das coisas [...][88]" (Seguem-se algumas ob-
> servações a respeito da transmissão da Arte aos alunos.) "Eles
> (os eleitos) também não conseguiram reter coisa alguma a não
> ser pela força concedida por Deus, nem podiam dirigir suas
> mentes a não ser para a meta[89], que Deus lhes havia fixado. E
> isto porque Deus encarrega dentre os seus servidores aqueles
> que escolheu para esta intenção (fig. 136) no sentido de pro-
> curarem essa ciência divina, oculta aos homens, e de preser-
> vá-la em si mesmos. Ela é a ciência que afasta seu possuidor
> (aquele que a pratica) das misérias deste mundo, conduzin-
> do-o ao conhecimento dos bens futuros".

> "Quando o rei perguntou a Morienus por que preferia viver
> nas montanhas e nos desertos e não nos mosteiros, ele respon-
> deu: Não duvido que encontre mais tranquilidade nos moste-
> ros e comunidades e trabalho mais árduo nos desertos e mon-
> tanhas; mas ninguém colhe aquilo que não semeia [...] O ca-
> minho que conduz à paz é extremamente estreito e ninguém o
> encontra a não ser pelo sofrimento da alma".[90]

Ao ler esta última frase não devemos esquecer que Morienus não   387
fala para a edificação geral, mas que se refere à Arte divina e sua obra.

---

87. *Morieni Romani quondam eremitae Hierosolymitani, De re metallica* etc. compare-se com REITZENSTEIN. *Alchemistische Lehrschriften und Märchen bei den Arabern.* Morienus (Morienes ou Marianus) deve ter sido o mestre do príncipe omíada
Khalid Ibn Jazid Ibn Mu'awijah (635-704). Cf. VON LIPPMANN. *Entstehung und
Ausbreitung der Alchemie*, p. 357. A passagem também se encontra em *Morieni Romani
eremitae Hierosolymitani sermo* em *Art. aurif.* II, p. 22s.

88. "Quibus eam a primaeva rerum natura conferre disposuit" (p. 22).

89. "[...] animos suos etiam ipsi regere non possunt diutius nisi usque ad terminum"
etc. (p. 23).

90. Op. cit., p. 18: "[...] nisi per animae afflictionem".

Michael Maier exprime algo semelhante ao dizer: "Na química há uma certa substância nobre (lapis): em seu começo reina a aflição com o vinagre, mas em seu fim reina a felicidade com alegria; assim supus que o mesmo aconteceria comigo: que primeiro sofreria dificuldades, tristeza e desgosto, mas que finalmente todas as coisas se tornariam mais alegres e mais fáceis"[91].

Fig. 136. Deus ilumina o artifex.
BARCHUSEN. *Elemente chemicae* (1718)

388   O mesmo autor também confirma que "a química estimula o artifex a meditar nos bens celestes"[92], e que o iniciado por Deus nesses mistérios "rejeita todas as preocupações insignificantes tais como o comer e o vestir, sentindo-se como se tivesse renascido"[93].

389   A dificuldade e a aflição encontradas no início da obra coincidem outra vez com a "nigredo", tal como "as pavorosas trevas do nosso espírito" mencionadas na *Aurora Consurgens;* e estas, por sua

---

91. *Symbola*, p. 568.
92. Op. cit., p. 144.
93. Op. cit., p. 143.

vez, devem ser o mesmo que a "afflictio animae", o sofrimento da alma mencionado por Morienus. O termo "amor perfectissimus" com o qual ele caracteriza a atitude do adepto exprime uma devoção extrema para com a obra. Se essa "seria meditatio" (séria meditação) não for apenas mero palavrório – suposição esta que não temos razão alguma para levantar –, então podemos imaginar que os antigos adeptos se dedicavam à obra com uma concentração incomum e com um verdadeiro fervor religioso (cf. o texto abaixo). Uma tal devoção propicia a projeção de valores e de significados no objeto de investigação apaixonada, preenchendo-o de formas e figuras cuja origem primeira está no inconsciente do pesquisador.

C. Meditação e imaginação

A ideia que expusemos coincide com o modo singular e extraordinário designado pelos alquimistas com os termos de "meditatio" e "imaginatio". O *Lexicon Alchemiae* (Dicionário de Alquimia) de Ruland, datado de 1612, define a "meditatio"[94] nos seguintes termos: "A palavra "meditatio' é usada quando ocorre um diálogo interior com alguém invisível que tanto pode ser Deus, quando invocado, como a própria pessoa ou seu anjo benigno" (fig. 137). Este "diálogo interior" é familiar ao psicólogo – por constituir uma parte essencial da técnica do diálogo com o inconsciente[95]. A definição de Ruland prova sem dúvida alguma que os alquimistas, ao falarem em "meditari", não se referem a uma simples reflexão, mas a um diálogo interior e portanto a uma relação viva com a voz do "outro" em nós que responde, isto é, com o inconsciente. O conceito de meditação no "dictum" (dito) hermético: "E como todas as coisas vêm do Uno, através da meditação do Uno" deve ser entendido na acepção alquímica de

390

---

94. "Meditatio <cf. v.> dicitur, quoties cum aliquo alio colloquium habetur internum, qui tamen non videtur. Ut cum Deo ipsum invocando, vel cum seipso, vel proprio angelo bono" (p. 327). Esta concepção corresponde de certa forma ao "colloquium" nos exercícios de Inácio de Loyola. Todos os autores são unânimes em enfatizar a importância da meditação.

95. Remeto a minha exposição em *O eu e o inconsciente* [§ 341s.].

Fig. 137. Alquimista meditando no estado da "nigredo", no início do opus.
JAMSTHALER. *Viatorium spagyricum* (1625)

um diálogo criativo mediante o qual as coisas passam de um estado
potencial inconsciente para um estado manifesto. Assim, pois, lê-se
num tratado de Philalethes[96]: "O maravilhoso é que a nossa pedra,
apesar de já ser perfeita e capaz de transmitir a tintura perfeita, hu-
milha-se de novo voluntariamente e medita uma nova volatilidade,
sem nenhuma manipulação"[97]. Veremos logo o que se entende por
volatilidade meditada, quando ele diz: "Ela (a pedra) liquefar-se-á
voluntariamente [...] e a uma ordem de Deus será dotada de espírito,
o qual erguerá voo, levando consigo a pedra"[98]. "Meditar" significa,

---

96. *Introitus apertus* em *Mus. herm.*, p. 693.

97. "[...] novamque volatilitatem citra ullam manuum impositionem meditabitur".

98. Compare-se com a lenda maometana do rochedo na mesquita de Omar (Jerusalém), que queria acompanhar Maomé em sua ascensão ao céu.

portanto, que através de um diálogo com Deus haverá mais espírito fluindo para a pedra; isto quer dizer que esta se espiritualiza, volatiliza e se sublima cada vez mais (fig. 178). Khunrath escreve mais ou menos o mesmo:

> "Assim, pois, estuda/ medita/ sua/ trabalha, cozinha... abrir-se-á então para ti uma torrente salutar, a qual nasce do coração do filho do grande mundo", uma água "que nos é dada pelo próprio filho do grande mundo e que jorra de seu corpo e coração, tornando-se uma verdadeira Aqua Vitae natural..."[99]

Fig. 138. O espírito mercurial da "prima materia" sob a forma da salamandra "deleitando-se" no fogo.
MAIER. *Scrutinium chymicum* (1687)

Da mesma forma, a "meditatio caelestium bonorum" (meditação 391 dos bens celestes) acima mencionada deve ser entendida no sentido de uma relação dialética e viva com certas dominantes do inconscien-

---

99. *Hyleal. Chaos*, p. 274.

te. No tratado de um alquimista francês[100] do século XVII/XVIII encontramos uma excelente confirmação disto. Diz ele textualmente:

> "Quantas vezes os vi (os sacerdotes Aegyptiorum) tomados de alegria por causa de minha compreensão e me beijavam com afeto, pois aprendia facilmente as ambiguidades de um ensinamento paradoxal. Quantas vezes eles se comoviam, tocados por minhas belas descobertas sobre as figuras das complexas sabedorias antigas, e mostravam a meus olhos e dedos o vaso hermético, a salamandra (fig. 138; cf. tb. as figs. 129 e 130), a lua cheia e o sol nascente."

Fig. 139. Hermes, fazendo aparecer magicamente a alma
alada do interior de uma urna funerária.
Lekythos funerário ático

---

100. Extraio este texto de um manuscrito intitulado *Figurarum aegyptionun secretarum...* Incipit: "Ab omni aevo aegyptiorum sacerdotes" [p. 1]. Colophon: "laus Jesu in saecula" [p. 46] (fol. 47, pergaminho, século XVII; que está em minha posse). [Os egípcios sempre tiveram sacerdotes] Colofão [A glória de Jesus por todos os séculos]. As figuras deste manuscrito são idênticas às encontradas no ms. n. 973 (século XVIII) da Bibl. de l'Arsenal, Paris. Elas provêm da *Pratique* de Nicolas Flamel (1330 a 1417), ms. francês n. 14.765/2 (século XVIII) da Bibl. Nationale, Paris. A origem do texto latino do meu manuscrito ainda é desconhecida (cf. figs. 23,148, 157 e 164).

Embora esta história não seja uma confissão, mas uma descrição   392
da idade de ouro da alquimia, ela mostra como a estrutura psicológica do "opus" era concebida pelo alquimista. O que constituía o segredo propriamente dito era a relação frente aos poderes invisíveis da
alma. Os antigos mestres gostavam de recorrer à forma alegórica
para exprimir este segredo. A *Visio Arislei*[101] é um dos monumentos
mais antigos do gênero, exercendo uma influência considerável sobre a literatura alquímica posterior. Ela é, por todas as suas características, parente próxima das séries de visões conhecidas na psicologia do inconsciente (cf. abaixo).

Há pouco mencionei que os conceitos de "imaginatio" e de "me-   393
ditatio" têm um significado especial no "opus" alquímico. Já trava-
mos conhecimento com a notável passagem do *Rosarium* que nos ensina como a obra deve ser executada com a verdadeira "imaginatio".
Do mesmo modo, aprendemos através de outra citação como a árvore filosofal cresce mediante a contemplação (figs. 121 e 135). O dicionário de Ruland (*Lexicon Alchemiae*) ajuda-nos a compreender o que
o alquimista entende por "imaginatio".

Diz Ruland: "A imaginação é o astro no homem[102], o corpo ce-   394
leste ou supraceleste". Esta definição surpreendente dá um enfoque
particular aos processos da imaginação ligados ao "opus": não devemos de forma alguma encará-los como fantasmas insubstanciais a
modo de imagens da fantasia, mas como algo corpóreo dotado de um
"corpus" sutil (fig. 139) de natureza semiespiritual. Em uma época
na qual não havia uma psicologia empírica da alma era fatal que rei-
nasse um tal concretismo: tudo o que era inconsciente se projetava na
matéria, isto é, vinha de fora ao encontro do ser humano. Tratava-se
de certa forma de um ser híbrido, meio espiritual, meio físico, con-

---

101. *Art. aurif.* I, p. 146s. Cf. Ruska, tradução na Festschrift de STICKER *Historische Studien und Skizzen zur Natur-und Heilwissenschaft*, p. 22s. Mais antigas ainda são as séries de visões de Zósimo em περὶ ἀρετῆς [A virtude] (BERTHELOT. *Alch. grecs* III, I, 1s.) bem como a de Krates (BERTHELOT, *Chimie au moyen âge* III, p. 44s.).

102. "[...] astrum in homine, coeleste sive supracoeleste corpus". Ruland segue Paracelso neste ponto. Remeto, portanto, aos meus *Estudos alquímicos* [§ 173].

cretização que não raro encontramos na psicologia dos primitivos.
Assim sendo, a "imaginatio" ou ato de imaginar também é uma atividade física que pode ser encaixada no ciclo das mutações materiais;
pode ser causa das mesmas ou então pode ser por elas causada. Deste
modo, o alquimista estava numa relação não só com o inconsciente,
mas diretamente com a matéria que ele esperava transformar mediante a imaginação. A curiosa expressão "astrum" (astro) é um termo
de Paracelso, significando neste contexto algo de semelhante à "Quintessência"[103]. *A "imaginatio" é, pois, um extrato concentrado das forças vivas do corpo e da alma.* Compreende-se, assim, a exigência de
que o artista tenha uma constituição física sadia, uma vez que trabalha com sua quintessência e através dela; daí ser essa condição indispensável ao seu trabalho. Devido à mistura do físico e do psíquico
não se pode dizer ao certo se as transformações decisivas no processo
alquímico devem ser procuradas no âmbito material ou no espiritual.
Na realidade, esta questão está malformulada. Naquela época não
havia a alternativa ou/ou, mas um reino intermediário entre a matéria e a mente, isto é, um domínio anímico de corpos sutis[104], cuja característica era manifestar-se tanto sob a forma espiritual, como material. Só esta maneira de ver pode transpor o absurdo da linha do
pensamento alquímico para a esfera do inteligível. Obviamente, a
existência desse reino intermediário cessa no momento em que se
busca examinar a matéria em si mesma, independentemente de qualquer projeção; o reino intermediário dos corpos sutis permanece na
não existência enquanto acreditamos saber algo de definitivo acerca
da matéria e da alma. Mas assim que a física toca numa região "nunca
pisada, ou que não deve ser pisada" e simultaneamente a psicologia
deve admitir outras formas de existência psíquica além das aquisições
da consciência pessoal, isto é, no momento em que esta última (a psicologia) depara com uma escuridão impenetrável, o reino interme-

---

103. RULAND, op. cit., cf. v. "astrum": "virtus et potentia rerum, ex praeparationibus acquisita" [Astro: virtude e força das coisas adquiridas graças à preparação]; daí
também: "extractum" ou "quinta essentia".

104. Figulus (*Rosarium novum*, p. 109) diz: "<Anima> é como uma fumaça sutil e
imperceptível".

diário revive e o físico e o psíquico tomam a fundir-se numa unidade indivisível. Atualmente estamos bem próximos desta virada.

Estas reflexões e outras do mesmo gênero são inevitáveis se quisermos compreender um pouco a estranha terminologia alquímica. Já se tornou obsoleto falar acerca dos "extravios" da alquimia, uma vez que seu aspecto psicológico põe a ciência diante de novos desafios. Na alquimia encontramos problemas bem modernos que no entanto se situam fora da área da química.

O conceito da "imaginatio" é provavelmente uma das chaves mais importantes, se não a mais importante para a compreensão do "opus". O autor anônimo do tratado *De sulphure*[105] fala da faculdade imaginativa da alma no trecho em que tenta comunicar algo que os antigos teriam omitido, ou seja, a indicação clara acerca do segredo da Arte; diz que a alma ocupa o lugar de Deus (sui locum tenens seu vice Rex est) e habita o espírito da vida que está no sangue; que ela governa a inteligência[106] e esta, o corpo; que a alma opera no corpo (operatur), mas que a maior parte de sua função (operatio) é exercida fora do corpo (podemos acrescentar a modo de explicação: na projeção); que esta característica é divina, pois a sabedoria divina só está contida parcialmente no corpo do mundo; em sua maior parte ela está fora e imagina coisas muito mais elevadas do que o corpo do mundo pode conceber (concipere); essas coisas estão além da natureza e são os próprios mistérios de Deus. A alma é um exemplo disto: ela também imagina muitas coisas profundíssimas fora do corpo, à semelhança de Deus. No entanto, o que a alma imagina acontece apenas na mente[107], mas o que Deus imagina acontece na realidade. "A alma no entanto tem o poder absoluto e independente de fazer outras coisas (alia facere) além das que o corpo pode entender. Quando ela quer, tem o maior poder sobre o corpo (potestatem in corpus); pois de outra forma, nossa filosofia seria vã [...] Podes entender coisas maiores porque te abrimos as portas."

395

396

---

105. *Mus. herm.*, p. 601s.

106. "Illa gubernat mentem" (op. cit., p. 617).

107. "[...] exequitur nisi in mente" (op. cit., p. 617).

D. Alma e corpo

397   A passagem que acabamos de citar nos fornece ideias preciosas sobre o modo de pensar do alquimista. Nesse texto a alma é evidentemente uma "anima corporalis" (figs. 91 e 208) que mora no sangue. Corresponderia, pois, ao inconsciente na medida em que este último é compreendido como fenômeno psíquico intermediário entre a consciência e a função fisiológica do corpo. Na escala tântrica dos chakras[108], esta "anima" localizar-se-ia abaixo do diafragma. Por outro lado, ela é também ministro de Deus, vice-rei e uma analogia do "Deus creator". Há pessoas que sentem a necessidade de colocar um supraconsciente ao lado ou acima do inconsciente ao qual não podem conceber senão como um "subconsciente. Tais hipóteses não preocupam os nossos filósofos; segundo a sua doutrina, toda forma elementar de ser contém dentro de si sua polaridade, isto é, seu oposto. Com isto adiantaram-se à problemática psíquica dos opostos. Nesse contexto o autor diz algo de importante acerca do elemento ar[109]:

> "O ar é um elemento puro, não alterado, o mais digno de sua espécie, particularmente leve e invisível, mas interiormente pesado, visível e sólido. Nele está incluído (inclusus) o espírito do Altíssimo que se movia sobre as águas antes da criação, segundo o testemunho das Sagradas Escrituras: "E ele voou nas asas dos ventos"[110]. Neste elemento estão integradas todas as coisas (integrae) pela imaginação do fogo".

398   A fim de podermos compreender tais afirmações temos que livrar-nos de todas as ideias modernas sobre a constituição de um gás, e concebê-las como puramente psicológicas. Trata-se nesse caso da projeção de pares de opostos, tais como leve-pesado, visível-invisível etc. Acontece que a identidade dos opostos é a característica de todo fato psíquico no estado inconsciente. Assim sendo, uma "anima corporalis" é simultaneamente "spiritualis" e o núcleo do ar sólido e pesado é ao mesmo tempo o "spiritus creator" que paira sobre as águas.

---

108. AVALON. *The Serpent Power.*
109. *Mus. herm.*, p. 612.
110. "Et... volavit super pennas ventorum" (Sl 17,11).

Fig. 140. O artifex com sua "soror mystica", segurando as chaves da obra.
Eles representam o Sol e a Lua.
Tractatus qui dicitur Thomae Aquinatis de alchimia (1520)

E do mesmo modo que "as imagens de toda criatura" estão contidas no espírito criador, assim também todas as coisas são imaginadas ou "figuradas" pela "força ígnea" do ar. Por um lado, isto se deve ao fato de o fogo circundar o trono de Deus e dele serem criados os anjos e todos os demais seres viventes, numa sequência e qualidade descendentes, isto é, (todos esses seres) são "imaginados" por infusão da "anima" ígnea no ar da vida[111]; por outro lado, certamente também pelo fato de o fogo destruir tudo o que é composto, devolvendo suas imagens ao ar, como fumaça.

399   Ora, a alma – diz nosso autor – está apenas parcialmente encarcerada no corpo, tal como Deus está apenas parcialmente confinado no corpo do mundo. Se despojarmos tal afirmação de seu caráter metafísico, seu significado é o de que a alma só se identifica parcialmente com a nossa existência empírica consciente; de resto, ela se encontra projetada e também num estado capaz de imaginar ou figurar coisas maiores, inapreensíveis pelo corpo, isto é, que não podem ser trazidas para a realidade. Estas "coisas maiores" (maiora) correspondem às coisas "mais altas" (altiora) da imaginação divina criadora do mundo, as quais, por serem imaginadas por Deus, se tornam imediatamente substanciais, não permanecendo em estado de realidade potencial como os conteúdos do subconsciente. A observação de que a alma, apesar de tudo, tem um poder maior sobre o corpo torna evidente que essa atividade "extra corpus" da alma se refere ao "opus" alquímico; se assim não fosse, a filosofia ou a arte régia nada seriam. "Tu podes – diz o autor – conceber (concipere) a coisa maior"; por isso o teu corpo pode torná-la realidade com a ajuda da Arte e "Deo concedente" (se Deus permitir), sendo esta fórmula constante na alquimia.

400   A "imaginatio", tal como a entendiam os alquimistas, é na verdade uma chave que abre a porta para o segredo do "opus" (fig. 140): Sabemos agora que se trata de representar e realizar a "coisa maior" que a "anima", como ministro de Deus, imagina criativamente e "extra na-

---

111. P. 615. De forma semelhante, Cristo é imaginado" em nós (*Aquarium sapientwn* em *Mus. Herm.*, p. 113): "Deus, antequam Christus filius ejus in nobis formatus imaginatusque fuit, [...] nobis potius terribilis Deus" [Antes de Cristo, seu filho, ter sido formado e imaginado em nós,... Deus era mais terrível para nós].

turam". Em linguagem mais moderna dir-se-ia que se trata de uma concretização de conteúdos do inconsciente[112] que são "extra naturam"; não pertencendo ao nosso mundo empírico, são um *a priori* de caráter arquetípico. O lugar ou o meio desta realização não é nem a matéria nem o espírito, mas aquele reino intermediário da realidade sutil que só pode ser expresso adequadamente através do símbolo. O símbolo não é nem abstrato nem concreto, nem racional nem irracional, nem real nem irreal. É sempre as duas coisas: "non vulgi", a nobre questão daquele que foi segregado ("cuiuslibet sequestrati"), daquele que foi escolhido e predestinado por Deus desde as origens. Numa

Fig. 141. O artifex com o livro e o altar; no fundo um campo
de trigo como alegoria do "opus" e a "coniunctio" de Sol e Lua,
promovendo a vida.
KELLEY. *Tractatus duo de Lapide philosophorum* (1676)

"explicatio locorum signatorum" (explicação de figuras marcadas por letras), Libavius dá a "explicação" seguinte da fig. 142:

A Pedestal ou base como imagem da Terra.

B Dois gigantes ou Atlas ajoelhados sobre a base, segurando uma esfera do lado direito e do lado esquerdo, apoiando-a com as mãos.

---

112. Todos os "nossos segredos" teriam nascido de uma "imagem" (imago), diz Riplaeus (Opera, p. 9).

C Dragão de quatro cabeças, cujo hálito cria a esfera: os quatro graus do fogo; da primeira boca parece sair ar, da segunda, uma fumaça sutil, da terceira, fumaça e fogo e da quarta, fogo puro.

D Mercurius segura com corrente de prata dois animais deitados.

E O leão verde.

F Dragão de uma cabeça. − E e F significam a mesma coisa, a saber, o líquido mercurial, que é a "matéria prima" da pedra.

G Águia de prata tricéfala; duas das cabeças pendem, murchas, e a terceira cospe dentro do mar (designado pela letra H).

J Imagem do vento, exalando o sopro do espírito (spiritus) sobre o mar.

K Imagem do leão vermelho de cujo peito jorra sangue vermelho no mar abaixo, pois este deve ser tingido como se fosse uma mistura de prata e ouro, ou de branco e vermelho. A imagem é relacionada com corpo, alma e espírito por aqueles que desde o começo procuram três (princípios), ou então com o sangue do leão e a goma da águia. Por aceitarem três (princípios) eles têm um duplo Mercurius. Aqueles que aceitam dois (princípios) têm apenas um (Mercurius), que provém de um cristal ou metal imaturo dos filósofos.

L Rio de água negra, como no caos, representando a "putrefactio" (putrefação), da qual se eleva uma montanha que é negra embaixo e branca no topo, de modo a fazer fluir de seu cume uma fonte de prata. É a imagem da primeira dissolução e coagulação, e da segunda dissolução.

M A montanha mencionada.

NN As cabeças dos corvos negros que emergem do mar e olham.

O Chuva de prata, caindo das nuvens sobre o cume da montanha, o que às vezes designa a nutrição e a ablução do Lato pelo Azoch e, às vezes, a segunda dissolução através da qual o elemento ar é separado da terra e da água (a terra é uma forma da montanha; a água, o líquido do mar anteriormente mencionado).

PP As nuvens das quais (jorram) o orvalho ou a chuva e o líquido nutritivo.

Fig. 142. Representação da sequência das etapas do processo alquímico.
LIBAVIUS. *Alchymia* (1606)

Q Visão do céu onde um dragão deitado de costas devora sua própria cauda. Trata-se de uma imagem da segunda coagulação.

RR Um homem e uma mulher da Etiópia sustentando duas esferas laterais mais elevadas. Eles estão sentados sobre a esfera maior e significam o negrume da segunda operação, na segunda putrefação.

S Mar de prata pura indicando o líquido mercurial, mediador da união das tinturas.

T Um cisne nadando no mar; seu bico está cuspindo um líquido leitoso. Este cisne é o elixir branco, o calcáreo branco, o arsênico dos filósofos, comum aos dois fermentos. Com as costas e as asas ele suporta a esfera superior.

V Eclipse do sol.

XX O sol, mergulhando no mar, isto é, na água mercurial. Nesta também deve derramar-se o elixir, que causa o verdadeiro eclipse do sol. De cada lado, um arco-íris sugere a "cauda do pavão" que aparece na coagulação.

YY Eclipse da lua, tendo também de cada lado um arco-íris e outro na parte inferior do mar, no qual a lua deve mergulhar (cada vez). É a imagem da fermentação branca. Os dois mares, porém, devem ser bem escuros.

Z A lua deslizando em direção ao mar.

   a A rainha coroada com coroa de prata acariciando uma águia branca ou prateada que está a seu lado.

   b O rei vestido de púrpura, com uma coroa de ouro, tendo a seu lado um leão de ouro. A rainha tem numa das mãos um lírio branco e o rei, um lírio vermelho.

   c Uma fênix sobre a esfera, pegando fogo; de suas cinzas muitos pássaros de prata e de ouro levantam voo. É o sinal da multiplicação e da aumentação.

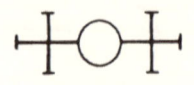

3. A obra

A. O Método

A base da alquimia é a obra (opus). Esta consta de uma parte prática, a "operatio" (operação) propriamente dita, que podemos conceber como um experimento com corpos químicos. A meu ver é completamente inútil pretender pôr uma ordem no caos infindável das matérias manipuladas e dos procedimentos. É raro poder formar uma ideia mesmo aproximada das matérias e dos métodos utilizados e dos resultados obtidos. Via de regra, os nomes das substâncias que podem ter *qualquer* significado deixam o leitor na mais profunda obscuridade: trata-se das substâncias mais usadas tais como o mercúrio, o sal e o enxofre, cujo significado alquímico pertence ao segredo da Arte. Não devemos contudo imaginar que os alquimistas sempre se tenham compreendido entre si. Eles mesmos queixam-se da obscuridade dos textos e ocasionalmente também confessam que não compreendem seus próprios símbolos e figuras simbólicas. Assim, por exemplo, o sábio Michael Maier censura Geber – autoridade clássica – de ser o mais obscuro de todos, afirmando que seria preciso um Édipo para decifrar o enigma da "Gebrina Sphinx". Bernardus Trevisanus, outro alquimista famoso, acusa Geber de obscurantista, comparando-o a um Proteu que promete a fruta e dá cascas[1].

Fig. 143. Alquimistas operando.
Mutus liber (1702)

---

1. MAIER. *Symbola,* p. 202. Compare-se também com MAIER. *Scrutinium,* p. 33: "[...] sunt enim plerique libri adeo obscure scripti, ut a solis authoribus suis percipiantur".

402   O alquimista tem a consciência de escrever obscuramente. Admite que se exprime de propósito de um modo velado, mas ao que eu saiba em parte alguma declara que poderia escrever de outro modo. Transforma sua falta em virtude, afirmando ser obrigado a ocultar a verdade por um motivo ou outro, e que a torna tão clara quanto possível, embora sem dizer em voz alta o que é a "prima materia" ou o lapis (pedra).

403   A obscuridade profunda que encobre os procedimentos químicos provém do fato de o alquimista interessar-se por um lado pelo aspecto químico de seu trabalho e por outro pela descoberta de uma nomenclatura que utiliza para designar as transformações anímicas que realmente o fascinam. Todo alquimista autêntico constrói por assim dizer um sistema de pensamentos de vigência mais ou menos individual, que consta dos "dicta" dos filósofos e de uma combinação, de analogias com ideias alquímicas básicas, as quais provêm de todos os cantos do mundo. Há tratados cujo objetivo é praticamente o de fornecer ao artista material analógico[2]. O método da alquimia, do ponto de vista psicológico, é o da amplificação ilimitada. A "amplificatio" é recomendada sempre que se trate de uma vivência obscura, cuja vaga insinuação deva ser multiplicada e ampliada através de um contexto psicológico a fim de tornar-se compreensível. Por isso na psicologia complexa aplicamos a "amplificatio" na interpretação dos sonhos. O sonho é uma insinuação demasiado vaga para o entendimento, devendo portanto ser enriquecido com o material associativo e analógico e reforçado até tornar-se inteligível. Essa "amplificatio" constitui a segunda parte do "opus", sendo concebida como "theoria" pelo alquimista[3]. Originariamente a teoria é "filoso-

---

2. P. ex. *Aurora* II, em: *Art. aurif.* I, p. 189s.

3. P. ex. *Introitus apertus* em: *Mus. herm.*, p. 660: "Sunt enim in principiis nostris multae heterogenae superfluitates, quae in puritatem nunquam (ad opus nostrum) reduci possunt, eapropter penitus expurgare illas expedit, quod factu impossibile erit absque arcanorum nostrorum theoria, qua medium docemus, quo cum ex meretricis menstruo excernatur Diadema Regale". [Em nossa matéria inicial existem muitas coisas heterogêneas supérfluas que nunca podem ser reduzidas (para a nossa Obra) ao estado de pureza; convém, pois, expurgá-las completamente, o que de fato é impossível sem a teoria de nossos arcanos (segredos primordiais), através da qual ensinamos os meios de extrair o Diadema Régio do mênstruo da meretriz]. O *Rosarium philosophorum*, enquanto *secunda pars alchimiae*, é uma dessas "theoria", no sentido verdadeiro de "Visio" (espetáculo, p. ex. assistir a cenas de teatro etc.). Cf. a "Theoria" de Paracelso em JUNG. *Estudos alquímicos (Paracelso o médico)* [§ 41].

Fig. 144. À esquerda: três artistas na biblioteca. À direita: o artista, ou melhor, seu auxiliar trabalhando no laboratório.
MAIER. *Tripus aureus* (1677)

fia hermética", ampliada desde o início pela assimilação de ideias dogmáticas cristãs. Na alquimia ocidental dos primórdios, os fragmentos herméticos eram transmitidos em sua maioria pelos originais árabes. Um contato direto com o *Corpus hermeticum* só foi estabelecido na segunda metade do século XV, quando o manuscrito grego do *Corpus hermeticum* chegou da Macedônia à Itália, traduzido para o latim por Marsilius Ficinus.

A vinheta do título do *Tripus aureus* de 1677 (fig. 144) ilustra graficamente o duplo aspecto da alquimia. A vinheta se divide em duas partes[4]: à direita, o laboratório, onde um homem vestindo ape- 404

---

4. Encontramos uma ilustração semelhante em KHUNRATH. *Amphitheatrum*, Tab. III (fig. 145).

Fig. 145. Laboratório e oratório.
KHUNRATH. *Amphitheatrum sapientiae aeternae* (1604)

nas um calção curto mexe com o fogo; à esquerda vê-se uma biblioteca onde um abade (Cremer[5]), um monge (Basilius Valentinus[6] e um
leigo (Thomas Norton[7]) trocam ideias. No centro há um tripé sobre
o forno, com o alambique dentro do qual aparece o dragão alado. O

---

5. John Cremer, Abade de Westminster, viveu no início do século XIV. Seu escrito
Testamentum foi reproduzido no *Mus. herm.*, p. 533s.

6. Personagem lendário ou fictício.

7. Autor presumido do famoso *Ordinall of Alchimy* no *Theatrum chemicum Britannicum*
de ELIAS ASHMOLE. No que diz respeito a sua personalidade, cf. NIERENSTEIN AND
CHAPMAN. *Inquiry into the Authorship of the Ordinall of Alchimy.*

Fig. 146 Mercurius como "símbolo unificador".
VALENTINUS. *Duodecim claves* (1678)

dragão simboliza a vivência, a visão do alquimista trabalhando no laboratório e "teorizando"[8]. O dragão como tal é um monstro, ou seja, um símbolo combinando o princípio ctônico da serpente com o princípio aéreo do pássaro. É uma variante do Mercurius, segundo Ru-

---

8. Podemos ter uma ideia de visões como estas, através da do pai de Benvenuto Cellini, assim descrita por este em sua autobiografia: "Quando eu tinha cinco anos de idade aproximadamente, meu pai estava numa edícula abobadada de nossa casa, onde haviam lavado roupa, e portanto havia restos de brasa de carvalho; ele tinha um violino nas mãos e cantava e tocava perto do fogo, pois fazia muito frio. De repente, olhando para a brasa, ele viu um animalzinho como uma lagartixa deleitando-se no meio das chamas. Percebeu imediatamente do que se tratava e mandou chamar-me a mim e a minha irmã, mostrou-nos o bicho e deu-me um violento tapa na cara. Quando abri um berreiro, tentou acalmar-me afetuosamente, dizendo: Filho querido! não te bato por teres cometido algo de errado, mas sim para que te lembres desta lagartixa que estás vendo no fogo. É uma salamandra <Fig. 138>, que, pelo que eu saiba, ainda ninguém viu. Dizendo isso, beijou-me e deu-me uns tostões" (GOETHE. *Werke* XXXIV, p. 20).

land[9] . Mercurius, porém, é o divino Hermes alado que se manifesta na matéria (fig. 146), deus da revelação, senhor do pensamento e psicopompo por excelência. O metal líquido do "argentum vivum", do mercúrio, era a substância maravilhosa que exprimia com perfeição a natureza do στίλβων, daquilo que brilha e vivifica interiormente. Quando o alquimista fala do Mercurius, está se referindo exterior-

Fig. 147. Uróboro.
Codex Marcianus (Veneza, século XI)

mente ao mercúrio e interiormente ao espírito criador do mundo oculto ou cativo na matéria. O dragão é talvez o mais antigo dos símbolos figurados da alquimia, atestado por documentos. Ele aparece como οὐροβόρος (Uróboro, o devorador da própria cauda), no Codex Marcianus (fig. 147), datado do século X/XI[10], com a seguinte legenda: ἓν τὸ πᾶν (o uno, o todo)[11]. Os alquimistas não se cansam de repetir que o "opus" provém de uma só coisa, devendo retornar ao *uno*[12], sendo portanto uma espécie de movimento circular, o do dra-

---

9. *Lexicon alchemiae*, cf. v. "draco".

10. Compare-se com TAYLOR. *A Survey of Greek Alchemy*.

11. Reproduzido por BERTHELOT. *Aldi, grecs*, Introduction p. 132.

12. *Rosariiun* em *Art. aurif.* II, p. 206s.: "Unius ergo esto voluntatis in opere naturae, nec modo hoc, modo illud attentare praesumas, quia in rerum multitudine ars nostra non perficitur. Quantumcumque enim diversificentur eius nomina, tamen semper una sola res est, et de eadem re [...]" [Por isso deves concentrar toda a tua vontade na obra da natureza sem pretender experimentar ora isto, ora aquilo, pois a nossa Arte não é levada a cabo na multiplicidade das coisas. Por mais que se diversifiquem os seus no-

gão que morde a própria cauda (v. figs. 20, 44, 46 e 47). Por esta razão o "opus" é muitas vezes chamado de "circulare" = de forma singular ou "rota" = roda (cf. tb. fig. 80). Mercurius encontra-se no início e no fim da obra. É a "prima materia", o "caput corvi", a "nigredo". Como dragão, devora-se a si mesmo e como dragão morre para ressuscitar sob a forma do lapis. É o jogo de cores da "cauda pavonis" (cauda do pavão) e a separação nos quatro elementos. É o hermafrodita, o ser primordial, o qual se divide, formando o par clássico de irmão-irmã, e se unifica na "coniunctio", a fim de aparecer de novo ao fim sob a forma radiante do "lumen novum" (nova luz), do lapis. É metal e não obstante líquido, matéria e no entanto espírito, frio porém ígneo[13], veneno que é medicamento, *um símbolo unificador de opostos*[14] (fig. 148).

B. O Espírito na Matéria

Todas estas ideias constituem o patrimônio comum antiquíssimo da alquimia. Zósimo, que pertence ao século III, cita em seu trabalho *Da arte e da interpretação*[15] uma das mais antigas autoridades da alquimia: Ostanes[16], que viveu no limiar da história e já era conhecido

405

---

mes, trata-se sempre de uma só e da mesma coisa]. "[...] unus est lapis, una medicina, unum vas, unum regimen, unaque dispositio." [Uma é a pedra, um o remédio, um o vaso, um o método e uma a atitude.] (op. cit.); RETTZENSTEIN. *Alchemistische Lehrschriften*, p. 71. Morienus cita o Imperador Herakleios (610-641): "Hercules [...] dixit: Hoc autem magisterium ex una primum radice procedit, quae post modum in plures res expanditur, et iterum ad unam revertitur..." [Hércules dizia: Em sua origem, este magistério procede de uma única raiz, para em seguida ramificar se numa multiplicidade de coisas e de novo retomeir ao uno]. (*De transmutatione metallorum* em *Art. aurif.* II, p. 25).

13. *Rosarium* em *Art. aurif.* II, p. 210: "Scitote ergo, quod argentum vivum est ignis, corpora comburens magis quam ignis". [Sabei, pois, que o mercúrio é um fogo que queima os corpos mais do que fogo.]

14 . Cf. o significado do símbolo unificador em meu livro *Psychologische Typen* [§ 315s.].

15. BERTHELOT. *Alch. grecs*, III, VI, 5.

16. Um texto atribuído a Ostanes encontra-se em BERTHELOT. *Chimie au moyen âge* III, p. 116s., em sua versão árabe. Um texto grego em BERTHELOT. *Alch. grecs*, IV, II.

por Plínio. A relação de Ostanes com Demócrito, um dos primeiros escritores alquimistas, poderia ser datada no primeiro século aC[17]. Ostanes teria dito o seguinte:

> "Vai até as correntezas do Nilo e lá encontrarás uma pedra que tem espírito (πνεῦμα). Toma-a, divide-a e enfia tua mão dentro dela para extrair-lhe o coração, pois sua alma (ψυχή)

Fig. 148. O Mercurius (caduceu!) unindo os pares de opostos no processo. *Figurarum aegyptiorum secretarum* (século XVIII)

---

17. VON LIPPMANN. *Entstehung und Ausbreitung der Alchemie*, p. 334.

reside em seu coração"[18] (fig. 149). Há um comentário intercalado que diz o seguinte: "Lá encontrarás aquela pedra que tem um espírito e que se relaciona com a expulsão do mercúrio (ἐξυδπαπγύρωσις)"[19].

A metáfora enfática usada por Nietzsche no *Zarathustra*: "Para   406 mim uma imagem dorme na pedra", parece dizer o mesmo, mas em uma ordem inversa. Na Antiguidade, o mundo da matéria era preenchido pela projeção de um segredo anímico que, desde então, aparecia como o segredo da matéria, assim permanecendo até a decadência da alquimia no século XVIII. A intuição estática de Nietzsche, porém, queria arrancar da pedra o segredo do super-homem, onde ele até então dormia. À semelhança dessa imagem, Nietzsche queria criar o super-homem, o qual segundo a linguagem dos antigos poderia ser considerado o homem divino. Os velhos alquimistas, pelo contrário, procuravam a pedra miraculosa que contivesse uma essência pneumática a fim de extrair dela a substância que penetra em todos os corpos (pois ela é o "espírito" que penetrou na pedra), transformando todas as substâncias vis em matéria nobre mediante a tintura. Esta "matéria-espírito" é como o mercúrio que se encontra invisivelmente dentro dos minérios e que deve em primeiro lugar ser expulso a fim de ser recuperado "in substantia". Mas assim que se possui esse mercúrio penetrante (fig. 150) é possível "projetá-lo" em outros corpos, fazendo-os passar do estado imperfeito para o estado perfeito[20]. O estado de imperfeição assemelha-se a um estado de dormência; neste estado os corpos encontram-se como "os acorrentados e adormecidos no Hades"[21] (fig. 151). Estes são despertados da morte, pela tintura divina extraída da pedra miraculosa, prenhe do espírito, para

---

18. Cf. MAIER. *Symbola*, p. 19: "[...] extrahis Deum a cordibus statuarum" [extrais Deus do coração das estátuas] refere-se a RAIMUNDO LULO. *Codicillus*, cap. 47 [p. 115]. Cf. tb. com o "extrahere cogitationem" [extrair a cogitação] mencionado acima [par. 375, nota 66].

19. BERTHELOT. *Alch. grecs*, III, VI, 5.

20. Aliás, é curioso notar que os alquimistas tenham escolhido justamente o termo "proiectio" para exprimir a aplicação do mercúrio filosófico a metais vis.

21. BERTHELOT. *Alch. grecs*, IV, XX, 8.

uma vida nova e mais bela. É perfeitamente clara aqui a tendência de ver o segredo da transformação anímica na matéria, como também o desejo de utilizá-la como linha diretriz teórica para as transformações químicas.

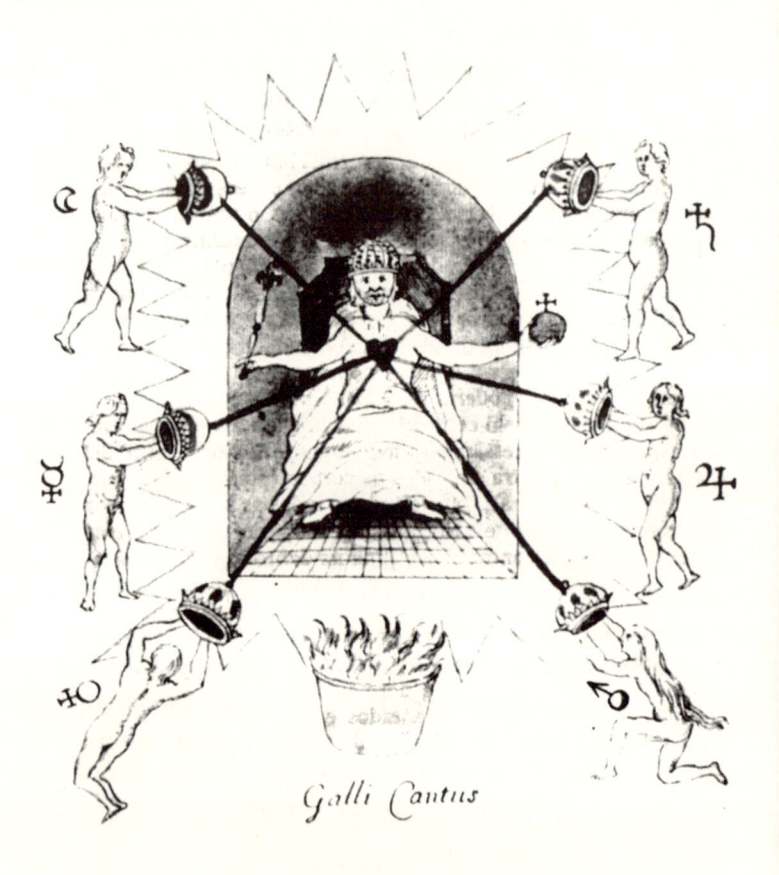

Fig. 149. O rei doente (a "prima materia"), de cujo coração os filhos dos planetas recebem suas coroas.
La sagesse des anciens (século XVIII)

407   Nietzsche encarregou-se de impedir que confundissem o super-homem com o homem ideal do ponto de vista moral e espiritual. Da mesma forma não se declara que a tintura ou a água divina tenha efeitos exclusivamente benéficos de cura e enobrecimento, mas tam-

bém se ressalta que o preparado é um veneno mortal que penetra os corpos como o próprio πνεῦμα penetra sua pedra[22].

Fig. 150. O Mercúrio penetrante.
Speculum veritatis (Vaticano, século XVII)

Zósimo é um gnóstico influenciado por Hermes. Em sua carta a Theosebeia ele recomenda-lhe o "Kratēr" (vaso de misturas) como veículo da transformação; aconselha-a que corra para junto de Poimandres a fim de ser batizada no Kratēr[23].   408

O Kratēr refere-se ao vaso divino de que Hermes fala a Thoth em seu tratado denominado ὁ κρατήρ[24]. Após a criação do mundo, Deus enviou esse vaso à terra como uma espécie de pia batismal após havê-lo enchido de νοῦς (= πνεῦμα). Deus quis que desse modo os homens desejosos de se libertarem de seu estado natural (imperfeito,   409

---

22. Op. cit., III, VI, 8.
23. Op. cit., III, LI, 8.
24. SCOTT. *Hermetica* I, p. 149s.

Fig. 151. Os prisioneiros do inferno.
IZQUIERDO. *Praxis exercitiorum spiritualium P.N. S. Ignatii* (1695)

adormecido), isto é, da ἄνοια (consciência insuficiente, na linguagem moderna) tivessem uma oportunidade de mergulhar no νοῦς (fig. 159) a fim de participarem do estado superior da ἔννοια (iluminação, consciência superior). O νοῦς é, pois, um tipo de βαφεῖον (corante), isto é, de tintura, a qual enobrece o corpo vil. Sua função equivale rigorosamente à do extrato tintorial da pedra que também era ou é um πνεῦμα, tendo como mercúrio o duplo significado "hermético" de psicopompo redentor[25] e de mercúrio (metal) (fig. 152).

Fica então suficientemente claro que Zósimo possuía uma espécie de filosofia mística ou gnóstica, cujas ideias centrais ele projetava na matéria. Quando falamos de projeção psicológica temos que nos lembrar sempre, como já dissemos, que a projeção é um fenômeno pré-consciente, atuante apenas enquanto permanece inconsciente. Uma vez que Zósimo está persuadido como todos os demais alquimistas de que sua filosofia não se aplica unicamente à matéria, mas de que nesta ocorrem processos que comprovam o sentido dos pressupostos filosóficos, ele deve ter vivenciado na matéria pelo menos uma identidade entre seus estados psíquicos e o comportamento dela. Em se tratando de uma vivência pré-consciente já se sabe que é inconsciente e assim, pois, Zósimo, como todos os demais alquimistas, não tem condições de fazer qualquer declaração acerca dessa identidade. Ela simplesmente acontece e não somente serve como ponte, mas atua como ponte que liga os fenômenos anímicos e materiais, tornando-os *um* só: "o que está dentro também está fora". Um evento inconsciente que escapa ao consciente é figurado de alguma forma e em algum lugar: por exemplo, em sonhos, visões e fantasias. A ideia do pneuma como Filho de Deus que se abisma na matéria[26] e

410

---

25. Trata-se aqui provavelmente de ideias neopitagóricas. A qualidade penetrante da alma-pneuma, que impregna o corpo, é encontrada em Aenesidemos (ZELLER. *Die Philosophie der Griechen*, 3ª parte, p. 26). Para ele ἀήρ (o ar) também é a substância originária, que corresponde ao πνεῦμα (pneuma) dos estoicos (p. 23, nota 2). Hermes, cuja qualidade pneumática (eólica) (fig. 210 e 211) é indicada por suas asas, conduz as almas ao altíssimo, segundo Alexander Polyhistor (p. 76); os impuros, porém, são presos no inferno pelas Eríneas, debaixo de ferros inquebráveis (como os imperfeitos "acorrentados no Hades") (fig. 151).

26. A ideia cabalística de Deus permeando o mundo sob a forma de centelhas de almas (scintillae) e a ideia gnóstica de σπινθήρ (spinther: centelha) são semelhantes.

Fig. 152. Acima: Saturno devorando seus filhos, aspergido pela água mercurial (lac virginis, vinum ardens); embaixo: a regeneração no banho. *Tractatus qui dicitur Thomae Aquinatis de alchimia* (1520)

novamente dela se liberta a fim de salvar todas as almas corresponde ao conteúdo inconsciente, projetado na matéria (fig. 153). Este conteúdo é um complexo autônomo segregado da consciência, levando uma vida independente no não ego psíquico e é imediatamente projetado quando, de alguma forma, se constela, isto é, quando é atraído por analogias externas. A autonomia psíquica do pneuma[27] é atestada pelos neopitagóricos; sob o ponto de vista destes, a alma foi tragada pela matéria, restando apenas a inteligência, o νοῦς. Mas este é exterior ao homem: é seu daimon. Seria difícil encontrar uma formulação melhor para a sua autonomia. Provavelmente é idêntico ao deus Anthropos. Ele aparece junto ao demiurgo, mas é um opositor das esferas planetárias; rompe o círculo das esferas e se inclina para a terra e a água (isto é, está prestes a projetar-se nos elementos). Sua sombra cai sobre a terra, mas sua imagem se reflete na água, incendiando o amor dos elementos. A imagem refletida da beleza divina o embevece de tal modo, que gostaria de habitar dentro dela. No entanto, mal desce, a Physis o envolve num abraço apaixonado. Deste abraço surgem os primeiros sete seres hermafroditas[28]. Estes relacionam-se obviamente com os planetas e, portanto, com os metais (figs. 154, 155; comparar também com figs. 21 e 79), os quais se originam do Mercurius Hermaphroditus, segundo a concepção alquímica.

O fenômeno inconsciente da projeção de um conteúdo autônomo se expressa em tais reflexões visionárias (o Anthropos vê sua imagem refletida). Estas imagens míticas são, portanto, semelhantes aos sonhos que nos comunicam não só o fato de ter ocorrido uma proje-

411

---

27. Os conceitos de νοῦς (nous) e πνεῦμα, (pneuma) são utilizados de maneira promíscua no sincretismo. O significado mais antigo de pneuma é vento, logo um fenômeno aéreo; daí a equivalência do aer e pneuma (ZELLER. Op. cit., 3ª parte, p. 23). Em Anaxímenes a substância originária é o aer (ZELLER. Op. cit., 1ª parte, p. 713s.), ao passo que em Archelaus, discípulo de Anaxágoras, Deus é ἀήρ (aer) e νοῦς (nous). Em Anaxágoras, o criador do mundo é νοῦς (nous), que produz um turbilhão no caos, originando a separação do éter e do ar (op. cit., p. 687s.). Com referência ao conceito de pneuma no sincretismo, cf. LEISEGANG. *Der Heilige Geist,* p. 26s.

28. SCHULTZ. *Dokumente der Gnosis,* p. 64; REITZENSTEIN. *Poimandres,* p. 50. – De acordo com a ótica neopitagórica, o hermafroditismo também é um atributo da divindade. Cf. Nicômaco (ZELLER. Op. cit., 3ª parte, p. 106).

Fig. 153. O artifex retira o "homunculus", o "filho dos Filósofos",
do vaso hermético.
KELLEY. *Tractatus duo de Lapide philosophorum* (1676)

Fig. 154. O Rei com os seis
Planetas, isto é, os metais.

Fig. 155. O Rei renovado (filius
philosophorum) venerado pelos seis
planetas.

KELLEY. *Tractatus duo de Lapide philosophorum* (1676)

ção, como também aquilo que foi projetado. A coisa projetada, segundo os testemunhos da época, é o daimon divino νοῦς, o homem-deus, o pneuma etc. Na medida em que o ponto de vista da psicologia complexa é realista, isto é, fundamentado na hipótese de que

os conteúdos psíquicos são existências, os atributos mencionados caracterizam uma parcela inconsciente da personalidade, dotada de uma consciência superior que ultrapassa o humano comum. Empiricamente, tais figuras exprimem sempre "insights" ou qualidades superiores, ainda não conscientes, podendo-se até mesmo perguntar se elas podem ser atribuídas ou não ao ego propriamente dito. Tal problema, que o leigo pode considerar um sofisma, se reveste de um

Fig. 156. A díade (Dia e Noite); representação simbólica da correspondência entre o zodíaco e o homem.
Les très riches heures du Duc de Berry (século XV)

enorme significado na prática. Uma atribuição incorreta pode provocar inflações perigosas, que o leigo só considera sem importância por desconhecer os desastres anímicos e exteriores que podem ser causados por tais inflações[29].

412   Na realidade, trata-se de um conteúdo que até hoje quase nunca foi atribuído à personalidade humana. Cristo é a única grande exceção. Enquanto υἱὸς τοῦ ἀνθρώπου (Filho do Homem) e enquanto θεοῦ υἱός (Filho de Deus), Ele torna real o Homem-Deus; como encarnação do Logos mediada pela concepção pneumática, Ele é uma manifestação do νοῦς divino.

413   A projeção cristã dá-se no desconhecido do homem, ou no homem desconhecido, que se torna assim o portador do "segredo terrível e inaudito"[30]. A projeção pagã, ao invés, vai além do homem e concerne o desconhecido do mundo material, a substância desconhecida, a qual, do mesmo modo que o homem eleito, está plena de Deus. Assim como no cristianismo a divindade se oculta na figura do servo, na "filosofia" ela se oculta na pedra insignificante. Na projeção cristã, o "descensus spiritus sancti" vai só até o corpo vivo do eleito, verdadeiro homem e verdadeiro deus a um só tempo. Na alquimia, porém, a descida vai até a escuridão da matéria inanimada, cujas regiões inferiores – segundo os neopitagóricos – são regidas pelo mal[31]. O mal e a matéria, juntos, formam a díade (a dualidade) (fig. 156). Esta é de natureza feminina, uma "anima mundi", a physis feminina desejosa do abraço do Uno, da mônada, do bom e do perfeito[32]. A gnose de Justino representa-a como Edem, virgem na parte superior e serpente, na inferior[33] (fig. 157). Vingativa, ela combate o

---

29. A inflação sendo um estado de extrema vaidade faz com que se suba "demasiadamente alto". Isto pode provocar tonturas ou uma tendência a cair nas escadas, torcer o pé e tropeçar em degraus e cadeiras etc.

30. BERTHELOT. *Alchi, grecs*, IV, XX, 8: τὸ μυστήριον τὸ φρικτὸν καὶ παράδοξον.

31. ZELLER. Op. cit., 3ª parte, 2, p. 152.

32. ZELLER. Op. cit., 3ª parte, 2, p. 98s. e 151.

33. HIPÓLITO. *Elenchos* V, 26,1. A alquimia aplicou o termo Edem ao Mercurius, que também foi representado como virgem na parte superior e serpente na parte inferior. Daí resultou a *Melusina* de Paracelso (cf. JUNG. *Estudos alquímicos* [§ 179s.]).

πνεῦμα pois o mesmo, infiel, a abandonara sob a forma do demiurgo, a segunda forma de Deus. Ele é "a alma divina presa nos elementos" e nossa tarefa é libertá-la[34].

Fig. 157. A "anima Mercurii".
Figurarum aegyptiorum secretarum (século XVIII)

---

34. Veja a salvação e a purificação da ἐν τοῖς στοιχείοις συνδεθεῖσα θεία ψυχή (alma divina aprisionada nos elementos), no tratado de Sophe (BERTHELOT. *Alch. grecs*, III, XLII, 1).

C. A obra da redenção

414   Todas estas imagens míticas descrevendo um drama da alma humana que se passa além de nossa consciência indicam que o *homem é
simultaneamente o que deve ser redimido e o redentor*. A primeira
fórmula é cristã e a segunda, alquímica. No primeiro caso, o homem
atribui a si mesmo a necessidade de redenção e delega à figura divina
autônoma a obra da redenção, o verdadeiro ἆθλον (prova) ou "opus";
no segundo caso, o homem arca com o dever de executar o "opus" da
redenção, atribuindo o estado de sofrimento e a consequente necessidade de redenção à "anima mundi" presa na matéria[35].

415   Em ambos os casos a redenção é uma obra (fig. 158). No cristianismo é a vida e a morte do Deus-Homem que, enquanto "sacrificium" único, reconcilia com Deus o homem necessitado de redenção e perdido na matéria. O efeito místico do autossacrifício do Deus-
-Homem se estende em primeiro lugar a todos os homens, mas atua
apenas naqueles que se submetem pela fé ou são eleitos pela graça divina; em segundo lugar, de acordo com a concepção paulina, o efeito
místico daquele sacrifício se estende, enquanto apocatástase, a todas
as criaturas e não apenas ao ser humano. Todas as criaturas, em seu
estado de imperfeição, estão à espera de serem redimidas do mesmo
modo que o homem natural. Por um fenômeno de "sincronicida-
de" o homem, como portador de uma alma submersa no mundo
(na carne), entra em relação com Deus "in potentia" no momento
preciso em que este, como Filho, mergulha em Maria, a "virgo terra", representante da "materia" em sua forma a mais elevada. E
"in potentia" ele se redime plenamente no momento preciso em
que o Filho eterno de Deus retorna ao Pai, depois de padecer o sacrifício da morte.

416   A ideologia deste mistério é antecipada nos ciclos dos mitos de
Osíris, Orfeu, Dioniso, Hércules e na ideia messiânica dentro da pro-

---

35. Na gnose judaica tardia (cabalística), desenvolveu-se uma atitude muito semelhante à da alquimia. Compare-se com a excelente descrição de ERNST GAUGLER. *Das
Spätjudentum*, p. 279s.

Fig. 158. O "moinho de hóstias". A "Palavra" jogada no moinho pelos
quatro evangelistas sob a forma de faixas com dizeres, a fim de reaparecer
no cálice, depois do processo de moagem, como o Cristo menino.
Representação simbólico-figurativa de Jo 1,14: 'A Palavra se fez carne".
Altar-mor da Igreja de Tribsees, Pomerânia (século XV)

fecia judaica[36]. Tais antecipações remontam aos mitos primitivos dos
heróis, nos quais a superação da morte já desempenha um papel importante[37]. Também merecem menção as projeções sobre Átis e Mi-

---

36. Os pontos principais são: a natureza humano-divina de *Osíris,* que garante a imortalidade humana, sua natureza cereal (trigo, milho) e seu desmembramento e ressurreição; em *Orfeu* o domar dos impulsos, o pescador, o bom Pastor, o mestre da sabedoria,
a laceração; em *Dioniso,* a natureza do vinho, o êxtase revelatório, o simbolismo do
peixe, o desmembramento e a ressurreição; em *Hércules,* a submissão a Euristeu e
Omphale, o trabalho difícil (sobretudo a libertação da humanidade atormentada pelos
males), a cruz formada no espaço pelos trabalhos 7-10: sul-norte / leste-oeste, a vertical pelos trabalhos 11 e 12 (cf. alusão paulina em Ef 3,18), sua autoincineração e sua
Sublimatio" até o estado divino.

37. Compare-se, p. ex., com o mito Maui polinésio (HAMBRUCH [org.]. *Südseemärchen,* p. 289. Material suplementar em FROBENIUS. *Das Zeitalter des Sonnengottes).*

tra, mais ou menos da mesma época. A projeção cristã distingue-se de todas estas formas de manifestações do mistério da redenção e da transformação por causa da figura histórica e pessoal de Jesus. Nele, o acontecimento mítico se encarnou, entrando no espaço da história do mundo como fato histórico e místico único.

417   No herói divino a própria divindade se empenha em sua criação incompleta, sofrida e viva; até mesmo assume sua condição de sofrimento, realizando por este ato de sacrifício o "opus magnum", o ἆθλον (prova) da salvação e da vitória sobre a morte. Em relação ao desempenho dessa obra totalmente metafísica, o homem nada pode fazer de fato de decisivo. Só pode erguer os olhos cheios de fé e de confiança no seu Redentor, esforçando-se pela "imitatio" que no entanto jamais chega a ponto de tornar o homem redentor de si mesmo. Uma imitação e reconstituição perfeitas de Cristo no homem de fé deveria levar necessariamente a esta conclusão. É óbvio que isto é impossível. Se ocorresse uma tal assimilação, seria Cristo que se reconstituiria no homem de fé, cuja personalidade ele substituiria. Se a Igreja não existisse teríamos de fato que contentar-nos com esta constatação. A instituição da Igreja representa nada menos do que uma continuação ininterrupta da vida do Cristo e da sua função sacrifical. No "officium divinum" ou, na linguagem dos beneditinos, no "opus divinum", o sacrifício de Cristo, o ato de redenção, é constantemente renovado sem jamais tornar-se outra coisa; é o sacrifício único, levado a cabo pelo próprio Cristo e sempre realizado de novo no tempo e fora do tempo. Este "opus supernaturale" é reproduzido no sacrifício da missa. Na Consagração o sacerdote concretiza o acontecimento místico; no entanto, o verdadeiro agente é o Cristo que se sacrifica sempre e em toda a parte. Sua morte sacrifical ocorreu no tempo, mas é um acontecimento supratemporal. Segundo a concepção de Tomás de Aquino, o sacrifício da missa não é uma verdadeira "immolatio" (imolação) do corpo de Cristo, mas uma imagem representativa da morte sacrifical[38]. Esta concepção seria satisfatória e consequente se não ocorresse a transubstanciação dos elementos ofereci-

---

38. "[...] celebratio huius sacramenti est imago quaedam repraesentativa passionis Christi, quae est vera eius immolatio". [A celebração deste sacramento representa a imagem da paixão de Cristo, que é sua verdadeira imolação]. (*Real-Encyklopädie für prot. Theol. u. Kirche* XII, p. 689, 35).

dos, do pão e do vinho. Esta oferenda deve ser um sacrifício, um "sacrificium", isto é, um "tornar sagrado". A etimologia da palavra alemã "Opfer" (sacrifício) parece obscura, pois vem de "offerre" (oferecer), ou de "operare" (atuar, operar). Numa terminologia antiga "operari Deo" significava servir a Deus ou oferecer-lhe sacrifícios. Mas se "Opfer" é um "opus", é muito mais do que a "oblatio", o ofertar uma oferenda tão modesta como pão e vinho. Deve ser um ato eficaz e às palavras rituais do sacerdote é atribuído um significado causal. As palavras da Consagração (qui pridie quam pateretur [...] [que na véspera de sua Paixão...]) não devem, portanto, ser tidas como representativas, mas como "causa efficiens" da transubstanciação. Por isso o jesuíta Lessius († 1623) designava as palavras da Consagração como a "espada" com a qual o Cordeiro era imolado[39]. A chamada teoria da mactação (imolação) ocupa um lugar importante na literatura da missa, embora não seja aceita em toda parte em seus abusos muitas vezes chocantes. O rito grego é o mais claro de todos, tal como o descreve o Arcebispo Nicolaus Cabasilas de Tessalônica († em tomo de 1363)[40]. Na primeira parte (preparatória) da missa, o pão e o vinho não são colocados sobre o altar-mor, mas sobre a πρό-τεσις, que é uma espécie de aparador. Ali o sacerdote corta uma fatia de pão, ato que é acompanhado do texto seguinte: "Ele foi conduzido como um *cordeiro ao* matadouro". Depois o sacerdote *coloca a fatia* de pão sobre a mesa, dizendo: "O Cordeiro de Deus é sacrificado". Em seguida marca-se uma cruz no pão e a seu lado se crava uma pequena lança; o texto que acompanha este ritual é o seguinte: "E um dos soldados perfurou seu lado com a lança, deste jorrando água e sangue". A estas palavras mistura-se a água e o vinho no cálice. Segue-se a "oblatio" em procissão solene, o sacerdote levando a oferenda. (Aqui o δῶρον representa o dom, o doador, isto é, Cristo como sacrificador e que é também o sacrificado.) O sacerdote repete assim o acontecimento tradicional e, na medida em que o Cristo, no estado sacramental, possui uma "vita corpórea actualis"[41], uma vida corpo-

---

39. Esta concepção foi adotada na edição de Beuron do missal (p. X).

40. KRAMP. *Die Opferanschauungen der römischen Messliturgie*, p. 114.

41. "[...] vita corporea actualis sensitiva aut a sensibus pendens" [uma vida corporal efetiva e sensível ou dependente dos sentidos] (Cardeal CIENFUEGOS – † 1739 – em *Real-Encykl.*, op. cit., p. 696, 45).

ral real, ocorre também por assim dizer uma destruição física[42] (mortificatio) de seu corpo. Isto ocorre pelo efeito das palavras da Consagração pronunciadas pelo sacerdote; através da destruição da oferenda e da "oblatio occisi ad cultum Dei" (a oferta do sacrificado para o serviço de Deus) dá-se a transformação, a transubstanciação. Esta transformação é uma "transmutatio" dos elementos, os quais passam de um estado natural, maculado, imperfeito e material a um corpo sutil. O pão, que deve ser de farinha de trigo, significa o corpo; o vinho, porém, enquanto sangue representa a alma. Após a Consagração, um pedaço de hóstia é misturado ao vinho, deste modo se realizando a "conjunctio" da alma e do corpo (fig. 159), o corpo vivo de Cristo, ou seja, a unidade da Igreja.

-----

42. Cf. o sacrifício do cordeiro na *Vita S. Brendani*: "Dixitque sanctus Brendanus fratribus: 'Faciamus hic opus divinum, et sacrificemus Deo agnum immaculatum; quia hodie cena Domini est'. Et ibi manserunt usque in sabbatum sanctum Paschae. Invenerunt eciam ibi multos greges ovium unius coloris, id est albi, ita ut non possent terram videre prae multitudine ovium. Convocatis autem fratribus, vir sanctus dixit eis: 'Accipite quae sunt necessaria ad diem festum de grege'. Illi autem acceperunt unam ovem et cum illam ligassent per cornua, sequebatur quasi domestica, sequens illorum vestigia. At ille: 'Accipite, inquit, unum agnum immaculatum'. Qui cum viri Dei mandata complessent, paraverunt omnia ad opus diei crastini". [E São Brendano dizia aos irmãos: 'Realizemos aqui a obra divina, e sacrifiquemos a Deus um cordeiro imaculado, pois hoje é a ceia do Senhor'. E lá permaneceram até o sábado santo de Páscoa. Lá encontraram também muitos rebanhos de carneiros de uma única cor, ou seja, brancos, e tal era a quantidade de carneiros, que não podiam ver o chão. O santo homem convocou os irmãos e disse-lhes: 'Tomai do rebanho o que for necessário para a festa'. Eles, porém, pegaram um carneiro e depois de o terem amarrado pelos chifres, ele lhes seguiu os rastros, como um animal doméstico. E ele disse: 'Tomai um cordeiro imaculado'. E, depois de terem cumprido com a incumbência do homem de Deus, prepararam tudo para o dia seguinte] (p. 12). "Confestim tunc cantaverunt três psalmos: *Miserere mei Deus*, et *Domine refugium*, et *Deus Deus meus*'. Ad tertiam vero alios três: 'Omnes gentes. Deus in nomine, Dilexi quoniam' cum alleluya. Deinde immolaverunt agnum immaculatum, et omnes venerunt ad communionem dicentes: 'Hoc sacrum, corpus Domini, et Salvatoris nostri, sanguinem sumite vobis in vitam aeternam'". [Logo a seguir, cantaram três Salmos: *Tende piedade de mim, ó Deus* e *Senhor, meu refúgio*, e *Deus, meu Deus*". E na Terça, outros três: *Vós, todas as nações*, *Deus em teu nome*, *Pois eu amei*, com o aleluia. Depois sacrificaram o cordeiro imaculado e todos participaram da comunhão, dizendo: "Este é o corpo sagrado do Senhor e nosso Salvador, recebei o seu sangue para a vida eterna"] (*La Légende latine de S. Brandaines*, p. 34).

Fig. 159. A "coniunctio" da alma e do corpo: uma visão eclesiástica do banho nupcial alquímico.
Les grandes heures du Duc de Berry (1413)

Santo Ambrósio designava por "medicina" o pão transformado. 418 É o ἁρμακον ἀθανασία , o remédio da imortalidade, que na "communio" faz com que se desenvolvam no fiel os efeitos correspondentes à sua natureza, isto é, a união do corpo e da alma. No entanto isto ocorre sob a forma da cura da alma ("et sanabitur anima mea") e de uma "reformatio" (regeneração) do corpo ("et mirabilius reformasti"). É claro este sentido no texto da missa: "Concedei-nos pelo mistério desta água e deste vinho participar da divindade daquele que se dignou participar da nossa humanidade: Jesus Cristo" etc. ("Da nobis per hujus aquae et vini mysterium, ejus divinitatis esse consortes, qui humanitatis nostrae fieri dignatus est particeps, Jesus Christus...")

419   Que se me permita intercalar neste ponto uma observação pessoal: como protestante que sou, foi para mim uma verdadeira descoberta as palavras do Ofertório, quando as li pela primeira vez: "Deus qui humanae substantiae dignitatem mirabiliter condidisti" (Ó Deus, que criaste miraculosamente a dignidade da substância humana) e "qui humanitatis nostrae fieri dignatus es particeps" (Tu que te dignaste participar da nossa humanidade). Nesta dignificação do homem algo maior parece ocultar-se. Se Deus se dignou ("dignatus est") partilhar da natureza humana, então o homem também pode considerar-se digno de partilhar da natureza divina. Num certo sentido, o sacerdote já o faz ao oficiar o mistério do sacrifício, oferecendo-se como vítima no lugar de Cristo. A comunidade por seu lado também o faz ao comer o corpo consagrado, tomando assim, substancialmente, parte na divindade.

420   O sacerdote, ao mediar a transformação, pronunciando as palavras da Consagração, redime o pão e o vinho da imperfeição elementar inerente à criatura. Tal pensamento, porém, não é cristão, é alquímico. Enquanto que do ponto de vista católico se enfatiza a presença atuante de Cristo, o alquimista se interessa pelo destino e pela redenção manifesta das substâncias. Pois é em sua matéria que a alma divina se encontra cativa, esperando a salvação que lhe é dada neste momento preciso. A alma se apresenta na figura do "Filho de Deus". Para o alquimista não é o homem o primeiro a necessitar da redenção, e sim a divindade, perdida e adormecida na matéria. Só depois ele anuncia sua esperança de que o corpo transformado o beneficie como uma panaceia ou "medicina catholica", do mesmo modo como beneficia os "corpora imperfecta", tais como os metais vis, "doentes" etc. Ele não visa sua própria salvação pela graça de Deus, mas a *libertação de Deus* das trevas da matéria. Ao realizar esta obra miraculosa, ele se beneficia secundariamente de seu efeito salutar. Ele pode abordar a obra como um ser necessitado de redenção, mas sabe que a sua redenção depende do sucesso da sua obra, isto é, da libertação da alma divina por seu intermédio. Para consegui-lo precisa da meditação, do jejum e da oração; necessita do auxílio do Espírito Santo, como seu πάρεδρος (paredros)[43]. Não é o homem que deve ser redi-

---

43. Πάρεδρος = espírito servidor. Assim em Khunrath e outros.

mido, mas sim a matéria. Por isso, o espírito que se manifesta na transformação não é o "Filho do Homem", mas o "filius Macrocosmi", como acertadamente diz Khunrath[44]. Assim sendo, não é o Cristo que emerge desta transformação, mas um ser material inefável denominado "pedra"; este ser apresenta as qualidades mais paradoxais e também possui "corpus", "anima", "spiritus", além de poderes sobrenaturais (fig. 214). Poderíamos ser tentados a explicar o simbolismo alquímico da transformação como sendo uma caricatura da Missa, se sua origem não fosse pagã e, portanto, muito mais antiga.

A matéria que contém o segredo divino encontra-se em toda parte, inclusive no corpo humano[45]. Ela é de pouco valor e se encontra em toda parte; podemos achá-la até mesmo no monturo mais repugnante[46] (fig. 256). Consequentemente este "opus" já não é um "officium" ritual, mas a obra da redenção que o próprio Deus realizou na humanidade através de Cristo, como modelo; mas no caso do filósofo (alquimista) que recebeu o "donum spiritus sancti", ou melhor, a Arte divina, este a considera como sendo seu "opus" individual. Os alquimistas sublinham este ponto: "Aquele que trabalha através do espírito de outrem ou de uma mão paga obterá resultados que estão longe da verdade; e, inversamente, aquele que presta serviços a outrem como um ajudante de laboratório não terá acesso aos mistérios da rainha"[47]. Poderíamos citar aqui as palavras de Cabasilas: "A modo de reis que levam sua oferenda a Deus pessoalmente e nunca através de outros".

421

---

44. *Hyleal. Chaos,* p. 59 et passim. Lê-se em Morienus (*De transmut. met.* em *Art. aurif.* II, p. 37) que é bem mais antigo: "In hoc enim lapide quatuor continentur elementa, assimilaturque Mundo, et Mundi compositioni". [De fato, esta pedra contém os quatro elementos e ela se torna semelhante ao mundo e a tudo o que compõe o mundo.]

45. Morienus diz ao rei Calid (op. cit., p. 37): "Haec enim res a te extrahitur: cuius etiam minera tu existis, apud te namque illam inveniunt, et ut verius confitear, a te accipiunt; quod quum probaveris, amor eius et dilectio in te augebitur. Et scias hoc verum et indubitabile permanere." [Pois esta coisa é extraída de ti; e tu es constituído de seu mineral, em ti ela é encontrada, e, para melhor exprimir-me, é de ti que a retiraram: e depois de a teres provado, o teu amor e o teu desejo por ele aumentarão. E sabe que isto permanecerá verdadeiro e indubitável.]

46. "[...] in stercore invenitur." [... é encontrada no esterco.]

47. MAIER. *Symbola,* p. 336.

422   Os alquimistas são, de fato, pessoas solitárias[48]; cada qual diz o
que tem a dizer à sua maneira[49]. Raramente têm discípulos e parece
que transmitiam bem pouca coisa por tradição direta; nem temos
provas da existência de quaisquer sociedades secretas[50]. Cada qual
trabalhava sozinho no laboratório e sofria com a sua solidão. Em
compensação não havia muitas brigas. Seus escritos são praticamente
isentos de polêmica e a maneira pela qual se citam uns aos outros denota uma concordância surpreendente quanto aos princípios, embora não se saiba bem em que pontos poderiam concordar[51]. Há pouca
teimosia e pequenas divergências de ideias, ao contrário do que ocorre entre teólogos e filósofos. Provavelmente isto se deve ao fato de a
"verdadeira" alquimia jamais ter sido um negócio ou uma carreira;
sempre foi um "opus" genuíno cumprido no trabalho silencioso do
sacrifício de si. Temos a impressão de que cada qual tentava expressar sua vivência particular e citava os "dicta" (ditos) dos mestres que
pareciam espelhar seus próprios sentimentos.

---

48. Khunrath (op. cit., p. 410) diz, p. ex.: "[...] assim opera também no laboratório sozinho / sem colaboradores ou assistentes; a fim de que Deus, o zeloso / não te prive da
Arte / por causa dos teus assistentes / aos quais não estou disposto a concedê-la."

49. "Quia nobis solis artem per nos solos investigatam tradimus, et non aliis..." [Pois a
Arte é investigada por nós sós e a nós sós é transmitida e não a outrem.] (GEBER. *Summa perfectionis* em *Bibl. chem.* I, p. 557b).

50. Naturalmente não levo em consideração os Rosa-cruzes mais tardios, nem as co-
munidades de "Poimandres", reconhecidas por Zósimo. Entre os extremos destas
duas épocas, encontrei apenas uma passagem duvidosa, na *Practica Mariae Prophetissae* (*Art. aurif.* I, p. 323; cf. fig. 78): O "interlocutor" Aros (Horos) pergunta a Maria:
"ô domina obedisti in *societate Scoyari*: ô prophetissa an invenisti in secretis Philosophorum..." [Ó Senhora, vós vos submetestes à sociedade do Scoyarus: ó profetisa,
encontraste os segredos dos Filósofos...]. A palavra "Scoyaris" ou "Scoyarus" lembra
o misterioso "Scayolus" em Paracelso (*De vita longa*), expressão que se refere ao Adepto. ("Scayolae" significa princípios ou forças espirituais superiores. Cf. *Estudos alquímicos* [§ 206s.]). Haverá aqui uma correspondência? Em todo caso parece haver uma
alusão a uma "societas". Acontece que o tratado de Maria seria muito antigo, remontando à Antiguidade, isto é, a uma época próxima às sociedades gnósticas. Agrippa (*De
incertitudine et vanitate scientiarum*, cap. XC) menciona um juramento de iniciação,
eventual indício da existência de sociedades secretas. Waite (*The Secret Tradition in
Alchemy*) chega a um resultado negativo. Para maiores detalhes, cf. *Estudos alquímicos* (op. cit.).

51. Neste particular, a *Turba philosophorum* é instrutiva.

Todos concordam desde os tempos mais remotos que sua Arte é   423
sagrada e divina[52] e que sua obra só pode ser levada a cabo mediante a
ajuda de Deus. Esta ciência só é dada a poucos e só é entendida por
aqueles a quem Deus ou um mestre abriu o entendimento[53]. Não se
deve também comunicar o conhecimento adquirido a outras pessoas,
quando estas não são dignas dele[54]. Uma vez que todas as coisas essenciais são expressas por metáforas, a comunicação se destina exclusivamente aos inteligentes, aos que possuem o dom da compreensão[55].
Os tolos, porém, se iludem com interpretações ao pé da letra e com receitas e desse modo incorrem em erro[56]. Ao ler os livros, não podemos contentar-nos com um só, mas devemos ter muitos livros[57], pois
"um livro abre outro"[58]. Além do mais, devemos ler com cuidado,

---

52. "[...] magisterium nihil aliud est nisi arcanum et secretum secretorum Dei altissimi
et magni" [o magistério nada mais é do que o arcano e o segredo dos segredos de Deus
altíssimo e supremo] (MORIENUS. Op. cit. p. 39. "[...] donum et secretorum secretum Dei" [dom e segredo dos segredos de Deus). (*Cons. coniugii* em *Ars chem.*, p. 56).
"... divinum mysterium a Deo datum, et in Mundo non est res sublimior post animam
rationale" [O mistério divino dado por Deus; e no mundo não existe coisa mais sublime do que a alma racional] (*Rosarium* em *Art. aurif.* II, p. 280).

53. *Rosarium,* op. cit., p. 212, 228.

54. Op. cit., p. 219, 269.

55. Op. cit., p. 230. A alquimia supera todas as demais ciências, opina Djabir (século VIII).
"En effet, tout homme instruit dans une science quelconque, et qui n'a point donné une
partie de son temps à l'étude de l'un des principes de l'oeuvre, en théorie ou en pratique,
possède une culture intellectuelle absolument insuffisante". [Com efeito, todo homem ins-
truído numa ciência qualquer, que não tenha consagrado uma parte de seu tempo ao estudo de um dos princípios da obra, em teoria ou na prática, possui uma cultura intelectual
absolutamente insuficiente]. (BERTHELOT. *Chimie au moyen âge* III, p. 214). Supõe-se
que Djabir tenha sido cristão ou sábio. Cf. também RUSKA. *Die siebzig Bücher des Gabir
ibn Hajjan,* p. 38). Synesius também apela à inteligência (BERTHELOT. *Alchi, grecs,* II,
III, 16). Olimpiodoro até compara a Arte à inteligência divina (op. cit., II, IV, 45) e também faz apelo à inteligência de seu público (op. cit., 55). Christianos também enfatiza a
inteligência (op. cit. VI, I, 4 e VI, III, 2). Na *Aurora* II (Prologus) em *Art. aurif.* I, p. 185
enfatiza-se igualmente: "[...] oportet intellectum valde subtiliter et ingeniose acuere" [é
preciso aguçar o intelecto com muita sutileza e habilidade].

56. *Rosarium* em *Art. aurif.* II, p. 210.

57. "Librorum magnam habeat copiam". [É preciso ter uma grande quantidade de livros.] (HOGHELANDE. *De alch. diff.* em *Bibl. chem.* I, p. 342a).

58. "Rasis...<dixit>: Liber enim librum aperit" (cit. de PETRUS BONUS. *Margarita
pretiosa,* caput VIII, em *Bibl. chem.* II, p. 33b) [Rasis... <disse> : um livro abre o outro].

parágrafo por parágrafo, e assim faremos descobertas[59]. Os termos são reconhecidamente de pouca credibilidade[60]. Ocasionalmente um sonho nos revelará qual a substância que buscamos[61]. A "materia lapidis" pode ser descoberta por inspiração divina[62]. A prática da Arte é uma via dura[63] e a mais longa das vias[64]. A Arte não tem inimigos a não ser os ignorantes[65].

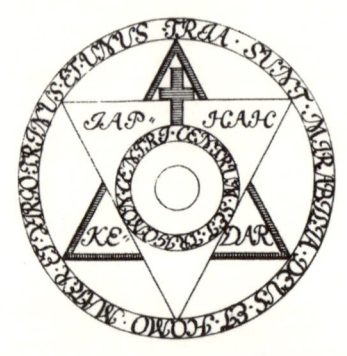

Fig. 160. Símbolo da Arte como união dos opostos água-fogo.
ELEAZAR. *Uraltes chymisches Werk* (1760)

424   É supérfluo dizer que tanto na literatura alquímica, como em toda parte, há autores bons e maus. Há produções de charlatões, insensatos e trapaceiros. É fácil reconhecer os escritos de pouco valor por suas inúmeras receitas, cuja redação é descuidada, inculta, por sua mistificação insistente e pela insípida e descarada teimosia quanto à fabricação do ouro. Reconhece-se os bons livros pela aplicação, pelo zelo e pelo esforço mental visível de seu autor.

---

59. *Rosarium,* op. cit., p. 230.

60. Op. cit., p. 211, 243, 269.

61. "Aqua Philosophica tibi in somno aliquoties manifestata" [a Agua Filosófica que a ti se manifestou várias vezes em sonho]. SENDIVOGIUS. *Parabola,* em *Bibl. chem.* II, p. 475b).

62. FIGULUS. *Rosarium novum olympicum,* pars altera, p. 33.

63. FIGULUS. *Tractatulus rhythmicus,* op. cit., prima pars, p. 58.

64. *Rosarium,* op. cit., p. 230.

65. ARNALDUS DE VILLANOVA em *Rosarium,* op. cit., p. 210.

4. A "materia prima"

A. *Designações da matéria*

A base do "opus" é a matéria-prima que é um dos segredos mais importantes da alquimia. Isto não é surpreendente, uma vez que ela representa a substância desconhecida portadora da projeção do conteúdo psíquico autônomo. Evidentemente tal substância não era especificada, pois a projeção emana do indivíduo, sendo portanto diferente em cada caso. Portanto, não é correto afirmar que os alquimistas nunca definiram a "materia prima"; muito pelo contrário, foram tantas as definições dadas que estas acabaram por contradizer-se repetidamente. Para uns, a "materia prima" era o mercúrio (metal), para outros, minério, ferro, ouro, chumbo, sal, enxofre, vinagre, água, ar, fogo, terra, sangue, água da vida, "lapis", veneno, espírito, nuvem, céu, orvalho, sombra, mar, mãe, lua, dragão, Venus, caos, microcosmo (fig. 162). O *Lexicon* de Ruland dá nada menos do que cinquenta sinônimos, número este que pode ser consideravelmente acrescido. 425

Fig. 161. A "prima materia" como Saturno que devora seus filhos.
Mutus liber (1702)

Além dessas designações, em parte químicas e em parte mitológicas, também há as "filosóficas" que têm uma conotação mais profunda. Encontramos, por exemplo, a designação de "Hades" no Tratado de Komarios[1]. Em Olimpiodoro, a terra negra contém o "maldito de 426

---

1. BERTHELOT. *Alch. grecs*, IV, XX, 8.

Deus" (θεοκατάρατος). O *Consillium Coniugii* diz que o pai do ouro e da prata, e, portanto, a sua "prima materia", é o "ser vivo (animal) da terra e do mar", ou o "homem", ou seja, uma' "parte do homem", como seus cabelos, sangue etc. Dorneus chama a "prima materia" de "adâmica" e – baseado em Paracelso – de "limbus microcosmicus". A matéria da pedra seria "nada mais do que o Mercurius ígneo e perfeito", o verdadeiro Adão hermafrodita e o microcosmo (= homem). Hermes Trismegistos teria designado a pedra de "órfã"[2]. Dorneus, discípulo de Paracelso, deve ter relacionado a doutrina do Anthropos (de Paracelso) com suas próprias ideias. No tocante a isto remeto o leitor ao meu trabalho *Paracelsica*. Em outros autores são mencionadas as relações entre o homem e a "prima materia"; no entanto, não citarei aqui todos esses autores.

427   O dragão mercurial da alquimia grega, denominado ἕν τὸ πᾶν, deu ensejo à caracterização da "prima materia" como "Unum" (Uno), "unica res"[3], "Monas"[4] (mônada), bem como à afirmação do *Liber*

---

2. *Congeries Paracelsicae chemicae* em *Theatr. chem.* I, p. 578. No mesmo lugar, Dorneus explica: "Mercurium istum componi corpore, spiritu, et anima, eumque naturam elementorum omnium, et proprietatem assumpsisse. Quapropter ingenio et intellectu validissimis adseverarunt suum lapidem esse animalem, quem etiam vocaverunt suum *Adamum,* qui suam invisibilem Evam occultam in suo corpore gestaret" etc. [O Mercurius em questão é constituído de corpo, espírito e alma, e assumiu a natureza e propriedades de todos os elementos. Por este motivo eles afirmavam com extraordinária perspicácia e inteligência que a sua pedra é um ser animado, por eles também denominado o seu *Adão* que traz oculta em seu corpo sua Eva invisível]. Hoghelande diz: "a tudo eles comparavam a 'prima materia', ao *monstro hermafrodita* masculino e feminino, ao céu e à terra, ao corpo e espírito, ao caos, ao microcosmo e à massa confusa; a qual contém em si todas as cores e potencialmente todos os metais; acima dela nada existe no mundo de mais maravilhoso, uma vez que se fecunda a si mesma, concebe dela mesma e dá à luz a si mesma" (*De alch. diff.* em *Theatr. chem.* (1602) I, p. 178s.).

3. *Tractatus aureus* em *Mus. herm.*, p. 10, e muitas outras passagens.

4. DEE. *Monas hieroglyphica* em *Theatr. chem.* (1602) II, p. 218s. Em AEGIDIUS DE VADIS (*Dialogus* em: *Theatr. chem.* II, p. 110), a "mônada" é a "forma" ativa na matéria. KHUNRATH (*Amphitheatrum*, p. 203) escreve: "[...] in Cabala, est hominis ad Monadis simplicitatem reducti, cum Deo, Unio: id in Physico-Chemia ad Lapidis nostri... cum Macrocosmo... Fermentatio." [... na Cabala, trata-se da união do homem com Deus, que juntos são reduzidos à simplicidade da mônada: na química-física, trata-se de uma fermentação (do homem) com o macrocosmo, que é reduzido (à simplicidade da nossa pedra).] Há uma passagem semelhante em sua "Confessio" (*Hyleal. Chaos,* p. 33s. e 204), onde a "mônada" é igualmente mais um símbolo do lapis concluí-

Fig. 162. O desencadeamento dos opostos no caos. "Chaos" é uma das
designações da "prima materia".
DE MAROLLES. *Tableau du temple des muses* (1635)

---

do. DORNEUS (*De spagirico artificio* em *Theatr. chem.* (1602) I, p. 441) diz: "In uno
est enim unum et non est unum, est simplex, et in quaternario componitur". [Pois o um
está no uno e não é o uno, é simples e composto na quaternidade.] Sua doutrina da "coisa simples" é fortemente influenciada pelo *Liber quartorum.* (Também menciona a magia uma vez.) Na mesma passagem, porém, Dorneus utiliza o termo "mônada" também
para designar a meta: "A ternario et quaternario fit ad monadem progressus" [O progresso vai do ternário e do quaternário para a mônada.] O nome "lapis" é utilizado,
sem exceção, na literatura para designar o início e a meta.

Platonis quartorum de que o homem é qualificado para completar a obra por possuir aquilo que é simples, ou seja, a alma[5]. Mylius descreve a "prima materia" como sendo o "elementum primordiale". Ela seria o "puro sujeito e a unidade das formas", que tem a possibilidade de abarcar todas as formas ("in quo retinetur quaelibet forma cum possibilitate")[6].

428   Eximindus diz na segunda versão da *Turba*[7]:

> "Anuncio-vos, ó filhos da Doutrina, que o princípio de todas as criaturas é uma certa natureza primordial eterna e infinita, que a tudo cozinha e rege, e cujos aspectos ativos e passivos só são conhecidos e reconhecidos por aqueles a quem foi dado conhecer a Arte sagrada".

429   No Sermo IX da *Turba*[8], "Eximenus" expõe uma teoria da Criação (Criação através do "Verbo"), tal como na Bíblia, que contradiz totalmente a teoria acima, segundo a qual o princípio é uma "natura perpetua infinita". O *Rosarium* designa a "prima materia" por "radix ipsius" (raiz de si mesma). Ela é, portanto, enraizada em si mesma, sendo autônoma e não dependendo de nada.

B. *O increatum*

430   Enquanto "radix ipsius" a "prima materia" é um verdadeiro "principium", muito perto do que Paracelso chama de um "increatum" (algo que não foi criado). Em sua *Philosophia ad Athenienses*, Paracelso diz que essa matéria única é um grande segredo, não possuindo a natureza dos elementos. Ela preenche toda a "regio aetherea" (região etérea). Ela é a *mãe* dos elementos e de todas as criaturas (fig. 163). É impossível expressar esse mistério que aliás não foi criado (nec etiam creatum fuit). O mistério increado foi preparado (praeparatum) por Deus de tal forma que no futuro nada será parecido com

---

5. *Theatr. chem.* V, p. 130.

6. *Phil. ref.*, p. 174.

7. *Art. aurif.* I, p. 66. Eximindus (ou Eximidius na primeira versão) é uma corruptela de Anaxímenes e Anaximandro.

8. *Turba* (org. por Ruska), p. 116.

ele, nem ele voltará a ser o que já foi[9]. Isto porque ele foi corrompido de tal modo que seria impossível reconstituí-lo (poder-se-ia considerar isto uma alusão ao pecado original). A reprodução de Dorneus dá sentido ao texto original[10].

A autonomia e eternidade da "prima materia" em Paracelso é   431
uma alusão a um princípio equivalente à divindade, correspondente a uma "dea mater". Como essa ideia possa ajustar-se à fé cristã é problema de Paracelso e não é a única culpa que tem no cartório. As interpretações do *Aquarium sapientum*[11], curiosas por seu caráter insólito (que nem mesmo a *Aurora Consurgens* conseguiu superar) levam mais longe as especulações de Paracelso (sem mencionar o autor). Miqueias (5,2) teria dito acerca da "prima materia": "Sua origem vem dos primórdios, dos tempos imemoriais." (Na Vulgata lê-se "egressus eius ab initio, a diebus aeternitatis".) João (8,58) também

---

9. Dorneus traduz: "Increatum igitur mysterium hoc fuit ab altissimo opifice Deo praeparatum, ut ei símile nunquam futurum sit, nec ipsum unquam rediturum, ut fuit" [*Physica genesis* em *Theatr. chem.* (1602) I, p. 380]. A isto corresponde o seguinte texto de Paracelso: "[...] logo, o Mysterium magnum incriado é preparado pelo supremo artista e nenhum outro será jamais igual a ele, nem ele voltará a ser; do mesmo modo que o queijo nunca volta a ser leite, a coisa gerada também nunca tornará a aparecer em sua primeira matéria" (*Philosophia ad Athenienses*, SUDHOFF XIII, p. 390).

10. Paracelso (op. cit.): "este mysterium magnum era a mãe de todos os elementos, e também a avó de todas as estrelas, árvores e de todas as criaturas da carne, pois tal como as crianças nascem de uma mãe, do mysterium magnum também nascem todas as criaturas, sensíveis e insensíveis e todas as outras igualmente, e o mysterium magnum é uma mãe única de todas as coisas mortais e nela têm a sua origem" etc. (op. cit., p. 391): "Ora, como todos os demais mortais crescem e se originam do 'mysterio increato', compreende-se que nenhuma criatura fora criada antes, depois ou à parte, mas que todas foram criadas juntas, pois o supremo arcanum (mistério), o maior bem do creator (criador), criou todas as coisas no increatum, não na forma, não na essência, não na qualidade, mas estavam no 'increato', tal como uma imagem está na madeira, apesar de a mesma não ser percebida, enquanto da madeira não for removido o excesso; só depois se reconhece a imagem. O mysterium increatum também não deve ser entendido de outro modo; que o carnal e o insensível, em sua separação, alcança cada qual a forma e a estrutura que lhe é própria".

11. *Mus. herm.*, p. 73s. Tenho que corrigir aqui um erro que cometi em meu trabalho *Estudos alquímicos* [§ 231]: o *Aquarium*, além de referir-se ao autor citado, também trata da história das heresias num sentido negativo.

Fig, 163. A Terra como "prima materia" amamentando o Filho dos
Filósofos.
MYLIUS. *Philosophia reformata* (1622)

diz: "Antes que Abraão existisse, eu sou". Disto se depreende que a
pedra não tem começo, mas o seu "primum Ens" existe desde toda a
eternidade, e também não tem fim e existirá por toda a eternidade.
Para que se compreenda isto corretamente é preciso ter bem abertos
os olhos da alma e do espírito, contemplando e distinguindo com nitidez, à luz interior. Desde o princípio Deus acendeu esta luz na natureza e em nossos corações[12]. Prosseguindo, o autor diz que como a
pedra juntamente com sua matéria tem mil nomes, sendo por isso
chamada a "miraculosa", assim esses mesmos nomes em seu supremo
grau podem ser atribuídos a Deus[13]. Efetivamente, o autor os emprega desta forma. É difícil para o cristão aceitar tal conclusão. No entanto, esta apenas repete o que o *Liber Platonis quartorum* já dizia

---

12. *Mus. herm.*, p. 106s.
13. Op. cit., p. 111.

claramente: "Res ex qua sunt res, est Deus invisibilis et immobilis". (A coisa que dá origem às coisas é o Deus invisível e imóvel.)[14] "Res" (a coisa) significa o objeto da arte divina. Na realidade são poucos os filósofos que chegaram "expressis verbis" a esta conclusão; no entanto, este aspecto aumenta decididamente a transparência de suas insinuações e alusões veladas. Além disso, tal conclusão era psicologicamente inevitável, na medida em que o inconsciente, por ser desconhecido, deva sempre coincidir consigo mesmo; dada a ausência de qualidades discerníveis, não se pode distinguir um conteúdo inconsciente de outro. Não se trata de uma subtileza lógica, mas de um fenômeno bem real e de grande importância prática, a saber, trata-se dos fenômenos de identidade e de identificação no âmbito da vida social, baseados no caráter coletivo (e na natureza indiscriminável) dos conteúdos inconscientes. Tais conteúdos aproximam irresistivelmente por atração mútua os indivíduos por eles possuídos, conglomerando-os em grupos maiores ou menores, que podem crescer com facilidade, a modo de uma avalanche.

Os exemplos acima mostram que os alquimistas chegaram pouco a pouco a projetar na matéria até mesmo a ideia do supremo valor, isto é, a divindade. O valor supremo foi assim ligado à matéria, criando-se um ponto de partida para o desenvolvimento da verdadeira química por um lado, e, por outro, do materialismo filosófico mais recente, com todas as consequências psicológicas que um deslocamento de cento e oitenta graus da imagem do mundo acarreta necessariamente. Embora a alquimia nos pareça hoje algo bem distante, não devemos subestimar sua influência cultural na Idade Média. Nossa época é filha da Idade Média e não renega seus pais. `432`

C. Ubiquidade e perfeição

A "prima materia" possui o caráter da ubiquidade: encontramo-la sempre e em toda parte, o que significa o fato de a projeção poder ocorrer sempre e em toda parte. Sir George Ripley, o alquimista inglês (1415?-1490), escreve: "Os filósofos dizem aos que buscam `433`

---

14. *Theatr. chem.* V, p. 145.

que pássaros e peixes nos trazem o lapis[15]; todo ser humano o possui, ele está em todo lugar, em ti, em mim, em todas as coisas, no tempo e no espaço[16]. Ele se oferece sob uma forma vil (vili figura). Dele se origina a nossa água eterna[17] (aqua permanens)". Segundo Ripley a "materia prima" é a água; esta é o princípio material de todos os corpos[18], inclusive do mercúrio[19]. Ela é a hyle que pelo ato divino da criação surgiu do caos[20] sob a forma de uma esfera escura[21] (sphaericum opus) (fig. 34). O caos é uma "massa confusa" de onde procede a pedra (figs. 125, 164 e outras). A água hílica contém um fogo elementar oculto[22]. No tratado *De sulphure*[23] o elemento terra abriga como seu oposto interno o "ignis gehennalis" (fogo da Geena), fogo do inferno. Em Hortulanus a pedra provém de uma "massa confusa" que contém em si todos os elementos[24] (cf. fig. 162). Tal como o mun-

---

15. Cf. GRENFELL AND HUNT. *New Sayings of Jesus*, p. 15s.: "Jesus saith: (Ye ask? who are those) that draw us (to the kingdom, if) the kingdom is in Heaven?... *the fowls of the air,* and all beasts that are under the earth or upon the earth, and *the fishes of the sea...*" (Jesus disse: [Vós perguntais quem são eles?] que nos atraem [ao reino, se] o reino está no Céu?... *as aves do ar,* e todos os animais que estão debaixo ou sobre a terra, e *os peixes do mar...*)

16. RIPLEY. *Opera*, p. 10.

17. Op. cit., p. 130.

18. Op. cit., p. 369.

19. Op. cit., p. 427.

20. No *Ripley-Scrowle* (British Museum, ms. add. 5025) a esfera da água é representada com asas de dragão (cf. fig. 228). Nos *Verses belonging to an emblematical scrowle* (*Theatr. chem. Brit,*, p. 376) o "spiritus Mercurii" (espírito do Mercurius) diz: "Of my blood and water I wis, / Plenty in all the world there is / It runneth in every place; / Who it findeth he hath grace: / In the world it runneth over all, / Ad goeth round as a ball." / [De meu sangue e água eu sei / que existe em abundância no mundo / Em todos os lugares ele flui; / Quem o encontra, encontra a graça: / No mundo ele flui em toda parte, / e ele rola como faz a bola].

21. Op. cit., p. 9.

22. RIPLEY. *Opera*, p. 197.

23. *Mus. herm.*, p. 606.

24. HORTULANUS. *Commentariolus* em *De Alchemia*, p. 366.

do surgiu do "chaos confusum"[25], assim também dele surge a pedra[26]. A ideia da esfera de água em rotação evoca ideias pitagóricas: para Archytas, a alma do mundo é um círculo ou uma esfera[27]; para Philolaos, ela arrasta consigo o mundo em sua rotação[28]. A origem desta imagem encontra-se provavelmente em Anaxágoras, onde o νοῦς provoca um turbilhão no caos[29]. Igualmente importante é a cosmogonia de Empédocles onde, pela união do dissemelhante (pela influência da φιλία), surge o σ αῖρος (o ser esférico). A definição deste último como sendo εὐδαιμονέστατος θεός (o Deus de Suprema Bem-aventurança) projeta uma luz especial sobre a natureza do "lapis", perfeita, "redonda"[30], procedendo da esfera primordial, já que a constituiu. Eis por que a "prima materia" é frequentemente denominada "lapis" (figs. 164 e 165). O primeiro estado é apenas o estado oculto que, pela arte e graça de Deus, pode ser conduzido ao segundo: ao estado manifesto. Por esta razão a "prima materia" coincide às vezes com a noção do estado inicial do processo, a "nigredo" (negrume). É a terra negra na qual é semeado o ouro ou o lapis, como se fosse um grão de trigo (fig. 48). É a terra negra, mágica e fértil trazida do Paraíso por Adão e que também é denominada antimônio e descrita como "o negro mais negro do que o negro" (nigrum nigrius nigro)[31].

---

25. Cf. AEGIDIUS DE VADIS. *Dialogus* em *Theatr. chem.* (1602) II, p. 101: O caos é a "materia confusa". Esta "materia prima" é necessária à Arte. Na "materia prima" estão misturados os quatro elementos em estado desordenado, pois: "Terra e água, que são mais pesadas do que os outros elementos, elevavam-se até o círculo da lua e o fogo e o ar, que são mais leves do que os outros, desciam até o centro da terra, razão por que esta "materia" é chamada, acertadamente, desordenada. *Desta matéria desordenada, apenas uma parte* permanece no *mundo,* e ela é conhecida por todos e é vendida publicamente".

26. HORTULANUS. Op. cit., p. 371.

27. ZELLER. *Philosophie der Griechen,* III / 2° séc., p. 120.

28. Op. cit., p. 102; e também p. 154.

29. Op. cit., I, p. 687.

30. Também como "piscis rotundus" (peixe redondo) no mar (*Allegoriae super librum Turbae* em: *Art. aurif.* I, p. 141).

31. MAIER. *Symbola,* p. 379s.

D. O *rei* e *o filho do rei*

434   Tal como o grão de fogo oculto na hyle, o filho do rei jaz nas obscuras profundezas do mar, como se estivesse inanimado, mas não
obstante vive e seu clamor vem das profundezas[32] (fig. 166); "Aquele

Fig. 164. Mercúrio de pé sobre o caos redondo, segurando a balança como
sinal de "pondus et mensura" (peso e medida). O "redondo" é a
prefiguração do ouro.
Figurarum aegyptiorum secretarum (século XVII)

---

32. "[...] ex profundo clamat" (op. cit., p. 380).

Fig. 165. "L'occasione": um Mercúrio sobre a esfera terrestre (o "redondo"); a seu lado, o caduceu e as cornucópias, simbolizando a aibundância de suas dádivas.

CARTARI. *Le immagini de i dei de gli antichi* (1583)

que me libertar das águas e me transferir para um estado seco, eu o cumularei de riquezas perpétuas"[33].

435   A relação com o "rex marinus" (rei do mar) da *Visio Arislei*[34] (visão de Arisleu) é transparente. Arisleu[35] relata sua aventura junto ao "rex marinus", em cujo reino nada prospera e nada se reproduz, pois lá não há filósofos. Apenas se mistura o semelhante com o semelhante[36]; consequentemente, não há procriação. A conselho dos filósofos, o rei deve unir em casamento seus dois filhos Thabritius[37] e Beya, que gestara em seu cérebro[38] (fig. 167).

---

33. Cf. o início da sétima parábola em *Aurora* I, cap. XII: convertimini ad me in toto corde vestro, et nolite abiicere me, eo quod *nigra* sum *et fusca*, quia decoloravit me Sol (Ct 1,5s.), et abyssi operuerunt faciem meam (Jn 2,6) et terra infecta et contaminata (Sl 105,38) est in operationibus meis, quia *tenebrae* factae sunt super eam (Lc 23,44) pro eo quod infixa sum in limo profundi (Sl 68,3), et substantia mea *non est aperta*, propterea de profundis clamavi (Sl 129,1), et de abysso terrae voce mea ad vos omnes qui transitis per viam, attendite et videte, si quis similem mihi invenerit (Lm 1,12), dabo in manum suam stellam matutinam (Ap 2,28)". [Voltai-vos para mim de todo o coração e não me rejeiteis, por eu ser preta e escura, pois o sol assim me queimou; e as profundezas cobriram o meu rosto e a terra foi deteriorada e maculada em minhas obras, pois havia escuridão sobre ela, por eu ter afundado no lodo da profundeza e minha substância não foi explorada. Por isso clamo da profundeza e do abismo da Terra minha voz se dirige a todos vós que passais pelo caminho: Tende cuidado e olhai para mim, se jamais um dentre vós encontrou alguém que comigo se parecesse, eu lhe porei nas mãos a estrela matutina.] Entre colchetes estão anotados os trechos correspondentes da Vulgata.

34. *Art. aurif.* I, p. 146s.

35. Cf. RUSKA. *Turba,* p. 23. Arisleu é uma corruptela de Archelaos, devido a uma transcrição árabe. Archelaos poderia ser um alquimista bizantino do século VIII-IX. Deixou uma poesia sobre a Arte sagrada. No entanto, uma vez que a *Turba* atribuída a Arisleu remonta à tradição árabe – como mostra Ruska – presume-se que Archelaos tenha vivido em época bem anterior. Ruska identifica-o, portanto, com o discípulo de Anaxágoras (op. cit., p. 23). Ele admite – o que é de particular interesse para o alquimista – que o νοῦς (nous = espírito) está misturado com o a: ἀέρα καὶ νοῦν τὸν θεόν [Deus que é ar e espírito] (STOBAEUS. *Eclogarum*, I, p. 56).

36. O casamento de igual com igual já se encontra em Heráclito. (DIELS. *Fragmente der Vorsokratiker*, I, p. 79.) [O conteúdo desta nota repousa sobre um erro].

37. Também Gabricus, Cabricus, Cabritis, Kybric; em árabe kibrit = *enxofre*. – Beja, Beya, Beua; em árabe al-baida = *a branca* (RUSKA, *Turba*, p. 324).

38. "Ego tamen filium et filiam meo in cérebro gestavi." (*Visio Arislei* em *Art. aurif.* I, p. 147.). Em MAIER (*Symbola*, p. 343s.) trata-se de um incesto com a mãe, pois Gabritius casa-se com sua mãe Ísis – e isto porque não existe nenhum outro casal desta espécie. É manifestamente um casal de deuses ctônicos (simbolizando os opostos latentes na "prima materia") que celebra o hierosgamos.

Fig. 166. No plano de fundo, o rei do mar gritando por socorro; no primeiro plano a sua figura renovada com o "rotundum" e a "columba spiritus sancti".
TRISMOSIN. *Splendor solis* (1582)

436   Dizer que o rei é "exanimis", inanimado ou carente de alma, ou
que sua terra é estéril, equivale a afirmar que o estado oculto é um estado de latência e potencialidade. A obscuridade e a profundeza do
mar significam apenas o estado inconsciente de um conteúdo que é
projetado de modo invisível. Na medida em que tal conteúdo pertence ao todo[39] da personalidade e só aparentemente se desliga do contexto mediante a projeção, produz-se sempre uma atração entre a
consciência e o conteúdo projetado. Em geral, a atração se manifesta
sob a forma do fascínio. A alegoria alquímica exprime este fato pela
imagem do rei gritando por socorro das profundezas do estado disso-
ciado e inconsciente em que se encontra. A consciência deveria aten-
der a esse apelo; seria mister prestar o serviço ao rei, "operari regi",
pois além de sabedoria isto seria a salvação[40]. No entanto, isto implica a necessidade da descida ao obscuro mundo do inconsciente, o ritual de uma κατάβασι εἰ ἄντρον (descida ao antro), a aventura de
uma viagem marítima noturna (figs. 69, 170 e 171), cuja meta e destino é o restabelecimento da vida, a ressurreição e a superação da morte
(figs. 172, 174, 177). Arisleu e seus companheiros arriscam-se a em-
preendê-la; ela resulta primeiro numa catástrofe, a morte de Thabritius.
Tal morte é o castigo pela "coniunctio oppositorum" incestuosa (figs.
223, 226). O par irmão-irmã é uma alegoria da ideia dos opostos que
são muitos, tais como: seco-úmido, quente-frio, masculino-feminino,
sol-lua, ouro-prata, mercúrio-enxofre, redondo-quadrado, água-fogo,

---

39. O "todo" ou o "si-mesmo" compreende conteúdos conscientes e inconscientes (cf.
JUNG. *O eu e o inconsciente*).

40. Existe ampla comprovação de que para os filósofos "divitiae" (riquezas) e "salus"
(saúde) significam não só "bona futura" (bens futuros) de tipo espiritual ou salvação da
alma, mas também o bem-estar físico. Não podemos esquecer que o alquimista não faz
a menor questão de se torturar com escrúpulos morais, sob pretexto de o homem ser
um nada pecador que vai ao encontro da obra de redenção de Deus através de uma
conduta ética irrepreensível. O alquimista está no papel de um "redentor" cujo "opus
divinum" é mais uma continuação da obra divina de redenção do que uma medida de
prevenção contra uma eventual danação por ocasião do Juízo Final.

CONIVNCTIO SIVE
Coitus.

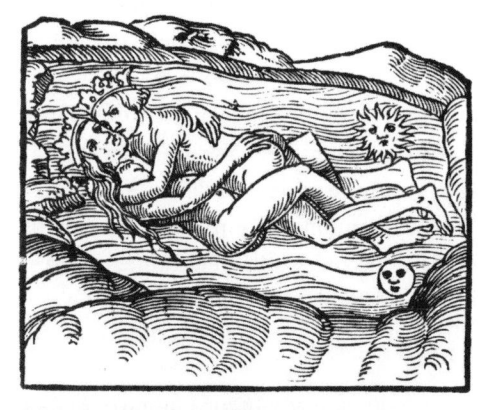

ⅅ **Luna burch meyn vmbgeben/vnd suffe mynne/**
Wirstu schön/starck/vnd gewaltig als ich byn·
ⅅ **Sol/ du bist vber alle liecht zu erkennen/**
So bedarffstu doch mein als der han der hennen.

Fig. 167. Alegoria da união anímica dos opostos na Arte alquímica.
Rosarium philosophorum (1550)

volátil-denso, corpóreo-espiritual etc.[41] O "regius filius" (filho do rei)
é uma forma rejuvenescida do seu pai, o rei. O jovem é representado
muitas vezes com uma espada e significa o espírito, ao passo que o pai

---

41. A natureza antitética do "ens primum" (primeiro ente) é por assim dizer uma ideia
universal. Na China, o par de opostos é "yang" e "yin", número ímpar e par, céu e terra, etc.; a união realiza-se igualmente no hermafrodita (cf. HASTINGS. *Encyclopaedia
of Religion and Ethics* IV, p. 140). EMPÉDOCLES: νεῖκος e φιλία (discórdia e amizade) dos elementos (Zeus – Fogo, Hera – Ar) . No segundo período da Criação surgem
hermafroditas semelhantes aos Ymir e Buri nórdicos (HERRMANN. *Nordische Mythologie*, p. 574). Entre os neopitagóricos: Monas (Mônada) = masculino, Dyas = feminino (ZELLER. *Philosophie der Griechen* III/2ª sec., p. 98). Em Nicômaco, a divindade é número par e ímpar; portanto, "homem-mulher" (ZELLER. Op. cit., p. 106s.).
HERMES TRISMEGISTOS: "Nous" é hermafrodita. BARDESANES (154-222): hermafrodita crucificado (SCHULTZ. *Dokumente der Gnosis*, p. LV). VALENTINUS: O
Criador do mundo é mãe-pai; em Markos o pai primordial é hermafrodita. Entre os
Ophitos "pneuma" é masculino-feminino (SCHULTZ. Op. cit., p. 171).

significa o corpo. Em uma versão da *Visio*, a morte do filho ocorre pelo fato de ele desaparecer completamente no corpo de Beya durante o coito. Em outra versão, é devorado pelo pai (fig. 168), ou então o sol se afoga no mercúrio ou é engolido pelo leão (fig. 169). Thabritius é o princípio masculino, espiritual da luz e do *logos* que desaparece no abraço da "physis", tal como o νοῦς gnóstico. A morte é, portanto, a descida do espírito na matéria. A natureza pecaminosa deste acontecimento foi frequentemente representada pelos alquimistas que aparentemente não a entendiam muito bem (?), razão pela qual racionalizavam ou minimizavam o incesto, tão chocante[42] em si mesmo.

E. O *mito do herói*

437   Uma vez que o incesto se dá a conselho dos filósofos, a morte do filho do rei é algo de desagradável e perigoso. A consciência coloca-se numa situação perigosa pela descida ao inconsciente; aparentemente, é como se ela se extinguisse. A situação é a do herói dos primórdios devorado pelo dragão. Em se tratando de um decréscimo ou extinção da consciência, tal "abaissement du niveau mental" (rebaixamento do nível mental) equivale ao "peril of the soul" tão temido

---

42. MAIER. *Symbola*, p. 343s.: "(Anonymus philosophus Delphinas, secreti maximi, tractatus): De matre cum filio ex necessitate naturali coniungenda clarissime loquitur; si enim unus sit masculus et una foemina, eius mater, in mundo, annon hi duo coniungendi sint, ut genus humanum inde multiplicetur? [...] eodem modo cum saltem in arte chymica sint duo subiecta, quorum *unum alterius mater* est, haec copulanda" etc. [Delphinas, um filósofo anônimo, fala claramente no Tratado do Segredo máximo, que, por uma necessidade natural, a mãe precisa unir-se ao filho, porque, se no mundo houvesse um único homem e uma única mulher, ou seja, sua mãe, não teriam eles que se unir a fim de multiplicar a humanidade? ... de qualquer modo, também existem na Arte Química dois sujeitos, um dos quais é mãe do outro e eles devem ser unidos.] – op. cit., p. 515, encontra-se um *Epithalamium honori nuptiarum Matris Beiae et filij Gabrici,* que inicia com as seguintes palavras: "Ipsa maritali dum nato foedere mater / Iungitur, incestum ne videatur opus. / Sic etenim Natura iubet, sic alma requirit / Lex Fati, nec ea est res male grata Deo" [Quando a própria mãe se une a seu filho maritalmente, não se considera este ato como incestuoso. Pois é a natureza que assim ordena e assim exige a sagrada lei do destino, e o fato não desagrada a Deus].

Fig. 168. O rei, como "prima materia", devorando o filho.
LAMBSPRINCK. *Figurae et emblemata* (1678)

pelos primitivos (medo dos espíritos)[43]. A provocação deliberada ou consentida desta situação é um sacrilégio ou violação de tabu, punido pelos castigos mais severos. Em decorrência disto, o rei aprisiona Arisleu e seus companheiros numa tríplice casa de vidro, juntamente com o cadáver do filho do rei. Os heróis ficam, portanto, retidos no mundo inferior, ou melhor, no fundo do mar, onde deverão permanecer por oitenta dias, a um calor extremo e expostos a todos os terrores. A pedido de Arisleu, Beya é presa com eles. (Em outra versão da *Visio*, a prisão é interpretada como sendo o útero de Beya.)[44] Assim, eles são subjugados pelo inconsciente e abandonados a ele; isto significa que se entregaram à morte voluntariamente, a fim de gerar uma vida fecunda naquela região da alma que até então jazia numa inconsciência obscura e na sombra da morte (fig. 171).

---

43. O medo dos espíritos significa psicologicamente a subjugação da consciência pelos conteúdos autônomos, o que equivale à perturbação mental.

44. *Rosarium* em *Art. aurif.* II, p. 246.

438   Muito embora a possibilidade de vida seja sugerida pelo par irmão-irmã, esta oposição inconsciente deve ser ativada pela intervenção da consciência; se assim não fosse, ela permaneceria latente. Trata-se, porém, de uma tarefa perigosa. A súplica angustiada da *Aurora
consurgens* é compreensível: "Horridas nostrae mentis purga tene-

Fig. 169. O "leão verde" devorando o sol.
Rosarium philosophorum (1550)

bras, accende lumen sensibus"[45]. (Afastai as trevas horrendas de nossa mente e acendei a luz de nossos sentidos.) Compreende-se também
Michael Maier, que encontrou pouca gente disposta a mergulhar no
mar[46]. Arisleu corre o perigo de sucumbir ao destino de um Teseu e

---

45. I, cap. IX, 4ª Parábola (p. 76). A passagem é oriunda da primeira "oratio" do terceiro domingo do Advento: "[...] et mentis nostrae tenebras gratia tuae visitationis illus-
tra" [e ilumina as trevas do nosso Espírito com a graça da tua visitação].

46. "Nonnulli perierunt in opere nostro" [Não são poucos os que pereceram ao longo
da nossa obra], como diz o Rosarium. O momento da tortura também é muito enfati-
zado em *Allegoriae super librum Turbae* (*Art. aurif.* I, p. 139s.): "Accipe hominem,
tonde eum, et trahe super lapidem [...] donec corpus eius moriatur [...]" [Toma o homem, corta-lhe os cabelos e arrasta-o sobre a pedra... até que o seu corpo morra].

Fig. 170. A "viagem marítima noturna" (José na cisterna, Cristo na sepultura, Jonas engolido pela baleia).
Biblia pauperum, edição alemã (1471)

de um Peirithoos, que em sua nekyia (descida) se enraizaram nos rochedos do Hades. Isto quer dizer que a consciência, ao avançar por regiões desconhecidas da alma, é dominada pelas forças arcaicas do inconsciente – espécie de repetição do abraço cósmico do "nous" e da "physis". A meta da descida no mito do herói é caracterizada de um modo geral pelo fato deste aventurar-se numa região perigosa (águas abissais, caverna, floresta, ilha, castelo etc.), onde poderá encontrar o "tesouro difícil de ser alcançado" (tesouro, virgem, elixir da vida, vitória sobre a morte etc.) (fig. 172).

No fundo, o medo e a resistência que todo ser humano experimenta em relação a um mergulho demasiado profundo em si mesmo é o pavor da descida ao Hades. Se fosse resistência apenas, o caso não seria tão grave. Na realidade, porém, emana desse substrato anímico, desse espaço obscuro e desconhecido[47] uma atração fascinante[48], a qual ameaça tornar-se tanto mais avassaladora quanto mais nele se

439

---

47. O espaço quadrado como espaço da alma, compare-se com *Traumsymbole des Individuationsprozesses* [Símbolos Oníricos do Processo de Individuação] [parte II deste volume]. Segundo PITÁGORAS, a alma é um quadrado (ZELLER. Op. cit. III/ 2ª sec., p. 120).

48. Simbolizada por uma mulher com poderes mágicos ou por virgens lascivas, como em Poliphile (comp. com fig. 33) BÉROALDE DE VERVILLE, *Le Songe de Poliphile*. Motivos semelhantes em *Símbolos Oníricos* [parte II deste volume].

Fig. 171. Viagem marítima noturna de Hércules na taça do sol.
Fundo de um vaso ático (Vaticano, século V aC)

penetrar. O perigo psicológico desse momento corresponde a uma desintegração da personalidade em suas componentes funcionais: as funções isoladas da consciência, os complexos, os fatores hereditários etc. A desintegração − uma esquizofrenia funcional ou mesmo real − é o que sucede a Gabricus (na versão do *Rosarium philosophorun*): ele se desintegra em átomos no corpo de Beya[49], o que corresponde a uma certa forma de "mortificatio" (fig. 173).

---

49. *Rosarium* em *Art. aurif.* II, p. 246s: "Nam Beya ascendit super Gabricum et includit eum in suo utero, quod nil penitus videri potest de eo. Tantoque amore amplexata est Gabricum, quod ipsum totum in sui naturam concepit, et *in partes indivisibiles divisit.* Unde Merculinus ait: [...] Per se solvuntur, per se quoque conficiuntur / Ut duo qui fuerant, unum quasi corpore fiant". [Então Beya monta sobre Gabricus, encerrando-o em seu útero, de tal forma que dele nada mais se vê. E ela abraçou Gabricus com amor tão grande, que o recebeu por inteiro em sua natureza, dividindo-o em partículas indivisíveis. Por isso Merculinus diz:... Dissolvem-se por si mesmos e juntam-se por si mesmos, para que, de dois que eram, se tornem por assim dizer um só no corpo.] ("Merculinus" é uma correção de "Masculinus" do texto). Assim como o filho do rei, o próprio rei é morto de diversas maneiras, por exemplo, a pancadas, ou ele bebe tanta água que adoece gravemente dissolvendo-se nela (MERLINUS. *Allegoria de arcano lapidis* em *Art. aurif.* I, p. 392s.).

Fig. 172. Jonas saindo da boca da baleia. O final da travessia marítima noturna corresponde à conquista do "lapis angularis" (pedra angular). *Speculum humanae salvationis* (século XV)

Ocorre aqui uma repetição da "coniunctio" do "nous" com a "physis"[50]. Esta união, porém, é um fenômeno cosmogônico, ao passo que no primeiro caso ocorre uma catástrofe causada pela intervenção dos filósofos. Enquanto a consciência não se manifesta os opostos do inconsciente permanecem latentes. Eles são ativados pela consciência e o "regius filius", o espírito, "logos" ou "nous" é então tragado pela "physis", isto é, o corpo e os órgãos que o representam adquirem um predomínio sobre a consciência. O mito do herói[51] conhece a condição de ser engolido pela baleia e retido em seu ventre[52] (fig. 174): no

440

---

50. VALENTINUS. *Practica* em: *Mus. herm.*, p. 394. Outra versão do tema do devorar (op. cit.): Marte dá o corpo do rei para ser devorado pelo lobo (fame acerrima occupatus [acirrado pela fome]), o filho de Saturno (chumbo). O lobo simboliza o apetite da "prima materia" pelo rei, que frequentemente ocupa o lugar do filho (fig. 175; comp. tb. com figs. 168, 169).

51. Cf. JUNG. *Símbolos da transformação*, passim.

52. Cf. D'ESPAGNET. *Arcanum hermeticae philosophiae* em *Bibl. chem.* II, p. 655, LXVIII: "Haec prima digestio fit velut in stomacho". [Esta primeira digestão se dá como no estômago].

Fig. 173. O assassinato do rei (mortificatio).
STOLCIUS DE STOLCENBERG. *Viridarium chymicum* (1624)

Fig. 174. Jonas dentro da baleia.
Lamparina de barro dos primórdios do cristianismo

interior da baleia é tal o calor que o herói perde o cabelo[53], isto é, renasce sem cabelos como um recém-nascido (fig. 176). Esse calor é o "ignis gehennalis", o inferno, ao qual Cristo também desceu para vencer a morte, como parte de sua "opera".

O Filósofo empreende a viagem ao Hades como "redentor". O "fogo oculto" é a antítese interior da umidade fria do mar[54]. Na *Visio* há um calor inconfundível de incubação[55], equivalente ao estado da

441

Fig. 175. O lobo como "prima materia" devorando o rei morto; no plano de fundo: sublimação da "prima materia" e renascimento do rei.
MAIER. *Scrutinium chymicum* (1687)

---

53. FROBENIUS. *Zeitalter des Sonnengottes* [passim].

54. *Turba,* Sermo LXVIII: "[...] opus nostrum [...] ex *maris* fit generatione" [Nossa obra surge da geração pelo mar] (RUSKA, p. 167).

55. Cf. o banho de suor do rei (fig. XIV dos Símbolos de LAMBSPRINCK (no *Mus. herm.*, p. 369, entre outros). O processo de incubação do ovo na fabricação do ouro, tal como é descrito por NIKEPHOROS BLEMMIDES περὶ τῆς ὠοχρυσοποιίας (BERTHELOT. *Alch. grecs,* VI, XX).

Fig. 176. Jonas no ventre da baleia.
Saltério de Chludoff (bizantino, século IX)

autoincubação na "meditatio". Encontramos na ioga da Índia a concepção análoga do "tapas"[56], da autoincubação. (O exercício do "tapas" tem a mesma finalidade que a da *Visio*: transformação e ressurreição.) (fig. 177)

F. *O tesouro oculto*

442   O "tesouro difícil de ser alcançado" que se suspeita estar presente na "prima materia" obscura foi simbolizado de diversas maneiras pelos alquimistas. Christophorus Parisiensis afirma que o caos (enquanto "materia prima") é obra da natureza sapientíssima. Diz também que a nossa inteligência (intellectus) deve transformar esta obra de arte da natureza, ou seja, o caos, mediante a ajuda do "espírito celestial e ardente" (spiritu), na quintessência de natureza celeste e na essência vivificante (vegetabilis) do céu. No caos, diz ele, existe *in potentia* a mencionada substância preciosa sob a forma de uma "massa confusa" dos elementos reunidos. Este é o motivo pelo qual a razão humana deve aplicar-se com diligência (incumbere debet), a fim de poder transportar o nosso céu para a realidade (ad actum)[57].

---

56. Cf. as minhas explicações em *Símbolos da transformação* [§ 589s.].

57. CHRISTOPHORUS PARISIENSIS. *Elucidarius* em *Theatr. chem.* VI, p. 228s. Cf. Mitra nascido de uma pedra "solo aestu libidinis" [somente pelo calor da libido].

Fig. 177. A "ressurreição" (Sansão carregando as portas da cidade dos filisteus; Cristo ressurgindo do túmulo; Jonas vomitado pela baleia. *Biblia pauperum* (1471)

Fig. 178. A pomba (avis *Hermetis*, pássaro de Hermes), levantando voo a partir dos quatro elementos, símbolo do espírito que se liberta da prisão da physis.
De summa et universalis medicinae sapientiae veterum philosophorum (Paris, provavelmente século XVIII)

Fig. 179. A Trindade alquímica: o rei e seu filho, juntamente com Hermes
entre os dois (Hermes = Spiritus Mercurii).
LAMBSPRINCK. *Figurae et emblemata* (1678)

443   Johannes Grasseus desenvolve uma ideia segundo a qual a "materia prima" é o chumbo (dos filósofos), que também é chamado o
chumbo do ar[58] (alusão aos opostos internos). Dentro deste chumbo
estaria a pomba branca resplandecente (fig. 178), também chamada o
"sal dos metais". É a rainha de Sabá, casta, sábia e rica, recoberta pelo
véu branco, e que deseja entregar-se unicamente ao Rei Salomão[59].

444   Segundo a concepção de Basilius Valentinus, a terra (como "materia prima") não é um corpo inerte, mas nela habita o espírito que é
a vida e a alma da terra. Todas as criaturas, inclusive os minerais, recebem a sua força do espírito da terra. O espírito é vida; ele é alimen-

---

58. Cf. tb. SENDIVOGIUS. *De sulphure* em *Mus. herm.*, p. 612 (do elemento ar):
"[...] extra leve et invisibile, intus vero grave, visibile et fixum" [exteriormente leve e
invisível, interiormente, porém, pesado, visível e fixo].

59. GRASSEUS. *Arca arcani* em *Theatr. chem.* VI, p. 314 menciona "Degenhardus Au-
gustini ordinis Monachus" como sendo o autor desta ideia, numa evidente alusão à
"sapientia", como na *Aurora*.

Fig. 180. A Trindade cristã com o Espírito Santo representado
por um homem alado.
Gravura do Mestre da Paixão de Berlim (meados do século XV)

tado pelas estrelas e dá alimento a todos os seres vivos que abriga em
seu seio. Como a mãe prenhe de seu filho, a terra (fig. 163) gesta em
seu seio os minerais concebidos pelo espírito que ela recebeu do alto.
Este espírito invisível é como que uma imagem intangível refletida no

Fig. 181. A face do Sol.
BOSCHIUS. *Symbolographia* (1702)

espelho; e é a raiz dos corpos necessários ao processo, ou que dele surgem (radix nostrorum corporum)[60] (a raiz de nossos corpos).

445   Há uma ideia semelhante em Michael Maier[61]: através de milhões de revoluções em torno da terra, o sol teceu o ouro dentro da terra. Progressivamente ele imprimiu sua imagem na terra. O ouro é isto. O sol é a imagem de Deus; o coração[62], a imagem do sol no homem, tal como o ouro dentro da terra é também designado por "Deus terrenus"; Deus é reconhecido no ouro. Esta imagem de Deus que aparece no ouro é a "anima áurea", a qual insuflada no mercúrio comum o transforma em ouro.

446   Riplaeus acha que se deve extrair o fogo do caos, tornando-o visível[63]. Este fogo é o Espírito Santo que une Pai e Filho[64]. O Espírito Santo é representado frequentemente por um ancião alado[65], por Mercúrio sob a forma do deus da revelação, que corresponde a Hermes Trismegistos[66], constituindo uma Trindade alquímica juntamente com o rei e o filho do rei (figs. 179 e 180). Deus forjou este fogo nas entranhas da terra, assim como o fogo purgador do inferno: o próprio Deus arde neste fogo[67] em amor divino[68].

5. O paralelo lapis-Cristo

A. *A renovação da vida*

447   Os exemplos oferecidos no capítulo anterior mostram que um espírito se oculta na "prima materia", tal como na pedra do Nilo de Ostanes. Este espírito foi interpretado como sendo o Espírito Santo,

---

60. *Practica* em *Mus. herm.*, p. 403s.

61. *De circulo physico quadrato*. Há uma ideia análoga em EMERSON. *Essays* I, p. 301s.

62. Coração e sangue como sede da alma.

63. *Opera*, p. 146.

64. P. exemplo, nas *Figurae* de LAMBSPRINCK (*Mus. herm.*, p. 371 [fig. 179]).

65. Na Índia deparamos a ideia similar do hamça (cisne).

66. SCOTT. *Hermetica* I e II.

67. Também designado por "calx viva" (cal viva).

68. *Gloria mundi* em *Mus. herm.*, p. 246s.

o que coincide com a antiga tradição do "nous" devorado pelas trevas no momento em que é abraçado pela "physis". A única diferença
é que o devorado aqui não é mais o feminino por excelência, isto é, a
terra, mas sim o "nous" sob a forma de Mercurius, isto é, o Uróboro
devorando a própria cauda (fig. 147 etc. – Em outras palavras, trata-se de um espírito ctônico, material, de um hermafrodita, por assim
dizer, de aspecto masculino-espiritual e feminino-corporal (figs. 183
e tb. 54, 125 e outras). O mito gnóstico originário sofreu estranhas
transformações: o "nous" e a "physis" constituem uma imidade in-
distinta na "prima materia", tornando-se uma "natura abscondita".

Fig. 182. Cristo Salvador das almas.
Afresco na igreja do mosteiro de Braunweiler. Renânia (século XII)

O equivalente psicológico deste tema é a projeção de um conteú-   448
do inconsciente altamente fascinante que, como todos os conteúdos
deste tipo, apresenta um caráter numinoso, "divino" ou "sagrado". A
alquimia propõe-se a alcançar este "tesouro difícil de ser alcançado"
e a produzi-lo de forma visível na medida em que a Arte se exerce no
laboratório, quer sob a forma do ouro físico, quer como panaceia,
quer sob a forma de tintura com poder de transformação. No entanto, uma vez que a atividade química prática jamais foi inteiramente
pura, exprimindo também em si e por si os conteúdos do inconsciente do operador, ela era simultaneamente uma atividade psíquica à
qual se poderia comparar a *imaginação ativa*[1]. Aquilo que se capta

---

1. Expus este método em *O eu e o inconsciente*. [Cf. *A função transcendente, Mysterium Coniunctionis* (§ 494s. e 528s.) e *Os fundamentos da psicologia analítica* (Ta-
vistock Lectures.]

ativamente através deste método também se exprime na vida onírica. As relações do mundo da intuição alquímica e dessas duas formas do processo de interpenetração inconsciente-consciente são tão próximas a ponto de ser justo supor-se que no procedimento alquímico se trata de processos semelhantes ou iguais aos da imaginação ativa e dos sonhos, e enfim ao processo de individuação.

Fig. 183. Divindade andrógina entre uma serpente macho com o sol e outra fêmea com a lua.
Camafeu dos fins da era babilônica

449   Havíamos deixado Arisleu e seus companheiros juntamente com Beya e Thabritius morto na tríplice casa de vidro, onde haviam sido aprisionados pelo "rex marinus". Eles sofrem o efeito de um calor intenso, como os três jovens que o Rei Nabucodonosor lançara à fornalha (fig. 184). O rei tem a visão de um quarto personagem semelhante a um filho dos deuses, no relato de *Daniel* 3,25. Tal visão tem a ver com a alquimia na medida em que esta repete reiteradamente que o "lapis" é "trinus et unus" (três em um) (figs. 185 e 1). A pedra também é constituída pelos quatro elementos, sendo que o fogo – como já vimos – representa o espírito oculto na matéria. Ele é o quarto elemento que apesar de ausente está presente, aparecendo na hora de aflição dentro da fornalha ardente para denotar a presença divina: a ajuda e a conclusão da obra. No momento de sua aflição, Arisleu e seus companheiros veem em sonhos seu mestre Pitágoras e lhe pedem ajuda. Este envia-lhes seu discípulo Harforetus, que é o "autor

Fig. 184. Os três jovens na fornalha ardente.
Relevo de sarcófago da Villa Carpegna, Roma (da Antiguidade cristã)

do alimento"[2]. Com isto a obra se completa e Thabritius é devolvido à vida[3]. Permitimo-nos supor que Harforetus deva ter trazido o alimento milagroso. No entanto, isto só é esclarecido graças à descoberta de Ruska, que nos elucidou o texto do Codex Berolinensis. Lê-se, na introdução deste texto, que não consta nas edições impressas da

---

2. Harforetus = Horfoltus do Codex Berolinensis (RUSKA. *Turba*, p. 324s.). Na opinião de RUSKA [op. cit., p. 27] ele é o mesmo que o imperador Herakleios (610-641). Seu papel místico na *Visio* torna provável uma relação com Harpócrates.

3. Consta da *Visio Arislei* em *Art. aurif.* I, p. 149: "[...] ad Regem dicentes: Quod filius tuus vivit, qui morti fuerat deputatus" [... disseram ao Rei: teu filho vive, aquele que foi considerado morto]. E do Codex Berolinensis (RUSKA. Op. cit., p, 328): "[...] et misimus ad regem, quod filius tuus commotus est" [mandamos dizer ao rei que teu filho está se mexendo] ("commotus" significa provavelmente que ele está se "mexendo").

Fig. 185. Embaixo: a tríade como unidade; a quaternidade
pousando sobre o binário.
VALENTINUS. *Duodecim claves* (1678)

Fig. 186. A árvore de coral no mar.
DIOSCÓRIDES. *De materia medica* (século V)

Visio[4]: "Pitágoras diz: 'escreveis e já escrevestes para a posteridade como é plantada esta árvore preciosíssima, e como aquele que come dos seus frutos nunca mais terá fome'"[5]. Como o objetivo da publicação da *Visio* é deixar para a posteridade um exemplo do processo, ela trata do plantio das árvores, e o final da lenda mostra o efeito regenerador dos frutos. Enquanto Arisleu padecia e Thabritius jazia no sono da morte, a árvore[6] cresceu e deu fruto. O papel desempenhado por Arisleu na casa de vidro é totalmente passivo. A ação decisiva vem do mestre que envia seu mensageiro com o alimento da vida.

Como se sabe, o conhecimento secreto só é recebido por inspiração divina, ou pela boca de um mestre, e ninguém pode completar a obra a não ser com a ajuda de Deus[7]. No caso referido, o mestre mítico, o divino Pitágoras[8], ocupa o lugar de Deus[9] e completa a obra da renovação da vida (fig. 187). Esta intervenção divina, por assim dizer, ocorre no sonho de Arisleu quando ele vê o mestre e pede sua ajuda. Se a união dos opostos, espírito e corpo, expressa por Gabricus e Beya, o assassínio e o cozimento na fornalha correspondem na perspectiva alquimista[10] ao ofertório da missa, encontramos uma analogia, no que concerne ao pedido de ajuda, no "memento vivorum", na súplica pelos vivos e na lembrança dos mártires etc., que precedem a transubstanciação. Esta invocação é feita "pro redemptione animarum suarum, pro spe salutis et incolumitatis suae" [pela re-

450

---

4. Utilizo a edição de 1593 de *Art. aurif.* I, p. 146s.

5. RUSKA. Op. cit., p. 324. Esta passagem foi alterada em *Art. aurif.* I, p. 146, para: "[...] ex arbore illa immortali, fructus... colligere" [colher os frutos daquela árvore imortal].

6. Frequentemente a árvore é um "coralium", ou "corallus", um coral, e consequentemente uma "árvore do mar" (fig. 186): "Corallus [...] vegetabile nascens in mare" [Coral... vegetal que nasce no mar] *(Allegoriae super librum Turbae.* In: *Art. aurif.* I, p. 143). A árvore do paraíso em PARACELSO. *Libar Azoth* (SUDHOFF XIV, p. 567).

7. Daí a fórmula sempre repetida "Deo adiuvante", "Deo concedente".

8. Pitágoras era para os neopitagóricos um *deus encarnado* (compare-se ZELLER, *Phil. der Griechen*, III / 2ª sec., p. 130).

9. Trata-se de uma substituição semelhante à de Poimandro por Hermes. Cf. SCOTT. *Hermetica* I e II.

10. MELCHIOR CIBINENSIS [cf. § 480s. deste volume].

denção de suas almas, pela esperança de sua salvação e sua saúde]; os santos são lembrados a fim de que Deus no-las conceda através de seus méritos e intercessão (ut in omnibus protectionis tuae muniamur auxilio [para que por tua proteção e ajuda sejamos em tudo preserva-

Fig. 187. O dragão vomita Jasão, depois de beber a poção
oferecida por Atena.
Taça ática (século V)

dos]). O pedido termina com a epiclese que introduz a transubstancia-ção: "[...] ut nobis corpus et sanguis fiat" (a fim de que se transforme para nós no corpo e sangue), ou seja, no alimento miraculoso[11], o φάρμακον ζωῆς (o elixir da vida). Na *Visio,* os frutos da árvore imor-

---

11. Uma citação de Alphidius (MAIER. *Symbola,* p. 65 – bem como na *Aurora* I, cap. I) diz: "Qui hanc scientiam invenerit, cibus erit eius legitimus et sempiternus" [Aquele que encontrou esta ciência, nela terá um alimento legítimo e inesgotável.] A sétima pa-rábola da *Aurora* diz: "Ex his enim fructibus grani (huius) cibus vitae conficitur, qui de coelo descendit. Si quis ex eo manducaverit, vivet sine fame. De illo namque pane edent pauperes et saturabuntur et laudabunt Dominum, qui requirunt eum et vivent corda eorum in saeculum". [Pois é dos frutos deste grão que será preparado o alimento da vida que desce do céu. Se alguém dele comer, viverá sem fome. Pois daquele pão co-merão os pobres e ficarão saciados e louvarão o Senhor aqueles que o procuram e seus corações viverão eternamente.]

tal (figs. 188, 189, 190) trazem a salvação. Os "fructus sacrificii missae", os frutos do sacrifício da missa a que a Igreja se refere, não são

Fig. 188. A árvore dos filósofos, rodeada pelos símbolos do "opus".
MYLIUS. *Philosophia reformata* (1622)

os mesmos na medida em que subentendem os efeitos morais e outros, e não as substâncias consagradas, as quais também são produzidas "ex opere operato".

Fig. 189. O Dragão com a árvore das Hespérides.
BOSCHIUS. *Symbolographia* (1702)

451   Neste ponto as vias se dividem. O cristão recebe os frutos do sacrifício da missa para ele, pessoalmente, e para as suas circunstâncias
de vida, no sentido mais amplo. O alquimista, por seu lado, recebe os
"fructus arboris immortalis" (os frutos da árvore imortal) não só para
si mesmo, mas em primeiro lugar para o Rei ou para o Filho do Rei,
para a plena realização da substância que busca. Na verdade, ele participa da "perfectio" que lhe proporciona saúde, riqueza, iluminação
e salvação; no entanto, como ele não é aquele que deve ser redimido,
mas sim o redentor do divino, o que lhe importa antes de tudo é levar
a substância à perfeição. Para ele, as qualidades morais existem *a priori*; ele só as leva em consideração na medida em que elas favorecem
ou tolhem o "opus". Coloca toda a ênfase – por assim dizer – no efeito "ex opere operantis", em grau evidentemente muito maior do que
a Igreja, uma vez que o alquimista se coloca no lugar do Cristo, imo-
lando-se a si mesmo no sacrifício da missa. Não se pense, porém, que
é talvez devido a uma megalomania religiosa que ele se arroga o papel de Redentor. Ele o faz ainda menos do que o sacerdote, o qual representa o Cristo no sacrifício. O alquimista ressalta incessantemente
a sua "humilitas" (humildade) e sempre inicia seus tratados invocando Deus. Não pensa em identificar-se com Cristo; muito pelo contrário, a alquimia estabelece um paralelo entre a substância procurada,
o 'lapis", e o Cristo. Não se trata assim propriamente de uma identificação, mas do "sicut" (assim como) hermenêutico, que indica a analogia. A analogia para o homem medieval não é tanto uma figura lógica, como uma identidade secreta, resquício vivo de um modo primitivo de pensar. O rito da bênção do fogo[12] na Sexta-feira Santa é
um exemplo instrutivo deste fato (fig. 191). O fogo é como que o
Cristo (imago Christi). A pedra cujo atrito produz o fogo é a "pedra
angular", outra "imago"; e a centelha que salta da pedra é mais uma
"imago Christi". A analogia disto com a extração do "pneuma" da
pedra no "dictum" de Ostanes é evidente. O "pneuma" como fogo,

12. Parece que o rito da Consagração do Fogo se originou na França; em todo caso, lá
já era conhecido no século VIII, quando ainda não era praticado em Roma. Isto é atestado através de uma carta do Papa Zacarias a São Bonifácio. Tudo indica que em
Roma só foi introduzido no século IX. CBRAUN. *Liturgisches Handlexikon,* cf. v.
"Feuerweihe" [Consagração do fogo]).

Fig. 190. A árvore do culto com serpente.
Fragmento de um antigo manuscrito mexicano dos maias

Cristo como fogo (fig. 58) e como elemento oposto no interior da terra são ideias que nos são familiares. A pedra de onde salta a centelha também é uma analogia do sepulcro na rocha, ou da pedra selando sua entrada. Dentro do sepulcro jazia o Cristo adormecido e preso pelas ataduras da morte durante os três dias da ida aos infernos, isto é, em que desceu ao "ignis Gehennalis". É de lá que ressurge como novo fogo (fig. 234).

Sem sabê-lo, o alquimista ultrapassa a "imitatio Christi", chegando à conclusão a que nos referimos acima. A completa assimilação ao Redentor capacita o assimilado para a obra da redenção no mais profundo de sua alma. Esta conclusão se opera de modo inconsciente; o alquimista nunca é levado a presumir que é o Cristo quem realiza a obra dentro dele. Graças à sabedoria e à Arte que adquiriu ou que Deus lhe concedeu, o alquimista liberta o "nous" ou "logos" criador do mundo, perdido na matéria do mundo, e isto para a salvação da humanidade. O artifex não corresponde ao Cristo, mas reconhece em sua pedra miraculosa a correspondência do Redentor. Deste ponto de vista, a alquimia aparece como uma continuação da mística cristã, atingindo as profundezas e obscuridades do inconsciente. E isto através da materialização da figura de Cristo levada às últimas

452

Fig. 191. O derramamento do Espírito Santo em forma de línguas de fogo.
Do *Perikopenbuch* de Munique (século XII)

consequências, ou seja, até a estigmatização. Só que esta continuação inconsciente não atinge em ponto algum a superfície, permitindo que a consciência se confrontasse com ela. Deste processo inconsciente o que aparece na consciência são apenas alguns sintomas simbólicos. Se o alquimista tivesse conseguido formar uma ideia concreta de seus conteúdos inconscientes, deveria ter reconhecido que tomara o lugar de Cristo. Para sermos mais exatos, deveria ter reconhecido que tomara sobre si o "opus" não enquanto ego, mas enquanto si-mesmo[13], do mesmo modo que Cristo: não para resgatar o homem, mas o Divino.

---

13. Muito embora eu tenha insistido, a cada ocasião que se apresenta, no fato de o conceito do si-mesmo, tal como o defini, não coincidir com o da personalidade empírica e consciente, constantemente deparo o mal-entendido que quer que o "eu" coincida com o "si-mesmo". Devido ao fato de a personalidade humana ser fundamentalmente indefinível, o si-mesmo é um conceito-limite, expressando uma realidade ilimitada em si.

Deveria ter reconhecido não só a sua equivalência a Cristo, mas também o Cristo como símbolo do si-mesmo. Esta conclusão tremenda foi negada à consciência medieval. Para o espírito dos Upanishades seria óbvio o que pareceria absurdo para o cristão europeu. O homem moderno deve quase considerar-se feliz pelo fato de que, no momento da colisão com o pensamento e a vivência orientais, seu empobrecimento espiritual chegou a tal ponto que mal percebeu contra o que estava colidindo. Seu confronto com o Oriente desenrola-se agora no nível totalmente inadequado e inócuo do intelecto e além disso o assunto é delegado a especialistas versados em sânscrito.

B. *Testemunhos a favor da interpretação religiosa*

a) Raimundo Lulo

Não surpreende o fato de que a analogia "lapis"– Cristo tenha aflorado relativamente cedo entre os autores latinos, uma vez que o simbolismo alquímico é impregnado de alegorias eclesiásticas. Sem dúvida alguma as alegorias dos Padres da Igreja enriqueceram a linguagem alquímica. Na minha opinião, porém, é muito difícil reconhecer até que ponto o "opus alchemicum", em suas variadas formas, pode ser compreendido como uma transformação de ritos da Igreja (batismo, missa) e de dogmas (concepção, nascimento, paixão, morte e ressurreição). Não se pode negar que a Igreja sempre forneceu à alquimia material novo, reiteradamente; mas no que concerne às ideias básicas originárias constatamos que se trata de elementos oriundos de fontes pagãs, sobretudo gnósticas. As raízes do gnosticismo não radicam no cristianismo; aliás seria mais verdadeiro afirmar que este último assimilou ideias do gnosticismo[14]. Além disso, possuímos um texto chinês datado de meados do século II que denota semelhanças fundamentais com a alquimia ocidental. Qualquer que tenha sido a ligação entre China e Ocidente é incontestável a existência de ideias paralelas na esfera extracristã, onde a influência cristã simplesmente

453

---

14. Compare-se com Simão Mago, que pertence à era apostólica e já dispõe de um sistema bem-desenvolvido.

Fig. 192. A quaternidade da cruz no Zodíaco rodeada de seis planetas.
Mercurius corresponde à cruz entre o Sol e a Lua: uma paráfrase de ☿.
BÖHME. *Theosophische Werke* (1682)

é nula[15]. Waite[16] expressou a opinião de que o paracelsista Heinrich Khunrath (1560-1605), autor do *Amphitheatrum* publicado em 1598, foi quem pela primeira vez identificou o "lapis" com Cristo. Na obra algo posterior de Jakob Böhme, que utiliza muito a linguagem alquímica, o "lapis" já se tinha tornado uma metáfora de Cristo (fig. 192). A hipótese de Waite é indubitavelmente errônea. Há testemunhos bem anteriores da relação "lapis"-Cristo; o mais antigo que até hoje pude constatar provém do *Codicillus* (cap. IX) de Raimundo Lulo (1235-1315). Embora muitos dos tratados a ele atribuídos pudessem ser redigidos por discípulos espanhóis e provençais, isto não altera em nada a data aproximada dos escritos principais, aos quais pertence o *Codicillus*. Em todo o caso não conheço opinião alguma fundamentada que situe este tratado em época posterior ao século XIV. Lê-se no *Codicillus*:

> E assim como Jesus Cristo, da estirpe de Davi, assumiu a natureza humana para libertar e redimir o gênero humano presa do pecado por causa da desobediência de Adão, na nossa Arte também tudo o que é injustamente difamado será absolvido, lavado e liberto do opróbrio pelo seu oposto[17].

b) O Tractatus aureus

O *Tractatus aureus* – atribuído a Hermes e considerado, na Idade Média, de origem árabe – seria uma fonte ainda mais antiga se Cristo nele fosse mencionado. A razão pela qual eu me refiro a esse Tratado reside no fato de ele descrever coisas que têm uma semelhança notável com os acontecimentos misteriosos do tempo pascal, embora apresentadas numa linguagem totalmente diversa. A passagem que nos interessa diz mais ou menos o seguinte:

> "Nossa pedra preciosíssima que foi lançada ao monturo tomou-se inteiramente vil... Mas se casarmos o rei coroado com

454

---

15. Refiro-me a WEI PO-YANG. *An Ancient Chinese Treatise on Alchemy*.

16. *The Secret Tradition in Alchemy.*

17. "[...] et ut Christus Jesus de stirpe Davidica pro liberatione et dissolutione generis humani peccato captivati ex transgressione Adae, naturam assumpsit humanam, sic etiam in arte nostra quod per unum nequiter maculatur per aliud suum contrarium a turpitudine illa absolvitur, lavatur et resolvitur" (*Bibl. chem.* I, p. 884b).

a filha vermelha, esta conceberá ao fogo brando um filho e o nutrirá com nosso fogo... Ele então se transformará e a sua tintura permanecerá vermelha como a carne. Nosso filho de estirpe real toma a sua tintura do fogo; a morte, a escuridão e as águas fogem. O dragão teme a luz do sol e nosso filho morto então viverá. O rei surge do fogo e se regozija com o casamento. Os tesouros ocultos são revelados. O filho se transforma num fogo guerreiro e ultrapassa a tintura, por ser ele mesmo o tesouro, trazendo em si a matéria filosófica. "Aproximem-se, ó filhos da sabedoria, e se rejubilem, pois o reino da morte foi superado e o filho reina; suas vestes são vermelhas[18], a púrpura o reveste"[19] (fig. 193).

455   Pode-se interpretar este texto como uma variante do Deus-homem mítico e de sua vitória sobre a morte e, assim, como uma analogia do drama cristão. Como ainda se desconhece a idade e origem desse texto de Hermes, não se pode ter a certeza quanto à influência cristã sobre ele. Provavelmente não houve tal influência. Textos muito antigos como o de Komarios[20], não sofreram com certeza essa influência. (Os prefácios cristãos religiosos etc. nos manuscritos são interpolações dos copistas bizantinos monásticos.) E no entanto o texto de Komarios apresenta todas as características de um mistério de regeneração. Nele, não é um Salvador que opera a ressurreição dos mortos, mas sim a ὕδωρ θεῖον, a "aqua permanens" dos latinos (fig. 194). O simbolismo cristão da água (aqua = spiritus veritatis. Batismo e Eucaristia) representa um paralelo inegável em relação a isso.

c) Zósimo e a doutrina do Anthropos

456   Nos textos mais tardios atribuídos a Zósimo (século III) encontramos o Filho de Deus indubitavelmente associado à arte sacerdotal

---

18. Cf. a Leitura da Quarta-feira de Cinzas (Is 63,1-7): "Por que tuas vestes estão vermelhas e tuas roupas, como as daqueles que pisam a uva no lagar?" e "que o seu sangue salpicou os meus vestidos". Compare-se com "pallium sanguineum" (manto de sangue) em outros autores.

19. *Ars chem.*, p. 7-31. O texto acima ressalta apenas o essencial.

20. BERTHELOT. *Alch. grecs*, IV, XX. O texto poderia pertencer ao século I.

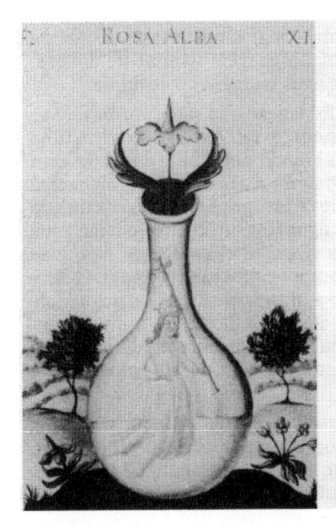

Fig. 193. A rosa branca e a vermelha como produtos finais da
transformação do rei e da rainha.
Trésor des trésors (aprox. de 1620-1650)

(ἱερατικῇ τέχνῃ). Reproduzo abaixo, em tradução livre, os trechos
referentes à questão[21]:

> 4,8: Tendo refletido e vivido na comunidade humana, verás
> que o Filho de Deus... se tornou tudo por amor das almas san-
> tas a fim de arrancá-las ao domínio do destino[22], trazendo-as
> para o domínio incorpóreo (espiritual) – vê como ele em tudo
> se tornou: Deus, anjo e homem sujeito à dor e ao sofrimen-
> to[23]. Com efeito, como Ele tem todo o poder, pode tornar-se

---

21. O texto encontra-se em BERTHELOT. Op. cit., III, XLIX, 4-12. Ruska também
dá uma tradução de 2–19 em *Tab. smaragd.* p. 24-31. SCOTT (*Hermetica* IV, p. 104)
também reproduz este trecho do texto em grego, acompanhado de um comentário.
Cf. além disso BOUSSET. *Hauptprobleme der Gnosis*, p. 190s. A tradução acima dife-
re da de Ruelle (BERTHELOT. Op. cit.) bem como da de Ruska em vários pontos. [A
fim de não sobrecarregar o texto, renunciou-se a uma tradução das passagens gregas
nas anotações, discutíveis do ponto de vista filológico. – O Editor.]

22. Heimarmene = fatalidade, destino, necessidade natural.

23. Esta frase a partir de "vê" foi eliminada por Rettzenstein *(Poimandres*, p. 103), por
considerá-la uma interpolação cristã; o mesmo fez Ruska (op. cit., p. 25).

Fig. 194. Sulfur como sol, Mercurius como lua formando a ponte sobre o
rio da "água eterna".
BARCHUSEN. *Elementa chemicae* (1718)

tudo o que quiser e obedece ao Pai ao penetrar todos os corpos[24], iluminando o espírito de todas as almas[25], e incentivan-
do-o (ao espírito)[26] a segui-lo às alturas da região bem-aventurada[27], lá onde morava antes da criação do corpóreo[28], ansian-
do por ele e deixando-se guiar até aquela luz[29].

---

24. RUSKA (op. cit., p. 25): "que habita em todos os corpos". διήκειν no entanto deve
ter antes o significado de "atravessar, penetrar". Cf. BOUSSET. Op. cit., p. 191.

25. ἑκάστης [de cada] Cod. A conjectura ἑκάστον [de cada um] é supérflua.

26. ἀνορμάω [lançar-se com ardor ou jogar-se] só pode ser transitivo. Ruelle e Ruska tra-
duzem: "Assim ele <a saber o Filho de Deus> [...] subiu ao céu". Esta interpretação, porém, torna sem sentido os acusativos que se seguem e que se referem ao objeto.

27. Quer dizer o νοῦς (o nous: o numinoso). Compare-se com REITZENSTEIN. Op.
cit., p. 103, nota 11.

28. Ruska (op. cit., p. 25) diz: "antes de assumir a corporalidade". Como predicativo
de γενέσθαι (o devir, o ser) τὸ σωματικόν (o corporal) não pode ter artigo. O sentido
mais provável é "antes da criação". Cf. o § 9 (op. cit., p. 27), onde os homens de luz salvam os seus espíritos, ὅρου καὶ πρὸ τοῦ κόσμου ἦσαν (no lugar particular onde se en-
contravam antes [da criação] do mundo).

29. ἀκολουθοῦντα (acompanhando), ὀρεγόμενον (aspirando a) e ὁδηγούμενον (conduzido, guiado) referem-se a νοῦν (espírito), que também é objeto de ἀνώρμησεν (tender
para). Scott (op. cit., p. 119) transfere toda esta parte para antes do § 9 (p. 84), uma vez
que ela não combina com uma doutrina hermética. No entanto ela é a fundamentação
evidente da ideia precedente, de que o ser humano não deve rebelar-se exteriormente
contra o destino, mas sim esforçar-se interiormente para atingir o autoconhecimento. A
submissão exterior do Filho de Deus ao sofrimento constitui um exemplo disso.

5: E contempla a Tábua também escrita por Bitos[30] e por Platão[31] três vezes grande, e por Hermes infinitamente grande, dizendo[32] que o primeiro homem é designado, pela primeira palavra hierática "Thoyth"[33], intérprete de todo ser (Seiende) e que dá nome a todas as coisas corpóreas. Os caldeus, partos, medas e hebreus, porém, chamam-no Adam, cujo significado é "Terra virgem", 'Terra vermelha cor do sangue (ou: ensanguentada)", "Terra ígnea"[34] e "Terra carnal". Esta interpreta-

---

30. Cf. REITZENSTEIN. Op. cit., p. 107s. Iamblichus (*De mysteriis Aegyptiorum*, VIII, 4) menciona um profeta Bitys como sendo intérprete de Hermes junto ao rei Ammon. Parece que ele encontrou a escrita de Hermes em Saïs. Ibid. (X, 7): αὐτὸ δὲ τὸ ἀγαθὸν τὸ μὲν θεῖον ἡγοῦνται τὸν προεννοούμενον θεόν, τὸ δὲ ἀνθρώπινον τὴν πρὸς αὐτὸν ἕνωσιν, ὅπερ Βίτυς ἐκ τῶν Ἑρμαικῶν βίβλων μεθηρμήνευσεν. Segundo Dieterich (*Papyrus magica musei Lugdunensis Batavi*, p. 753s.) ele é o mesmo que o tessálio Pitys dos papiros mágicos. (WESSELY. *Griechischer Zauberpapyrus*, p. 92, 95 e 98: Πίτυος ἀγωγή – βασιλεῖ Ὀστάνῃ Πίτυς χαίρειν – ἀγωγὴ Πίτυος βασιλέως – Πίτυος Θεσσαλοῦ). Além do mais, segundo Dieterich, eventualmente também é idêntico ao Bithus de Dyrrhachium mencionado por Plínio (Livro XXVIII). Scott (op. cit., p. 129s.) sugere inserir eventualmente Nikotheos ou "que eu escrevi", pensando num desenho.

31. Cf. *Philebos* (18b), *Phaidros* (274c).

32. A divisão por Scott é inadmissível. Realmente, em *Philebos* (18) Thoth não é representado como sendo o "primeiro homem", mas como o "homem divino" e aquele que dá nome a todas as coisas.

33. RUSKA (op. cit.): "[...] o que Thoythos significa traduzido para a linguagem sagrada". Thoythos, no entanto, deve ser um "genitivus explicativus" de φωνὴ (a palavra), uma vez que o nominativo aparece em outro lugar como "Thoyth". Compare-se também com Bousset (op. cit., p. 191).

34. πυρὰ (fogo) Cod. deve ser: πυρρὰ = da cor de fogo. Cf. SCOTT. Op, cit., p. 121: "A interpretação de Adam como γῆ παρθένος (terra virgem) é nitidamente uma combinação do "adamah" hebraico = γῆ (em grego: terra) (PHILO, I, 62) e do grego ἀδμής (indomado = παρθένος (virgem). Em Hesichius encontra-se ἀδάμα = παρθενικὴ γῆ ("adamah" = a terra virgem); JOSEPHUS. *Antiquitates Judaicae*, I, 1,2: σημαίνει δέ τοῦτο (Ἄδαμος) πυρρός, ἐπειδήπερ ἀπὸ τῆς πυρρᾶς γῆς ἐγεγόνει, τοιαύτη γάρ ἐστιν ἡ παρθένος γῆ [e esta palavra (Adam) significa cor de fogo, devido ao fato de ele ter saído da terra cor de fogo, pois esta é a cor da terra virgem]. Compare-se com Olimpiodoro (BERTHELOT. *Alch. grecs*, II, IV, 32): οὗτος (Ἀδάμ) γὰρ πάντων ἀνθρώπων πρῶτος ἐγένετο ἐκ τῶν τεσσάρων στοιχείων. Καλεῖται δέ καὶ παρθένος γῆ, καὶ πυρρὰ γῆ, καὶ σαρκίνη γῆ, καὶ γῆ αἱματώδης [porquanto este (Adam), o primeiro de todos os homens, é produto dos quatro elementos. Também é chamado terra virgem e terra cor de fogo, terra cor de carne e cor de sangue]. Compare-se com EUSÉBIO. *Evangelica praeparatio*, 11, 6. 10s.

ção encontra-se nas Bibliotecas dos ptolomeus. Estes deposi-
tavam-na[35] em cada santuário, principalmente no Serapeion,
na época em que Asenan[36] procurou o sumo sacerdote de Jerusalém[37], o qual enviou Hermes; este traduziu toda a escritura hebraica para o grego e para o egípcio.

---

35. ὅν (o qual) Cod.; Reitzenstein e Ruska: ὧν (dos quais). ὅν (o qual) eventualmente
também se refere ao primeiro homem: isto é, que eles o colocam como Osíris em todos os santuários. Encontramos uma comprovação deste argumento em LYDUS, De
mensibus, IV, 53: "[...] pois há muitas opiniões contraditórias entre os teólogos no
que se refere ao Deus adorado pelos hebreus. Pois os egípcios, e Hermes em primeiro
lugar, afirmam que ele é Osíris, o 'Ser', sobre o qual Platão fala no Timaios <27d >: 'o
que é o que é, sem ter tido origem...'" Cf. Reitzenstein (op. cit., p. 185) acerca da suposta transferência das ideias judaicas para o Egito.

36. παρεκάλεσεν (ele enviou) 'Α... Cod.; REITZENSTEIN e RUSKA: παρεκάλεσαν
'Ασενᾶν: quando "eles <os ptolomeus> mandaram chamar o (ou: a) Asenan".
Ruelle, ao invés, interpreta Asenan como sujeito de παρεκάλεσεν (ele mandou). Nada
se sabe a respeito de um sumo sacerdote chamado Asenan. Segundo observa Scott (op.
cit., p. 122), é muito mais provável que se trate de Asenath, a bela filha do sacerdote
egípcio Putifar de On (Heliópolis), a qual, segundo Gn 41,50, concebeu dois filhos de
José durante o seu cativeiro no Egito. Um Midrash revisado pelos cristãos conta uma
lenda segundo a qual essa Asenath se apaixonou por José, que lá aparece como representante do faraó, que no entanto a rejeita pelo fato de ela não professar a sua fé. Ela
se converteu, então, e fez penitência. Depois disso, aparece um mensageiro masculino
(na revisão: Miguel), que ela recebe de maneira inteiramente pagã, como um δαίμων
πάρεδρος (spiritus familiaris), que lhe dá de comer um favo de mel vindo do Paraíso,
conferindo-lhe assim a imortalidade. Ele lhe anuncia que José viria e a desposaria, e
que de ora em diante o seu nome seria "refúgio". – Cf. BATIFFOL. Le Livre de la prière d'Asenath, e REITZENSTEIN. Die hellenistischen Mysterienreligionen, e também
OPPENHEIM. Fabula Josephi et Asenathae; WILKEN. Urkunden der Ptolemäerzeit, e
KERÉNYI. Die griechisch-orientalische Romanliteratur in religionsgeschichtlicher Beleuchtung, p. 104s. Possivelmente o mensageiro celeste é originariamente Hermes.
Assim sendo, o texto poderia talvez ser o seguinte: "Naquele tempo, quando Asenath
pediu ajuda ao sumo sacerdote de Jerusalém, e este lhe enviou Hermes, o qual..."
Scott propõe substituir Asenath por "Eleasar", que segundo a carta de Aristeias prepara a tradução dos setenta (Septuaginta): neste caso, porém, também se deveria transformar o mensageiro Hermes que segue em ἑρμηνέα = intérprete. Mas provavelmente se trata de uma lenda totalmente diferente.

37. τῶν ἀρχιεροσολύμων (desprovido de sentido) Cod. Conj. τὸν ἀρχιερέα 'Ιεροσο-
λύμων (o sumo sacerdote de Jerusalém). Cf. Reitzenstein, Ruska e Scott.

6: Assim, o nome do primeiro homem é para nós Thoyth e para eles, Adam, na língua dos anjos. Contudo eles o designavam simbolicamente, referindo-se ao seu corpo[38], pelos quatro elementos[39] de toda a esfera celeste (fig. 195). De fato, a letra A de seu nome indica o ascenso (ἀνατολή), o ar; o D, porém, indica o descenso daquilo que devido ao peso declina (δύσις)[40] ...; o M, no entanto, indica o meio-dia (μεσημβρία), o que está no meio desses corpos, o fogo do cozimento que conduz à quarta zona mediana (da maturação)[41]. O Adam carnal, em sua formação visível, chama-se Thoyth; o homem espiritual que nele habita, contudo, tem um nome verdadeiro e outro pelo qual é chamado. O nome verdadeiro ainda não o conheço.[42] Somente Nikotheos, aquele que não pode ser encontrado, o sabe. O nome é luz (φῶς), e daí o motivo pelo qual os homens eram chamados ὦτε .

---

38. Κατὰ τὸ σῶμα também poderia ser traduzido por "na linguagem do corpo", em oposição à linguagem dos anjos, mencionada anteriormente, assim como Zósimo, aliás, opõe a linguagem espiritual a uma ἔνσωμος φράσις (linguagem encarnada, linguagem física).

39. E também as letras (στοιχεῖα).

40. Aqui há certamente uma lacuna onde constava o elemento terra ou eventualmente os elementos terra e água. Em todo caso, o texto está danificado neste ponto. Ruska sugere colocar ἄλφα τὸ ἄρκτον em vez de τὸν ἀέρα τὸν δεύτερον, para indicar o Norte. Scott (op. cit., p. 123) está provavelmente certo ao conservar o τὸν ἀέρα (o ar), uma vez que se trata de uma combinação dos pontos cardeais com os elementos; por isso, acrescenta γῆ (a terra) a δύσις (poente). Para justificar a inserção do ἄρκτος (norte) Scott cita os *Oracula Sibyllina* 3,24: αὐτὸς δὴ θεὸς ἐσθ᾽ ὁ πλάσας τετραγράμματον Ἀδὰμ τὸν πρῶτον πλασθέντα, καὶ οὔνομα πληρώσαντα ἀνατολήν τε δύσιν τε μεσημβρίην τε καὶ ἄρκτον [é o próprio Deus que criou Adam, do nome de quatro letras, o primeiro homem criado, cujo nome abrange o levante, o poente, o sul e o norte], e o *Livro Eslavo de Henoc*, cap. 30.

41. Ruska: "O mais central desses corpos é fogo que faz amadurecer, e aponta para a quarta zona central". Reitzenstein omite toda esta passagem.

42. ἀγνοῶν [ignorando (particípio presente)] Cod.; ἀγνοῶ [ignoro] Conj. de Reitzenstein. διὰ τὸ τέως Cod. literalmente "levando em conta o até agora".

7: Quando o homem-luz[43] , totalmente isento de malícia e de ação, vivia no Paraíso, atravessado[44] pelo sopro do poder do Destino, (os elementos) persuadiram-no[45] a revestir-se do

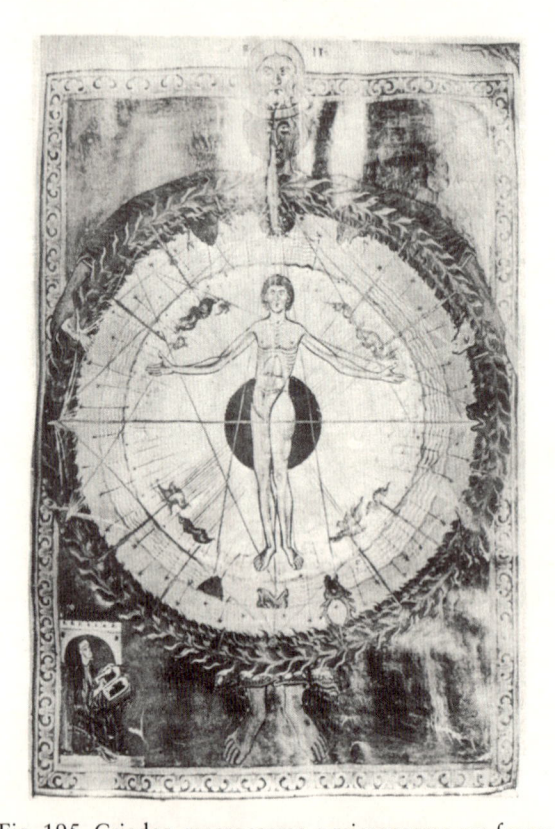

Fig. 195. Criador, macrocosmo e microcosmo em forma
humana cercada pelos elementos.
HILDEGARD VON BINGEN. *Liber divinorum operum* (século XII)

---

43. Do φώς = homem em Homero. Jogo de palavras entre τὸ φῶς (homem-luz) e ὁ φώς (homem homérico). Cf. Ruska.

44. Reitzenstein διαπνεομένῳ, referente a paraíso: "no paraíso perpassado pelo sopro do destino".

45. Reitzenstein completa "os arcontes". No entanto é mais provável que se trate dos στοιξεῖα (elementos) acima mencionados. Cf. Gl 4,9.

Fig. 196. As três manifestações do Anthropos em seu processo de
transformação: "corpus", "anima", "spiritus"; embaixo: dragão e sapo
como estágio preliminar.
Ripley Scrowle (1588)

Adam que nele estava[46], isto é, do Adam forjado pelos quatro
elementos e pelo poder do Destino (cp. com figs. 82 e 117)[47].
Em sua inocência, porém, (o homem-luz) não se recusou a
eles. Os elementos vangloriavam-se de tê-lo escravizado. He-

---

46. παρ᾽ αὐτοῦ (junto a ele) Cod.; Reitzenstein, Scott e Ruska παρ᾽ αὐτῶν: "Adam encontrado junto a eles".

47. Cf. particularmente com BOUSSET. Op. cit., p. 139.

síodo[48], por seu lado, dizia que o homem exterior era a corrente com a qual[49] Zeus amarrara Prometeu. Depois de prendê-lo dessa forma enviara-lhe outro grilhão: Pandora, que os hebreus chamavam de Eva. Na linguagem alegórica, Prometeu e Epimeteu são uma única pessoa, isto é, alma e corpo. O ser humano[50] ora apresenta a imagem da alma, ora a do espírito e também a da carne (fig. 196), devido à desobediência cometida por Epimeteu contra Prometeu, seu próprio espírito[51]. Nosso espírito declara[52]: "O Filho de Deus que tudo pode e em tudo se torna quando[53] lhe apraz, manifesta-se a cada um[54] conforme deseja; Jesus Cristo entrou em Adam, erguendo-o até a região em que os homens-luz habitavam anteriormente"[55].

8: Aos homens totalmente impotentes, no entanto, ele aparecerá como um homem açoitado e capaz de sofrer. Depois de haver roubado secretamente os homens-luz a ele pertencentes[56] provou – pelo fato de nada ter realmente sofrido – que calcara a morte com os pés e a repelira. Assim, hoje e até o fim do mundo[57] ele está presente em (muitos) lugares[58] no meio dos

---

48. *Theogonia* (Hesíodo), 614.

49. ὅν (que, acusativo) Cod. ᾧ (dativo) conj. de Reitzenstein.

50. "Prometheus" Cod., eliminado por Reitzenstein, por ser uma provável referência ao homem total.

51. νοῦ conjectura de Reitzenstein.

52. Personificado segundo Reitzenstein: Nous (como Poimandres).

53. ὅτε Cod.; Reitzenstein: ὅτι "tudo o que ele quer".

54. φαίνει Cod.; Ruska e Scott: φαίνεται "aparece". É possível que a frase seguinte seja o conteúdo daquilo que o Filho de Deus demonstra?

55. Reitzenstein elimina esta frase como sendo uma interpolação cristã. Segundo Photios (*Bibliotheca*, 170), Zósimo teria sido interpretado mais tarde num sentido cristão. Scott também omite a palavra "Jesus Cristo" e usa como sujeito, simplesmente, "o Filho de Deus".

56. συλλήσας (não tem sentido) Cod.; Reitzenstein e Scott: συλήσας. Ruska traduz: "abrindo mão de sua própria humanidade" (?). Quanto ao termo "roubar", comparar com *Acta Archelai,* XII, onde se diz de Deus: "Hac de causa [...] furatur eis <os 'principes'> animam suam." [Por este motivo... ele rouba deles <dos príncipes > a alma deles <ou dele>].

57. Reitzenstein também relaciona isto com o que segue.

58. τόποισι (nos lugares) Cod.; Reitzenstein: ἔπεισι, "ele vai para ..."

seus[59], oculta e abertamente, aconselhando-os secretamente através de seu próprio espírito[60] a suportar o equívoco do Adam neles existente[61], que é expulso[62], açoitado e morto, tagarelando de um modo fátuo e invejando os homens-espírito-e-luz; (assim) estes últimos acabam por matar o seu Adam.

9: Isto sucede até a vinda do espírito do Antimimos, que os inveja[63], querendo que continuem extraviados como antigamente[64]; o Antimimos declara ser o próprio Filho de Deus, apesar de não ter forma corpórea, nem anímica. No entanto, aqueles que se tomaram mais sensatos por serem possuídos pelo Filho de Deus oferecem-lhe o próprio Adam para ser sacrificado e salvam seus espíritos-luz, levando-os àquele lugar que lhes pertence e onde já estiveram antes da criação do mundo. Mas antes que o Antimimos, o invejoso, empreenda estas coisas[65], envia seu precursor da Pérsia, que divulga falsas histórias e desencaminha os homens pelo poder do destino (heimarmene). Esta última palavra tem nove letras, quando se

---

59. συνῶν conjectura de Reitzenstein, Bousset e Scott; συλῶν (abrindo mão) Cod.; συλλαλῶν: "ele conversa" (Ruelle).

60. RUELLE: "Il conseillait aux siens d'échanger aussi secrètement leur esprit avec celui d'Adam qu'ils avaient en eux [...]" [Ele aconselhou os seus a trocarem seu espírito secretamente com o de Adam que eles tinham dentro de si.] Isto, porém, torna supérfluo o διά. Cf. tb. a passagem φησὶ γὰρ ὁ νοῦς ἡμῶν ... (e o nosso espírito afirma) e o começo onde o redentor, na medida em que ele ilumina o "nous" de cada alma, a reconduz indiretamente.

61. ἔχειν pode significar "ter que suportar". Tudo indica que com isso os adversários pensam atingir os homens-luz.

62. Reitzenstein elimina o segundo παρ' αὐτῶν. παρά no entanto também pode significar: "afastado do lado de alguém".

63. δι' οὗ ζηλούμενος Cod.; Reitzenstein: διὰ ζηλούμενος.

64. Omitido por Reitzenstein. No entanto isso quer dizer: "antes do aparecimento do redentor".

65. πρὶν ἤ (antes que) pode ser construído com acusativo e infinitivo. Então o "Antimimos" é sujeito de τολμῆσαι e não objeto de ἀποστέλλει. Ruska coloca υἱὸς Θεοῦ como sujeito de τολμῆσαι. No entanto, já há muito tempo não se trata mais dele, uma vez que o seu aparecimento já passou. É mais provável que o próprio Antimimos tenha um precursor.

conserva o ditongo[66]. Depois, após mais ou menos sete períodos[67], ele aparecerá sob a sua própria[68] forma...

10: E estas coisas (são ditas) apenas pelos hebreus, bem como
pelos livros sagrados de Hermes, acerca do homem luminoso
e seu guia, o Filho de Deus, e também acerca do homem terreno, Adam e seu guia, o Antimimos, que afirma por blasfêmia e
impostura ser ele próprio o Filho de Deus. Os gregos, por sua
vez, chamam o Adam terreno de Epimeteu, cujo próprio espírito e seu irmão (Prometeu) aconselhou-o a não aceitar os presentes de Zeus. Na medida em que cometeu o erro para depois
arrepender-se e procurar o lugar da bem-aventurança, ele interpreta[69] tudo e aconselha aqueles que têm ouvidos espirituais;
no entanto, aqueles que possuem apenas ouvidos corporais
sucumbem à força do destino, por não admitirem ou não con-
cordarem com outra coisa.

11: E todos aqueles que têm sorte com a tintura no momento
oportuno levam unicamente em conta o grande Livro sobre os
fomos e subestimam a Arte. Não compreendem também o
poeta que diz: "Mas os deuses ainda não tinham distribuído
os dons aos homens"[70] etc. Nem percebem, nem observam o
modo de viver dos homens: e que numa mesma Arte as pessoas atingem a meta de diversas maneiras, cada qual pratican-
do-a de um jeito, segundo as várias características e constela-
ções dos astros, embora no exercício da mesma Arte. E (eles

---

66. Reitzenstein e Scott propõem Μανιχαῖος (maniqueu).

67. περίοδον Cod.; περιόδους Reitzenstein.

68. ἑαυτῷ (a ele) Cod.; ἑαυτοῦ (dele) Reitzenstein.

69. Reitzenstein e Ruska supõem a existência de uma lacuna depois da palavra "procurar" e relacionam a palavra "ele" com Prometeu. Mas isto é desnecessário. Epimeteu
ἑρμηνεύει [indica] o que deve ser feito ao entendedor espiritual, através do seu destino.

70. Conforme observa Scott, trata-se de uma citação inexata da *Odisseia* VIII, 167:
οὕτως οὐ πάντεσσι θεοὶ χαρίεντα διδοῦσι ἄνδρασιν (os deuses presenteiam cada indivíduo de maneiras diferentes), num contexto que mostra que os indivíduos recebem
dos deuses dons de tipos diferentes, da mesma forma que Zósimo também mostra no
que segue que os seres humanos trabalham em todas as Artes de maneiras individualmente diferentes.

não percebem) que um dado artífice se encontra inativo[71], outro está só (isolado)[72], os sacrílegos vão longe demais, enquanto outros, demasiado tímidos, ficam estagnados (isto ocorre
em todas as Artes); aqueles que praticam a mesma Arte a exercem diferentemente quanto aos instrumentos e procedimentos e têm comportamentos diversos no que se refere às concepções espirituais e à sua realização na prática.
12: E mais do que nas outras Artes, estas coisas devem ser ob-
servadas na Arte sagrada.

Ao que tudo indica, o Filho de Deus, em Zósimo, é um Cristo   457
gnóstico, que tem mais afinidade interior com a concepção iraniana
do Gayomart do que com o Jesus dos Evangelhos. As relações do autor com o cristianismo não são claras, uma vez que ele deve ter pertencido sem dúvida à comunidade hermética de Poimandres, conforme se deduz do texto relativo ao Krater[73]. Tal como na alquimia cristã posterior, aqui também o Filho de Deus é uma espécie de paradigma da sublimação, isto é, da libertação da alma da heimarmene (destino). Tanto num caso como no outro, o Filho de Deus é idêntico a
Adam, constituído da quaternidade de quatro terras diferentes. É o
Anthropos, o primeiro homem, simbolizado pelos quatro elementos,
idêntico ao "lapis" que possui a mesma estrutura. Também é caracterizado pela cruz, cujas extremidades correspondem aos quatro pontos cardeais (fig. 197; tb. fig. 82 e 192). Este motivo é frequentemente substituído por viagens que lhe correspondem como a de Osíris[74],
os trabalhos de Hércules[75], as viagens de Henoc[76] e a "peregrinatio"

---

71. ἄγων Cod.; ἀργὸν conj. de Ruska; ἄκρον Scott.

72. Ruska coloca φιλόπονος (laborioso, ativo) no lugar de μόνος (só); no entanto, trata-se de desvantagens que são enumeradas aqui.

73. BERTHELOT. *Alch. grecs*, III, LI, 8.

74. DIODORUS. *Bibliotheca*, I, p. 27.

75. O touro de Creta conduz para o Sul, para o Norte (a Trácia) os cavalos de Diome-
des, para o Leste (Cítia) Hipólito, para o Oeste (Espanha) o gado de Gerião. As Hespérides que também se encontram no Oeste (como o país dos mortos ocidental) conduzem ao décimo segundo trabalho, a jornada para os infernos (Cérbero).

76. Livro de Henoc (*Apokryphen*, II, p. 248s.). As viagens vão em direção dos quatro
pontos cardeais. No Ocidente ele encontra um mundo subterrâneo dividido em quatro partes; dessas partes, três são escuras e uma, clara.

simbólica aos quatro pontos cardeais, em Michael Maier (1568-1622)[77] (fig. 97). Há também relatos sobre viagens de Hermes Trismegistos[78], que talvez tenham inspirado a "peregrinatio" de Maier; na realidade, é mais provável que este autor tenha representado o "opus" como uma viagem ou odisseia semelhante à dos argonautas, à procura do "aureum vellus" (velo de ouro), mencionado no título de mais de um tratado. Em um tratado atribuído a Alberto Magno há uma alusão à campanha de Alexandre[79], sendo que a jornada termina com a descoberta do túmulo de Hermes. A seu lado (em lugar da Fênix) há uma cegonha pousada na árvore.

458   Adam corresponde a Thoth (Θωῦθ), o Hermes egípcio (cf. fig. 68). O homem espiritual interior nele existente é chamado φῶς (luz). Nikotheos, que conhece o seu nome secreto, aparece duas vezes em Zósimo, como um personagem misterioso[80]. Um texto gnóstico copta também se refere a ele, como sendo aquele que contemplou o Monogenes (Unigenitus). Porfírio o menciona (na *Vida de Plotino)* como sendo o autor de um apocalipse[81]. Os maniqueus colocam-no entre os profetas ao lado de Shêm, Sêm, Enós e Henoc[82].

---

77. A viagem inicia-se na Europa e leva para a América, Ásia e finalmente à Africa, em busca do Mercurius e da Fênix *(Symbola,* p. 572s.).

78. Em Marius Victorinus (HALM, *Rhetores Latini minores,* p. 223, citado por: REITZENSTEIN, *Poimandres,* p. 265, nota 3).

79. "Alexander... invenit sepulcrum Hermetis... et quandam arborem sitam ab extra intus tenentem viriditatem gloriosam: super eam ciconia... ibi sedebat, quasi se appellans circulum Lunarem: et ibi ipse aedificavit sedes aureas et posuit terminum itineribus suis idoneum." [Alexandre... encontrou o túmulo de Hermes... e do lado de fora uma certa árvore de um verde maravilhoso em seu interior: no topo da árvore, uma cegonha... lá pousava, como se chamasse a si própria o círculo lunar: e lá ergueu tronos de ouro, pondo um fim adequado às suas jornadas.] (*Super arborem Aristotelis* em *Theatr. chem.* [1602] II, p. 527.) Aqui a cegonha é uma "avis Hermetis", tal como o ganso e o pelicano (fig. 198).

80. No mesmo tratado (BERTHELOT. *Alch. grecs,* III, XLIX, 1).

81. BAYNES. *A Coptic Gnostic Treatise,* p. 84s. cf. tb. BOUSSET. *Hauptprobleme der Gnosis,* p. 189, e SCHMIDT. *Texte und Untersuchungen zum Neuen Testament,* p. 135s.; e também Turfanfragment M 299a em HENNING. *Ein manichäisches Henochbuch,* p. 27s.

82. PUECH. *Der Begriff der Erlösung im Manichäismus,* p. 197s.

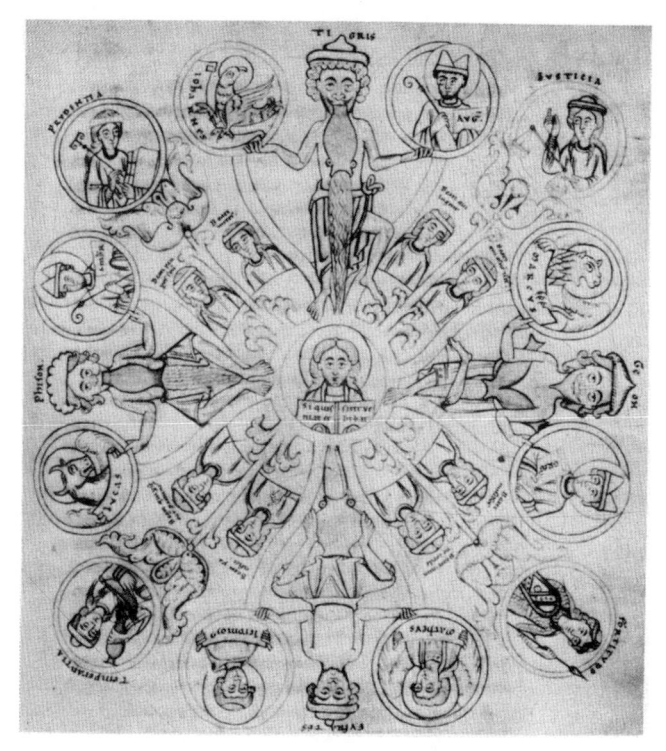

Fig. 197. Cristo no centro dos quatro rios do Paraíso, dos Evangelistas, dos Pais da Igreja, das virtudes etc.
PEREGRINUS. *Speculum virginum* (século XV)

Prometeu e Epimeteu representam o homem interior e exterior,   459
tal como Cristo e Adam. O poder "de tornar-se tudo", atribuído ao Filho de Deus, não é apenas uma propriedade do pneuma, mas também
do mercúrio alquímico, cuja capacidade ilimitada de transformação é
louvada[83] de acordo com a versatilidade do mercúrio astrológico (fig.

---

83. "[...] seque pro libitu suo transformat, ut varias larvas induat." [... e ele se transforma da maneira que quer, assumindo diversas formas (máscaras)] (PHILALETHES.
Metallorum metamorphosis, p. 771). "[...] dicitur enim Mercurius propter suam mira-
bilem convertibilitatis adhaerentiam" [pois ele é denominado Mercurius, devido a sua
maravilhosa capacidade de transformação] (AEGIDIUS DE VADIS. *Dialogus* em *Theatr.
chem.* [1602] II, p. 118).

Fig. 198. Anser ou Cygnus Hermetis (cisne de Hermes).
Hermaphroditisches Sonn- und Mondskind (1752)

24). Ele é a "materia lapidis", isto é, a substância de transformação por excelência. Da mesma forma atribui-se ao mercúrio o poder de penetração (fig. 150). Ele penetra nos corpos[84] como um veneno[85].

460   O Antimimos, o imitador, princípio do mal, aparece como o adversário do Filho de Deus. Ele também se considera um Filho de Deus. Os opostos inerentes à divindade aqui se separam nitidamente. Encontramos este demônio como ἀντίμιμον πνεῦμα (espírito da

---

84. "[...] omnemque <rem> solidam penetrabit" [e ele penetrará todas as coisas sólidas] (*Tab. smaragd.*, p. 2). "[...] est oleum mundissimum, penetrativum in corporibus" [ele é um óleo puríssimo que penetra os corpos] (Rosarium em *Art. aurif.* II, p. 259). "[...] Spiritus vivus, et in mundo talis non est, qualis ipse est: et ipse penetrat omne corpus..." [um espírito vivo, como não existe outro no mundo: e ele penetra todo corpo] (*Rosinus ad Sarratantam* em *Art. aurif.* I, p. 302).

85. DJÂBER [GEBER]. *Le Livre de la miséricorde* em BERTHELOT. *Chimie au moyen âge* III, p. 181. "Tunc diffundit suum venenum" [Então ele espalha o seu veneno] (LAMBSPRINCK. *Figurae*, p. 352). "Venenosus vapor" [vapor venenoso] (FLAMMEL. *Summarium philosophicum*, p. 173). "Spiritus venenum" [espírito-veneno] (RIPLEY. *Opera*, p. 24). "Mercurius lethalis est" [O mercúrio é letal] (*Gloria mundi*, p. 250).

contrafação) em muitas passagens. No corpo do ser humano ele se acha como espírito das trevas obrigando a alma a realizar todas as suas tendências pecaminosas[86]. O paralelo desta oposição é a *dupla natureza do Mercurius*, que se revela no processo alquímico princi-

Fig. 199. Representação do hermafrodita com a esfera alada do caos, dos sete planetas e o dragão.
JAMSTHALER. *Viatorium spagyricum* (1625)

---

86. *Pistis Sophia*, p. 46 e 207.

palmente através do Uróboro, o dragão que se devora a si mesmo:
ele copula consigo mesmo, matando-se e ressuscitando a si mesmo.
Hermafrodita, é constituído de opostos e ao mesmo tempo é o símbolo unificador dos opostos (fig. 148). Por um lado, é um veneno
mortal, basilisco e escorpião; por outro lado, panaceia e "salvator"
(fig. 199).

461   Zósimo revela-nos com suas explanações quase toda a teologia
da alquimia, secreta e bem peculiar, ao traçar um paralelo entre o
sentido oculto do "opus" e o mistério gnóstico da redenção. Com
esta constatação pretende-se apenas sugerir que a analogia Cris-
to-lapis dos latinos tem precedentes gnóstico-pagãos e não foi de
modo algum uma especulação exclusiva da Idade Média.

Fig. 200. Águia e cisne como símbolos do "Spiritus" sublimado; Saturno
no primeiro plano, à direita.
MYLIUS. *Philosophia reformata* (1622)

d) Petrus Bonus

A fonte mais antiga acerca da relação da pedra com o Cristo pa-   462
rece ser o texto de Petrus Bonus de Ferrara[87] datado de 1330 a 1339.
Aqui vão reproduzidos extratos de sua interpretação[88]. Esta Arte é
em parte natural e em parte divina e sobrenatural. Concluída a sublimação (fig. 200) dá-se a germinação de uma alma de um branco resplandecente (anima candida) através da mediação do espírito, com o
qual ela própria voa para o céu (fig. 134). Isto constitui clara e manifestamente a pedra. Até aqui o processo, apesar de bastante miraculoso, ainda pertence à esfera da natureza. No que diz respeito, porém, à fixação e à permanência da alma e do espírito ao final da sublimação, isto ocorre quando se acrescenta a pedra secreta, impossível
de ser apreendida pelos sentidos, mas unicamente pelo intelecto, pela
inspiração ou revelação divina, ou através dos ensinamentos de um
sábio. Alexander diz existirem duas categorias: a visão pelos olhos e a
compreensão pelo coração[89]. Esta pedra secreta é uma dádiva de
Deus. É a pedra sem a qual a alquimia não poderia existir. É o coração e a tintura do ouro. Sobre ela diz Hermes: "É necessário que no
fim do mundo céu e terra sejam ligados; esta é a palavra filosófica"[90].

---

87. Impresso em *Bibl. chem.*, p. 8. Gesner menciona Bonus como contemporâneo de
Raimundo Lulo. Mazzuchelli, que viveu mais tarde (1762), afirma, contudo, que Pie-
tro Antonio Boni vivera por volta de 1494. Ferguson (*Bibliotheca chemica* I, p. 115)
deixa a questão em aberto. A data acima deve ser considerada com reserva. A primeira
edição da *Pretiosa margarita novella* encontra-se em LACINIUS. *Pretiosa margarita
novella de thesauro* (Veneza, 1546), fls. 1s.: "Quia consuevit non solum..." [pois ele
tem o costume não apenas...]. Aqui falta a introdução dada por Mangetus (*Bibl.
chem.*). Os autores citados no texto viveram antes do séc. XIV. Quanto ao conteúdo
também não há razões para situar a época da criação do texto depois da primeira metade do século XIV.

88. Cap. VI (*Bibl. chem.* II, p. 29s.).

89. Os equivalentes psicológicos destas duas categorias são a cognição consciente, baseada
essencialmente na percepção sensorial, e a projeção de conteúdos inconscientes, designada pela expressão "cor". Isto porque a região do coração (fig. 149) representa uma primitiva localização da consciência, além de abrigar em nível mais elevado os pensamentos
emotivos, i.é, os conteúdos que ainda permanecem sob forte influência do inconsciente.

90. "Quod verbum est philosophicum". Penso que devo dar este sentido à frase, pelo
fato de uma concepção alquímica mais tardia haver feito distinção entre o Cristo como
"verbum scriptum" e o "Lapis" como "verbum dictum et factum" *(Epilogus Orthelii*
em *Bibl. chem.* II, p. 526s.).

Pitágoras também dizia na *Turba*: "Deus ocultara isto de Apolo a fim de que o mundo não fosse devastado". Assim sendo, a Alquimia está acima da natureza e é divina. Nesta pedra está toda a dificuldade da Arte. O intelecto não consegue compreendê-la, mas precisa acreditar nela como nos milagres de Deus e nos fundamentos da confissão cristã. Eis por que Deus é o único operator, enquanto que a natureza permanece passiva. Os antigos filósofos, através do conhecimento de sua Arte, sabiam da iminência do fim do mundo e da ressurreição dos mortos. É então que a alma será de novo ligada ao seu corpo originário, por toda a eternidade. O corpo transfigurar-se-á inteiramente (glorificatum), tornar-se-á incorruptível e de uma sutileza incrível[91], podendo penetrar tudo o que é sólido. Sua natureza será tanto espiritual como corpórea. Quando a pedra se decompõe, tornando-se pó a modo de um ser humano na sepultura, Deus lhe devolve alma e espírito, retirando-lhe toda a imperfeição; depois, a substância (illa res) é fortalecida e melhorada, tal como o ser humano que se fortalece e rejuvenesce após a ressurreição. Os antigos filósofos viam o Juízo Final nesta Arte, isto é, na germinação e nascimento desta pedra, pois nela ocorre a união da alma a ser beatificada (beatificandae) com seu corpo originário, para a glória eterna. Os antigos também sabiam que uma virgem conceberia e daria à luz a si própria[92]. Isto só é possível através da graça de Deus. Este é o motivo pelo qual Alphidius[93] diz, acerca da pedra, que sua mãe é virgem e seu pai não conhece mulher. Além disso sabiam também que Deus se tornaria homem no último dia desta Arte[94] (in novíssima die hujus artis), quando a Obra se completa. O que gera e o que é gerado tornam-se um: o ancião e o menino, pai e filho. Ora, como nenhuma criatura a não ser o homem pode unir-se a Deus, devido à dissemelhança do primeiro em relação ao segundo, era preciso que Deus se tornasse um com o homem e isto aconteceu em Cristo Jesus e sua Virgem mãe[95]. Eis por que Balgus de-

---

91. "subtilitatem fere incredibilem".

92. Como analogia de Deus.

93. Um filósofo supostamente árabe, do século XII.

94. Portanto, provavelmente na obra alquímica, que procede da mesma forma que a criação e o fim do mundo.

95. Também encontramos uma exposição pormenorizada, mas mais tardia, em *De arte chimica* (*Art. aurif.* II, p. 581 e 613).

clara na *Turba*: "Ó milagres da natureza! Transformando a alma do ancião num corpo jovem, e o pai em filho" (fig. 166). Da mesma forma Platão escrevera um evangelho (scribens in Alchemicis [em escritos alquímicos]), completado bem mais tarde por João, o Evangelista. Platão escrevera as palavras iniciais: "No princípio era o Verbo" até esta passagem: "Houve um homem enviado por Deus"[96]. Deus mostrou ao filósofo este exemplo miraculoso a fim de torná-lo capaz de executar obras sobrenaturais. Morienus diz que Deus confiou este magistério a seus filósofos e profetas, a cujas almas confiou uma morada no Paraíso[97].

Deste texto, um século anterior ao de Khunrath, é possível deduzir sem dúvida alguma que naquela época já era tão evidente a relação entre o mistério de Cristo e o do lapis que o "opus" filosófico representava *um* paralelo, uma imitação e talvez mesmo uma continuação da obra de redenção divina.   463

e) A *Aurora Consurgens* e a doutrina da "Sapientia"

A fonte seguinte é a *Aurora Consurgens*[98], da qual se encontra um manuscrito do século XV, em Zurique, o Codex Rhenovacensis (Mosteiro de Rheinau). Lamentavelmente, o manuscrito está mutilado, começando pela quarta parábola. O manuscrito chamou a minha atenção pelo fato de o impressor de *Artis auriferae quam Chemiam vocant* só ter editado a segunda parte da *Aurora Consurgens* (1593). Apresentava, porém, uma pequena nota ao leitor, na qual explicava ter omitido deliberadamente todo o tratado das parábolas ou alegorias. Isto porque, segundo a antiquada maneira dos obscurantistas (an-   464

---

96. Bonus refere-se aqui a um escrito mais antigo, pseudoplatônico, que até hoje não consegui comprovar, que já continha um paralelo Lapis-Cristo. É possível que se trate de uma fonte originariamente árabe (sábica?) tal como o *Tractatus aureus*.

97. São "electi" (os eleitos). Influências maniqueístas seriam possíveis em Morienus.

98. Este texto foi editado em latim e alemão, com comentários da Dra. phil. M.L. von Franz [Publicado em 1957 sob o título *Aurora consurgens. Um documento atribuído a Santo Tomás de Aquino sobre a problemática dos opostos alquímicos*, como vol. III do *Mysterium coniunctionis* de Jung. As passagens da *Aurora* citadas neste volume XII das Obras Completas foram tiradas dessa edição.]

tiquo more tenebrionum), o autor tratava quase toda a Sagrada Escritura, sobretudo *Salomão,* os *Salmos* e o *Cântico dos Cânticos* como se tivessem sido escritos apenas em homenagem à alquimia. Sim, até mesmo o sacrossanto mistério da Encarnação e da morte de Cristo foram por ele distorcidos do modo mais profano: não o fizera (como reconhecia o tipógrafo Conrad Waldkirch) com más intenções, mas segundo a maneira daquela época de trevas (seculum illud tenebrarum). Waldkirch referia-se à época anterior à Reforma, cujas concepções do homem e da matéria e cuja experiência da presença divina no mistério da "materia" já desapareceram do campo visual do protestante.

465   O tratado encontra-se totalmente preservado no Codex Parisinus Lat. n. 14.006. Há também uma cópia do Tratado na coleção de Johannes Rhenanus[99]. A idade do texto atribuído a Santo Tomás de Aquino († 1274) poderia ser determinada pelo fato de o autor imediatamente anterior nele citado ser Alberto Magno (1193-1280). Os demais autores que de um modo geral sempre eram citados no século XV, Arnaldus de Villanova († 1313) e Raimundo Lulo († 1315) não são mencionados. Como Tomás foi canonizado em 1323, sua fama atingindo então o ápice, valia a pena atribuir-lhe textos a partir dessa data. Assim, pois, se a época de sua criação for deslocada para a primeira metade do século XIV, não estaríamos longe da verdade. O autor é certamente um clérigo, que conhece sua Vulgata de cor. Toda a sua linguagem é embebida de citações bíblicas e sua mente, repleta de filosofia alquímica. Para ele a alquimia é simplesmente idêntica à "Sapientia Dei" (Sabedoria de Deus). Começa seu tratado com palavras da Sb 7,2 e Pr 1,20-21:

> "Venerunt mihi omnia bona pariter cum ilia[100] sapientia austri, quae foris praedicat, in plateis dat vocem suam, in capite turbarum clamitat, in foribus portarum urbis profert verba sua dicens[101]: Accedite ad me et illuminamini et operationes

---

99. *Harmoniae imperscrutabilis chymico-philosophicae Decades duae,* II, p. 175s. Cf. KOPP. *Die Alchemie* II, p. 343.

100. Vulgata, Sb 7,11: "Venerunt autem mihi omnia bona pariter cum ilia < sapientia > et innumerabilis honestas per manus illius" ("Então, junto com ela vieram todas as coisas boas para mim e em suas mãos havia uma riqueza incalculável". *Apokryphen* I, p. 489).

101. Vulgata, Pr 1,20; Zürcher Bibel, Pr 1,20s.: "A sabedoria clama na rua, sua voz eleva-se nas praças abertas, ela prega sobre os muros, na entrada das portas da cidade ela pronuncia suas palavras".

vestrae non confundentur[102], omnes qui concupiscitis me[103] divitiis meis adimplemini. Venite ergo filii, audite me, scientiam Dei docebo vos. Quis sapiens et intelligit hanc, quam Alphidius dicit homines et pueros in viis et plateis praeterire et cottidie a iumentis et pecoribus in sterquilinio conculcari..." (Todos os bens vieram a mim com essa sabedoria do sul, que predica nas ruas; sua voz ecoa nas praças, clama sobre a cabeça da multidão, e à entrada das portas da cidade lança seu apelo, dizendo: "Vinde a mim e sede iluminados e vossas ações não serão confundidas, todos vós que me desejais sereis cumulados com as minhas riquezas. Vinde, pois, filhos meus, escutai-me e eu os ensinarei a ciência de Deus. Quem é sábio e a compreende, a ela de quem Alphidius diz que homens e crianças passam ao seu lado nas ruas e nas praças e todos os dias ela é pisada no esterco por jumentos e pelo gado...")

A "sapientia austri" (sabedoria do sul) na linguagem patrística[104] 466 é a sabedoria do Espírito Santo. Para o nosso autor "Sapientia" é "regina Austri, quae ab oriente dicitur venisse, ut aurora consurgens" (a rainha do vento do Sul[105], da qual se diz que chegou do Oriente, como a aurora que surge[106]); (fig. 201).

---

102. Vulgata, SI 33,6: "accedite ad eum <Dominum> et illuminamini et facies vestrae non confundentur"; Zürcher Bibel, Sl 34,6: "Olhai para ele e vosso semblante se iluminará e não sereis confundidos". E também Vulgata, Eclo 24,30: "Qui audit me non confundetur et qui operantur in me non peccabunt". ("Aquele que me ouve não será confundido e aqueles que operam por mim não pecarão". *Apokryphen* I, p. 355: 24,22).

103. Vulgata, op. cit., 26: "Transite ad me omnes qui concupiscitis me et a generationibus meis implemini". ("Vinde a mim, vós que me desejais, e sede saciados com meus frutos". *Apokryphen*, I, 24,19).

104. EUCHERIUS. *Formularium spiritalis intelligentiae;* RABANUS. *Allegoriae* e outros. Compare-se com Vulgata Hab 3,3: "Deus ab austro veniet et Sanctus de monte Pharan"; Zürcher Bibel, Hab: "Deus vem do Sul (Theman), o santo das montanhas de Farã."

105. "regina austri surget in iudicio cum generatione ista et condemnabit eam quia venit a finibus terrae audire sapientiam Salomonis et ecce plus quam Salomon hic." [A rainha do Sul aparecerá no julgamento com esta geração e a condenará, pois ela veio dos confins da terra a fim de ouvir a sabedoria de Salomão, e vê, o que há aqui é mais do que Salomão.] (Mt 12,42 e Lc 11,31).

106. Vulgata, Ct 6,9: "quae est ista quae progreditur quasi aurora consurgens pulchra ut luna electa ut sol". [Zürcher Bibel, Ct 6,10: "Quem é ela, que vem chegando como a aurora, bela como a lua cheia, pura como o sol"].

467   Sem mencionar nosso texto o *Rosarium philosophorum* cita o seguinte[107]:

> "Esta (sapientia) é minha filha e por sua causa se diz que a Rainha do Sul veio do Oriente, como a aurora que surge, a fim de ouvir, compreender e ver a Sabedoria de Salomão; poder,

Fig. 201. A Sapientia (Sabedoria) como mãe dos sábios.
Tractatus qui dicitur Thomae Aquinatis de alchimia (1520)

> honra, força e domínio são postos em sua mão; ela usa a coroa real das sete estrelas fulgurantes, tal como uma noiva adornada para o seu esposo, e em suas vestes está escrito em letras de ouro, em grego, em árabe e em latim: 'Eu sou a Filha única dos sábios, que os tolos desconhecem completamente.'"

468   Trata-se sem dúvida nenhuma de uma citação da *Aurora consurgens*. No texto original são doze as estrelas e não sete. As sete referem-se ao que tudo indica às sete estrelas na mão do apocalíptico "Similis filio hominis" (semelhante ao Filho do Homem) (Ap 1,13 e 2,1). As sete estrelas representam no Apocalipse os sete anjos das sete

---

107. *Art. aurif.* II, p. 294s.

igrejas e os sete espíritos de Deus (fig. 202). As sete estrelas têm o su-
bentendido histórico da antiquíssima assembleia dos sete Deuses,
que posteriormente passaram a ser os sete metais da alquimia (figs.
21, 79, 154 e outras). Eles foram destronados somente pela ciência
dos últimos cento e cinquenta anos. Em Paracelso os deuses ainda
ocupam seus tronos no "mysterium magnum" da "prima materia"
como arcontes, "para a sua e a nossa desgraça"[108].

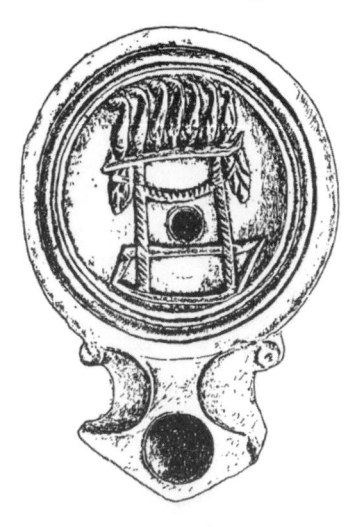

Fig. 202. Mesa de comunhão com sete peixes.
Lamparina cristã de argila, de Cartago

O texto original tem, como dissemos, doze estrelas referentes   469
aos doze discípulos e aos doze signos do Zodíaco (fig. 92, 100). A
serpente Agathodaimon dos camafeus gnósticos também ostenta
doze ou sete raios em torno da cabeça (figs. 203, 204, 205). Em sua
segunda homilia Clemente observa que o número dos apóstolos corresponde aos doze meses[109]. No sistema maniqueu, o Salvador cria
uma roda cósmica com doze casas (o Zodíaco), que serve para a ele-

---

108. SUDHOFF XII, p. 403.
109. CUMONT. *Textes et monuments* I, p. 356.

vação das almas[110]. Esta roda tem uma conexão significativa[111] com a "rota", o "opus circulatorium" da alquimia[112], cuja finalidade é a mesma que a da sublimação, segundo as palavras de Dorneus: "A roda da criação tem seu ponto de partida na materia prima, e dela passa para os elementos simples"[113]. O conceito de "rota philosophica" (figs. 80 e 104) é ampliado por Ripley, quando este diz que a roda deve girar através das quatro estações do ano e os quatro pontos cardeais. Isto conecta o símbolo à "peregrinatio" e à quaternidade. A roda

---

110. HEGEMONIUS (*Acta Archelai*, p. 12s.): "Cum autem vidisset pater vivens adfligi animam in corpore, quia est miserator et misericors, misit filium suum dilectum ad salutem animae; hac enim causa et propter Homoforum misit eum. Et veniens filius transformavit se in speciem hominis; et adparebat quidem hominibus ut homo, cum non esset homo, et homines putabant eum natum esse. Cum ergo venisset, machinam quandam concinnatam ad salutem animarum, id est rotam, statuit, habentem duodecim urceos; quae per hanc spheram vertitur, hauriens animas morientium quasque luminare maius, id est sol, radiis suis adimens purgat et lunae tradit, et ita adimpletur lunae discus, qui a nobis ita appellatur". [Mas quando o pai vivo percebeu a alma sendo torturada no corpo, Ele, por ser misericordioso e compassivo, enviou o seu filho dileto para a salvação da alma; com este pretexto e por causa do Homoforus Ele o enviou. E o filho veio e, transformando-se, assumiu forma humana e mostrou-se aos homens, aliás, como homem, apesar de não ser homem, e os homens presumiram que ele tivesse nascido. Assim sendo, ele veio e montou um dispositivo para a redenção das almas, isto é, uma roda com doze caçambas, movida pela rotação das esferas, que haure as almas dos moribundos; depois elas são colhidas pela luz maior, isto é, pelo sol, com seus raios, que as purifica e as entrega então à lua, e é assim que cresce o disco da lua, como costumamos dizer.] – Esta mesma passagem encontra-se no *Panarium* de Epifânio, *Haereses*, LXVI, p. 447.

111. Existem conexões secretas ou pelo menos notáveis paralelos entre a alquimia e o maniqueísmo, que ainda deveriam ser investigadas.

112. Ripley descreve a transformação da terra em água, da água em ar e do ar em fogo: "Nam rotam elementorum circum rotasti" [tu giraste a roda dos elementos] (*Opera*, p. 23).

113. *Philosophia chemica* em *Theatr. chem.* (1602) I, p. 492. – Compare-se também com Myltus (*Phil. ref.*, p. 104): "Toties ergo reiterandum est coelum super terram, donec terra fiat coelestis et spiritualis, et coelum fiat terrestre, et iungatur cum terra, tunc completum est opus". [O céu deve ser reproduzido na terra tantas vezes que forem necessárias até que a terra se tome celeste e espiritual, e o céu se faça terrestre, e ligado à terra; a obra então estará concluída.]

ampliada torna-se a roda solar, que rola pelos quatro cantos do céu; ela se identifica com o deus sol e com o herói que se submete à paixão dos trabalhos difíceis e da autoincineração como Hércules, ou ao aprisionamento e desmembramento pelo princípio do mal como Osíris. O carro de fogo no qual Elias sobe ao céu (fig. 207)[114] é obviamente um paralelo conhecido do carro de Helios (fig. 206). Sobre isto diz o pseudo-Aristóteles[115]: "Toma a serpente e coloca-a sobre o carro de quatro rodas; deixa-a voltar à terra tantas vezes quantas forem necessárias até que desapareça nas profundezas do mar e nada mais possa ser visto senão o negrume do Mar Morto". A imagem aqui utilizada é sem dúvida alguma a do sol submergindo no mar. O sol no entanto é substituído no contexto pela serpente do Mercurius, isto é, pela substância a ser transformada. Michael Maier concebe o "opus circulatorium" de fato como uma imagem do curso aparente do sol:

> "Enquanto esse herói, tal como um gigante alegre[116], surge no oriente e se precipita em direção ao poente, onde submerge para sempre de novo retornar ao leste, gera este movimento circular e deixa na matéria brilhante do mercúrio, como num espelho, vestígios de formas nas quais o esforço humano pode procurar o ouro liberto de impurezas, testado pelo fogo e pela água e transformado em algo de utilizável e aprazível a Deus Criador"[117].

O círculo descrito pelo sol é "a linha que retorna a si mesma (tal como a serpente que morde a própria cauda)" e na qual podemos re- 470

---

114. CUMONT. Op. cit., p. 178.

115. *Tractatus Aristotelis* em *Theatr. chem.* V, p. 885s.

116. Referência à Vulgata, Sl 18,6s.: "in sole posuit tabernaculum suum et ipse tanquam sponsus procedens de thalamo suo / exultavit ut gigas ad currendam viam a summo caeli egressio eius" [Zürcher Bibel, Sl 19,5s.; "Lá ele armou uma tenda para o sol, e ele, qual um esposo, surgiu de seu tálamo (câmara secreta)/ e exultante como um herói percorre a rota; ele sai em um dos extremos do céu..."].

117. "Dum enim Heros ille, tanquam gigas exultans, ab ortu exurgit, et in occasum properans demergitur, ut iterum ab ortu redeat continue, has circulationes causatur, inque materia splendida argenti vivi, velut in speculo, ideas relinquit, ut humana industria aurum inquiratur, ab adhaerentibus segregetur, igne, aqua examinetur, et in usum Deo Creatori placentem transferatur" (*De circulo quadrato*, p. 15).

Fig. 203. A serpente Chnufis
com uma coroa de sete raios.
Camafeu gnóstico

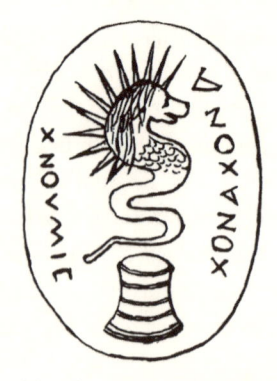

Fig. 204. A serpente XNOVMIC
com cabeça de leão e doze ralos
sobre uma pedra de altar.
Amuleto gnóstico

conhecer Deus. Seria a "argila brilhante" que "a roda (rota) e a mão do oleiro supremo e todo-poderoso moldam": substância terrestre em que se reuniriam e prenderiam os raios solares. Esta substância é o ouro[118]. Em seu tratado *Introitus apertus ad oclusum regis palatium* Philalethes[119] elabora a concepção de Maier: Em "nosso" mercúrio estaria contido um enxofre ígneo, ou seja, um "sulphureus ignis". Este fogo é uma "semente espiritual" que nossa virgem[120] recebeu em seu seio, porquanto a virgindade imaculada permitiria o "amor espiritual", segundo o autor do mistério hermético e como a própria experiência o demonstra. Observe-se que esta virgem, por ser "intemerata" (imaculada), mostra uma analogia com Maria, e é fecundada por uma semente que, neste caso, não é o Espírito Santo, mas um

---

118. Op. cit., p. 15s.

119. *Mus. herm.*, p. 661.

120. "[...] nihilominus intemerata remanens" [preservando não obstante a sua virgindade]. Cf. "mater amata, intemerata" da hinologia latina; também a "virgo pulchra, ornata, ad persuadendum valde apta" [virgem bela, adornada, nascida para persuadir], aparecendo ora na forma masculina, ora na feminina, entre os maniqueístas das *Acta Archelai* (op. cit.).

Fig. 205. Deusa do destino (?) como serpente de sete cabeças.
Selo de São Servácio da Catedral de Maastricht

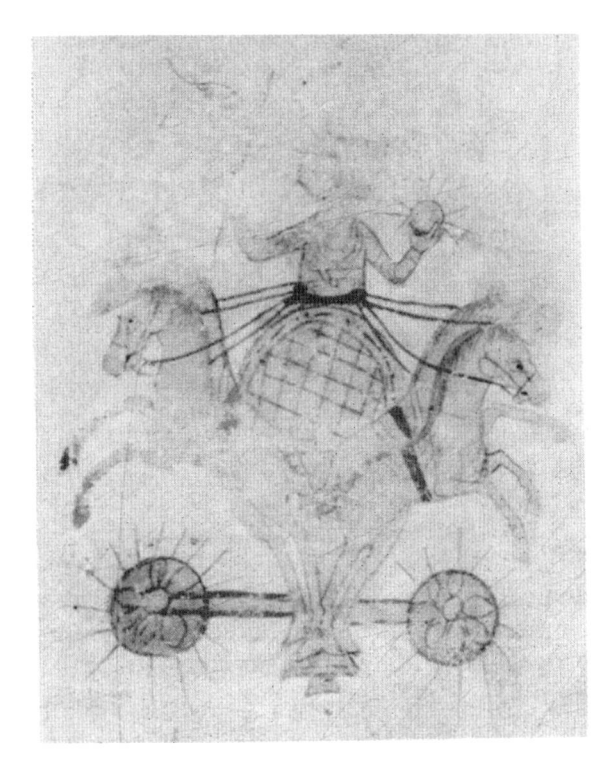

Fig. 206. Helios com um globo radiante em seu carro puxado
por quatro cavalos.
Do Saltério Londrino (1066)

"fogo sulfúrico", isto é, um "ignis gehennalis" (fogo do inferno)[121]. A virgo é Mercurius[122] (fig. 208) e devido à presença do sulfur, princípio ativo-masculino, ela é hermafrodita[123]. O sulfur é o "aurum volatile" (ouro volátil) (fig. 209) – um ouro "espiritual", o "aurum non vulgi" (ouro não vulgar) do *Rosarium philosophorum* – e simultaneamente o "primum movens, quod rotam vertit axemque vertit in gyrum" (o motor primeiro que faz girar a roda e o eixo circularmente).

471   Laurentius Ventura[124] relaciona a roda com a visão de Ezequiel. Falando do lapis, ele diz que Ezequiel viu "em sua forma a roda na roda e o espírito da vida, que se encontrava no meio das rodas[125] (figs. 109 e 207). E por isso "este (mysterium) teria sido chamado por alguns de Deus terrestris"[126]. Tal pensamento não é aparentemente uma invenção de Ventura, mas, como ele indica, uma citação do *Lilium*, fonte que não consegui situar. Em todo o caso ela remonta ao século XIV, ou então é ainda mais antiga[127].

---

121. Tais paralelos mostram a que ponto, apesar das afirmações em contrário, a obra alquímica é, do ponto de vista cristão, um "Mysterium iniquitatis". Num sentido objetivo, no entanto, trata-se apenas de um mistério ctônico, que, conforme demonstro na segunda parte deste volume, tem sua raiz no processo de transformação do inconsciente.

122. A natureza feminina do Mercurius está ligada à lua.

123. A "Virgem masculina" também é uma ideia maniqueísta em Teodoreto.

124. Sua obra foi impressa em 1571 na Basileia.

125. Vulgata, Ez 1,15s.: "cumque aspicerem animalia apparuit rota una super terram iuxta animalia habens quattuor facies / et aspectus rotarum et opus earum quasi Visio maris / et una similitudo ipsarum quattuor et aspectus earum et opera quasi sit rota in medio rotae". [Zürcher Bibel: "Além disso, vi uma roda no chão ao lado de cada um dos quatro seres animados. A aparência das rodas era como o luzir de um crisólito, e as quatro rodas tinham todas a mesma estrutura e elas eram construídas de maneira tal, que cada uma das rodas era atravessada no meio pela outra".] Além disso (op. cit., 20): "spiritus enim vitae erat in rotis" ["pois o espírito dos seres animados estava nas rodas"].

126. *De ratione conficiendi lapidis...* em *Theatr. chem.* (1602) 11, p. 259s.

127. Entre os tratados que conheço existem de fato dois intitulados "Lilium": o *Lilium inter spinas* de Grasseus, que pertence porém ao séc. XVII, e o *Lilium de spinis evulsum* de Guilhelmus Tecenensis [*Theatr. chem.* (1659) IV, p. 887s.] que viveu entre o fim do século XVI e o começo do século XVII. O primeiro *Lilium*, devido à data, não é levado em consideração; o segundo, porém, pode ser considerado, por ter sido com toda

Fig. 207. A ascensão de Elias ao céu.
Afresco cristão primitivo no cemitério de Lucina, Roma

A ideia do "opus" circulatório ou da substância arcana rotatória já   472
é expressa no antigo tratado de Komarios, que fala do "mistério do
turbilhão" (μυστήριον τῇ λαίλαπος) a modo da roda (τροχοῦ
δίκην)[128]. (Compare-se com Zc 9,14: "et Dominus Deus in tuba canet
et vadet in turbine austrí" [e o Senhor Deus tocará uma trompa e avan-
çará no turbuhão do sul]). O logion místico de Zózimo[129] deve pertencer a este contexto: "E o que significa isto: 'e a natureza vence as naturezas' e 'ela é levada à perfeição e se toma turbilhonante'?" (καὶ γίνε-
ται ἰλιγγιῶσα). A substância da transformação é uma analogia do imi-
verso em rotação, do macrocosmo, ou melhor, um reflexo deste impresso no âmago da matéria. No plano psicológico trata-se de uma espécie de reflexo do céu em rotação no inconsciente, de uma "imago

---

probabilidade erroneamente atribuído a Guilhelmus. A julgar pelo conteúdo e pelos
autores citados (inúmeras citações da *Turba*, do *Tractatus Micreris* [*Theatr. chem.*
V], de Geber etc.; faltando porém Alberto, Lulo e Arnaldus) trata-se de um texto
antigo, pertencente, talvez, ao tempo do *Consilium coniugii*. A citação acima, porém, não pode ser localizada no mesmo. *Lilium* ou *Lilius* também é citado pelo *Rosarium philosophorum*.

128. BERTHELOT. *Alch. grecs*, IV, XX, 17.

129. Op. cit., III, I.

Fig. 208. Mercurius como "anima mundi".
Turba philosophorum (século XVI)

Fig. 209. A esfera alada (chamada "Aurum aurae") como produto final do "opus" alquímico, espelhando-se na Fonte da vida. Representação simbólica do "opus" com seus atributos (árvores, montanhas dos planetas etc.). BALDUINUS. *Aurum hermeticum* (1675)

mundi" projetada pelo alquimista em sua "prima materia". No entanto, esta interpretação é algo unilateral, uma vez que a ideia da substância arcana inclui também um arquétipo, cuja representação mais simples é a ideia da centelha da alma (scintilla, σπινθήρ) e da mônada.

A personificação da Sapientia no livro da *Sabedoria de Salomão* 473 deu evidentemente ensejo à sua identificação com a "regina austri" (rainha do sul). Na alquimia ela sempre se apresenta como Sapientia Dei e nos escritos dos Padres da Igreja o vento sul é uma alegoria do Espírito Santo, provavelmente devido à natureza quente e seca desse vento. Por este motivo, o processo de sublimação é denominado na alquimia árabe "o grande vento do sul", referindo-se ao aquecimento da retorta e do seu conteúdo[130]. O Espírito Santo é ígneo e provoca a exaltação. O equivalente do Espírito Santo – se é que se pode dizer assim – é o fogo secreto, o "spiritus igneus" do Mercurius, cujos opostos consistem num "agens" (agente), o fogo, e num "patiens" (paciente), o mercúrio. Pois bem, se Abu'l- Qasim fala do fogo e o denomina o "grande vento do sul", está em concordância com a antiquíssima ideia grega de Hermes como sendo o deus do vento[131] (figs. 210 e 211).

Fig. 210. "O vento o carregou em seu ventre" *(Tabula smaragdina)*. O "foetus spagyricus" é o próprio Mercurius renovado.
MAIER. *Scrutinium chymicum* (1687)

---

130. HOLMYARD *(Kitab al-'ilm al-muktasab,* p. 43): "[...] but what of the speach of *Hermes* in which he says: 'The great south wind when it acts makes the clouds to rise and raises the clouds of the sea'. He said, if the powdering is not successful the compound will not ascend into the top of the retort, and even if it does ascend it will not pour into the receiver. It is necessary to mix with it the first and the second waters before it will ascend to the top of the retort. 'That', he said, 'is the Great South Wind?' He said: "Yea, O King'" etc. [... mas o que pensar do discurso de *Hermes,* em que ele diz: 'O grande vento do sul, quando sopra, faz subir as nuvens e levanta as nuvens do mar'. Ele disse que se a pulverização não for conseguida, o composto não subirá à parte superior da retorta, e, mesmo que subisse, ele não se derramaria no recipiente. É necessário misturá-lo à primeira e à segunda águas antes de subir à parte superior da retorta. 'É este', disse ele, 'o Grande Vento do Sul?' 'Sim – ó Rei', disse ele etc.].

131. ROSCHER *(Lexikon)*, cf. v. 'Hermes der Windgott" [Hermes, o deus do vento].

Alonguei-me um pouco no tocante ao início da *Aurora* pelo fato   474
de tratar-se de um exemplo excelente da natureza do texto total, no
que se refere à linguagem e também ao conteúdo. Como a *Aurora I*
foi publicada depois como exemplo de um texto alquímico religioso,
eu me limito a algumas observações rápidas acerca de alguns paralelos do Cristo/"lapis". Na *Aurora I*, capítulo 2, a Ciência recebe o
nome de dom e sacramento de Deus, coisa divina que os sábios ocultaram nas imagens. Disto se conclui que o "opus alchemicum" era
considerado no mesmo nível do "opus divinum", isto é, da missa (cf.
abaixo). – A *Aurora I,* capítulo 6, descreve a pedra com palavras do
Cântico dos Cânticos: 'Talis erit mihi filius dilectus"[132] e com outras
palavras tiradas do Salmo 44: "ipsum videte, speciosum forma prae
filiis hominum, cuius pulchritudinem Sol et Luna mirantur"[133]. (Este
será nosso filho bem-amado... Olhai-o, sua beleza é superior à dos filhos dos homens, e é admirada pelo Sol e pela Lua.) O "filius philosophorun" é aqui comparado ao "noivo" do *Cântico dos Cânticos*
que, como se sabe, é interpretado como sendo o Cristo. Na "Parabola secunda de diluvio aquarum et morte" *(Aurora I,* capítulo 7) lê-se:
"[...] virá então a plenitude do tempo, e Deus enviará seu Filho[134]
como havia dito e o constituirá herdeiro de todas as coisas, pois por
ele também fez o mundo[135] (e) outrora disse a Ele: 'Tu és meu Filho,
hoje te gerei'[136]; os magos do Oriente ofertaram-lhe também dádivas
preciosas" etc. Aqui igualmente o Cristo é um paralelo do "lapis". Na
quarta parábola *(Aurora I,* capítulo 9) a Trindade é tomada como um
paralelo (cf. tb. figs. 179 e 180): "[...] como é o Pai, assim é o Filho e
o Espírito Santo, e os três são Um, isto é, corpo, espírito e alma; pois
toda perfeição repousa no número três, ou seja, medida, número e
peso" (fig. 212).

---

132. Vulgata, Ct 5,16: "Talis est dilectas meus" [Este é o meu bem-amado].

133. Vulgata Sl 44,3 (designado por epithalamium christianum = cântico nupcial cristão. Lutero: "um canto da noiva", Zürcher Bibel: "para as núpcias do rei"). "Speciosus
forma prae filiis hominum" [Zürcher Bibel 45,3: "Tu és o mais belo entre os filhos do
homem"].

134. Gl 4,4.

135. Hb 1,2.

136. Hb 1,5; 5,5.

475　　　　Na sexta parábola *(Aurora I,* capítulo 9) lê-se:

Como está escrito na Turba: a Terra carrega tudo, pois é pesa-da[137], por constituir o fundamento de todo o Céu, uma vez que

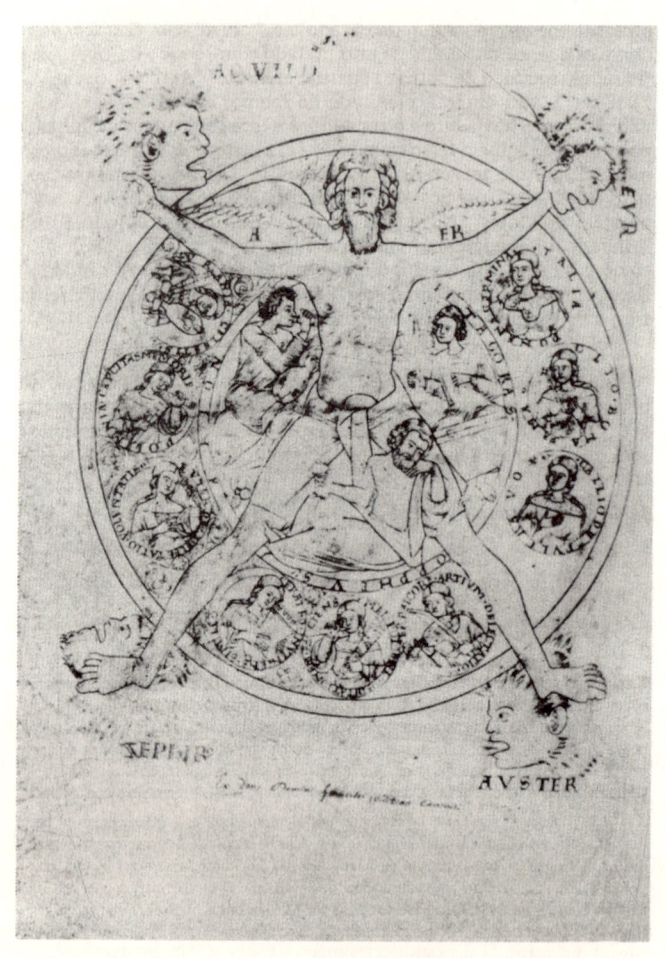

Fig. 211. O deus do ar Aer, como Criador de toda harmonia;
no círculo interno: Arion, Pitágoras, Orfeu; no externo:
as nove Musas; nos cantos: os quatro ventos.
Hermes é um deus do vento. *Recueil des fausses décrétales* (século XIII)

---

137. RUSKA. *Turba,* p. 178.

apareceu seca[138] com a separação dos elementos[139]. Abriu-se um caminho sem obstáculo no Mar Vermelho, pois este mar vasto e grande[140] abalou o rochedo[141], e as águas metálicas[142] jorraram (fig. 213). Com isto desapareceram na terra seca[143] os rios que alegram a cidade de Deus[144]; quando os mortais se revestirem da imortalidade e o corruptível do ser vivente revestir-se da incorruptibilidade[145], então verdadeiramente cumprir-se-á

---

138. Cf. D'ESPAGNET. *Arcanum* em *Bibl. chem.* II, p. 656 § LXXIII: "Lapidis generatio fit ad exemplum creationis Mundi; suum enim Chaos et materiam suam primam habeat necesse est, in qua confusa fluctuant elementa donec spiritu igneo separentur [...] Congregantur aquae in unum, et apparet Arida". [A criação da pedra realiza-se de acordo com o modelo da criação do Mundo; pois precisa de seu próprio caos e de sua matéria-prima, em que os elementos se agitam confusamente até serem separados pelo espírito ígneo... As águas juntar-se-ão e a terra seca aparecerá.]

139. "Denique separatur lapis in quatuor elementa confusa, quod contingit per retrogradationem Luminarium". [Finalmente a pedra é separada nos quatro elementos misturados entre si, o que resulta da retrogradação das Luminárias do céu] (op. cit., p. 655 § LXIII.) Isto refere-se à "coniunctio" de Sol e Luna, os quais morrem post coitum (após o coito) (fig. 223). Cf. a série de símbolos no *Rosarium* (*Art. aurif.* II, p. 254s. [e também em JUNG. *Psicologia da transferência*]). "Nigro colori succedit albus" [à cor negra segue-se a branca.] Este "enxofre" branco é o "lapis": "Haec terra est alba folia ta" [esta é a terra branca folheada] (*Bibl. chem.* II, LXIV).

140. O "mar" dos filósofos: um "mare sapientiae" – título de Hermes (SENIOR. *Tabula chymica*, p. 31) – é uma alusão evidente a Moisés.

141. Da pedra de onde sai a centelha pneumática também flui a água que cura. Na literatura alquímica mais tardia, esta pedra é muitas vezes comparada ao Cristo (como também na hermenêutica cristã), e dela flui a água miraculosa. Assim diz Justino Mártir (PREUSCHEN. *Antilegomena*, p. 129): "Cristo brotou de Deus qual fonte de água viva, na terra dos pagãos que não tinham conhecimento algum de Deus (fig. 213), Ele que também apareceu ao vosso povo curando os cegos, mudos e paralíticos de nascença segundo a carne... Ele também ressuscitava os mortos... Ele... fazia isto para convencer os que estavam dispostos a nele crer de que mesmo um homem acometido de uma enfermidade do corpo qualquer, se cumprir os mandamentos dados por Deus, ele o ressuscitará com corpo intacto em sua segunda vinda, depois de o ter tornado imortal e incorruptível e sem tristeza".

142. Imagem frequente: água mercurial (rivuli aurei) etc.

143. Semelhante às "pluviae et imbres", chuvas que molham e fertilizam a terra sedenta. O rei está sedento e bebe água até dissolver-se a si mesmo (Cf. MERUNUS. *Allegoria* em *Art. aurif.* I, p. 392s.).

144. Vulgata, Sl 45,4: "fluminis impetus laetificat civitatem Dei" [Zürcher Bibel 46,5: "Os braços de um rio caudaloso alegram a cidade de Deus"].

145. 1Cor 15,53.

Fig. 212. Representação tricéfala da Trindade.
Speculum humanae salvationis (1480)

a palavra: A morte é engolida na vitória; ó morte, onde a tua vitória? Lá onde teu pecado prevalecia, a graça prevalece agora e com maior poder. Pois assim como todos morrem em Adão, todos ressurgirão para a vida em Cristo. Porque assim como a morte foi trazida por um homem, por ele (Jesus) chegou a ressureição dos mortos. O primeiro Adão e seus filhos foram criados de elementos efêmeros; consequentemente, aquilo que era composto devia ser decomposto; o segundo Adão designado como o homem filosófico foi criado de elementos puros que se tornarão eternos. O que é constituído de substância simples e pura permanece indestrutível por toda a eternidade[146]. Assim, Senior afirma: Só uma coisa jamais morre[147], continuando viva e em perene ampliação depois que o corpo for transfigurado na ressurreição dos mortos, no dia do

146. Cf. RUSKA. *Turba*, p. 182s. e 115s.

147. Uma citação de Hermes em SENIOR. *De chemia*, p. 71s. (também *Bibl. chem.* 11, p. 227a): "Est mundus minor <isto é, o microcosmo = ser humano>. Item est unum quod non moritur, quamdiu fuerit mundus, et vivificat quodlibet mortuum" etc. [Ele é um mundo menor. Da mesma forma há algo que não morre enquanto existir o mundo, e reanima tudo o que está morto.] A citação refere-se à "aqua philosophica". Senior é um cognome de MUHAMMED IBN UMAIL, atribuído, sem certeza, ao século X.

Juízo Final; eis por que a fé testemunha a ressurreição da carne e a vida eterna após a morte. Então o segundo Adão dirá ao primeiro Adão e a seus filhos[148]: Vinde, benditos do meu Pai, herdai o Reino eterno que foi preparado para vós desde o princípio da obra[149]; comei o meu pão e tomai o vinho que misturei para vós, já que tudo isto foi para vós preparado. Quem tiver ouvidos para ouvir que ouça o que o espírito da Doutrina diz aos filhos da Ciência acerca do Adão terrestre e celeste, aludidos pelos filósofos nos seguintes termos: Quando tiveres obtido água da terra, ar da água, fogo do ar e terra do fogo[150], então possuirás toda a nossa Arte de um modo perfeito etc.

Nesta passagem, o que é particularmente interessante é o paralelo do "lapis" ou da "aqua sapientum" com o segundo Adão que, através da citação de Hermes em Senior, conecta o Cristo com a doutrina do Anthropos da alquimia. Cristo é identificado aqui com o "homo philosophicus", o microcosmo (fig. 214) que é ao mesmo tempo o "Uno que não morre e que vivifica tudo o que está morto". O "homo philosophicus" tem aparentemente um duplo sentido: por um lado significa "o Uno", isto é, a tintura ou o "elixir vitae", mas por outro alude ao homem interior, imortal, idêntico ao Anthropos ou pelo menos relacionado com ele (cf. tb. figs. 117, 195 e outras). Esta doutrina é desenvolvida por Paracelso[151].   476

A *Aurora* prossegue no mesmo estilo e dá, na sétima parábola, uma "confabulatio dilecti cum dilecta" (conversa do bem-amado com a bem-amada), isto é, "o diálogo amoroso de Cristo com sua Igreja" (Bíblia de Lutero), e termina com estas palavras: "Vê, como é bom e prazeroso para dois habitar num só! Façamos, pois, aqui três moradas: A primeira, para ti, a segunda, para mim e a terceira, para nossos filhos, pois dificilmente uma corda tripla se rompe"[152]. O au-   477

---

148. aos filósofos.

149. Mt 25,34; em vez de "fundação do mundo", aqui é o início do "opus".

150. Uma citação de Aristóteles; cf. *Rosarium* (*Art. aurif.* II, p. 185).

151. JUNG. *Estudos alquímicos* [§ 165s. e 203s.].

152. *Aurora* I, Cap. XII, sétima parábola (p. 129).

Fig. 213. O milagre da fonte: Moisés golpeia a rocha e a água jorra.
Bible moralisée (século XIII)

tor relaciona estas três moradas com o *Liber trium verborum* de Kalid[153]. As três palavras "onde toda a Ciência se oculta" devem "ser
transmitidas aos devotos, isto é, aos pobres [...] do primeiro ao último homem." As três palavras são: "Durante três meses a água preserva o feto no ventre materno, durante três meses o ar o aquece (e) o
fogo o protege durante o mesmo período de tempo". "E esta palavra – acrescenta Kalid – e esta doutrina e a meta obscura são abertas,
de modo que se veja a verdade".

---

153. *Art. aurif.* I, p. 352s. Kalid [o mesmo que "Kallid"] refere-se ao príncipe omíada
Khâlid Ibn Jazid (fim do século VII). No entanto, há motivos suficientes para se acreditar que este tratado não tenha sido escrito por ele. (Cf. LIPPMANN, *Entstehung
und Ausbreitung der Alchemie,* II, p. 122, onde também é indicada a bibliografia sobre esta questão.) – "Os pobres" = nome dado àquele que busca e investiga. Cf. les
poures hommes évangélisans" em RUPESCISSA. *La vertu et la propriété de la quinte
essence,* p. 31.

Ainda que, de acordo com o texto acima, as três moradas sejam 478
destinadas ao "sponsus Christus" e, como se supõe, à "Sapientia"
como "sponsa", a palavra final é da "Sapientia" que oferece duas das
moradas ao adepto e aos filósofos filhos da sabedoria. A "corda tripla" (fig. 215) é em primeiro lugar uma referência à íntima ligação
entre a "Sapientia" e seus adeptos; no entanto, de acordo com a menção feita por Kalid às "tria verba", ela também significa o processo
tríplice que leva "corpus", "anima" e "spiritus" da substância de
transformação a uma união eterna[154] (figs. 185,196). O que é unido,
isto é, a ligação (em seu sentido químico) é o resultado do "opus", ou
melhor, o "filius philosophorum", o lapis, de certo modo comparável ao "corpus mysticum" da Igreja (fig. 234): Cristo é a videira, o
todo; os discípulos são os ramos, as partes. De fato, o autor deste tratado dá a impressão de ter introduzido a Sagrada Escritura na alquimia, como o acusaram e não sem razão. É espantoso constatar como
ele faz as mais extraordinárias extrapolações de consciência tranqui-
la, sem saber o que está fazendo. Como já mostrei em meu livro *Paracelsica*, em Paracelso podemos observar uma atitude semelhante, cerca de duzentos anos depois, tal como no autor do *Aquarium sapientum*. O autor da *Aurora* conhece profundamente a Vulgata, dan-
do-nos a impressão de ser um sacerdote. Segundo o testemunho do
humanista Patritius, a filosofia hermética não era de forma alguma
considerada como algo de oposto ao cristianismo eclesiástico. Pelo
contrário, nela se via um suporte da fé cristã. Por esta razão Patritius
pediu ao Papa Gregório XIV, na introdução de seu livro, que deixas-
se Hermes ocupar o lugar de Aristóteles[155].

O texto da *Aurora* tem uma importância histórica pelo fato de 479
ser pelo menos duzentos anos posterior aos escritos de Khunrath
(1598) e de Böhme (1610). É curioso notar que a primeira obra de
Böhme também se intitula *Aurora, ou o sol do amanhecer*. Será que
Böhme conhecia pelo menos o título da *Aurora consurgens?*

---

154. O processo aqui tem três partes, contrariamente à repartição em quatro dos gregos.
Mas isso poderia ser devido à analogia com os nove meses da gravidez. Cf. esta passagem com a parte II, cap. II deste volume e KALLID. Op. cit. (*Art. aurif.* I, p. 358s.).
155. PATRITIUS. *Nova de universis philosophia.*

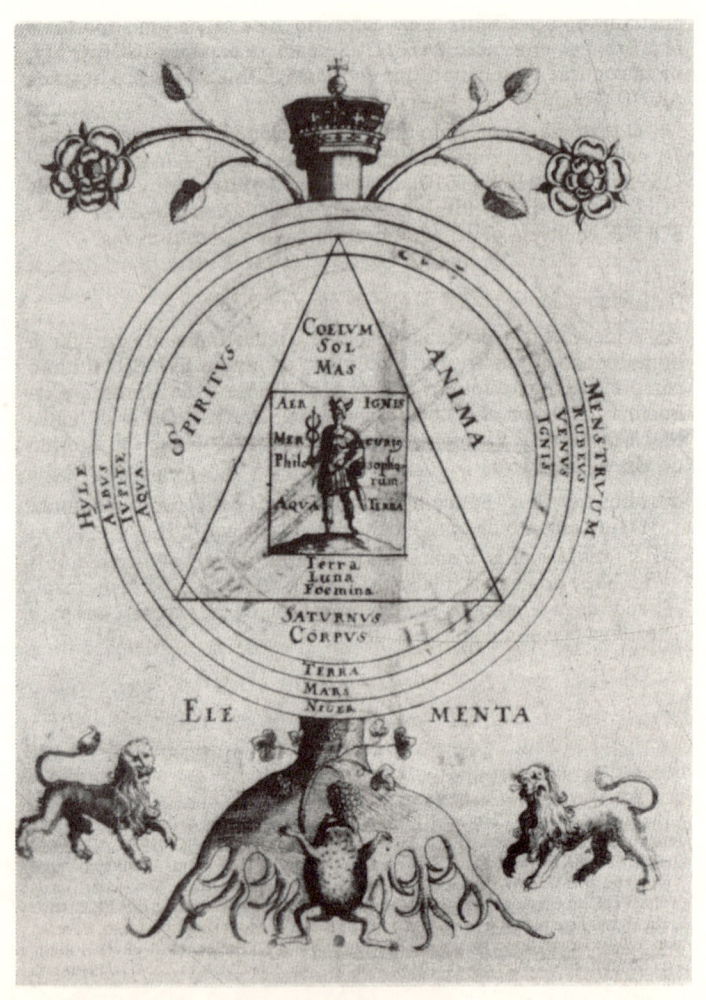

Fig. 214. Símbolo da transformação hermética: o "homo philosophicus"
como Mercurius.
NORTON. *Mercurius redivivus* (1630)

f) Melchior Cibinensis e a paráfrase alquímica da missa

480   A identificação do "lapis" com Cristo tem igualmente uma fonte
num documento interessante do início do século XVI. Seu título o
comprova. O texto foi enviado ao Rei Ladislau da Hungria e da Boê-

Fig. 215. A conclusão do processo: "oculatus abis" (provido de olhos, prossegues teu caminho). Hermes, como Anthropos com o artifex e a soror, ligados pela corda tripla; embaixo: Hércules, símbolo predileto devido a seus trabalhos ("opera"); ao fundo, a escada que já não é necessária.
Mutus liber (1702)

mia. O autor chamava-se Nicolaus Melchior von Hermannstadt[156].
Ele representou o processo alquímico sob a forma de missa (fig. 216):

Fig. 216. O artifex como sacerdote; à esquerda, a Terra amamentando o
Mercurius criança; "matrix eius terra est" (*Tabula smaragdina*).
MELCHIOR CIBINENSIS. *Symbolum*. In: MAIER, *Symbola aureae*

Não confundir com Melchior, cardeal e bispo de Bressanone, a quem se atribui o
tratado *Ein Philosophisch Werck unnd Gesprech von dem Gelben und Roten Man* (in:
Aurei velleris tractatus III, p. 300s.). Nosso autor é o capelão Nicolaus Melchior
Szebeni, astrólogo da corte do rei depois de 1490. Lá permaneceu ainda após a morte
de Wladislaw II, e sob o reinado de Luís II (1506-1526). Após a derrota de Mohàcs
(1526) e a morte de Luís II, Melchior refugiou-se na corte de Fernando I, em Viena.
Este mandou executá-lo em 1531. Nosso documento, portanto, deve ter sido redigido
antes de 1516. Ladislau, "Ungariae et Bohemiae rex" (rei da Hungria e da Boêmia) e
Wladislaw II, que se tornou rei da Boêmia em 1471 e rei da Hungria em 1490, são uma
e a mesma pessoa. No texto há a seguinte observação: "ad extirpandum turcam" (para
expulsar o turco). Na realidade, Buda (de Budapest) só foi conquistada pelos turcos
em 1541; o país, no entanto, já sofria há muito tempo a agressão dos turcos. – O texto
citado encontra-se em: *Teatr. chem.* (1602) III, p. 853s., Título exato: *Addam et pro-
cessum sub forma missae, a Nicolao Melchiori, Cibinensi, Transilvano, ad Ladislaum
Ungariae et Bohemiae Regem olim missum* ("Cibinensis" de "Cibiu" = Szeben).

Introitus missae...: Fundamentum vero artis est corporum solutio. [O fundamento da obra é a dissolução dos corpos.]
Kyrie, fons bonitatis, inspirator sacrae artis, a quo bona cunc-
ta tuis fidelibus procedunt, Eleison. [Senhor, fonte de todo
bem, inspirador da Arte sagrada, do qual procedem todas as
coisas boas para os teus fiéis, tende piedade de nós.]
Christe, Hagie <!>, lapis benedicte artis scientiae qui pro
mundi salute inspirasti lumen scientiae, ad exstirpandum Turcam <!>, Eleison. [Cristo, Santo, bendita pedra do saber da
Arte, que acendeste a luz da Ciência para a salvação do mundo, para expulsar os turcos, tende piedade de nós.]
Kyrie, ignis divine, pectora nostra iuva, ut pro tua laude pariter sacramenta artis expandere possimus, Eleison. [Senhor,
fogo divino, assiste nossos corações, a fim de que para a tua
glória possamos propagar os sacramentos da Arte, tende piedade de nós.]
Gloria in excelsis... (simples invocação)
Collecta (oração que precede a leitura da Epístola). O pensamento principal é que o "famulus tuus N.N." exerça a "sagrada Arte da alquimia" para a glória de Deus e a propagação da
fé cristã (!).
Epístola (simples invocação.)
Graduale (canto coral geralmente constituído de versículos tira-
dos dos Salmos; antigamente era cantado nos degraus [gradus]
do ambão): Surge aquila et veni auster: perfla hortum meum, et
fluent aromata illius[157]. [Levanta-te, vento do norte, e vem, vento do sul: sopra através do meu jardim e os aromas exalarão].
Versus: Descendit sicut pluvia in vellum, et sicut stillicidia,
stillantia super terram. Alleluia. O felix conditor terrae, nive
albior, suavitate dulcior, f(r)agrans in fundo vasis instar balsa-
mi. O Salutaris Medicina hominum, quae curas... omnem corporis languorem... O fons sublimis ex quo vere scaturit vera
aqua vitae, in praedium tuorum fidelium. [Ele desce como a
chuva sobre um velo e como a garoa goteja sobre a terra. Aleluia. Ó Santo Criador da Terra, mais branco do que a neve,
mais doce do que a doçura, perfumado como o bálsamo no

---

157. "Aquilo" é uma "allegoria diaboli" e "auster" uma "allegoria spiritus sancti". Cf.
MIGNE. *Index de allegoriis* (P.L. CCXIX). Entre as autoridades encontramos o conhecido alquimista Alanus de Insulis (MAIER. *Symbola,* p. 259).

fundo da ânfora. Ó medicina salutar dos homens, que curas
todas as fraquezas do corpo, ó fonte sublime, de onde jorra a
verdadeira água da vida nos jardins de teus fiéis.]

Depois do Evangelho se diz uma "Ave praeclara".

481   Quero ressaltar acerca disto alguns pontos essenciais (o restante
consta nas notas de rodapé) : Após a leitura do Evangelho, seguido
pelo Credo, Melchior introduz não uma Ave-Maria, mas uma "Ave
praeclara"[158], da qual o nosso autor dá só o início, sem concluí-la.
"Ave praeclara" é o começo de um hino a Maria atribuído a diversos
autores; entre eles, a Alberto Magno, cuja suposta autoria é particularmente interessante para um alquimista. Remy de Gourmont[159] cita
a seguinte lenda que consta no "Registro de Osnabrück de Santa Maria": uma virgem, em vestes reais, teria aparecido em sonho a Alberto, repreendendo-o por não demonstrar gratidão suficiente pelas
graças concedidas a ele pela Virgem Maria. Após o sonho, Alberto teria composto a "Ave praeclara". Para um alquimista, este texto é cheio de alusões sedutoras:

> "Ave praeclara maris Stella, in lucem gentium Maria divinitus
> orta... Virgo, decus mundi, regina coeli, praeelecta ut sol, pul-
> chra lunaris ut fulgor...
>
> Fac fontem dulcem, quem in deserto petra demonstravit, de-
> gustare cum sincera fide, renesque constringi lotos in mari,
> anguem aeneum in cruce speculari (fig. 217). Fac igni sancto
> patrisque verbo, quod rubus ut flamma, tu portasti, virgo ma-
> ter facta, pecuali pelle distinctos[160], pede, mundis labiis corde-
> que propinquare"[161].

---

158. Conviria completar talvez com a "aqua vitae" acima mencionada, ou melhor,
com a "medicina" mencionada adiante, que na realidade é o tema principal.

159. *Le Latin mystique*, p. 129s.

160. Cf. Gn 30,32s.

161. "Ave, estrela resplandecente do mar / Maria que nasceste divina / para iluminar os
povos... / Virgem, ornamento do mundo / Rainha do Céu, predileta como o Sol, / bela
como o fulgor da Lua... / Faze-nos provar com fé sincera / da doce fonte que jorrou da pedra do deserto / e cingir os rins que o mar banhou / e contemplar sobre a cruz a serpente
de bronze. / Ó Virgem, que te tornaste mãe pelo fogo sagrado / pela Palavra do Pai / carre-
gada em teu seio como a sarça ardente / faze que, assim como o gado é diferenciado mediante o pelo, / nos aproximemos de ti, / com os pés, com lábios puros e com o coração."

Fig. 217. A "serpens mercurialis" crucificada, a serpente
de bronze de Moisés.
ABRAHAM LE JUIF. *Livre des figures hiéroglyphiques* (século XVII)

482   Se o texto de Melchior deixa em aberto a questão de se saber se
"praeclara" se refere à "aqua vitae" mencionada acima, não deixa
dúvida alguma de que "praeclara" designa não somente a Virgem
como é um verdadeiro hino de louvor a Maria. Nosso autor acrescenta: "Ave praeclara deve ser cantada e poderíamos considerá-la o
Testamento da Arte", uma vez que toda a Arte da química está nela
oculta figuradamente e bem-aventurado é aquele que compreende
esta ladainha[162]".

483   Esta ladainha é um hino a Maria; provavelmente se trata do que
acabamos de mencionar, e isto pode ser deduzido do seguinte texto
de Melchior: a Virgem é identificada com o arcanum da Arte, talvez à
base do *Testamentum* de Raimundo Lulo[163], considerado na época a
maior autoridade neste assunto. No tratado de Komarios encontramos uma ideia semelhante, na seguinte passagem: "Ostanes e seus
companheiros diziam a Cleópatra: Em ti está oculto todo o terrível e
surpreendente mistério[164]".

484   Melchior, no texto que se segue, faz uma verdadeira paráfrase alquímica do hino a Maria:

"Salve, ó bela luminária do céu, luz resplandecente[165] do mundo; aqui tu te unes à luz, aqui se realiza (fit) o vínculo de Marte[166] (copula martialis) e a "coniunctio" de Mercúrio[167]. Destes três nasce em primeiro lugar, no leito do rio, pelo magistério da Arte, o gigante vigoroso[168] procurado por milhares e

---

162. "Sequentia sancti evangelii, sub tono, Ave praeclara, cantetur; quam testamentum artis volo nuncupari, quoniam tota ars chemica, tropicis in ea verbis occultatur, et
beatus" etc.

163. *Codicillus seu vade mecum aut cantilena Raymundi Lulli* em *Bibl. chem.* I, p.
880s.

164. Ἐν σοι κέκρυπται ὅλον τὸ μυστήριον τὸ φρικτόν καί παράδοξον (BERTHE-
LOT. *Alch. grecs*, IV, XX, 8).

165. Sol.

166. Referência a Vênus e Marte, presos na rede de Vulcano.

167. "Coniunctio" de Mercurius com quem? ou "coniunctio" de dois Mercurius, o
masculino e o feminino? Parece tratar-se da união do Sol e Luna, de Marte e Mercúrio.

168. "Hic est totius fortitudinis fortitudo fortis" [Ele é a força forte de toda força]
(RUSKA. *Tab. Smaragd.*, p. 2).

milhares após a dissolução dos três, não em água de chuva...,
mas em água mercurial, nesta nossa goma abençoada[169], que
se dissolve a si mesma e cujo nome é esperma dos filósofos.
Agora ele procura[170] unir-se depressa e desposar sua noiva virgem, fecundá-la no banho, em fogo brando (fig. 218). Mas a
virgem não engravida logo, precisa ser beijada e abraçada muitas vezes. Concebe então em seu corpo e assim se forma o em-
brião portador de felicidade, e tudo isto conforme à ordem da

Fig. 218. O "Banho dos filósofos".
MYLIUS. *Philosophia reformata* (1622)

---

169. A substância especial com que lidou Maria, a profetisa e irmã de Moisés" *(Art.
aurif.* 1, p. 319s.): "Recipe alumen de Hispana, gummi album et gummi rubeum,
quod est kibric Philosophorum [...] et matrimonifica gummi cum gummi vero matrimonio". [Pegue alume da Espanha, goma branca e goma vermelha que é o kibric dos
filósofos... e una-os goma com goma, num matrimônio verdadeiro.]

170. Supostamente o sol, talvez na forma de "goma". O coito do Sol e da Luna no banho é um mitologema central da alquimia, celebrado em numerosas representações fi-
gurativas (figs. 218, 159, 167 entre outras).

natureza. Depois, no fundo do vaso, aparece o vigoroso etíope, queimado, calcinado, descorado e totalmente morto e sem
vida[171] (fig. 219). Ele pede para ser enterrado, regado com sua
própria umidade e calcinado aos poucos[172], até surgir do fogo
forte sob forma resplandecente... Vê o etíope milagrosamente
restabelecido e renovado! Em consequência do banho do renascimento ele recebe um novo nome, que os filósofos chamam de enxofre natural, e seu filho, que é o "lapis philospho-
rum" (pedra filosofal). Vê, há *uma* coisa, *uma* raiz, *uma* essência à qual nada de exterior se acrescenta, mas da qual é retirado
muito do supérfluo através do magistério da Arte... É o tesouro
dos tesouros, a suprema poção filosófica, o mistério celeste dos
antigos. Bem-aventurado aquele que o encontra. Quem o viu,
escreve e fala abertamente e eu sei que seu testemunho é verdadeiro. Louvado seja Deus por toda a eternidade!"...

485   Aqui a liturgia chega ao fim. Segue-se uma espécie de recapitulação das partes principais. Melchior associa o ofertório à pedra rejeitada pelos construtores e que se tornou a pedra angular. "Isto é obra
de Deus e admirável aos nossos olhos." Depois vem a Secreta, que
conduz à oblação alquímica. O sacrifício oferecido é o "opus", a sa-

---

171. A saber a "caput mortuum", a cabeça de Osíris no estado da "nigredo". O
"etíope" origina-se igualmente de um tratado atribuído a Alberto, intitulado *Super
arborem Aristotelis* (*Theatr. chem.* 1602, II, p. 524s.) A passagem diz: "[...] quous-
que caput nigrum aethiopis portans similitudinem, fuerit bene lavatum et inceperit
albescere..." [até que a cabeça negra que se assemelha ao etíope fique bem lavada e
comece a tomar-se branca...]. Na *Chymische Hochzeit* de Rosencreutz, a presumi-
da rainha do drama é a concubina atual do mouro. Cf. tb. *Aurora* I, cap. VI, primeira parábola.

172. A calcinação corresponde provavelmente à incineração, e a incandescência da
cinza tende à vitrificação. Esta operação também poderia ter sua origem em Maria
Prophetissa: "Vitrifica super illud Kibrich et Zubech <alias Zibeic> et ipsa sunt duo
fumi complectentes duo Lumina." [Vitrifique esse Kibrich e Zubech, que são dois vapores que envolvem duas luzes.] *Art. aurif.* I, op. cit., p. 321: "Zaibac, Zeida, Zai-
bach, Zaibar, Zerachar, Zibatum, id est, argentum vivum"; Zaibar = Mercurius
(RULANDUS. *Lexcon*). Zibaq <árabe> = mercúrio (cf. Von LIPPMANN. *Entstehung und Ausbreitung der Alchemie*, p. 409). Kibric = Kibrit (árabe) = enxofre
(RUSKA. *Turba*, p. 348: registro árabe; e também p. 324: "Cabritis é a tradução latina de Kibrit 'enxofre'").

Fig. 219. Representação do "etíope", que significa "nigredo".
TRISMOSIN. *Splendor solis* (1582)

ber, "nostrum artificium benedictae artis alchemiae" (nosso bendito
exercício da arte da alquimia), "que deve sempre ser consagrado ao
glorioso nome de Deus e à reforma salutar da Igreja, por Nosso Senhor Jesus Cristo. Amém."

486   Na realidade, a regeneração do etíope corresponde à transubstanciação; mas falta a "consecratio". A ladainha a Maria, "Ave praeclara", contém a transubstanciação como um mistério "in gremio virginis" (no seio da Virgem), segundo a concepção de Melchior. Ele se
apoia numa velha tradição. Assim, encontramos em Senior Zadith a
seguinte passagem:

> "A lua cheia é a água dos filósofos e a raiz da Ciência; porque a
> lua é a senhora da umidade, a pedra perfeita e redonda e o mar,
> donde conclui que ela (a lua) é a raiz dessa ciência oculta"[173].

487   A lua é aqui (como Ísis), por ser a senhora da umidade, a "prima
materia" sob a forma da água, e portanto mãe do "hydrolithus" (pedra
d'água): sinônimo do "lapis", paralelo de Cristo. Como "scientia" e
"prima materia" são termos usados frequentemente como se fossem
idênticos, a "scientia" ou "sapientia" é idêntica à lua em sua acepção
de princípio feminino (fig. 220); disto resulta, na doutrina gnóstica, a
Sophia como mãe ou noiva de Cristo.

488   A seguir vem a Postcommunio: "Honrai o nosso rei, que vem do
fogo[174], o iluminado e coroado por toda a eternidade com o diadema!" A conclusão constitui uma "Completa", visando o fortaleci-
mento da fé cristã e o extermínio dos turcos.

489   Aparte o mau gosto deste texto, ele esclarece bastante o sentido
do nosso tema. Pelo visto, Melchior reconheceu a analogia dos dois
"opera" e substituiu com toda a ingenuidade o "opus" individual, em
sua carência, pelas veneráveis palavras da missa. Melchior viveu na
época da Reforma. Não tardou que em vastas regiões da Europa a
missa fosse substituída pelas sacrossantas palavras de predicadores
que anunciavam de fato a Palavra de Deus, mas a seu modo. Melchior
agiu mais ou menos da mesma forma. Se lhe concedermos o direito a

---

173. *De chemia*, p. 35s.

174. Citação de: *Tractatus aureus* (*Ars. chem.*, p. 22). É preciso acrescentar que
MELCHIOR recomenda a leitura de Lc 10 antes do Credo. Este capítulo, que aparentemente nada tem a ver com o tema, termina no entanto com as seguintes palavras significativas: "Uma só coisa é necessária: Maria escolheu a melhor parte; que não lhe
será tirada".

Fig. 220. Representação da Lua.
Vaticano (séc. XV)

uma profissão de fé subjetiva, ele se torna aceitável. Do texto apresentado deduz-se claramente que Melchior sentia o processo alquímico como equivalente ao processo de transubstanciação, e que para ele era uma necessidade inelutável representar sua experiência[175] justamente na forma da missa. No entanto, é bem estranho que não tenha colocado a transubstanciação alquímica no lugar da transubstanciação da missa, mas sim perto do Credo, de tal modo que o Ofício acaba antes da Consagração. Na segunda versão da recapitulação é omitido de novo o ponto culminante do rito da missa e há um salto da Secreta do Ofertório diretamente para a Postcommunio. Esta par-

---

175. O caráter subjetivo da vivenda aparece na observação intercalada do autor: "[...] et scio quod verum est testimonium eius" [e eu sei que o seu testemunho é verdadeiro].

ticularidade pode ser explicada talvez por um certo temor sagrado diante da parte mais solene e comovente da missa, a saber, a Consagração. Poderíamos supor no mínimo que isto seria o sinal indireto de um conflito de consciência entre a experiência do rito atuando de fora e a vivência interior, individual. Ainda que Cristo não seja mencionado em parte alguma como "lapis" ou "medicina", depreende-se uma tal identidade, com inegável certeza, no texto de Melchior.

g) Georgius Riplaeus

490   Encontramos um testemunho adicional, que Waite deveria ter conhecido, na obra de seu conterrâneo, o Cônego Sir George Ripley de Bridlington[176] (1415-1490) (cf. figs. 30, 92, 196, 228, 251 e 257). A edição do *Liber duodecim portarum*, obra principal de Ripley, é precedida de uma tabela das correspondências filosóficas estabelecidas por B. À Portu, Aquitanus. A tabela reproduz as correspondências dos sete metais às substâncias químicas, e os chamados "tipos". Entende-se por "tipos" os símbolos alquímicos, como por exemplo as tinturas, as idades, os signos do zodíaco etc. Entre essas correspondências encontram-se também sete mistérios, sendo que ao ouro é atribuído o "mysterium altaris" (a missa), ao passo que a sua correspondência alquímica é a "transmutatio" (fig. 221). Entre os tipos de cereais é o triticum (trigo) que pertence a esse mistério. B. À Portu poderia ser o paracelsiano Bernardus Georgius Penotus. Este último nasceu entre 1520 e 1530, em Port-Sainte-Marie, na Guienne (parte da antiga Aquitânia) e morreu em 1620 no asilo de indigentes em Yverdon (Waadt), tão idoso quanto decepcionado com o otimismo de Paracelso, que o contagiara na época de seus estudos na Basileia. Compartilhou do destino inevitável daqueles aos quais faltava o necessário senso de humor para compreender o velho mestre e para os quais a doutrina secreta do "aurum non vulgi" permanecia secreta demais. Seu testemunho, porém, mostra que a analogia do "opus" com a missa também era válida nos círculos de Paracelso. Este foi contemporâneo de Melchior e independentemente dele poderia ter chegado a conclusões semelhantes que, de cer-

---

176. *Bibl. chem.* II, p. 275s., e *Theatr. chem.* (1602) II, p. 123.

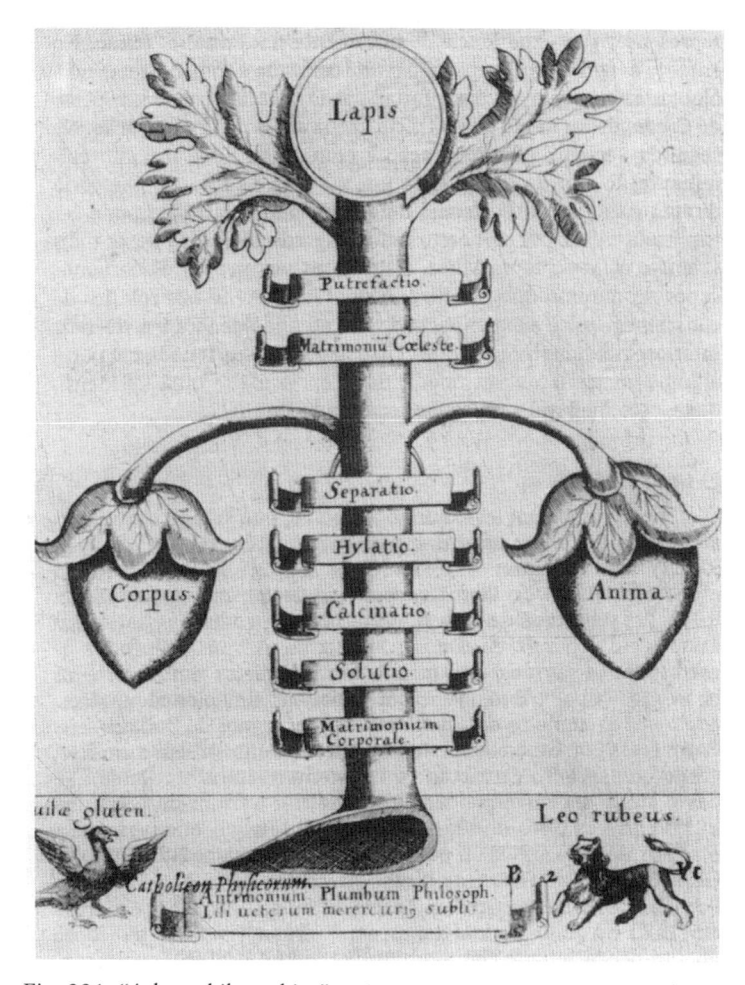

Fig. 221. "Arbor philosophica": a árvore como representação simbólica
das fases de transformação alquímica.
NORTON. *Catholicon physicum* (1630)

to modo, pairavam no ar. A analogia de Melchior pareceu tão significativa a Michael Maier que este último a incluiu no símbolo XI de seus
Symbola aureae mensae (1617) (fig. 216), com a divisa: "Lapis, ut in-
fans, lacte nutriendus est virginali." (A pedra, como uma criança, deve
ser nutrida com leite virginal.)

Fig. 222. Cristo na Árvore da Vida; em cima, seu símbolo: o pelicano.
CRISTÓFORO (?). *Il Sogno della Vergina* (em torno de 1350)

491   Na *Cantilena Georgii Riplaei*[177] lemos a seguinte legenda:

> Era uma vez um nobre rei (a "caput corporum"); ele não tinha
> descendentes. Lamentava-se por causa de sua esterilidade: um
> "defectus originalis" devia tê-lo afetado, embora tivesse sido
> "alimentado debaixo das asas do Sol", e não possuísse defeitos

---

177. *Opera*, p. 421s. [tradução livre e resumida. A versão completa encontra-se em
Mysterium Coniunctionis II]. Cf. *Aurora* I, cap. X, quinta parábola.

físicos naturais. Diz ele textualmente: "Ai de mim, infelizmente receio e sei com certeza que se não obtiver imediatamente a ajuda das espécies, não poderei procriar. Mas com grande espanto ouvi que poderia renascer pela árvore de Cristo" (fig. 222). Ele deseja então voltar ao ventre materno e dissolver-se na "prima materia". A mãe o encorajou e o escondeu debaixo de suas roupas, até encarná-lo de novo nela e através dela. Engravidou e durante a gravidez comia carne de pavão e bebia sangue do leão verde. Finalmente deu à luz a criança que era parecida com a lua, transformando-se depois no esplendor do sol. O filho tornou-se rei novamente. O texto diz: "Deus te concedeu as armas maravilhosas e brilhantes dos quatro elementos, em cujo centro estava a virgem redimida (virgo redimita)". Dela jorrava um bálsamo maravilhoso e sua face brilhava radiante, ornada com a pedra preciosa. Em seu colo, porém, estava deitado o leão verde[178], de cujo lado escorria sangue (fig. 242). Ela foi coroada com um diadema e colocada como estrela no Empíreo. O rei tornou-se um triunfador supremo, um grande médico que curava todas as doenças, um redentor (reformator) de todos os pecados.

Isto, no tocante à *Cantilena*. Em outro trecho, Riplaeus diz[179]:   492

Cristo dizia: "Quando eu for elevado ao céu, tudo atrairei para mim"[180]. A partir do momento em que as duas partes crucificadas e inanimadas se desposarem, homem e mulher serão sepultados ao mesmo tempo (fig. 223) para depois serem novamente vivificados pelo espírito da vida. Em seguida devem ser elevados ao céu, a fim de que corpo e alma sejam transfigurados e entronizados por sobre as nuvens; depois atrairão todos os corpos para a sua própria dignidade (fig. 224).

Se não nos esquecermos que o autor, longe de ser um leigo, é um   493 cônego erudito, torna-se difícil supor que não tivesse consciência do paralelo com as ideias dogmáticas mais importantes. Na verdade, em

---

178. O termo também é usado como sinônimo de "unicórnio".

179. Op. cit., p. 81.

180. Jo 12,32.

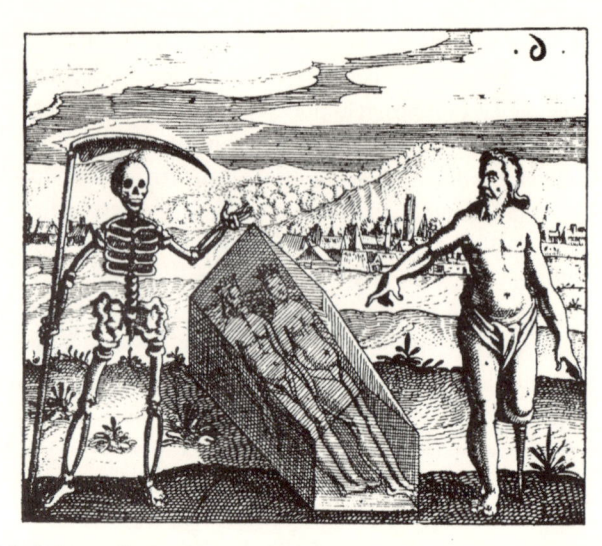

Fig. 223. A "mortificatio" ou "nigredo" e a "putrefactio". Sol e Lua após a
conjunção, vencidos pela morte.
MYLIUS. *Philosophia reformata* (1622)

ponto algum afirma diretamente que o "lapis" é o Cristo; no entanto,
é fácil reconhecer as figuras sagradas nos papéis do rei e da virgem-mãe. Ripley deve ter escolhido propositalmente tais paralelos
sem a consciência de estar cometendo uma blasfêmia. O tipógrafo
Conrad Waldkirch, na Basileia, teria derramado uma chuva de fogo e
enxofre sobre ele. Ripley pertencia a um tempo em que Deus ainda
morava na natureza com os seus mistérios e em que o mistério da salvação se operava em todos os níveis do ser; isto porque os fenômenos
inconscientes ainda viviam numa participação paradisíaca e imperturbável com a matéria, sendo nela experimentados.

494   Em minha juventude encontrei um último vestígio desta visão
medieval do mundo na seguinte experiência:

> Tínhamos naquela época uma cozinheira originária da Flores-
> ta Negra, na Suábia, cuja incumbência era a de executar as ví-
> timas do galinheiro destinadas à nossa cozinha. Tratava-se de
> galinhas anãs, cujos galos se caracterizavam por uma especial
> agressividade e crueldade. Um deles ultrapassava todos os ou-
> tros sob esse aspecto e minha mãe encarregou a cozinheira de

Fig. 224. A transfiguração dos corpos representada pela coroação de Maria.
Codex Germanicus (1420)

despachar o malfeitor para o almoço domingueiro. Cheguei
no momento exato em que ela trazia para casa o galo decapitado, dizendo à minha mãe: "Apesar de ter sido tão ruim ele
teve uma morte cristã. Antes que eu lhe cortasse a cabeça, gri-
tou: 'Perdoa-me, perdoa-me!' Agora, apesar de tudo, ele vai
para o céu!" Minha mãe respondeu, indignada: "Que boba-
gem! Só as pessoas humanas vão para o céu", ao que a cozi-

Fig. 225. A poção do amor oferecida ao par irmão-irmã.
MAIER. *Scrutinium chymicum* (1687)

nheira retrucou: "Ora, as galinhas têm seu próprio céu, assim
como as pessoas têm o delas" – "Mas só os seres humanos têm
uma alma imortal e uma religião", disse surpresa minha mãe.
"Não, não é assim", respondeu a cozinheira; "os animais também têm almas e cada um tem seu próprio céu: os cachorros,
gatos e cavalos, porque no tempo em que o Salvador dos homens veio para a terra, o Salvador das galinhas também veio
para as galinhas, e por isso elas também têm que se arrepender
de seus pecados antes de morrer, se quiserem ir para o céu".

495   O modo de ver as coisas de nossa cozinheira era um vestígio fol-
clórico daquele espírito que conseguia ver o drama da salvação em
todos os níveis do ser, descobrindo-o também nas misteriosas e in-
compreensíveis transformações da matéria.

496   No que diz respeito às particularidades do nosso texto, o rei enfermo – que não obstante nascera perfeito – é o homem que sofre de
esterilidade espiritual. Na visão de Arisleu o campo é estéril porque
nele só se unem os iguais em vez de se unirem os opostos. Os filósofos
aconselham ao rei que una seu filho à sua filha a fim de fertilizar de
novo o campo através de um incesto de irmão-irmã (fig. 225). Para

Fig. 226. Conjunção dos opostos no vaso hermético ou na água
(= inconsciente).
Trésor des trésors (1620-1650 aprox.)

Ripley trata-se de um incesto de mãe-filho. Ambas as formas são familiares à alquimia e constituem o protótipo das bodas régias (fig.
32). Este coito endogâmico é uma variante da ideia do Uróboro que,
por sua natureza hermafrodita, fecha o círculo sozinho. Em Arisleu,
o rei sabe que é rei por ter um filho e uma filha, ao passo que seus sú-
ditos não os têm devido à sua esterilidade. A "gestatio in cérebro" (a
gestação no cérebro)[181] indica conteúdos psíquicos ou, mais exatamente, um par de opostos psíquicos capaz de tornar-se criativo por si
mesmo (fig. 226). No entanto o rei não permitira até então que seus
filhos procriassem, por reprimir e ignorar a manifestação de seus impulsos de vida. É como se não tivesse conscientizado a existência de
seus filhos e só tivesse apreendido o seu sentido após o conselho dos
filósofos. A culpa da esterilidade reside na projeção inconsciente da

Fig. 227. Coniunctio. Uma figura fantástica e híbrida.
BRANDT. *Hexastichon* (1503)

---

181. "Meo in cerebro gestavi" [Gestei-o em meu cérebro]. [*Visio Arisei* em *Art. aurif.* I,
p. 147).

Fig. 228. O rei emplumado que devora suas plumas, alimentando-se com elas. *Ripley Scrowle*

impossibilidade de prosseguir em seu "desenvolvimento" ou "redenção", enquanto os conteúdos inconscientes não forem integrados à consciência. O par irmão-irmã representa o inconsciente, ou seja, um conteúdo importante do mesmo (fig. 227). Um psicólogo contemporâneo teria aconselhado o rei a lembrar-se da existência de seu inconsciente, pondo com isso um termo à estagnação. Como sempre acontece em casos semelhantes, emerge então à superfície uma oposição, isto é, um conflito penoso que nos faz compreender facilmente por que o rei preferia continuar inconsciente de seu conflito. Uma vez que nunca faltam ao conflito complicações morais, ele é adequadamente representado – sob este ponto de vista – por um incesto moralmente chocante. Em Ripley o incesto com a mãe é de fato disfarçado sob a antiga forma do rito de adoção; mas nem por isso a mãe deixa de engravidar. O fato de o rei desaparecer debaixo das roupas da mãe corresponde à dissolução total de Gabricus no corpo de Beya, na segunda versão da *Visio Arislei*[182]. O rei representa a consciência dominante, a qual, no decorrer do confronto com o inconsciente, é engolida por ele, o que produz a "nigredo" (figs. 34, 137, 219 e outras), a saber, *um* estado de escuridão, que finalmente conduz a uma renovação e ao renascimento do rei.

Fig. 229. A águia como símbolo do espírito que se eleva sobre a matéria. *Hermaphroditisches Sonn- und Mondskind* (1752)

---

182. "[...] et includit eum in suo utero, quod nil penitus videri potest de eo. Tantoque amore amplexata est Gabricura, quod ipsum totum in sui naturam concepit, et in partes indivisibiles divisit" [... e ela o encerrou em seu útero, de tal modo que dele nada mais se via. E ela abraçou Gabricus com tanto amor que o absorveu por inteiro em sua natureza, e o dividiu em partes indivisíveis.] [Cf. § 439, nota 49 deste volume].

A estranha ideia da "nutrição do rei sob as asas do sol" (fig. 228)   497
poderia referir-se à passagem de *Malaquias* (4,2), que antecipada-
mente racionalizou a adoração de Cristo como Helios ou Sol, tendência à qual Agostinho se opôs: "Mas para vós que temeis o meu
nome, nascerá o sol da justiça e a salvação estará nas suas asas: vós
então saireis e saltareis como os novilhos de uma manada"[183]. Esta
passagem sempre fora compreendida como uma profecia messiânica,
e certamente Ripley a conhecia. As asas do sol[184] correspondem a
uma imagem antiquíssima que tocava de perto o hebreu Malaquias: o
símbolo egípcio do Sol. Quem for alimentado pelo sol é o filho de
Deus, isto é, o rei[185].

Do mesmo modo que Arisleu, o filho morto do rei, é de novo   498
trazido à vida pelos frutos da árvore filosófica, assim também em Ripley o rei enfermo deve ser curado por uma "species" particular.
Deve entender-se por isto um " ἁρμακον ζωῆ " um "elixir vitae". A
árvore pela qual ele deve renascer por um lado é a cruz de Cristo (fig.
222) e, por outro, a árvore imortal de frutos milagrosos da visão de
Arisleu (figs. 188 e 189). O alimento da mãe durante a gravidez consiste em carne de pavão e sangue. O pavão é um antigo símbolo cristão do Salvador; no entanto, não é certo que Ripley conhecesse este
fato. O pavão no entanto (figs. 230 e 111) é um parente próximo da

---

183. A passagem correspondente na Vulgata diz: "et orietur vobis timentibus nomen
meum sol iustitiae et sanitas in pennis eius: et egrediemini et salietis sicut vituli de ar-
mento".

184. As penas da Fênix e outros pássaros têm um papel importante na alquimia em geral e particularmente era Ripley (cf. Scrowle em: *Theatr. chem. Brit.*, p. 375s.; e ainda
figs. 229, 266, 270).

185. *Gloria mundi* em *Mus. herm*, p. 221: "<Lapis> per Solem et Lunam generatus...:
Primum namque suum partum in terra accepit, et tamen frangitur, destruitur, et morti-
ficatur... per vaporem generatur, et denuo nascitur, cum vento in mare venit... adque
cum vento ex mari in terram venit, et cito iterum evanescit... Et quamvis cottidie denuo
nascatur, nihilominus tamen ab initio mundi ille fuit..." [O lapis gerado pelo Sol e pela
Lua nasceu primeiro sobre a terra; no entanto, foi quebrado, destruído e aniquilado... e
novamente gerado pelo vapor, e renasce e é levado pelo vento até o mar e, com o vento,
do mar para a terra, e de novo se evapora rapidamente... E apesar de renascer diariamen-
te, ela existiu desde o princípio do mundo]. (Cf. Jo 1,1 e 15.)

Fig. 230. O pavão surgindo da retorta.
(século XVIII)

Fênix[186], que Ripley sabia ser um símbolo de Cristo (cf. as figuras do "Ripley-Scrowle"). O leão verde, de cujo lado ferido sai sangue, repousa no colo da virgem[187]. Trata-se, pois, do simbolismo da Comu-

---

186. Cf. CAUSSINUS. *De symbolica Aegyptiorum sapientia*, p. 71, cf. v. "phoenix".

187. O ferimento do leão significa o seu sacrifício e mortificação no processo. Ele também é representado mutilado, com as patas cortadas. Cf., p. ex., REUSNER. *Pandora*, p. 227. Mencione-se igualmente o unicórnio ferido, deitado no colo da virgem (fig. 242 e outras).

Fig. 231. Mercurius como virgem (Pandora) e "arbor philosophica".
REUSNER. *Pandora* (Basileia, 1588)

nhão e da chaga no flanco de Cristo deitado no colo da Pietà. O leão verde é uma forma de transformação do Mercurius[188].

A mãe, como instrumento do novo nascimento, é idêntica à árvore. Na *Pandora* de 1588, a árvore é representada sob a forma de uma virgem nua e coroada (Pandora)[189] (fig. 231). A "arbor philo-

499

---

188. RULANDUS. *Lexicon*: "Leo viridis, quorundam opinione aurum" [o leão verde é ouro na opinião de muitos].

189. P. 225.

Fig. 232. Glorificação do corpo sob a forma da Coroação de Maria. Em lugar do Filho se encontra a Sapientia (Hermes senex). O Espírito Santo é representado separadamente. Trata-se da produção da quaternidade. Embaixo: a extração do espírito de Mercurius a partir da "prima materia". REUSNER. *Pandora* (1588)

sophica" é um símbolo conhecido e representa o processo filosófico. Quando Ripley fala da árvore de Cristo identifica a cruz de Cristo[190] (figs. 188, 221 e 222) com a árvore miraculosa.

Finalizando o processo, há uma apoteose da Virgem-Mãe. A *Pandora* acima mencionada implica uma representação da apoteose sob a forma de uma elevação de Maria, da "assumptio Beatae Mariae Virginis" (fig. 232). Após a sua morte seu corpo reuniu-se novamente à alma por um milagre divino e ambos foram recebidos no céu. Esta concepção foi recentemente promulgada a dogma. Na figura, Maria é designada por "terra, corpus, lyb, die wonn der jungfrowenn wardt" (terra, corpo, corpo que se tornou a glória da Virgem); a pomba pousa sobre ela e Deus-Pai (?) a abençoa, tocando-a à direita com a mão. Ela é coroada. A figura de Deus que segura o globo terrestre traz a inscrição: "anima, Seel, Jesse pater, filius et mater". "Mater" é uma referência à rainha do céu entronizada ao lado dele, o rei; nela, a matéria da terra, transfigurada em seu corpo de ressurreição, é integrada à divindade[191]. À sua esquerda há uma figura de barbas, igual à de Deus-Pai, com a inscrição: "Sapientia, Wyssheit" (Sabedoria). Na parte inferior da imagem vê-se representada a libertação da "rebis" da "materia prima"[192]. O todo tem a forma de mandala enquadrada pelos símbolos dos evangelistas. Na margem inferior da imagem há a seguinte inscrição: "Figura speculi Sanctae Trinitatís. Gestalt des Spiegels der Heiligen Dryheit" (Figura especular da Santíssima Trindade [193]).

Ripley caracteriza seu rei como triunfador, Salvador de todos os enfermos e Redentor de todos os pecados. Ao fim do *Rosarium*

500

501

---

190. Para mim, permanece uma questão em aberto saber se a alquimia sofreu influências germânicas, por exemplo justamente o simbolismo da árvore.

191. Cf. a visão de Guillaume de Digulleville [§ 315s. deste volume].

192. Esta estranha representação poderia referir-se ao "psiscis levatus de profundo" [peixe tirado das profundezas] em Agostinho. Cf. as minhas explicações em *Mysterium Coniunctionis* I, cap. III.

193. Esta imagem remonta ao Codex Germanicus n. 598 (fig. 24): *Das Buch der heiligen Dreifaltigkeit und Beschreibung der Heimlichkeit von Veränderung der Metallen Offenbahret Anno Christi 1420.* (Cf. figs. 233 e 235.)

Fig. 233. Quaternidade cristã: o três e o um (Maria).
Escola Francesa (1457)

(1550) há uma imagem do Cristo ressuscitado com a inscrição (fig. 234): "Nach meinem viel und manches leiden und marter gross/Bin ich erstanden, clarifiziert, und aller mackel bloss" (Depois de muitos e vários sofrimentos e grande martírio/ressuscitei, clarificado e livre de toda mácula).

h) Os epígonos

502   Chamo de epígonos os autores do séc. XVII, época que presenciou o apogeu da alquimia, mas também o início de sua decadência quando a mística separou-se cada vez mais nitidamente da física. Por um lado, a tendência místico-filosófica se definia com mais evidência e, por outro, a química propriamente dita começava a delinear-se com maior precisão. A era da ciência natural e da técnica começava a sua ascensão e a atitude introspectiva medieval aproximava-se de seu

Fig. 234. O Cristo Ressuscitado como símbolo do "filius philosophorum",
Rosarium philosophorum (1550)

declínio. Os valores religiosos e metafísicos mostravam-se cada vez
mais inadequados para a expressão do material de vivências anímicas
que o "opus alchymicum" trazia à tona. Foi a psicologia empírica,
surgida vários séculos depois, que lançou uma nova luz sobre os obs-
curos conteúdos psíquicos das experiências herméticas.

Na literatura do fim do séc. XVI e início do séc. XVII, a especu- 503
lação mística, provavelmente estimulada pelo humanismo e pelo cis-
ma da Igreja, emergiu dos véus que encobriam os mistérios ancestrais,
à medida que os autores iam conseguindo expressar o indizível mediante palavras e imagens. O simbolismo imagístico, às vezes bem grotesco, que produziam, não contribuía em nada para a elucidação do
arcano e também o desvalorizava aos olhos do profano, acelerando o
declínio da sabedoria hermética. O quanto a cultura espiritual europeia perdeu com isso começa a ser percebido em nossos dias pelo entendimento psíquico mais acurado, que assiste à desorganização sem
precedentes da Europa. Afortunadamente a perda não é irreparável:
"Natura tamen usque recurret" (Expulse a natureza à força e ela volta correndo).

504   Mencionarei ainda alguns paralelos do Cristo com o "lapis", ti-
rados dessa literatura.

505   No tratado *De arte chimica*[194], de vrai autor anônimo[195], há um
paralelo de Mercurius com a Virgem Maria. Diz o texto: "Ouve[196]
esta parábola profunda: o céu etéreo fora fechado a todos os homens
de modo a fazê-los descer aos infernos e lá ficarem presos para sempre. Mas Cristo Jesus abriu o portal do Olimpo etéreo e libertou o reino de Plutão a fim de libertar as almas quando um útero virgem, com
a ajuda do Espírito Santo, por um mistério insondável e pelo mais
profundo sacramento, fez com que a Virgem Maria recebesse o que
de mais sublime havia no céu e na terra; finalmente ela deu à luz o Salvador do mundo inteiro que, por sua imensa bondade, salvará a todos
os perdidos pelo pecado, se o pecador a Ele se voltar com frequência.
Mas a Virgem permaneceu incorrupta e intacta; por este motivo o
Mercurius é equiparado e não imerecidamente (non immerito...aequi-
paratur) à divina e gloriosíssima Virgem Maria. Mercurius é virgem,
uma vez que jamais multiplicou no ventre da terra qualquer corpo me-
tálico e, não obstante, gerou-nos a pedra através da solução do 'céu';
isto significa que ele abre o ouro e dele retira a alma, que deves compreender como sendo a divindade (divinitatem). E ele a leva em seu

---

194. *Art. aurif.* I, p. 375s.

195. O autor seria o próprio Marsilius Ficinus (1433-1499). Mangetus é dessa opinião
(*Bibl. chem.* II, p. 172). O tratado deve estar contido nas obras completas de Ficinus
(Basileia 1561 e 1576). (SCHMIEDER. *Geschichte der Alchemie,* p. 235. Cf. tb.
FERGUSON. *Bibliotheca chemica* I, p. 268 e KOPP. *Alchemie* I, p. 212). Mas o tratado [in *Art. aurif.* I, p. 596] menciona o assassinato de Picus Mirandulanus: "Quis non
intempestivam Pici Mirandulani necem lacrymis non madefacere?" [Quem não derramaria lágrimas pelo assassinato absurdo de Picus Mirandulanus?] Isto só pode dizer
respeito ao sobrinho do grande Picus, chamada Gianfrancesco Pico Della Mirandola,
assassinado em 1533. Este "terminus a quo" situa-se 34 anos após a morte de Ficinus.
A referência *(Art. aurif.* I, p. 625) ao padre minorita Ulmannus e ao seu tratado iluminado deve indicar antes um autor alemão de meados do séc. XVI. O tratado de
Ulmannus tem possivelmente a ver com o *Dreifaltigkeitsbuch.* A indicação de
Schmieder é inexata. De acordo com as minhas pesquisas o tratado *não* consta da edição de Basileia.

196. O texto tem um erro de impressão: "auri" em vez de "audi". Cf. *Art. aurif.* I,
p. 608: "audi similitudinem arduam".

ventre por um curto espaço de tempo e a transmite no momento exato a um corpo purificado. Daí é que nos vem o Menino, isto é, o 'lapis', através de cujo sangue os corpos inferiores são transformados (tincta) e reconduzidos sãos e salvos ao céu dourado"[197].

Enquanto "anima mundi", o Mercurius pode ser comparado à παρθένο τοῦ ωτό (Virgem da Luz) gnóstica e à virgo Maria cristã (figs. 8, 105, 107, 164, 165, 208) ou até "equiparado" a ela como quer o texto. *Nota bene*, apenas estou reproduzindo a opinião do nosso autor anônimo. O "puer" torna-se então o "fillius macrocosmi" (figs. 64, 192, 214, 234 e outras) e, como tal, uma analogia de Cristo. O autor chega também à mesma conclusão ao comparar a natureza do corpo de Cristo ao efeito da pedra: "No corpo de Cristo – pelo fato de nunca ter cometido pecado algum, e devido à união miraculosa da divina essência – havia uma tal afinidade (affinitas) dos elementos e uma tal coesão (colligatio) entre eles, que jamais ele teria morrido se não tivesse procurado a morte por sua própria e livre vontade, a fim de redimir a humanidade; foi por esta última que Ele veio ao mundo"[198]. 506

Como se sabe, ocorre no "lapis", em vez do conflito caótico dos elementos, sua coesão recíproca e a mais íntima, o que torna a pedra incorruptível, razão pela qual esta, na opinião do autor, tem o mesmo efeito que o sangue do Redentor: "sanitatem atque vitam diuturnam in foelicitate...: propter quam praecipue lapis noster est petendus"[199] (saúde e vida longa de felicidade...: para chegar a isto deve-se buscar em primeiro lugar a nossa pedra). 507

À série de obras de autores incertos pertencem os escritos frequentemente citados de Basilius Valentinus (pseudônimo) que parece ter vivido no início do séc. XV[200]. Johann Thölde (por volta de 508

---

197. Op. cit., p. 582.

198. Op. cit., p. 626.

199. Op. cit., p. 627.

200. Segundo indicação de Schmieder (op. cit., p. 197s.), o imperador Maximiliano deve ter ordenado em 1515 uma pesquisa, nos conventos beneditinos, para descobrir se um monge com esse nome constava dos registros. O resultado, porém, fora negativo. Esta informação parece não merecer crédito. Do mesmo modo não parece existir manuscrito algum, que pudesse ter sido publicado antes do séc. XVII. (Cf. KOPP. Op. cit., p. 31.)

1600) de Frankenhausen, na Turíngia, é considerado o provável autor das obras de Basilius Valentinus, as quais apareceram a partir de 1602. *Symbola aureae mensae* (1617) de Michael Maier é uma das primeiras obras nas quais Valentinus é mencionado. Segundo Maier a autoria destes escritos é totalmente incerta. Diz ele: "Obscurus omnibus manere quam innotescere maluit." [Ele preferiu permanecer obscuro a todos e não se tornar conhecido.] Por seu estilo, os escritos de Valentinus pertencem incontestavelmente ao fim do séc. XVI, e não a épocas anteriores. O autor sofre uma forte influência de Paracelso, tendo adotado seu conceito do "archeus" e sua teoria dos espíritos astrais e elementares[201]. Na página 364 da edição completa de 1700, que tenho à minha frente, consta uma *Allegoria S.S. Trinitatis, et Lapidis, Philosophici,* de onde extraio a seguinte passagem:

> "Assim, o Mercurius philosophorum deve ser considerado um corpus spiritualis, como é denominado pelos filósofos. De Deus-Pai nasceu seu único Filho Jesus Cristo/ que é Deus e homem/ e é sem pecado/ também não era obrigado a morrer: Ele, porém, morreu por sua própria vontade e ressuscitou por seus irmãos e irmãs/ a fim de que com Ele vivam sem pecado por toda a eternidade. Assim o ouro é sem qualquer defeito, e é fixo/ pode passar por todos os exames e é glorioso/ no entanto, por amor de seus irmãos e irmãs imperfeitos e enfermos, ele morre/ e ressuscita glorioso/ e os redime e tinge para a vida eterna/ e os torna perfeitos como o ouro puro. A terceira Pessoa da Trindade é Deus o Espírito Santo/ um consolador enviado por Nosso Senhor Jesus Cristo/ a seus fiéis cristãos/ que os fortalece e consola na fé até a vida eterna: assim sendo, o Spiritus Solis é também materialis, ou Mercurius corporis; quando se unem/ passam a chamar-se Mercurius duplicatus, pois ambos são Spiritus, Deus o Pai e Deus o Espírito Santo. Mas Deus o Filho (é) homo glorificatus, tal como o nosso ouro glorificado e fixo/ o Lapis philosophorum; este é também chamado Trinus (triplo): isto é, ex duabus aquis vel spiri-

---

201. O autor menciona também a "lues Gallica". Num poema didático publicado em 1530, ao que parece, a doença foi denominada pela primeira vez pelo médico italiano Fracastoro por "morbus Gallicus".

tibus, minerali & vegetabili (tirado das duas águas ou dos dois espíritos, o mineral e o vegetal), e do sulphure Solis animal"[202].

No ano de 1619 apareceu um escrito de edificação alquímica intitulado *Wasserstein der Weysen*. À página 67 e seguinte, o autor anônimo diz que apenas quer mostrar como a pedra angular rejeitada   509

Fig. 235. Quaternidade alquímica: o três e o um (corpo e princípio feminino).
Rosarium philosophorum (1550)

---

202. VALENTINUS. *Chymische Schriften*, p. 364.

(lapis angularis = Cristo) "concorda com a pedra filosofal terrestre e corpórea, correspondendo perfeitamente a ela de um modo sutil e engenhoso." A partir disto ver-se-á "como a pedra filosofal terrestre é uma verdadeira Harmonia, contrafactur (réplica) e protótipo da verdadeira pedra espiritual e celeste, Jesus Cristo". Esta constatação do autor se estende ao longo de umas cinquenta páginas. O escrito causou grande impacto e o próprio Jakob Böhme figura entre seus admiradores. Kopp, que menciona o escrito acima[203], escandaliza-se com a mistura blasfema de ideias alquímicas – que utilizam um simbolismo altamente chocante – com as concepções religiosas. Não devemos, porém, julgar com demasiada severidade a ingenuidade medieval e sim tentar compreender o que pretendia exprimir essa linguagem desajeitada.

510   O paralelo Lapis-Cristo exerce um papel importante na obra de Jakob Böhme (1575-1624), mas não desejo analisá-lo aqui pormenorizadamente. Remeto às passagens características que se encontram em *De signatura rerum*[204].

511   Deste material se depreende com toda a evidência o que a alquimia buscava afinal de contas. Ela procurava produzir um "corpus subtile", o corpo transfigurado da ressureição, isto é, um corpo que fosse simultaneamente espírito[205]. Através desta tendência ela encontrou-se com a alquimia chinesa, tal como a conhecemos no texto do *Segredo da flor de ouro*. Nessa obra trata-se do "corpo diamantino",

---

203. Op. cit., p. 254.

204. 10, 76s. e 12, 10.

205. *Aurora* II (*Art. aurif.* I, p. 228s.): "Et notandum quod duplex est sublimatio: una corporalis, alia spiritualis: corporalis quantum ad terreitatem, spiritualis quantum ad igneitatem [...] Facite corpus spirituale, et fixum volatile [...] Senior dicit: Egrediatur Spiritus a corpore qui est ignis [...] Unde dicitur, quod tinctura fit a natura volantium: Et illud quod firmat et fixat ipsum spiritum, est fixum et perpetuum et incremabile, et nominatur sulphur Philosophorum". [E merece menção que a sublimação é dupla: uma do corpo, outra do espírito: do corpo por sua qualidade ctônica, e do espírito por sua qualidade ígnea [...] Torna o corpo espiritual e o sólido volátil [...] Senior diz: Que o corpo produza o espírito que é fogo [...] Por isso se diz que a tinctura é criada a partir da natureza volátil das coisas: E aquilo que torna o próprio espírito firme e fixo, é fixo e permanente e incombustível, e é denominado o enxofre dos filósofos.]

isto é, da imortalidade que se alcança através da transformação do corpo. O diamante, por sua transparência, fogo e dureza, é um símbolo adequado. Assim, Orthelius[206] diz que os filósofos não poderiam ter encontrado melhor remédio do que aquele ao qual chamaram, por sua dureza, transparência e cor de rubi, a nobre e bendita pedra dos filósofos.

Orthelius escreveu também exaustivamente sobre a "teologia" do "lapis". No entanto, como ele é posterior a Böhme, só o mencionarei por ter-se preocupado com o espírito que se encontra na matéria:

512

> Há dois tesouros: um é o verbo escrito e o outro aquele que se torna real (verbum factum). No "verbum scriptum" Cristo ainda estaria como que envolto em faixas no seu berço (in cunis suis involutus); no "verbum dictum et factum", ao invés, o verbo estaria encarnado nas criaturas de Deus, nas quais por assim dizer podemos tocá-lo com os dedos; delas temos que retirar o nosso tesouro, pois o verbo nada mais é do que o fogo, a vida e o espírito que a Santíssima Trindade derramou desde o início da Criação e que teria sido incubado (incubavit) nas águas originárias e insuflado (inspiratus) e incorporado pelo verbo de Deus em todas as coisas, tal como está escrito: "O círculo terrestre estava repleto do Espírito de Deus". Alguns teriam manifestado a opinião de que esse espírito do mundo (spiritus mundi) seria a terceira Pessoa da Divindade; mas não teriam levado em consideração a palavra "Elohim" que, sendo plural, estende-se a todas as Pessoas da Trindade. Ele teria nascido desta última, por ela criado. Este espírito ter-se-ia tornado corpóreo e seria o conteúdo principal do Salvador (Salvatoris) ou Pedra Filosofal, verdadeiro meio (medium) através do qual corpo e alma se mantêm unidos enquanto durar a nossa vida (fig. 235). O "spiritus mundi" que pairava sobre as águas primordiais tê-las-ia fecundado e nelas incubado um germe, tal como uma galinha choca o seu ovo. Este ovo seria a "virtus" (potencialidade) que reside no interior da terra

---

206. *Epilogus et recapitulatio Orthelii in Novum lumen chymicum Sendivogii (Bibl. chem.* II, p. 527). Orthelius é apenas conhecido por seus comentários sobre Michael Sendivogius, que viveu na segunda metade do século XVI.

e especialmente nos metais. A tarefa da Arte seria a de separar o Archeus[207], o "spiritus mundi", da matéria, produzindo a Quintessência, cuja ação sobre a humanidade poderia ser comparada à de Cristo.

513   Na obra deste epígono da alquimia, como vimos, aparece mais uma vez, como num lampejo, a visão gnóstica do "nous" emaranhado na "physis". No entanto, o filósofo que outrora descera como um Hércules às trevas do Aqueronte a fim de cumprir um "opus" divino tornou-se aqui um homem de laboratório dado à especulação, perdendo de vista a meta elevada da mística hermética; passou a dedicar-se à elaboração de um tônico benéfico que mantivesse "unidos corpo e alma", como nossos avós costumavam dizer ao falar de um bom vinho. Esta mudança de direção na alquimia foi devida à influência poderosíssima de Paracelso, ancestral do moderno pensamento médico. Orthelius já tende para a ciência da natureza, delegando à Igreja a vivência mística.

514   Paracelso e Böhme marcam a cisão da alquimia entre a ciência natural por um lado e a mística cristã-protestante por outro. Sua pedra volta a ser o que era: "vilis vilissimus" (a mais desprezível das coisas), "in via eiectus" (jogada na rua) como a joia no *Prometheus und Epimetheus* de Spitteler. Morienus[208] poderia repetir hoje as mesmas palavras: "Toma aquilo que é pisado com os pés no monte de esterco; se não o fizeres, ao tentar subir sem escada cairás de cabeça para baixo" – com isto ele pretende dizer que se o homem não aceitar aquilo que rejeitou, a mesma coisa cairá sobre ele no momento em que ele quiser elevar-se (progredir).

515   Na alquimia em extinção do séc. XVII, o paralelo *lapis* / Cristo é encontrado frequentemente, mas sob uma forma sem originalidade.

---

207. "Archeus est summus, exaltatus, et invisibilis spiritus, qui separatur a corporibus [...], occulta naturae virtus". [Archeus é o espírito mais elevado, mais digno e invisível que é separado dos corpos, a força secreta da natureza.] (RULANDUS. *Lexicon* [cf. v.] que é fortemente influenciado por Paracelso.)

208. Cf. MAIER. *Symbola,* p. 141. As palavras citadas não aparecem desta forma no próprio Morienus, mas Maier as usa como lema característico de MORIENUS, introduzindo a parte do seu livro consagrada a esse autor. O original encontra-se em Morienus. *De transmut. Met.* (*Art. aurif.* II, p. 35s.).

Fig. 236. Os conteúdos do vaso hermético.
KELLEY. *Tractatus duo de Lapide philosophorum* (1676)

Nessa época floresceram as sociedades secretas, sobretudo os Rosa-cruzes – a melhor prova da exaustão do segredo da alquimia! A existência de uma ordem secreta tem sua razão de ser quando é necessário proteger um segredo que perdeu sua vitalidade e que só poderá perdurar de um modo formal. Michael Maier permite-nos entrever de relance essa tragédia: confessa ao término de sua obra mais importante que no decorrer da grande "peregrinatio" não encontrou nem o Mercurius, nem a Fênix, mas somente uma pena desta última. Isto significa que ele tomou consciência do seguinte: a grande aventura não o levou a nada além de suas ricas atividades literárias, cujos méritos teriam certamente mergulhado no esquecimento se dependessem apenas do espírito dominante dos três séculos seguintes. Apesar de que para o materialismo crescente da época a alquimia tenha passado a significar uma grande decepção e um erro absurdo, a "quaedam substantia in Mercúrio quae nunquam moritur" [uma certa substância no Mercúrio que nunca morre] continuou a exercer um fascínio que nunca se extinguiu por completo, mesmo quando se ocultava sob o disfarce da fabricação do ouro.

6. O simbolismo alquímico no contexto da história das religiões

A. O *inconsciente como matriz dos símbolos*

516   Depois que a química propriamente dita separou-se das experimentações e especulações tateantes da arte régia, só restou a simbólica, semelhante a uma névoa quimérica, aparentemente destituída de qualquer substancialidade. Apesar de tudo ela nunca perdeu uma certa fascinação, que continuava impressionando alguns espíritos aqui e acolá. Uma simbólica tão rica como a da alquimia deve sua existência a uma causa suficiente e não a um mero capricho ou a um jogo da fantasia. Nela se expressa no mínimo uma parte essencial da alma. Mas esta alma era desconhecida; ela consiste no que se chama com toda a razão o inconsciente. Ainda que não haja nenhuma "prima materia", raiz de tudo quanto existe no sentido materialista, nada do que existe poderia

Fig. 237. O Artifex com sua "soror mystica", trabalhando.
Mutus liber (1702)

ser discernido se não houvesse uma psique para discernir. O "Ser" nos é concedido graças à existência psíquica. A consciência, porém, apreende somente uma parte de sua própria natureza, pois ela é o produto de uma vida psíquica pré-consciente que justamente possibilita o desenvolvimento da consciência. Embora a consciência sucumba sempre à ilusão de que se cria a si mesma, o conhecimento científico sabe que toda consciência repousa sobre pressupostos inconscientes, sobre um tipo de "prima materia" desconhecida, à qual os alquimistas atribuíam tudo o que pode se atribuir ao inconsciente. Assim, por exemplo, a "prima materia" provém da montanha, onde não há distinções[1], ou ela é o que Abu'l-Qasim diz, "derived from one thing and not from separate things nor from things distinguishing or distinguished"[2] (nascida de uma coisa e não de coisas separadas, nem de coisas discernentes ou discernidas). No "mysterium magnum" de Paracelso, que é precisamente a "prima materia", "não havia gênero de espécie alguma"[3]. Ou a "prima materia" é encontrada na montanha, onde tudo é invertido, como diz Abu'l-Qasim: "And the top of this rock is confused with its base, and its nearest part reaches to its farthest, and its head is in the place of its back, and vice-versa[4]". (E o cume desse rochedo se confunde com sua base, e sua parte mais próxima alcança a mais recuada, e sua cabeça está no lugar das costas e vice-versa.)

---

1. ABUL-QÂSIM (Kitab al-'Um, p. 24): "And this prime matter is found in a mountain containing an immense collection of created things. In this mountain is every sort of knowledge that is found in the world. There does not exist knowledge or understanding or dream or thought or sagacity or opinion or deliberation or wisdom or philosophy or geometry or government or power or courage or excellence or contentment or patience or discipline or beauty or ingenuity or journeying or orthodoxy or guidance or precision or growth or command or dominion or kingdom or vizierate or rule of a councillor or commerce that is not present there. Ad there does not exist hatred or malevolence or fraud or villany or deceit or tyranny or oppression or perverseness or ignorance or stupidity or baseness or violence or cheerfulness or song or sport or flute or lyre or marriage or jesting or weapons or wars or blood or killing that is not present there." [Esta matéria-prima é encontrada numa montanha contendo uma coleção imensa de coisas criadas. Nessa montanha há todo tipo de conhecimento que existe no mundo. Não há conhecimento ou compreensão ou sonho ou pensamento ou sagacidade ou opinião ou deliberação ou sabedoria ou filosofia ou geometria ou governo ou poder ou coragem ou mérito ou contentamento ou paciência ou disciplina ou beleza ou ingeniosidade ou viagem ou ortodoxia ou orientação ou precisão ou crescimento ou comando ou domínio ou reino ou vizirato ou lei de um conselheiro, ou comércio que lá não estivesse presente. E não há ódio ou malevolência ou fraude ou infâmia ou trapaça ou tirania ou opressão ou perversidade ou ignorância ou estupidez ou baixeza ou violência ou alegria ou canto ou divertimento ou flauta ou (ira ou casamento ou brincadeira ou armas ou guerras ou sangue ou matança que lá não estivesse presente.]

2. Op. cit., p. 22.

3. SUDHOFF XIII, p. 402.

4. Op. cit., p. 23.

517   Tais afirmações são intuições da natureza paradoxal do inconsciente, o qual não se sabia situar a não ser no aspecto desconhecido do objeto, fosse ele matéria ou ser humano. O sentimento de que o segredo se
acha ou num ser vivo estranho ou no cérebro do homem tem sido frequentemente expresso na literatura[5]. A aptidão de transformar-se da
"prima materia" era atribuída ora a ela mesma, ora à sua essência, isto
é, à "anima". Ela era designada como Mercurius e concebida como um
ser duplo paradoxal chamado "Monstrum" (monstro), hermafrodita
ou "rebis" (figs. 125, 199 e outras). O paralelo "lapis" - Cristo estabelece uma analogia entre a substância de transformação e o Cristo (fig.
192 e outras), na Idade Média sem dúvida alguma pela influência do
dogma da transubstanciação; anteriormente, porém, dominava a tradição gnóstica de antigas ideias pagãs. Mercurius era comparado à serpente que pendia da cruz (fig. 238) (Jo 3,14), para mencionar apenas
um dos numerosos paralelos existentes.

B. O tema do unicórnio como paradigma

a) O tema do unicórnio na alquimia

518   Para mostrar o modo pelo qual o simbolismo do Mercurius mis-
turou-se com a tradição gnóstico-pagã e a eclesiástica escolhi o exem-

---

5. "Cum igitur spiritus ille aquarum supra coelestium in cerebro sedem et locum acqui-
sierit..." [Se, portanto, o espírito das águas supracelestiais escolhe sua sede e morada
no cérebro...] (STEEBUS. *Coelum sephiroticum*, p. 117). A "pedra que não é pedra" é
a λίθος ἐγκέφαλος (pedra-cérebro) (BERTHELOT. *Alch. grecs*, I, III, 1) e o ἀλαβάσ-
τρινος ἐγκεφαλος (cérebro de alabastro) (op. cit. I, IV, 1); Zósimo define a matéria
desprezada e ao mesmo tempo preciosa como ἀδώρητον καὶ θεοδώρητον (não dada e
dada por Deus) (op. cit. III, II, 1). "Accipe cerebrum eius" [Toma o seu cérebro] (Citação de Hermes no *Rosarium* em *Art. aurif.* II, p. 264.). O "os occiput" é usado na obra,
pois "cerebrum est mansio partis divinae" [o cérebro é a sede da parte divina] (*Liber
quartorum* em *Theatr. chem.* V, p. 124). O "occiput" é o "vas cerebri" (op. cit., p. 148;
cf. tb. com figs. 75 e 135). O cérebro é a "sedes animae rationalis [...] Nam est Triangulus compositione, et est propinquius omnibus membris corporis, ad similitudinem sim-
plicis" [...a sede da alma racional. Pois por sua composição é triangular e se aproxima
mais do simples do que qualquer outra parte do corpo] (op. cit., p. 127). Do corporal é
o que mais se aproxima da simplicidade da alma, logo, a ponte para a transformação
espiritual (op. cit., p. 187).

Fig. 238. A serpente de bronze de Moisés, pendendo da cruz: a "serpens mercurialis" (cf. tb. fig. 217).
ELEAZAR. *Uraltes chymisches Werk* (1760)

plo do unicómio. Este último não é uma entidade bem definida, mas um ser fabuloso de múltiplas formas. Assim, há unicórnios cavalos, asnos, peixes, dragões, escaravelhos etc. Trata-se, pois, para sermos exatos, do tema do animal que tem um único chifre. No *Chymische Hochzeit* (Bodas químicas) de Rosencreutz, um unicórnio branco como a neve encontra-se com um leão e lhe faz uma reverência. Tanto o unicórnio como o leão são símbolos do Mercurius. Um pouco depois o unicórnio transforma-se numa pomba branca[6], outro sím-

---

6. ROSENCREUTZ. *Chymische Hochzeit* (p. 54s.). Em relação à pomba: "[...] nive dealbabuntur in Selmon et pennae columbae deargentatae et posteriora dorsi ejus in pallore auri. Talis erit mihi filius dilectus..." [tornar-se-ão brancas em Selmon pela neve e as penas da pomba tornar-se-ão brilhantes como a prata e suas asas na parte posterior das costas luzirão como o ouro. Assim será o meu filho amado] (*Aurora* I, cap. VI, primeira parábola). "[...] plumbum Philosophorum [...] in quo splendida columba alba inest, quae sal metallorum vocatur, in quo magisterium operis consistit. Haec est casta sapiens et dives illa regina ex Saba velo albo induta" [... o chumbo dos Filósofos... ao qual é inerente a esplêndida pomba branca, que se chama o sal dos metais, em que consiste o magistério da Obra. Esta é a casta, sábia e rica rainha de Sabá, coberta por um véu branco] (GRASSEUS. *Arca arcani* em *Theatr. chem.* VI, p. 314). "[...] et dabit mihi pennas sicut columbae et volabo cum ea in coelo (Sl 54,7) et dicam tunc: Vivo ego in aetemum... (Dt 32,40) "[e ela me dará asas como as de uma pomba, e com ela voarei ao céu. Direi então: Eu vivo eternamente] (*Aurora* I, cap. XII, parábola sete, p. 116 e 117).

bolo de Mercurius, cuja forma volátil, o "spiritus", é um paralelo do Espírito Santo. Nos símbolos de Lambsprinck[7], pelo menos dez (das quinze) figuras são representações da dupla natureza do Mercurius. A fig. 3 confronta o unicórnio com um cervo (fig. 240). Este último também é um símbolo do Mercurius enquanto "cervus fugitivus"[8]. Mylius[9] ilustra o processo mediante uma série de sete símbolos; o sexto deles é um unicórnio deitado debaixo de uma árvore, como símbolo do "spiritus vitae" que conduz à ressurreição (fig. 188). Na tabela de símbolos de Penotus[10], o unicórnio juntamente com o leão,

Fig. 239. Unicórnio (O chifre é de Narwal).
AMANN. *Ein neues Thierbuch* (1569)

---

7. *Mus. herm.*, p. 338s.; primeiro em BARNAUDUS. *Triga chemica*.

8. Cf. a terceira imagem do *Mus. herm.*

9. Fig. em MYLIUS. *Phil. ref.*, p. 316.

10. *Theatr. chem.* (1602) II, p. 123.

Fig. 240. Cervo e unicórnio, simbolizando a alma e o espírito.
LAMBSPRINCK. *Figurae et emblemata* (1678)

a águia e o dragão são associados ao ouro. O "aurum non vulgi" é um sinônimo do Mercurius, da mesma forma que o leão[11], a águia e o dragão[12]. Diz o poema "Von der Materi und Prattick des Steins" (Sobre a matéria e a prática da pedra)[13]:

> Sou o verdadeiro unicórnio dos antigos/
> Quem pode em dois me dividir/
> E de novo as partes reunir,
> Para que não mais se rompa meu cadáver...

---

11. Na tradição medieval associa-se o unicórnio ao leão "porque este animal é como o leão, forte, feroz e cruel". "Por esta razão", diz Baccius, "este animal chama-se Lycornu na França e na Itália", o que *parece significar um derivado de* "lion". Cf. CATELANUS. *Ein schöner newer Historischer Discurs von der Natur, Tugenden, Eigenschafften und Gebrauch dess Einhorns*, p. 22.

12. Conta-se do unicórnio coisas semelhantes às do dragão, que em sua qualidade de animal subterrâneo habita cavernas e gargantas; que eles (os unicórnios) se escondem e habitam os desertos e as altas montanhas e as grutas mais profundas e estranhas e as tocas dos animais selvagens, entre sapos e outros vermes nojentos e imundos (op. cit., p. 23).

13. *Theatr. chem.* (1613) IV, p. 286.

519   Dentro deste contexto devo referir-me novamente a Ripley, no qual encontramos esta passagem: "Em seu colo, porém, repousava o leão verde, de cujo lado jorrava sangue". Esta imagem alude por um lado à Pietà, mas por outro ao unicórnio ferido pelo caçador e capturado no colo da Virgem (figs. 241 e 242): tal tema é frequente nas representações medievais. Aqui, contudo, o leão verde substitui o unicórnio, o que não era uma dificuldade para o alquimista, uma vez que o leão é igualmente símbolo do Mercurius. A virgem representa seu aspecto feminino passivo, ao passo que o unicórnio e o leão representam a força selvagem, indômita, masculina e penetrante do "spiritus mercurialis". O símbolo do unicórnio como "allegoria Christi" e do Espírito Santo era conhecido em toda a Idade Média, razão pela qual esta relação também era familiar ao alquimista que, ao empregar este símbolo, tinha sem dúvida presente o parentesco e até mesmo a identidade de Mercurius e Cristo.

b) O unicórnio nas alegorias da Igreja

520   A linguagem eclesiástica extrai a alegoria do unicórnio dos Salmos, onde o unicórnio (na realidade, o búfalo) simboliza antes de mais nada o poder de Deus, tal como no Salmo 28,6: "[...] et comminuet eas tamquam vitulum Libani et dilectus quemadmodum filius unicornium[14]" (... e fez o Líbano saltar como um novilho e o Sarion, como um filhote de búfalo); e em segundo lugar, também a força vital do homem (figs. 243 e 244), como no Salmo 91,11: "[...] et exaltabitur sicut unicornis cornu meum[15]" (... e minha força será exaltada como a do unicórnio). O poder do mal também é comparado à força do unicórnio, como no Salmo 21,22: "salva me ex ore leonis et a cornibus unicornium humilitatem meam[16] (salva-me da boca do leão e a minha humildade do chifre do unicórnio). Tertuliano baseia sobre estas metáforas suas alusões ao Cristo: "Tauri decor eius, cornua uni-

---

14. Sl 29,6.
15. Sl 92,11.
16. Sl 22,22.

Fig. 241. A Virgem domando o unicórnio.
Tractatus qui dicitur Thomae Aquinatis de alchimia (1520)

cornis, cornu eius"[17] (Sua beleza é a dos touros e seu chifre, o dos unicórnios). Ele fala aqui sobre a bênção de Moisés (Dt 33,13s.):

> Seu país é abençoado pelo Senhor
> Com o que há de mais precioso no alto céu
> E no fundo dos abismos.
> Com o que de mais precioso o sol faz nascer
> E o que de mais precioso pelas luas é gerado...
> Seu novilho primogênito é cheio de glória
> E seus chifres são os de um búfalo selvagem;
> Com eles esmaga os povos...

É claro neste contexto que o chifre do rinoceronte significa a fe-   521
licidade, a força e a saúde do abençoado. Como diz Tertuliano:
"Cristo foi designado como touro por duas qualidades: por um lado,
ele é duro (ferus = selvagem) como um juiz e, por outro, benigno

---

17. (TERTULIANO. *Adversus Judaeos*, cap. X [P.L. II], col. 666). É uma referência ao
Dt 33,17: 'Quasi primogeniti tauri pulchritudo eius cornua rinocerotis cornua illius /
in ipsis ventilabit gentes". [O seu touro primogênito é todo nobreza, e seus chifres são
os de um búfalo; com eles subjuga as nações.]

Fig. 242. Unicórnio sendo abatido no colo da Virgem. O ferimento do lado é significativo.
Inicial do manuscrito Harley (British Museum)

(mansuetus = manso) como um Salvador. Seus chifres são as extremidades da cruz..." Justino[18] interpreta esta passagem de modo semelhante: "Cornua unicornis cornu eius (Seu chifre é como os chifres dos unicórnios). Pois ninguém pode dizer ou provar que os chifres do unicórnio poderiam ser encontrados em outro objeto ou sob outra forma a não ser a que representa a cruz". Em Cristo o poder de Deus se manifestou. Por isso Prisciliano chama Deus de "unicórnio": Unicornis est Deus, nobis petra Christus, nobis lapis angularis Jesus, nobis hominum homo Christus[19]" (Deus é unicórnio, para nós Cristo é uma rocha, Jesus, nossa pedra angular, o Cristo, homem entre os homens). Assim como a singularidade do Unigênito é expressa mediante a analogia do unicórnio, São Nilo utiliza a mesma alegoria para descrever a independência intrépida do καλόγηρος do mon-

---

18. *Dialogus cum Tryphone Judaeo,* cap. 91 [P.G. VI., col. 691].
19. Opera, p. 24.

ge: Μονόκερώς ἐστιν οὗτος, ζῶον αὐτόνομον (Ele é um unicórnio, uma criatura independente)[20].

Basílio considera que o "Filius unicornium" é o Cristo. A origem   522
do unicórnio é um mistério como o da concepção de Cristo, diz
Ambrósio. Nicolaus Caussinus, de onde extraio estas observações,
acrescenta que o Deus colérico e vingativo, suavizado pelo amor, é
apaziguado no colo da Virgem[21] (fig. 245). Esta concepção eclesiástica tem o seu paralelo na ideia alquímica de domar o leão e o dragão
(fig. 246). O mesmo sucede com a transformação do Deus do Antigo
Testamento no Deus de Amor do Novo Testamento. Picinellus diz:
"Deus, o supremamente terrível, depois de ter habitado o ventre da
Virgem Santíssima apresentou-se ao mundo como um Deus pacífico
e totalmente abrandado"[22].

---

20. *Vita,* cap. XCI [P.G. CXX, col. 69]. Aelianus já se referia à natureza eremita do
monocerus em *De natura animalium* (XVI, 20).

21. *De symbolica Aegyptiorum sapientia,* p. 401 e 348 s.: "<Dei> fortitudo similis est
Rhinoceroti, exod. 15. Unicornis non admittit in antro cohabitatorem: filius Dei aedificavit in saecula, hoc est in utero B<eate> V<irginis>". [A força de Deus assemelha-se à
do rinoceronte. Ex 16. O unicórnio não tolera companheiros em sua caverna: o filho de
Deus edificou para muitos séculos, isto é, no seio da Bem-aventurada Virgem.] (Cf. Vulgata, Sl 77,69: "et aedificavit sicut unicornium sanctificium suum in terra quam fundavit
in saecula"; Zürcher Bibel, Sl 78,69: "Ele edificava o seu santuário da altura do céu, firme como a terra, que ele fundou para todos os séculos.") O chifre do monocerus age
como um alexipharmacon, pois expulsa o veneno da água, o que é uma alusão alegórica
ao "Christi baptismum" (batismo de Cristo) (i.é, à consagração da água do batismo);
"recte Christo baptizato accomodatur, qui dilectus ut filius unicornium, ad abluendum
nostrorum sordes scelerum omnium fluenta sanctificavit aquarum, ut ait Beda". [Aplica-se com justiça ao Cristo batizado, o qual como o filho dileto dos unicórnios santificou
o curso das águas, a fim de lavar a sordidez de todos os nossos crimes, segundo as palavras de Beda]. O caráter selvagem do rinoceronte é sublinhado em Jó 39,9s. [Vulgata]:
"numquid volet rinoceros servire tibi aut morabitur ad praesepe tuum / numquid alligabis rinocerota ad arandum loro tuo" (Zürcher Bibel) [Acaso quererá o rinoceronte servir-te ou habitará ele à noite no teu presépio / porventura prenderás o rinoceronte ao
teu arado ou marcará ele os sulcos atrás de ti?].

22. *Mundus symbolicus,* 1,419b: "S. Bonaventura: Christus, inquit, per mansuetissimam Mariam mansuescit et placatur, ne se de peccatore per mortem aeternam ulciscatur". (!) [S. Boaventura: Cristo, diz ele, abranda-se e apazigua-se graças à meiga Maria,
para não punir os pecadores com a morte eterna]. O mito da Virgem e do Unicórnio é

Fig. 243. Brasão com unicórnio dos Senhores von Gachnang, Suíça.
Armorial de Zurique (1340)

523   Em seu *Speculum de mysteriis ecclesiae* diz Honório de Autun:

"O animal ferocíssimo de um só chifre é denominado unicórnio. A fim de capturá-lo, uma virgem é levada ao campo; o
animal dela se aproxima e, ao deitar-se em seu colo, é aprisionado. Cristo é representado por este animal e sua força insuperável, por seu chifre[23]. Aquele que se deitou no regaço da
virgem foi capturado pelos caçadores, isto é, foi encontrado
sob a forma humana por aqueles que o amam"[24] (fig. 247).

transmitido por Isidoro de Sevilha em *Liber etymologiarum* (XII, 62). A fonte é o
Physiologus Graecus: Πῶς δὲ ἀγρεύεται; παρθένον ἀγνὴν ῥίπτουσιν ἔμπροσθεν
αὐτοῦ. Καὶ ἅλλεται εἰς τὸν κόλπον τῆς παρθένου καὶ ἡ παρθένος θάλπει τὸ ζῶον
καὶ ἄγει εἰς τὸ παλάτιον τῶν βασιλέων. (O modo de capturá-lo: Atiram à sua frente
uma virgem consagrada. E ele salta ao colo da Virgem e a virgem acalenta o animal com
amor e o faz subir ao palácio dos reis.) PITRA. *Spicilegium Solesmense* III, p. 335 *(Veterum Gnosticorum in Physiologum allegoricae interpretationes).* O *Physiologus* deveria
remontar a Dídimo de Alexandria, um hermeneuta cristão do século III.

23. "Insuperabilis fortitudo". Cf. *Tab. smaragd.:* "Totius fortitudinis fortitudo fortis".
[Força forte de todas as forças.] Honório (*Speculum*, P.L. CLXXII, col. 847): "<Chris-
tus> cuius virtus ut unicornis fuit, quia omnia obstantia cornu supprimit, quia Christus
principatus et potestates mundi cornibus crucis perdomuit" [<Cristo> cuja força era
como a do unicórnio, porque suprimia todos os obstáculos com seu chifre, porque Cristo subjugou os reinos e o poder do mundo com as pontas da cruz].

24. "Qui in Uterum Virginis se reclinans captus est a venatoribus id est in humana forma inventus est a suis amatoribus."

Fig. 244. Representação alegórica da glorificação de Ariosto. A crina frontal do cavalo foi trançada para dar-lhe a aparência de um unicórnio, sem dúvida propositalmente.
Desenho de Giovanni Battista Benvenuti, chamado *Ortolano* (1488-1525?)

Fig. 245. Maria com o unicórnio amoroso no "Jardim fechado".
Tapeçaria suíça (1480)

524   Rupertus[25] também compara Cristo ao rinoceronte e Bruno
Herbipolensis[26] o denomina simplesmente cornu (chifre). Caussinus
escreve que Alberto Magno menciona a Virgem em relação ao "monocerus" em sua obra *Hypotyposes*. Alberto era um conhecedor da
alquimia e extraía citações dos Tratados de Hermes. Na *Tabula Smaragdina* encontra-se o "Filho" de uma força prodigiosa que desce à
Terra, penetrando todas as coisas sólidas. A Virgem não é unicamente um signo astrológico da Terra, mas significa de fato a Terra (fig.
248) (em Tertuliano e Agostinho). Isidoro de Sevilha enfatiza a ação

---

25. *De Trinitate* (P.L CLXII, col. 899).

26. *Expositio psalmorum* (P.L. CXLII, col. 182): "In te inimicos nostros ventilabimus
cornu. Et in nomine tuo spernemus insurgentes in nobis [...] cornu vero nostrum
Christus est, idem et nomem Patris in quo adversarii nostri vel ventilantur vel spernun-
tur." [Em ti abateremos os nossos inimigos com o chifre. Em teu nome desdenharemos
aqueles que se levantam contra nós... mas o nosso chifre é Cristo e também o nome do
Pai, por quem os nossos adversários são arrasados e desprezados.]

Fig. 246. Mandala com quatro medalhões de ramos entrelaçados, onde se veem um cervo, um leão, um grifo e um unicórnio. *Ladrilho do pavimento da olaria do Mosteiro St. Urban* (Lucerna)

"perfuradora" do unicórnio[27]. Na *Tabula* trata-se de um incesto apenas ligeiramente disfarçado de mãe e filho[28], fato de que o alquimista Alberto provavelmente tinha consciência.

Como já foi observado, o unicórnio não é unívoco e também pode significar o mal. O *Physiologus Graecus*[29] diz a respeito do unicórnio "que ele é um animal veloz, com um só chifre e de más intenções relativamente aos homens" (μνησίκακον δὲ ὑπάρχει ἐν ἀνθρώποις). E são Basílio diz: "Atenção, ó tu, ser humano, tem cuidado com o unicórnio, isto é, com o demônio (fig. 249). Pois ele conspira contra os homens (μνησίκακος τοῖς ἀνθρῶποις) e é astuto para fazer o mal..." (σοφός τοῦ κακοποιῆσαι).

525

---

27. *Liber etymologiarum* (op. cit.): "[...] aut ventilet aut perforet".

28. É verdade que a mãe do Filho é a lua; mas "nutrix eius terra est" [a terra é a sua ama]. Cf. fig. 163. "Ascendit a terra in coelum" [Ergue-se da terra para o céu]: sua origem é portanto terrestre, ele sobe ao céu e retorna à terra, penetrando-a. Cf. *Tab. smaragd.*, p. 2.

29. SBORDONE (org.), p. 263, 1-8.

Fig. 247. Virgem e unicórnio.
Saltério de Chludoff (Saltério bizantino do fim do séc. IX)

526   Estes exemplos bastam para mostrar a íntima conexão existente
entre o simbolismo alquímico e as metáforas da Igreja. Observe-se nas
citações eclesiásticas que o símbolo do unicórnio também inclui o aspecto do mal (fig. 250). Por ser um animal fabuloso e originalmente
um monstro, contém em si uma contradição interna, uma "coniunctio
oppositorum". Esta circunstância o torna particularmente apropriado
para exprimir o "monstrum hermaphroditum" da alquimia[30].

---

30. A natureza monstruosa do unicórnio é descrita por Plínio (*Historia naturalis*, VIII,
cap. 21): Seu corpo é o de um cavalo, a pata, de elefante, e o rabo, de javali. Uma descrição fantástica, que podia ter um interesse especial para os alquimistas, encontra-se
no 'Ινδικά de Ktesias (cerca de 400): "Pelo que ouvi dizer, na Índia os asnos selvagens
têm o tamanho de um cavalo. A cabeça é de cor purpúrea, mas o resto do corpo é branco e os olhos têm uma cor azul-escura. De sua testa sai um chifre de aproximadamente
um cúbito e meio; a parte inferior do chifre é branca, mais em cima, púrpura, o meio,
porém, é totalmente preto. Os indianos bebem deste chifre colorido, como ouvi dizer,
porém não todos, apenas os mais nobres dos indianos, que o enrolam com listras dou-
radas espaçadas entre si, tal como se adorna o formoso braço de uma estátua com bra-
celetes. Dizem que a pessoa que bebe deste chifre livra-se de doenças incuráveis, pois
não será vítima de espasmos, nem morrerá por envenenamento, e se tiver tomado algo
nocivo à saúde, vomitá-lo-á e será curado" (*Relicta fragmenta ex Ctesiae indicis*, 363).
Encontramos o mesmo em AELIANUS. *De natura animalium*, IV, 52. Outras referên-

Fig. 248. Criação de Eva, prefigurando a história da Salvação; daí, a
presença do unicórnio.
Trésor de sapience (século XV)

c) O unicórnio no gnosticismo

Há igualmente uma relação entre a linguagem da Igreja e o sim-   527
bolismo gnóstico-pagão. Hipólito, em seu relatório sobre a doutrina
dos naassenos, afirma que a serpente (naas) habita todas as coisas e
todos os seres. O nome de todos os templos (νάους) dela se origina

---

cias ao unicórnio encontram-se em III, 41 e XVI, 20. Por último, menciona-se que o
animal na Índia é chamado "Kartazonon". "O poder do seu chifre é algo invencível.
Gosta de pastagens solitárias, e anda sempre sozinho [...] Procura a solidão". Philostratus em sua *Vita Apollonii* (III, cap. 2) conta que no dia em que a pessoa beber da
taça feita do chifre de um unicórnio, ela ficará imune às doenças, insensível à dor de
uma ferida, poderá pisar no fogo e o veneno mais poderoso não lhe causará dano. Na
χριστιανικὴ τοπογραφία de Kosmas (começo do séc. VI) conta-se que, para escapar dos caçadores, o monocerus se precipita num abismo sobre o seu chifre,
cuja força amortece a queda (McCRINDLE. *The Christian Topography of Cosmas*, p. 361). Literatura patrística completa por SALZER. *Die Sinnbilder und Beiworte Mariens*, p. 44s.

(νάας) (*Elenchos* V, 9, 12). Todos os santuários, toda iniciação (τε-λετή) e todos os mistérios seriam dedicados à serpente. Isto lembra imediatamente a frase da *Tabula smaragdina:* "Pater omnis telesmi totius mundi est hic" (Este é o Pai da plena realização de todo o mundo) τέλος, τελετή e τελεσμός têm o mesmo significado, isto é, a plena realização no sentido alquímico, o aperfeiçoamento é maturação dos "corpora imperfecta", assim como do próprio alquimista[31].

> "Estes (os naassenos) dizem que a serpente é a substância úmi-da, tal como (dizia) também Tales de Mileto (pois para este úl-timo a água era o elemento primordial), e sem a serpente ser algum, imortal ou mortal, animado ou inanimado, poderia existir".

528   Esta definição da serpente concorda com a do Mercurius alquí-mico, o qual também é água, isto é, "água divina" (ὕδωρ θεῖον, "aqua permanens"), o úmido, "humidum radicale" (a umidade radi-cal) e o espírito da vida (spiritus vitae), inerente não só a tudo que vive, mas também, enquanto alma do mundo (anima mundi), a todos os entes. – Hipólito prossegue: "Todas as coisas dependem dela (da serpente) e ela é boa e tem tudo dentro de si, tal como o chifre do touro monocórnio (ἐν κέρατι ταύρου μονοκέρωτος). É a serpente que dá beleza e maturidade a todos os seres..."

529   A serpente, tal como o chifre do unicórnio, é um alexipharma-con, além de ser o princípio que leva todas as coisas à maturação e à perfeição. Já conhecemos o unicórnio como símbolo do Mercurius. Mas além disto este último é a substância transformadora por exce-lência, que por sua vez leva os corpos imperfeitos ou imaturos à ple-na realização e maturação. Por isso a alquimia o celebra como "salva-tor" (salvador) e "servator" (libertador). Ela (a serpente) penetra tudo, diz Hipólito, "na medida em que procede do Eden e se divide em quatro princípios"[32]. A ideia básica da alquimia é que tudo proce-de do Uno (fig. 251) – "[...] sicut omnes res fuerunt ab uno [...] sic omnes res natae fuerunt ab hac una re" (da mesma forma que todas as

---

31. Cf. JUNG. *Estudos alquímicos* [§ 158] e *Paracelso o Médico* [§ 27s.]: "maturatio".
32. As passagens acima citadas são do *Elenchos* V, 4, 12-15.

Fig. 249. Unicórnio selvagem.
BOCK. *Kräuterbuch* (1595)

coisas procedem do Uno... também todas as coisas nasceram desta única e mesma coisa), diz a *Tabula* – que este Uno se divide em quatro elementos (fig. 252), para recompor-se novamente numa unidade. A "prima materia", entre outros nomes, é chamada "terra do paraíso", a mesma que Adão teria levado consigo ao ser expulso. O "Mercurius philosophorum" consiste dos quatro elementos (fig. 214). Em um dos hinos de mistérios citado por Hipólito, Osíris é designado como sendo "o chifre celeste da Lua" (ἐπουράνιον μηνὸς κέρας) e o mesmo ser primordial é designado por Sophia e Adam[33]. Conhecemos tais analogias em seu aspecto alquímico. Outra analogia citada neste contexto é o "Átis polimórfico". A capacidade de mutação e o polimorfismo de Mercurius são representações fundamentais da alquimia. Acredito não ser necessário aprofundar as ideias cristãs contidas neste sistema pagão; a comparação com as citações cristãs deveria bastar.

---

33. Op. cit., V, 9, 8.

Fig. 250. Homem selvagem cavalgando o unicórnio.
Gravura da série do Grösseres Kartenspiel (por volta de 1463)

d) O escaravelho unicórnio

530   O simbolismo do unicórnio ligado a Mercurius tem uma fonte importante nos *Hieroglyphica* de Horapollo (capítulo X). Este autor diz que o terceiro "genus" (gênero) do escaravelho é unicórnio (μονόκερως) e por causa desta forma peculiar é consagrado a Mercurius, tal como a íbis. Além disto o escaravelho é um μονογενής ("unigena"), na medida em que ele é αὐτογὲ ζῶον (um ser vivo que se gera a si mesmo). Em Paracelso a "prima materia" é um "increatum". Em toda a alquimia, enquanto Mercurius ou enquanto "serpens" (serpente) ou "draco" (dragão), a "prima materia" é bissexual e se autofecunda e nasce de si mesma (fig. 253). O "unicus filius" é o "filius philosophorum" e assim, pois, a pedra. Segundo o texto de um papiro, o escaravelho sofre o mesmo desmembramento que o dragão, isto é, a "separatio elementorum": "O escaravelho solar, o Senhor alado

que se encontrava a pino no céu do meio-dia, foi decapitado e desmembrado"[34]. Remeto o leitor à "sexta parábola" do *Splendor solis*[35],
onde a "separatio" é representada por um cadáver desmembrado. O
texto abaixo a acompanha:

> "Rosinus[36] diz/ que pretende/ indicar através da visão/ que vira
> um homem/ morto/ cujo corpo era extremamente branco/
> como um sal/ cujos membros se achavam divididos/ e cuja cabe-
> ça era de ouro puro/ porém separada do corpo..."[37] A cabeça de
> ouro refere-se originariamente à cabeça de Osíris, o qual é de-
> nominado ἀκέφαλος (acéfalo) em um papiro grego[38]. Os alqui-
> mistas gregos se diziam, por isto, "filhos da cabeça de ouro"[39].

Fig. 251. Os sete estágios do processo representados como uma unidade.
Ripley Scrowle (1588)

---

34. *Papyrus Graecus* J 384 (PREISENDANZ. Op. cit., II, p. 60, linha 44s.).

35. In: TRISMOSIN. *Aureum vellus.*

36. "Rosinus" é uma corruptela de Zósimo.

37. A cena lembra o ditado dos Mistérios "Aufer caput, corpus ne tangito" [Pega a cabeça, mas não toques o corpo] (*Poliphile*, fol. c IIJ [p. 11]).

38. PREISENDANZ. Op. cit. I, p. 185, linha 99.

39. Χρυσέας κεφαλῆς παῖδες (BERTHELOT. *Alch. grecs*, III, X, I).

531   O escaravelho é raramente mencionado na literatura alquímica.
Entre os textos antigos é encontrado no *Consilium coniugii:* "Nulla

Fig. 252. A castidade.
Les Triomphes de Pétrarque (século XVI)

aqua fit quelles, nisi illa quae fit de scarabaeis aquae nostrae"[40] (Nenhuma água torna-se elixir, exceto aquela que vem dos escaravelhos da nossa água). A "aqua nostra" nada mais é do que a "aqua divina", ou, precisamente, o Mercurius.

Fig. 253. Harpócrates, circundado por um Uróboro.
Gema gnóstica

e) O unicórnio nos Vedas

As pegadas pré-cristãs do unicórnio nos conduzem ao Oriente[41].   532 Encontramo-lo nos hinos do "Atharva-Veda" (III, 7), num "Charm against kshetriya, hereditary disease" (encantamento contra kshetriya, doença hereditária):

1. Upon the head of the nimble antelope a remedy grows! He has driven the kshetriya (inherited disease) in all directions by means of the horn.

2. The antelope has gone after thee with his four feet. O horn, loosen the kshetriya that is knitted into his heart!

---

40. *Ars chem.*, p. 119.

41. Prefiro não abordar a questão de o unicórnio existir ou não na cultura assírio-babilônica. Schrader (*Die Vorstellung vom* Μονόκερως *und ihr Ursprung*, p. 573s.), no entanto, pretende derivar a ideia toda do unicórnio das representações de animais de aparentemente um só chifre de Persépolis, em outras palavras, de uma falsa interpretação dos monumentos. Por outro lado, ele não leva em consideração a fonte indiana.

3. (The horn) that glistens yonder like a roof with four wines (sides), with that do we drive out every kshetryia from thy limbs[42].

(1. Sobre a cabeça do ágil antílope cresce um remédio! Ele espalhou em todas as direções a kshetryia [doença hereditária], através de seu chifre. 2. O antílope seguiu-te com suas quatro patas. Ó chifre, solta a kshetryia que está atada a teu coração! 3. [O chifre] que reluz adiante como um telhado de quatro águas [lados], com ele expulsamos qualquer kshetryia dos teus membros.)

533   Um unicórnio, embora jamais seja chamado por este nome, parece também ser o peixe de Manu (fig. 254). Fala-se constantemente de seu chifre, e não de chifres. Segundo uma lenda relatada no *Shatapatha-Brâhmana*[43], Manu criou um peixe, que foi crescendo cada vez mais, rebocou-o sobre as águas do dilúvio, conduzindo-o até a terra firme. Manu havia amarrado o barco em seu chifre[44]. O peixe é uma encarnação de Vishnu (fig. 255). Manu significa homem[45]. Sua figura corresponde sob muitos aspectos ao ἄνθρωπο (Anthropos) helenístico. Ele é o pai da humanidade. Descende diretamente da divindade (de Svayambhu [do que é por si mesmo], isto é, de Brahman). É o homem-Deus, identificado com Prajapati, o Senhor de todos os seres criados, como também com o próprio Brahman, a alma suprema. No *Rig-Veda*, ele é chamado de "Pai Manu" e conta-se que com sua filha gerou os homens. É o fundador da ordem social e moral[46]. É o primei-

---

42. *Sacred Books of the East* XIII, p. 15.

43. Op. cit., XII, p. 216s.

44. "The fish then swam up to him, and to its horn he tied the rope of the ship, and by that means he passed swiftly up to yonder northern mountain (Himalaia)". [O peixe então dele se aproximou a nado e ele amarrou em seu chifre a corda do seu barco, e dessa maneira conseguiu chegar rapidamente do outro lado da montanha (Himalaia) ao norte.] (op. cit., p. 217, 5).

45. *The laws of Manu*, op. cit., XXV, p. XIV. Manu "is the heros eponymos of the human race, and by this nature belongs to gods and to men." [Manu é o "heros eponymos" da raça humana, e segundo a sua natureza pertence aos deuses e aos homens.] (op. cit., LVII).

46. Op. cit., LVIIs.

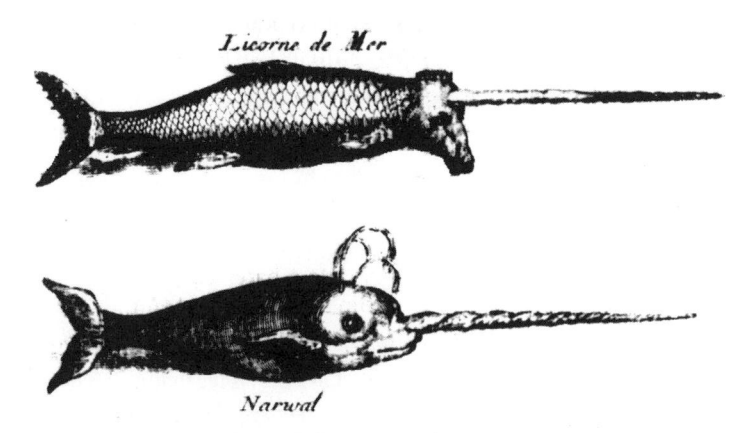

Fig. 254. O "unicórnio marinho" (monodon, monoceros), cujo canino
serve de modelo para as antigas representações do unicórnio.
POMMET. *Histoire générale des drogues* (1694)

ro sacrificador e sacerdote[47]. Transmitiu aos homens a doutrina dos
Upanishades[48]. O fato de ele proceder igualmente do Viraj andrógino
é de particular interesse. O *Shatapatha-Brâhmana* o associa a um touro, cuja tarefa é a de aniquilar os Asuras e Rakshas (demônios inimigos dos deuses)[49]. Finalmente Manu também é pai da medicina[50]. Segundo a tradição budista é o Senhor da Idade de ouro[51]. O chifre aqui
é relacionado com uma figura, cujo nome e caráter têm a maior afinidade com o Anthropos.

---

47. *Vedic Hymns* (op. cit., XLVI, p. 96): "As thou didst perform sacrifice to the gods
with the sacrificial food of the wise Manu, a sage together with sages, thus, O highly
truthful Hotri" etc. [Quando ofereceste o sacrifício aos deuses, com o alimento sacrifical
do Manu sábio, um sábio junto aos sábios, então, ó eminente e verdadeiro Hotri...]

48. *Khândogya-Upanishad* (op. cit., I, p. 44, 4).

49. Op. cit., XII, p. 29, 14.

50. *Vedic Hymns* (op. cit., XXII, p. 427, 13): "O Maruts, those pure medicines of
yours, the most beneficient and delightful, O heroes, those which Manu, our father,
chose, those I crave from Rudra, as health and wealth." [O Maruts, esses teus remédios
tão puros, os mais eficazes e deliciosos, ó heróis, os eleitos por Manu nosso pai, os que
peço a Rudra, enquanto saúde e riqueza.]

51. Cf. as minhas observações sobre o "Adech" de Paracelso [*Estudos alquímicos*, §
168 e 203s.].

534   O tema da virgem em conexão com o unicórnio é encontrado no
          Ramajana e no *Mahabharata* (III, 110-113). Um eremita, chamado
          Rischjasringa (chifre de gazela), filho de Wibhandaka, ou Ekasringa
          (unicórnio), é tirado de seu isolamento e desposado pela filha do rei
          Santa; em outra versão o eremita é seduzido por uma hetaira, pois era
          essa a única maneira de superar imia terrível seca que assolava o país[52].

          f) O unicórnio na Pérsia

535   Encontramos uma descrição importante do unicórnio no *Bundahis*:

                   "Regarding the three-legged ass they say, that it stands amid
                   the wideformed ocean, and its feet are three, eyes six, mouths
                   nine, ears two, and horn one, body white, food spiritual, and
                   it is righteous. And two of its six eyes are in the position of
                   eyes, two on the top of the head, and two in the position of
                   the hump; with the sharpness of those six eyes it overcomes
                   and destroys. Of the nine mouths three are in the head, three
                   in the hump, and three in the inner part of the flanks; and
                   each mouth is about the size of a cottage, and it is itself as lar-
                   ge as Mount Alvand. Each one of the three feet, when it is pla-
                   ced on the ground, is as much as a flock (gird) of a thousand
                   sheep comes trader when they repose together; and each pas-
                   tern is so great in its circuit that a thousand men with a thou-
                   sand horses may pass inside. As for the two ears it is Mâzenda-
                   rân which they will encompass. The one horn is as it were of
                   gold and hollow, and a thousand branch horns have grown
                   upon it, some befitting a camel, some befitting a horse, some
                   befitting an ox, some befitting an ass, both great and small.
                   With that horn it will vanquish and dissipate all the vile cor-
                   ruption due to the efforts of noxious creatures. When that ass
                   shall hold its neck in the ocean its ears will terrify (asahmêd),
                   and all the water of the wide-formed ocean will shake with
                   agitation, and the side of Ganâvad will tremble (shîvanêd).
                   When it utters a cry all female water-creatures, of the creatu-

---

52. HOLTZMANN. *Indische Sagen*, p. 131s.; LÜDERS. *Die Sage von Rsaśrnga*, p. 87s.
A história também é relatada nas Jatakas budistas (Jataka 526).

Fig. 255. Vishnu em sua encarnação em forma de peixe.
Miniatura indiana (século XVIII)

res of Aûharmazd, will become pregnant; and all pregnant no-
xious water-creatures, when they hear the cry, will cast their
young. When it stales in the ocean all the sea-water will become purified, which is in the seven regions of the earth – it is
even on that account when all asses which come into water
stale in the water – as it says thus: 'If O three-legged ass! you
were not created for the water, all the water in the sea would
have perished from the contamination which the poison of
the evil spirit has brought into its water, through the death of
the creatures of Aûharmazd'.
Tîstar seizes the water more completely from the ocean with
the assistance of the three-legged ass. Of ambergris also (ambar-ik) it is declared, that it is the dung of the three-legged ass;

for if is has much spirit food, then also the moisture of the liquid nourishment goes through the veins pertaining to the body into the urine, and the dung is cast away"[53].

(Diz-se que o asno de três pernas se encontra no meio do extenso oceano; tem três patas, seis olhos, nove bocas, duas orelhas, um chifre e um corpo branco; seu alimento é espiritual e ele é íntegro. Dois de seus seis olhos ocupam o lugar dos olhos, dois ficam no alto da cabeça e dois atrás do pescoço. Pela acuidade desses seis olhos ele triunfa e destrói. Das nove bocas, três ficam na cabeça, três atrás do pescoço e três na parte interna dos flancos; cada boca é mais ou menos do tamanho de uma cabana e ele mesmo é do tamanho do Monte Alvand. Cada uma das três patas, quando pousadas no solo, ocupa o lugar de um rebanho de mil ovelhas juntas. Na circunferência de cada quartela podem passar mil homens em seus cavalos. No que concerne às duas orelhas, elas poderiam circundar Mâzendarân. O único chifre é semelhante ao ouro, é oco e dele crescem mil ramificações grandes ou pequenas: algumas conviriam a um camelo, outras a um cavalo, outras a um boi e algumas conviriam a um asno. Com este chifre ele vencerá e dissipará toda a vil corrupção atribuída aos esforços de criaturas nocivas. Quando este asno mergulha o pescoço no oceano, suas orelhas causam terror (asahmêd) e toda a extensão do oceano treme, agitada, e as costas de Ganâvad estremecem (shîvanêd). Ao soltar um grito, todas as fêmeas das criaturas aquáticas, dentre as criaturas de Aûharmazd, engravidam; e todas as criaturas aquáticas grávidas e nocivas abortam ao ouvirem o grito. Ao urinar no oceano, toda a água do mar existente nas sete regiões da terra será purificada – é por esta razão que todos os asnos ao entrarem na água urinam – e ele diz: "Se não fosses tu, ó asno de três patas, criado para a água, toda a água do mar teria perecido devido à sua contaminação pelo veneno do espírito mau, causada pela morte das criaturas de Aûharmazd". Tîstar recolhe mais facilmente a água do oceano com a ajuda do asno de três patas. Diz-se acerca do ambar-gris (ambar-ik) que é o excremento do asno de três patas, pois

---

53. Cap. XIX (*Sacred Books* V, p. 67s.).

quando este recebe muito alimento espiritual a umidade do alimento líquido flui pelas veias de seu corpo, até à urina e ao excremento que são eliminados.)

O monstro evidentemente se baseia no número três. Seu aspecto   536
de asno evoca o asno selvagem indiano de Ktesias; como ente cosmo-lógico, porém evoca as personificações monstruosas da "prima mate-ria" (fig. 256) dos alquimistas árabes. No livro de Ostanes, por exem-plo, encontra-se um monstro desse tipo, com asas de abutre, cabeça de elefante e cauda de dragão, que dá ao adepto a chave da câmara do te-souro[54]. O asno está no oceano, tal como a árvore Gôkard, que cresce da lama profunda do oceano[55]. O *Bundahis* diz acerca desta árvore:

> "It is necessary as a producer of the renovation of the univer-se, for they prepare its immortality therefrom." "Some say it is the proper-curing, some the energetic-curing, some the all-curing"[56]. (Ela é necessária enquanto causadora da renova-ção do universo, e dela eles preparam a sua imortalidade. Alguns dizem que é a verdadeira cura, outros, a cura energéti-ca, e outros ainda, a panaceia.)

O asno e a árvore[57] são evidentemente análogos, pelo fato de am-   537
bos significarem a força vital da procriação e da cura. Trata-se de uma

---

54. BERTHELOT. *Chimie au moyen âge* III, p. 120.

55. Cap. XVIII (*Sacred Books* V, p. 65 e 67).

56. Op. cit., p. 65 e 66.

57. Com referência ao fato estranho de uma lagartixa estar escondida na árvore: "The evil spirit has formed therein, among those which enter as opponents, a lizard as an opponent in that deep water, so that it may injure the Horn". [Entre outros, que aden-traram como adversários, o espírito mau formou uma lagartixa dentro dela, como um oponente nesta água profunda, a fim de que prejudique o Hôm.] (*Bundahis,* cap. XVIII, op. cit., p. 65) Hôm = Haoma, a planta da imortalidade. Na alquimia o "spiri-tus Mercurii" que vive na árvore é representado em forma de serpente, salamandra ou melusina; esta última é encontrada no *Ripley Scrowle,* onde a lagartixa é metade mu-lher e celebra a "coniunctio" (casamento) com o "filius philosophorum" (fig. 257). Os *Verses belonging to an Emblematical Scrowle* (*Theatrum chem. Brit.,* p. 375) comen-tam o seguinte: "And Azoth truly is my Sister, / And Kibrick forsooth is my Brother: / The Serpent of Arabia is my Name / The which is leader of all this game". [E Azoth é verdadeiramente minha irmã, / E Kibrick é deveras meu irmão: / serpente da Arábia é meu Nome / que comanda todo este jogo.]

Fig. 256. Monstro fabuloso que contém a "massa confusa" da qual surge o
pelicano (símbolo de Cristo e do "lapis").
Hermaphroditisches Sonn- und Mondskind (1752)

analogia bem primitiva, pois ambos são ou têm o mesmo mana. Assim
sendo, os alquimistas árabes também obtêm a sua "prima materia" da
árvore das regiões ocidentais. Lê-se no livro de Abu'l-Qasim[58]:

> "Esta prima materia, apropriada ao gênero do Elixir, é extraí-
> da de uma única árvore que cresce nas regiões ocidentais...
> Esta árvore cresce na superfície do oceano tal como as plantas
> crescem na superfície da terra. Quem quer que coma desta ár-

---

58. *Kitab al-'ilm*, p. 23. "This prime matter which is proper for the form of the Elixir is
taken from a single tree which grows in the lands of the West [...] And this tree grows on
the surface of the ocean as plants grow on the surface of the earth. This is the tree of wich
whosoever eats, men and jinn obey him; it is also the tree of which Adam (peace be upon
him!) was forbidden to eat, and when he ate thereof he was transformed from his angelic
form to human form. *And this tree may be changed into every animal shape.*"

vore será obedecido por homem e djinn; ela é também a árvore de cujos frutos Adão (a paz esteja com ele!) fora proibido de comer; depois de comer (de seu fruto), sua forma angélica tornou-se humana. *E esta árvore pode ser transformada em qualquer forma animal"*.

O monstro e a árvore significam o φάρμακον ἀθανασίας, o elixir, o alexipharmacon e a panaceia. A propriedade da árvore de poder transformar-se em qualquer ser vivo também é atribuída ao Mercurius, capaz de tomar qualquer forma (fig. 257).   358

O asno é um "daemon trinus", uma trindade ctônica, que a alquimia latina representa por um monstro tricéfalo e identifica com o Mercurius, o sal e o sulfur (enxofre)[59]. Quero mencionar apenas de passagem o antigo boato acerca da adoração do asno no Templo de Jerusalém e a caricatura de crucifixo no Palatino[60]. Além disso, assinalo o significado saturnino de Jahvé e de Jaldabaoth como demiurgos; mediante este significado ambas as figuras se aproximam da "prima materia", igualmente saturnina.   539

g) O unicórnio na tradição judaica

O *Talmud*[61] relata o modo pelo qual o unicórnio escapou, no dilúvio: do lado de fora da arca, uma vez que não coubera dentro dela devido ao seu porte colossal. Og, o rei de Basan, escapou da mesma maneira: a passagem do *Talmud* diz o seguinte: 540

> "Para aqueles que afirmam que o dilúvio não afetou o país de Israel, é fácil explicar a sobrevivência do unicórnio – mas àqueles que acham que o dilúvio também se abateu sobre Israel, como o explicarão? R. Jannaj retrucou: 'Levaram os filhotes na arca'. – Mas Rabba b. Bar Hana dizia ter visto um filhote de unicórnio do tamanho do Monte Tabor; este media qua-

---

59. [Cf. fig. 54; e também com a vinheta dos *Estudos alquímicos*.]

60. [Cf. Lâmina XLIII em *Symbole der Wandlung* (Símbolos da transformação.)].

61. GOLDSCHMIDT (org.). *Der babylonische Talmud*, X, p. 359 [Tratado Zebahim, fol. 113b.].

Fig. 257. As transformações do Mercurius durante o processo. A melusina
(Ulith) na árvore é a Sapientia.
Ripley Scrowle (1588)

renta parasangas, a circunferência do pescoço era de três parasangas e sua cabeça de uma parasanga e meia; então como
seus excrementos não entupiriam o Rio Jordão[62]? R. Johanan
respondeu: 'Apenas sua cabeça foi levada'. – 'Mas o mestre não
dizia que a sua cabeça media uma parasanga e meia?' – 'Não, o
que ia dentro da arca era apenas a ponta do seu nariz.' – '...A
arca não subia com o aumento do volume das águas?' – Res La-
qis retrucou: 'Ataram-se os chifres na arca.'– 'R. Hisda não dizia que eles haviam pecado pelo calor e pelo calor seriam punidos[63]?' – 'E na tua opinião, como se explica a preservação da
arca?[64] E além disso, onde se mantinha Og, o rei de Basan[65]?
O que aconteceu foi um milagre e (a água) permaneceu fria
em torno da arca'".

Na coleção de Midrash intitulada *Pirke R. Eliezer*[66], Og viajava   541
do lado de fora da arca, preso ao degrau de uma escada (cap. 23).

O Targum Pseudo-Jonathan, comentando a Gênese 14,13, diz   542
que Og se encontrava no telhado da arca[67].

De acordo com uma lenda talmúdica[68], Og é um descendente de   543
um dos anjos caídos mencionados no Gênese 6, por se unirem às fi-
lhas dos homens: "Preste atenção, Sihon e Og eram irmãos, pois o mes-

---

62. Cf. a passagem paralela de GOLDSCHMIDT. Op. cit., VIII, p. 203 (Tratado Baba
Bathra, fol. 73b), bem como a nota: "Entenda-se a palavra Re'em, ou Re'ima, que
consta de numerosas passagens da literatura rabínica, como unicórnio".

63. Portanto, a água era tão quente que o unicórnio deveria ter morrido devido à
fervura, ainda que lhe restasse a possibilidade de respirar (Cf. os comentários de
Goldschmidt).

64. Referência a Gn 6,14, onde se passou betume nas frestas da arca, que deveria ter
derretido com a água quente (Cf. os comentários de Goldschmidt).

65. A lenda talmúdica segundo a qual Og teria sobrevivido ao dilúvio encontra-se no
Tratado Nidda, fol. 61a (GOLDSCHMIDT, XII, p. 552): "Pois está escrito (Gn 14,14):
'E um que escapou veio e anunciou isso a Abraão, o hebreu', e R. Johanan disse: 'Foi Og
que escapou do dilúvio'".

66. Segundo Zunz (*Die gottesdienstlichen Vorträge der Juden, historisch entwickelt*,
p. 289) não poderia ser anterior ao século VIII.

67. Novamente mencionado em BIN GORION. *Sagen der Juden*, I, p. 208.

68. *Der babylonische Talmud*, XII, p. 552 (Tratado Nidda, fol. 61a).

tre dizia: 'Sihon e Og eram filhos de Ahija, do filho de Sam-hazaj[69]'". O comentário de Raschi diz acerca disto que Sihon e Og eram filhos de Ahija, "o qual descendia de Schemhazai e Azael, os dois anjos que desceram sobre a terra, no tempo de Enós".

544   O tamanho colossal de Og é descrito em várias passagens do *Talmud*, "o mais gigantesco" talvez se encontre descrito no *Tratado Niddá*[70]:

> "Abba Saul, que outros chamam de R. Johanan, dizia: 'Eu era coveiro. Certo dia corri atrás de uma corça e fui parar dentro do fêmur de um defunto; corri três parasangas, mas não alcancei a corça e não alcançara o fim da extensão do fêmur. Ao regressar, disseram-me que o osso (o fêmur) era de Og, rei de Basan'".

545   Não é impossível que haja uma íntima relação entre Og e o unicórnio: ambos escapam do dilúvio, presos de alguma forma do lado de fora da área. Ambos são gigantescos. Além do mais, conforme vimos, o unicórnio é comparado ao Monte Tabor, e Og também é relacionado com uma montanha: ele arrancara uma montanha para lançá-la sobre o acampamento dos israelitas[71]. Em um Midrash[72], o paralelo vai mais longe: o unicórnio é uma montanha ameaçada por um leão e na história acima Og é morto por Moisés, o "servo de Javé", tantas vezes comparado ao leão, no Antigo Testamento. Lê-se no Midrash:

> "R. Huna bar Idi dizia: No tempo em que Davi ainda era pastor de rebanhos, encontrou o unicórnio (Re'em) dormindo no deserto e pensou que era uma montanha; escalou-o para apascentar (o rebanho) . Mas o unicórnio, sacudindo-se, pôs-se de pé. Davi, montando-o, chegou até o céu. Dirigiu-se então (a Deus), dizendo: 'Se Tu me ajudares a descer deste unicórnio, construirei um templo para ti, de 100 braças, como o chifre deste unicórnio.' [...] O que o Santíssimo fez com ele, louvado

---

69. O mais importante dos gigantes mencionados em Gn 6,4 (cf. o comentário de Goldschmidt).

70. Fol. 24b.

71. *Der babylonische Talmud*, I, p. 237 (Tratado Berachoth, fol. 54b) e *Targum Pseudo-Jonathan*, comentando Nm 21,35.

72. Cf. *Midrasch Tehillim* (org. por Buber) com o Sl 22,22: "Salvai-me das fauces do leão e dos chifres dos búfalos".

seja? Fez com que aparecesse um leão e o unicórnio, ao vê-lo, teve medo e se ajoelhou diante dele, por ser seu rei; Davi desceu à terra. Entretanto, vendo o leão, Davi também teve medo. Por isso o salmo diz: 'Salva-me da boca do leão, assim como me salvas dos chifres dos búfalos'".

Outro Midrash[73] mostra o unicórnio – não como Re'em, mas como o "unicórnio" ("ha-unicornius") – lutando com o leão. Diz uma passagem: 546

> "Há em nosso país o unicórnio ("ha-unicorius"), o qual tem um grande chifre na testa. Há também muitos leões. Quando o unicórnio vê o leão empurra-o confra uma árvore para subjugá-lo. O leão se desvia e o chifre do unicórnio bate contra a árvore e nela penetra de tal modo que ele não consegue mais retirá-lo; o leão volta e mata o unicórnio; outras vezes, dá-se o contrário".

Em *Chymische Hochzeit* (Bodas químicas), tal como no brasão da Inglaterra, leão e unicórnio aparecem lado a lado (fig. 258): alquimicamente eles são símbolos do Mercurius, assim como na Igreja representam alegorias do Cristo. O leão e o unicórnio indicam a tensão interna dos opostos no Mercurius. O leão, sendo um animal perigoso, é semelhante ao dragão. Este tem que ser morto; quanto ao leão, tem pelo menos que ter as patas cortadas. O unicórnio também deve ser domado; por ser um monstro, possui um significado simbólico superior e sua natureza é mais espiritual do que a do leão. Como mostra Ripley, o leão também pode ocupar o lugar do unicórnio. Os seres colossais, Og e o unicórnio, lembram um pouco Behemoth e Leviatã, que são duas manifestações de Javé. Como estas, Og e o unicórnio são personificações de forças demoníacas da natureza, a modo do asno-unicórnio do *Bundahis*. O poder da divindade manifesta-se não só no espírito, mas também no aspecto animalesco e selvagem da natureza, tanto no interior como no exterior do homem. A divindade é ambivalente, enquanto o homem permanece conectado   547

---

73. *Über die Zehn Stämme* do *Ozar Midraschim* (org. por Eisenstein), p. 468.

Fig. 258. Unicórnio e leão.
La dame à la licorne (século XV). A série representa numa
sequência os cinco sentidos

com a natureza. A interpretação unilateral de Deus como "summum bonum" é nitidamente contra naturam. Eis por que o Mercurius ambivalente revela o paganismo secreto da alquimia. Contrariamente a isto, a androginia de Cristo concebida exclusivamente como espiritual e simbólica escapa a qualquer conexão com a natureza. A existência da contrapartida do "Príncipe deste Mundo" trai, porém, a polaridade insinuada pela androginia da divindade manifestada no Filho.

h) O unicórnio na China

A China também conhece o unicórnio. Segundo o *Li-ki* há qua-   548
tro animais benévolos ou espirituais: o unicórnio (K'i-lin)[74], a Fênix,
a tartaruga e o dragão. O unicórnio é o maior dos quadrúpedes. Seu
corpo é de cervo, tem rabo de boi e cascos de cavalo. Suas costas têm
cinco diferentes cores e seu ventre é amarelo. É benévolo em relação
aos outros animais. Dizem que aparece por ocasião do nascimento dos
bons imperadores ou dos grandes sábios. Se é ferido, isto significa
maus presságios. Apareceu pela primeira vez no jardim do Imperador
Amarelo. Mais tarde, dois unicórnios viviam em P'ing-yang, capital do
Imperador Yao. Um unicórnio apareceu à mãe de Confúcio, estando
ela grávida (fig. 259). Antes da morte de Confúcio houve um presságio
que ela ocorreria: um cocheiro feriu um unicórnio (fig. 260). É importante assinalar que o nome do unicórnio macho é K'i, e o da fêmea.
Lin; os dois caracteres juntos formam o nome genérico (K'i-lin)[75]. Isto
confere uma qualidade de certo modo andrógina ao unicórnio. A sua
relação com a Fênix e o dragão aparece na alquimia, onde o dragão
representa a forma inferior do Mercurius e a Fênix, a superior.

Como já mencionamos diversas vezes, o chifre do rinoceronte é   549
um alexipharmacon (contraveneno); por este motivo, até nossos
dias, esses chifres representam um artigo apreciado de comércio entre
a costa oriental da África e a China, onde são transformados em taças à
prova de veneno. O *Physiologus Graecus* relata que, quando uma serpente envenenava a água de um bebedouro, os animais, disso se aper-
cebendo, esperavam que o unicórnio entrasse na água e dela bebesse,

---

74. No *Ts'i-yüan* (Enciclopédia chinesa), cf. verbete K'i-lin: Assemelha-se ao cervo,
porém maior, com rabo de boi e patas de cavalo; possui um único chifre de carne, os
pelos dorsais são de cinco cores diferentes, os da barriga, amarelos (ou castanhos), ao
pisar não destrói nenhuma erva viva, nem come criatura viva alguma; ele se mostra
quando aparecem soberanos perfeitos (shenyen) e quando o Tao do rei é realizado.
[As legendas referentes às figs. 259 e 260 foram traduzidas do chinês pelo Prof. E.H.
Tscharner para a edição original do presente volume. Quanto às legendas de Confúcio, cf. WILHELM. *Kung-tse, Leben und Werk*, p. 60 e 189.]
75. *Mithology of all Races* VIII, p. 98.

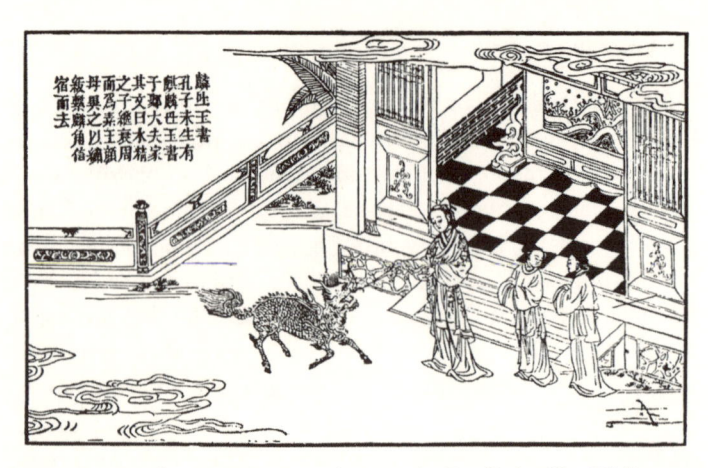

Fig. 259. O K'i-lin anuncia o nascimento de Confúcio. *Um K'i-lin cospe um documento de Jade.* Quando K'ung-tse ainda não havia nascido, um K'i-lin foi à casa do governador de Tsou e cuspiu um documento de jade. Nele havia a seguinte inscrição: "O filho do cristal da montanha <literalmente a água-essência> perpetuará o reino decadente de Chou e será seu rei sem coroa". A mãe Yen admirou-se e amarrou um laço bordado no chifre do K'i-lin. O animal permaneceu lá duas noites e depois partiu.
De *uma obra chinesa ilustrada SHENQ-TSI-TU, Imagens do Itinerário da vida do ser perfeito* (Confúcio); aproximadamente século XVIII

pois desse modo anulava o poder do veneno[76]. "O unicórnio com seu chifre simboliza a cruz" (σταυρὸν ἐκτυπώσας τῷ κέρατι αὐτοῦ).

i) O cálice do unicórnio

550   O cálice que cura está relacionado com o "cálice da salvação", isto é, com o cálice da comunhão e com a taça do oráculo. Migne refere-se ao fato de que o Cardeal Torquemada sempre tinha sobre a mesa uma taça de unicórnio: "La corne de licorne préserve des sortilèges" (o chifre de unicórnio preserva dos sortilégios)[77] (figs. 261 e

---

76. P. 321, 10-17.
77. *Dictionnaire des sciences occultes*, cf. v. "Licorne".

Fig. 260. O K'i-lin anuncia a morte de Confúcio. *A captura de um K'i-lin durante uma caçada de inverno na região ocidental.* No 14º ano (do reinado) do Duque Ai (de Lu, 481 aC), foi capturado um K'i-lin durante uma caçada de inverno na região ocidental. Este fato abalou K'ung-tse que parou de escrever o Ch'un-ts'iu. O K'ung-ts'ung-tse (Coletânea de histórias sobre Confúcio) diz: Quando um bando da estirpe dos Shu-sun (família nobre de Lu) punha fogo na mata, foi capturado um K'i-Iin. Ninguém o reconhecera. Jogaram-no na encruzilhada de Wu-fu. (O discípulo) Jan-yu foi levar a notícia a K'ung-tse, dizendo: "Um corpo de cervo com um chifre de carne não será acaso um monstro celeste de mau agouro?" K'ung-tse fol até a encruzilhada para vê-lo. Chorou e disse: "É um K'i-lin! O K'i-lin!, animal benévolo, aparece e morre. Meu Tao esgotou-se!"
Da mesma obra ilustrada chinesa

262). "Chifre celeste da lua", assim os gregos chamavam o "Gerião de três corpos". Este, porém, é o "Jordão"[78], "o ser humano hermafrodita em todos os entes", que "criou todas as coisas": eis como Hipólito resume os ensinamentos dos naassenos. E neste contexto alude à raça de José e de Anacreonte:

"Mas a passagem 'Nada foi criado sem ele'[79] refere-se ao mundo das formas, pois este foi criado sem sua ajuda pelo terceiro

---

78. Analogia de Γῆ – ρύων.

79. Jo 1,3s.

Fig. 261. O papa com o unicórnio, como símbolo do Espírito Santo. SCALIGER. *Explanatio imaginum* (1570), antítese de PARACELSO. *Interpretação das figuras encontradas em Nürenberg* (1569)

e quarto elementos da quaternidade. Pois esta é... a taça da qual o rei extrai os seus oráculos, quando bebe dela[80]. Os gregos teriam feito uma alusão a este segredo mediante os versos anacreônticos:

A taça me diz
O que devo tornar-me
Falando sua linguagem silenciosa.

Só ela bastava para que a taça de Anacreonte fosse conhecida pelos homens, desvendando em sua linguagem silenciosa o segredo indizível. Eles dizem, porém, que a taça de Anacreonte é muda; no entanto ela lhe fala, diz Anacreonte, com voz calada, o que ele deve tornar-se: espiritual e não carnal. Mas para isso deve escutar o segredo oculto no si-

---

80. Aqui se trata da taça de José (Gn 44,4s.): "Por que pagastes o bem com o mal e roubastes minha taça de prata? Não é a que usa o meu Senhor para beber e também para as advinhações?"

Fig. 262. O unicórnio lunar.
Reverso de uma medalha de Antônio Pisano (1499)

lêncio. É a água que Jesus transformou em vinho naquela linda festa de bodas. Foi este, dizem eles, o grande e verdadeiro começo dos sinais, feito por Jesus em Caná, na Galileia, para manifestar o Reino dos Céus. Este (começo) é o reino do céu que habita dentro de nós como um tesouro, tal como o fermento oculto em três medidas de farinha"[81].

Como já vimos, o "chifre da lua" está intimamente ligado ao unicórnio. Aqui ele significa não só o Γηρυόνης τρισώματος[82] (o Gerião de três corpos) e o Jordão, mas também o homem hermafrodita, idêntico ao Logos joanino. O "terceiro e quarto" são água e terra. Estes dois elementos, segundo a concepção alquímica, constituem a metade inferior do mundo em sua retorta, e Hipólito compara-a a um cálice (κόνδυ). Este é o cálice do oráculo de José e de Anacreonte.

551

---

81. *Elenchos,* V, 8, 4-7. É preciso sublinhar o fato de o *Elenchos* passar imediatamente dos símbolos que acabamos de mencionar para as formas ictifálicas dos Mistérios samotrácios e para o Hermes Kyllenios como analogias suplementares do arcano naasseno.

82. Hipólito indica que as três partes do Gerião são: racional, psíquica e ctônica.

Fig. 263. The Campion Pendant (visto de frente), feito do chifre de um narwal, montado em ouro esmaltado.
No reverso pode-se constatar que algumas partes do chifre foram raspadas para fins de cura (século XVI)

No tocante aos elementos, a água significa o conteúdo, e a terra, o continente, isto é, o próprio cálice. O conteúdo é a água transmutada em vinho por Jesus, e também o Jordão. Este último significa o Logos e evidencia a analogia com o cálice da comunhão. O seu conteúdo dá vida e salvação, como o cálice no 4° Livro de Esdras 14,39s.:

> "Então eu abri a boca e eis que um cálice cheio me foi oferecido; ele parecia cheio de água, cuja cor, no entanto, era a do fogo. Tomei-o nas mãos e bebi; e logo que bebi,

Fig. 264. O unicórnio no mandala, com a Árvore da Vida.
A "Caça ao unicórnio" do Castelo de Verteuil (fins do século XV)

> meu coração transbordou de compreensão,
> meu peito ficou repleto de sabedoria
> e minha alma guardou a lembrança"[83].

552   O segredo da taça é também o mistério do chifre e este, por sua vez, a essência do unicórnio que significa força, saúde e vida (fig. 263). As mesmas qualidades são atribuídas pelos alquimistas à sua pedra que descrevem como "carbunculus"[84]. Segundo a lenda, tal pedra se encontra sob o chifre do unicórnio, conforme diz Wolfram von Eschenbach:

> é um animal chamado monicirus
> que reconhece as donzelas puras
> e em seu regaço calmo ele adormece;
> o coração desse animal por nós buscado
> sobre a chaga do rei foi colocado;
> o carbúnculo sob o chifre encontramos
> nascido de sua fronte: e o guardamos[85].

553   O chifre como sinal de poder e de força[86] tem caráter masculino. Ao mesmo tempo é uma taça que, em sua qualidade de receptáculo, significa o feminino. Trata-se, portanto, de um "símbolo unificador"[87] que exprime a bipolaridade do arquétipo (fig. 264).

554   Este apanhado do simbolismo do unicórnio não passa de uma amostra, exemplificando as conexões intimamente entretecidas e emaranhadas que há entre a filosofia natural pagã, o gnosticismo, a alquimia e a tradição da Igreja, a qual, por sua vez, influenciou profunda-

---

83. *Die Apokrayphen II*, p. 400. – Lembra a equivalência alquímica: água = fogo.

84. "In fine exibit tibi Rex suo diademate coronatus, fulgens ut Sol, clarus ut carbunculus [...] perseverans in igne" [Finalmente virá a teu encontro o Rei coroado com o seu diadema, fulgurante como o Sol, claro como o carbúnculo... perseverando no fogo] (Citação de *Lillius* em *Rosarium, Artis aurif.* II, p. 329). O lapis é "resplandecente como a luz do carbúnculo"; "A pedra do carbúnculo brilhando à luz do fogo" (KHUN-RATH. *Hyleal. Chaos*, p. 242; como também em: *Amphitheatrum*, p. 202).

85. *Parzival*, IX, linhas 1.494-1.501.

86. SCHEFTELOWITZ. *Das Hörnermotiv in den Religionen*, p. 451s.

87. Cf. JUNG. *Psychologische Typen* (*Tipos psicológicos*).

mente a cosmovisão da alquimia medieval. Espero que este exemplo tenha esclarecido meu leitor até que ponto a alquimia representava um movimento filosófico-religioso ou "místico". Provavelmente ele atingiu seu ápice com Goethe em sua cosmovisão religiosa, tal como aparece no *Fausto*.

Fig. 265. O unicórnio com seu reflexo, representando a máxima
"De moy je m'épouvante" (eu me assusto comigo mesmo).
BOSCHIUS. *Symbolographia* (1702)

Fig. 266. Águia bicéfala com coroa do papa e do imperador, como
símbolo do reino dos dois mundos. A águia é recoberta de olhos
(iluminação!).
(Vaticano, século XV)

Epílogo

Fig. 267. A "materia prima" como dragão é fecundada pelo "Espírito Santo", isto é, pela "avis Hermetis" (ave de Hermes). ASHMOLE. *Hermes Bird* (1652)

Nunca ficou muito claro o que os antigos filósofos entendiam por "lapis". Esta questão só será respondida satisfatoriamente depois de sabermos que conteúdos eles projetavam de seu inconsciente. Somente a Psicologia do Inconsciente poderá resolver tal enigma. Sabemos que um conteúdo do inconsciente, enquanto projetado, é inacessível. Por isso todos os esforços dos autores em torno do segredo pouco nos revelou. Em compensação obtivemos muito mais naquilo que concerne ao material simbólico, intimamente ligado ao *processo de individuação*. |555

Ao tratarmos de alquimia, devemos levar em consideração que na Idade Média esta filosofia desempenhou um papel importantíssi- 566 mo. Nessa época desenvolveu-se uma vasta literatura, que exerceu grande influência sobre a vida espiritual reinante. O alcance das pretensões da alquimia aparece em sua forma mais nítida no paralelo "lapis"-Cristo. Espero que esta circunstância possa explicar – ou desculpar – minhas incursões em áreas que aparentemente nada têm a ver com a alquimia. Ao penetrarmos na psicologia do pensamento alquímico surgem conexões que numa abordagem exterior parecem muito distantes do material histórico. No entanto, se tentarmos compreender este fenômeno do ponto de vista interior, isto é, do ponto de vista anímico, partimos de um ponto central para o qual convergem coisas que, vistas de fora, afiguram-se as mais distantes. Lá deparamos com a alma humana que, ao contrário da consciência, não se alterou de modo perceptível no decorrer dos séculos e onde uma verdade de dois mil anos ainda é a verdade de hoje, viva e atuante. Lá encontramos também fatos anímicos essenciais que permanecem imutáveis através de milênios e que por milênios assim continuarão. Deste ponto de vista, os tempos modernos e o presente parecem episódios de um drama cujo início se perde nas brumas do passado, estendendo-se até um futuro longínquo, através de todos os séculos. Este drama é uma "aurora consurgens", o nascimento *da consciência da humanidade.*

557   O processo alquímico da época clássica (da Antiguidade até mais ou menos meados do século XVII) consistia numa investigação química propriamente dita, na qual se imiscuía mediante projeção material psíquico inconsciente. Eis por que os textos ressaltam sempre a condição psicológica da obra. Os conteúdos de que se trata são os que se prestam à projeção na matéria química desconhecida. Dada a natureza impessoal e puramente objetiva da matéria ocorrem projeções de arquétipos impessoais e coletivos. Em paralelo com a vida espiritual coletiva daqueles séculos, trata-se principalmente da imagem do espírito aprisionado na escuridão do mundo, isto é, de um estado irredento, doloroso de uma inconsciência relativa, reconhecida no espelho da matéria e por isso trabalhada na matéria. Uma vez que o estado psicológico de um conteúdo inconsciente é uma realidade *potencial* (que aparece caracterizada pelo par de opostos ser – não ser), a união dos opostos desempenha um papel decisivo no processo alquímico. O resultado coincide com o significado do *símbolo unifica-*

dor. Este símbolo é geralmente de *caráter numinoso*[1]. Deste fato depreende-se necessariamente a projeção da imagem do salvador, isto é, do paralelo "lapis"-Cristo, assim como o paralelismo do "opus" redentor ou "officium divinum" com o "magisterium". Há, porém, uma diferença essencial: o "opus" cristão é um "operari" executado pelo homem necessitado de redenção em honra de um Deus redentor, ao passo que o "opus" alquímico é o esforço do homem redentor no sentido de redimir a alma divina do mundo adormecida na matéria, à espera dessa redenção. O cristão torna-se merecedor dos frutos da graça "ex opere operato" (pela obra feita); o alquimista, ao invés, cria para si uma "panaceia da vida" "ex opere operantis" (pelo trabalho de quem opera) no sentido literal. Isto lhe parece substituir os veículos da graça da Igreja, ou então representa para ele um complemento e paralelo da obra divina de redenção que continua no homem. Na fórmula eclesiástica do "opus operatum" e do "opus operantis", ambas as posições se encontram, embora sejam inconciliáveis em suas últimas consequências. Basicamente se trata do par de opostos coletividade-indivíduo, ou sociedade-personalidade. Esta problemática é moderna na medida em que foi necessária a hipertrofia da vida coletiva e o amontoamento incrível das massas de nossos dias, para que o indivíduo tornasse consciência de sua asfixia nas estruturas de massa organizada. O coletivismo da Igreja medieval raramente ou nunca exerceu uma pressão sobre o indivíduo de modo que a relação deste com a sociedade se tornasse um problema de ordem geral. Eis por que este questionamento permaneceu em nível de projeção, sendo reservado à época contemporânea abordá-lo com uma consciência pelo menos embrionária e sob a máscara de um individualismo neurótico.

Mas antes desta nova transformação a alquimia alcançara sua culminância e com ela o ponto histórico de mudança no *Fausto* de Goethe, impregnado de ideias alquímicas do começo ao fim. Na cena de Páris e Helena é talvez onde se exprime com mais clareza a essência do drama fáustico. Esta cena teria significado para o alquimista medieval a misteriosa "coniunctio" (união) de Sol e Luna na retorta (fig. 268); mas o homem moderno, sob o disfarce de Fausto, reco- 558

---

1. Cf. minhas exposições em *Tipos psicológicos*, cap. 5.

nhece a projeção e se coloca no lugar de Páris ou do Sol e se apodera de Helena ou da Luna, sua polaridade interna feminina. Dessa forma, o processo em si mesmo objetivo da união torna-se uma vivência subjetiva do "artifex", isto é, do alquimista. Em lugar de reconhecê-lo, torna-se ele mesmo um personagem do drama. A interferência pessoal de Fausto tem a desvantagem de perder de vista o objetivo propriamente dito do processo, isto é, a produção do incorruptível. Em lugar disso, Euphorion, que deveria ser o "filius philosophorum", incorruptível e *incombustibile,* consome-se na própria chama – um infortúnio para o alquimista e um ensejo para o psicólogo de criticar Fausto, embora este fato seja corriqueiro. Cada arquétipo, ao manifestar-se, e enquanto permanece inconsciente, apodera-se por completo do homem, levando-o a viver o papel correspondente. Por isso Fausto não consegue reprimir Páris junto a Helena, e os demais "nascimentos" e formas de rejuvenescimento, tais como o cocheiro-menino e o homunculus que fracassam devido à mesma cobiça. Talvez seja este o motivo profundo pelo qual o rejuvenescimento definitivo ocorre somente depois da morte, isto é, projetado no futuro. Será por acaso que Fausto, em sua forma perfeita, tem o nome de um dos alquimistas mais famosos da Antiguidade, que já nos é familiar: "Marianus" ou Morienus, em sua variante mais usada?

559   Identificando-se com Páris, Fausto traz a "coniunctio" da projeção para a esfera da vivência pessoal psicológica e, portanto, para a consciência. Este passo decisivo significa nada mais nada menos do que a solução do enigma alquímico, e também o resgate de uma parte da personalidade até então inconsciente. Todo acréscimo de consciência, porém, traz consigo o perigo da inflação. Isto fica demonstrado claramente no aspecto de super-homem em Fausto. A morte deste, necessidade que se deve às exigências da época, não constitui de modo algum uma resposta satisfatória. O nascimento e transformação que se seguem à "coniunctio" se dão no além, isto é, no inconsciente, deixando o problema em aberto. Este foi retomado por Nietzsche, como sabemos, no *Zarathustra*: o da transformação em super-homem, que ele aproximou perigosamente do homem terrestre. Isto provocou inevitavelmente o ressentimento anticristão, pois o seu super-homem é uma hybris da consciência individual, que se choca necessariamente com o poder coletivo do cristianismo – levan-

PHILOSOPHORVM.
FERMENTATIO.

** hye wirb Sol aber verschloffen**
Vnb mit Mercurio philofophorum vbergoffen.

Fig. 268. "Fermentatio": representação simbólica da "coniunctio
spirituum".
Rosarium philosophorum (1550)

do à destruição catastrófica do indivíduo. É sabido o modo pelo qual
e de que formas características isto aconteceu "tam ethice quam
physice" (tanto moral como fisicamente) com o próprio Nietzsche. E
que resposta os tempos subsequentes deram ao individualismo do super-homem nietzscheano? Responderam com o coletivismo, com a
organização coletivista e o amontoamento de massas "tam ethice quam
physice", escarnecendo de tudo o que existira até então. Asfixia da
personalidade por um lado e, por outro, a impotência de um cristianismo talvez mortalmente ferido: este é o balanço da nossa época,
em toda a sua nudez.

O pecado de Fausto era a identificação com aquilo que devia ser   560
transformado. O exagero de Nietzsche era a identificação com o super-homem Zarathustra, com a parte da personalidade que chegara
até a sua consciência. Podemos acaso falar de Zarathustra como de
uma parte da personalidade? Não seria ele o sobre-humano do qual o

homem participa, sem no entanto sê-lo? Estará Deus verdadeiramente morto, quando Nietzsche o declara desaparecido? Não terá ele
voltado justamente sob o disfarce do "sobre-humano"?

561   Impelido pela obsessão do sobre-humano, Fausto provoca o assassínio de Filêmon e Baucis. Mas quem são estes dois velhos modes-
tos? Quando o mundo se tornou ateu, recusando hospedagem aos
desconhecidos divinos Júpiter e Mercúrio, Filêmon e Baucis acolhe-
ram os hóspedes sobre-humanos; e no momento em que Baucis se
dispunha a sacrificar-lhes o último ganso que possuíam, deu-se a me-
tamorfose: os deuses se manifestaram, a cabana humilde transfor-
mou-se num templo e os velhos tornaram-se os servidores imortais
do santuário.

562   Em certo sentido, os velhos alquimistas estavam mais próximos
da verdade anímica ao tentarem resgatar o espírito dos elementos
químicos, tratando o mistério como se ele estivesse no seio da natureza obscura e silenciosa. Mas ele era ainda externo a eles. A evolução
da consciência a um nível superior, mais cedo ou mais tarde deveria
pôr fim a essa projeção, devolvendo à alma aquilo que desde o início
era de natureza anímica. Mas a partir do Iluminismo e da época do
racionalismo científico, o que aconteceu com a alma? Ela fora identificada com a consciência. A alma tornou-se o que se sabia dela. Fora
do eu, não existia. Era inevitável, pois, a identificação do eu com os
conteúdos retirados da projeção. Acabara o tempo em que a alma
ainda se encontrava "fora do corpo" e imaginava essas "maiora" (coisas maiores) não captáveis pelo corpo. Assim, pois, os conteúdos outrora projetados deveriam aparecer como algo pertencente à pessoa,
isto é, como imagens fantasiosas do eu consciente. O fogo esfriou,
transformando-se em ar, o ar tornou-se o vento de Zarathustra e causou uma inflação de consciência. Esta, pelo visto, só pôde ser dominada pelas mais aterradoras catástrofes da civilização, ou seja, pelo
dilúvio que os deuses enviaram à humanidade pouco hospitaleira.

563   Uma consciência inflacionada é sempre egocêntrica e só tem
consciência de sua própria presença. É incapaz de aprender com o
passado, de compreender o que acontece no presente e de tirar conclusões válidas para o futuro. Ela se hipnotiza a si mesma e portanto
não é aberta ao diálogo. Consequentemente está exposta a calamida-

Fig. 269. O Artifex e sua "soror mystica" fazendo o gesto do
segredo ao final do "opus".
Mutus liber (1702)

des que até podem ser fatais. Paradoxalmente, a inflação é um tornar-se inconsciente da consciência. Isto ocorre quando a consciência
se atribui conteúdos do inconsciente, perdendo o poder da discriminação, condição *sine qua non* de toda consciência. No momento em
que o destino encenava na Europa, por quatro anos seguidos, uma
guerra de tremenda atrocidade que ninguém queria, ninguém por assim dizer indagou quem na realidade a provocara e mantinha. Ninguém percebeu que o homem europeu estava possuído por algo que
o privava de seu livre-arbítrio. Este estado de possessão inconsciente
prosseguirá até o dia em que o europeu se "assuste com sua semelhança a Deus". Esta transformação só pode começar pelo indivíduo;
as massas são animais cegos, como estamos cansados de saber. Por
esta razão acho importante que certos indivíduos ou que os indivíduos comecem a perceber a existência de conteúdos que não pertencem à personalidade do eu, devendo ser atribuídos a um não ego psíquico. Esta operação deve ser empreendida toda vez que se queira
evitar a ameaça de uma inflação. Dispomos neste sentido dos modelos
úteis e edificantes propostos pelos poetas e filósofos, paradigmas ou "archetypi" (arquétipos), que podemos considerar como remédios para os
homens e os tempos. Na verdade, porém, nada do que lá encontramos
pode ser proposto como modelo às massas. Trata-se sempre de algo
oculto, que podemos propor a nós mesmos silenciosamente. Poucos
são os que reconhecem que isso lhes diz respeito. É bem mais fácil
anunciar a panaceia universal às multidões, porque assim não somos

obrigados a aplicá-la a nós mesmos. É sabido que todo sofrimento desaparece quando muitos se encontram na mesma situação. O rebanho não conhece a dúvida; quanto maior a massa, melhor sua verdade – mas também são maiores as suas catástrofes.

564   O que podemos aprender com nossos modelos é antes de mais nada o fato de que a alma abriga conteúdos ou é passível de influências cuja assimilação implica os maiores perigos. Os antigos alquimistas atribuíam o seu segredo à matéria; nem Fausto nem Zarathustra nos animam a incorporar este segredo. Assim sendo, só nos resta a opção de repudiar a pretensão arrogante da consciência de ser ela mesma a totalidade da alma, reconhecendo que a alma é uma realidade impossível de ser abarcada com os atuais recursos do conhecimento. Não considero o homem que admite sua ignorância como obscurantista. Obscurantista é muito mais aquele cuja consciência não evoluiu suficientemente para reconhecer a sua ignorância. Na minha opinião a esperança do alquimista no sentido de produzir o ouro filosofal, a panaceia ou a pedra miraculosa a partir da matéria é, por um lado, uma ilusão causada pela projeção e, por outro, corresponde a fatos psíquicos da maior importância para a Psicologia do Inconsciente. Acontece, porém, que o alquimista projetava o processo de individuação nos processos de transformação química, conforme demonstram os textos e seu simbolismo. O termo científico "individuação" não significa de modo algum que se trate de fatos inteiramente conhecidos e esclarecidos[2]. Ele apenas designa um domínio obscuro de pesquisa ainda em curso dos processos psíquicos através dos quais a personalidade em formação atinge seu centro no inconsciente. Trata-se de processos vitais que, por seu caráter numinoso, serviram desde os primórdios de estímulo fundamental para a formação dos símbolos. Esses processos são misteriosos porque propõem enigmas à compreensão humana; sua solução exigirá ainda um demorado e talvez inútil esforço de sua parte. Em última análise, é muito duvidoso que o entendimento humano realmente seja o instrumento adequado para essa pesquisa. Não é por acaso que a alquimia se chama a si mesma de "arte"; sente, de uma forma correta, que trata de processos criativos

---

2. Cf. JUNG. Op. cit., Definição: "Individuação".

que só podem ser realmente compreendidos pela vivência, e que o intelecto só pode descrevê-los. Os próprios alquimistas diziam: "Rumpite libros, ne corda vestra rumpantur" (Rasgai os livros para que não se rompam vossos corações). Mas por outro lado insistiam justamente no estudo dos livros. São as vivências e não os livros que nos aproximam da compreensão (fig. 269).

Fig. 270. A Fênix como símbolo da ressurreição.
BOSCHIUS. *Symbolographia* (1702)

No estudo dos símbolos oníricos que figura neste livro mostrei como uma tal vivência se apresenta na prática. Por aí podemos perceber o que ocorre quando nos debruçamos com interesse e seriedade sobre as regiões desconhecidas da alma. Apesar da multiplicidade infinita das formas individuais da experiência, elas variam em torno de certos tipos centrais, que ocorrem universalmente, conforme o simbolismo alquímico também mostra. São as imagens primordiais, de onde as religiões recebem, cada qual, sua verdade absoluta. 565

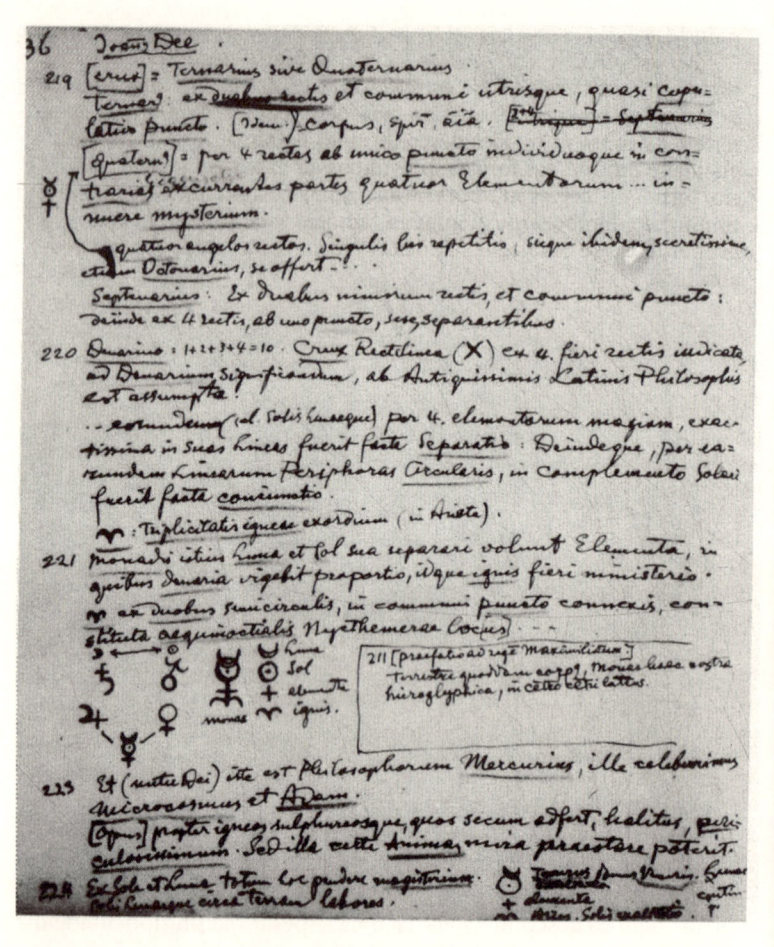

Fig. 271. Página do volume manuscrito VIII dos *Excerpta* alquímicos de
C.G. Jung, 1940-1953.

Anexo

Registro de fontes das ilustrações[*]

1. O Criador, como Senhor do Universo. – *Liber patris sapientiae*. In: THEATRUM CHEMICUM BRITANNICUM (1652), p. 210 [Bibl. *A*].

2. O par ajoelhado de alquimistas. – *Mutus liber in quo tarnen tota philosophia hermetica, figuris hieroglyphis depingitur*, p. 11 (Detalhe). [Bibl. *A*: BIBLIOTHECA CHEMICA CURIOSA I, Suplemento. Por motivos técnicos teve que ser utilizada, para a reprodução das ilustrações desta obra, a edição de 1702 (em vez da de 1677).]

3. Símbolo da obra alquímica. – *Hermaphroditisches Sonn- und Mondskind* (Filho hermafrodita do Sol e da Lua). *Das ist*: Des Sohns deren Philosophen natürlich-übernatürliche Gebärung, Zerstörung und Regenerierung. Mainz, 1752, p. 28.

4. Representação do processo simbólico. – Frontispício do *Songe de Poliphile* organizado por Béroalde de Verville (1600) [Bibl. *B*].

5. As sete virgens no processo de transformação. – *Le Songe de Poliphile* (1600) [Bibl. *B*].

6. Uma figura materna hierarquicamente superior às deusas do destino. – THENAUD, J. *Traité de la cabale*. Ms. 5061 (século XVI). Paris: Bibliothèque de l'Arsenal.

7. O Uróboro como símbolo do Aion. – HORAPOLLO: *Selecta hieroglyphica* (1597), p. 5 [Bibl. *B*].

8. A "anima mundi" guiada por Deus. – Gravura em cobre de J.Th. de Bry, tirada de: FLUDD, R. *Utriusque cosmi maioris scilicet et minoris metaphysica, physica atque technica historica*. Oppenheim, 1617, p. 4 e 5.

9. Ressurreição do rei adormecido. – *Tractatus qui dicitur Thomae Aquinatis de alchimia*. Ms. Voss. chem. F. 29, Fol. 53 e 87 (1520). Leiden: Universitätsbibliothek.

---

[*] A bibliografia de cada obra é registrada de modo completo apenas uma vez. Ocorrendo repetição, o número correspondente aparece entre colchetes.

10. 11, 12. Melusina, Melusina bicéfala. Sereia com máscara. – ELEAZAR, A. *Uraltes chymisches Werk* (1760), I p. 84, 85, 98 [Bibl. *B*].

13. O Uróboro devorando a cauda. – *Pandora*: Das ist die edlest Gab Gottes, oder der werde und heilsame Stein der Weysen (1588), p. 257 [Bibl. *B*].

14. O sonho de Jacó. – BINYON, L. *The Drawings and Engravings of W. Blake.* Londres 1922, prancha 79.

15. A "scala lapidis". – *Emblematical Figures of the Philosophers' Stone.* Ms. Sloane 1316 (século XVII). Londres: British Museum.

16. O "mercurius tricephalus" representado como Anthropos. – KELLEY, E. *Tractatus duo egregii, de Lapide philosophorum.* Hamburgo e Amsterdam, 1676, p. 101.

17. O Artifex (ou Hermes) como pastor de "Aries" e "Taurus". – *Tractatus... de alchimia.* Fol. 86 [9].

18. Cristo, como pastor. – KOEMSTEDT, R. *Vormittelalterliche Malerei.* Augsburg, 1929, fig. 50.

19. A "alma" como guia do caminho. – BINYON, L., prancha 102 [14].

20. Os seis planetas unificados no sétimo. – *Tractatus... de alchimia.* Fol. 94a [9].

21. Os sete deuses dos planetas no Hades. – MYLIUS, J.D. *Philosophia reformata* (1622), p. 167, fig. 18 [Bibl. *B*].

22. Mercúrio no "ovo dos filósofos". – *Mutus liber,* p. 11 (detalhe) [2].

23. O vaso místico. – *Figurarum aegyptiorum secretarum.* Ms. (século XVIII), p. 13 [Bibl. *B*].

24. Todas as atividades subordinadas ao Mercúrio. – Ms. (cerca de 1400). Tübingen: Universitätsbibliothek.

25. A fonte da vida como "fons mercurialis". – *Rosarium philosophorum* (1550) [Bibl. *A:* ARTIS AURIFERAE II].

26. Maria, cercada de seus atributos. – PRINZ, H. *Altorientalische Symbolik.* Berlim, 1915, p. 6.

27. A influência regeneradora da conjunção sol-lua. – CARBONELLI, G. *Sulle Fonti storiche della chimica e dell'alchimia in Italia.* Roma, 1925, fig. X.

28. A pesca do Leviatã. – BEISSEL, St. *Die Geschichte der Verehrung Marias in Deutschland während des Mittelalters.* Freiburg i.Br. 1909, p. 105.

29. A rosa de sete pétalas. – FLUDD, R. *Summum bonum* (1629). Paris: Bibliothèque Nationale, Réserve td/30, 87.

30. A rosa vermelha e branca. – *Ripley-Scrowle – Four Rolls drawn in Lübeck* (1588). Ms. Sloane 5025. Londres: British Museum, n. 1 (detalhe).

31. A cidade simbólica, como centro da terra. – MAIER, M. *Viatorium, hoc est, de montibus planetarum Septem, seu metallorum*. Rouen, 1651, p. 57.

32. A "coniunctio solis et lunae". – TRISMOSIN, S. *Splendor Solis* [Bibl. A: AUREUM VELLUS].

33. Polifilo, rodeado de ninfas. – *Le Songe de Poliphile*, p. 9 [4].

34. O "negro" de pé sobre o "redondo". – MYLIUS, J.D., p. 117, fig. 9 [21].

35. O "homem selvagem". – Codex Urbanus Latinus 899, fol. 85 (séc. XV). Roma: Biblioteca Vaticana.

36. O diabo, como espírito do ar. – Uma das ilustrações do *Fausto*, 1ª parte, de Eugene Delacroix.

37. A flor de sete pétalas. – BOSCHIUS, J. *Symbolographia sive de arte symbolica sermones Septem*. Augsburg, 1702, símbolo DCCXXIII, class. I, tab. XXI.

38. Mercúrio como Virgem. – *Tractatus... de alchimia*. Fol. 95a [9].

39. Shri-Yantra. – ZIMMER, H. *Kunstform und Yoga im indischen Kultbild*, fig. 36 [Bibl. *B*].

40. A "roda da Vida" tibetana. – Coleção particular.

41. A "grande pedra-calendário" mexicana. – SPENCE, L. *The Gods of Mexico*. Londres, 1923, p. 38.

42. Cristo-menino carregando a cruz na mandala. – CORNELL, H. *The Iconography of the Nativity of Christ*. Uppsala, 1924, p. 53.

43. Vajramandala lamaísta. – WILHELM, R. & C.G. JUNG. *Das Geheimnis der Goldenen Blüte* (O *segredo da flor de ouro*). Ilustração do frontispício [Bibl. *B*].

44. Calendário mexicano. – HERRLIBERGER, D. *Heilige Ceremonien oder Religionsübungen der abgöttischen Völker der Welt*. Zurique, 1748, prancha XC, n. 1.

45. Hermes como psicopompo. – KING, C.W. *The Gnostics and their Remains*. Londres, 1864, fig. 14.

46, 47. Dragão coroado, devorando a própria cauda; Círculo formado por dois dragões. – ELEAZAR, A., n. 4 e 3 [10].

48. A "putrefactio". – STOLCIUS DE STOLCENBERG, D. *Viridarium chymicum*. Frankfurt, 1624, fig. VIII.

49. Representação esquemática das quatro funções da consciência. – JACOBI, J. *Die Psychologie von C.G. Jung*. Zurique, 1940, p. 19.

50. O castelo que protege contra os espíritos da doença. – FLUDD, R., td/30, 87 [29].

51. O santuário do Lapis. – VAN VREESWYK, G. *De Groene Leeuw*. Amsterdam, 1672, p. 123.

52. Harpócrates sentado sobre a flor de Lótus. – KING, C.W., fig. 6 [45].

53. O Tetramorfo como montaria da Igreja. – KELLER, G. & STRAUB, A. *Herrad von Landsberg*: Hortus deliciarum. Estrasburgo, 1879-1899 Prancha XXXVIII.

54. O Hermafrodita com as serpentes. – *Rosarium philosophorum,* p. 359 [25].

55. Fausto diante do espelho mágico. – Albertina, Wien.

56. A fonte da juventude. – CARBONELLI, G., fig. IX [27].

57. O banho imperial na água da fonte milagrosa. – CARBONELLI, G., fig. XI [27].

58. O Cristo, fonte do fogo. – Vitral do Coro, Mosteiro de Königsfelden, Suíça (século XIV).

59. A quadratura do círculo. – JAMSTHALER, H. *Viatorium spagyricum* – Das ist: Ein gebenedeyter Spagyrischer Wegweiser. Frankfurt, 1625, p. 272.

60. A quadratura do círculo. – MAIER, M. *Secretioris naturae secretorum scrutinium chymicum*. Emblema XXI, p. 61 [Bibl. B].

61. A pérola como símbolo do Ch'ien. – LAIGNEL-LAVASTINE, M. : *Histoire générale de la médecine*. 3 vols. Paris, 1936-1949, I, p. 543.

62. Mandala retangular com cruz. – LOEFFLER, K. *Schwäbische Buchmalerei in romanischer Zeit*. Augsburg, 1928, prancha 20.

63. Hermes. – LENORMANT, Ch. & WITTE, J.J. *Élite des monuments céramographiques*. 8 vols. Paris, 1844-1861, III prancha LXXVIII.

64. Cristo, como Anthropos. – GLANVILLE, B. de *Le Propriétaire des choses*. Lyon 1482 [Tradução de CORBICHON, J. *Liber de proprietatibus rerum*].

65. O Tetramorfo (símbolo do Anthropos). – GILLEN, O. *Iconographische Studien zum "Hortus Deliciarum" der Herrad von Landsberg*. Berlim, 1931, p. 15.

66. Amon-Ra. – CHAMPOLLION, J.F. *Panthéon égyptien*. Paris, 1825. Arquivo de estampas da Ciba Zeitschrift, Basel.

67. Demônio simiesco. – *Speculum humanae salvationis*. Ms. 511 (século XIV). Paris: Bibliothèque Nationale.

68. Thoth como cinocéfalo. – Coleção Hahnloser, Bern.

69. Dante e Virgílio. – Codex Urbanus Latinus 365 (século XV). Roma: Biblioteca Vaticana.

70. Ritos pagãos de transformação, na Idade Média. – HAMMER, J. de. *Mémoire sur deux coffrets gnostiques du moyen âge*. Prancha K [Bibl. *B*].

71. A criação de Adão. – SCHEDEL, H. *Das Buch der Chroniken und Geschichten*. Nürnberg, 1493, p. V.

72. As núpcias da água e do fogo. – MÜLLER, N. *Glauben, Wissen und Kunst der alten Hindus*. Mainz, 1822, prancha II, fig. 17.

73. O homem salvo do poder do dragão. – Codex Palatinus Latinus 412 (séc. XV). Roma: Biblioteca Vaticana.

74. O céu fecunda a terra e gera o homem. – THENAUD, J. [6].

75. A imagem da Trimurti. – MÜLLER, N., prancha II, fig. 40 [72].

76. A tartaruga: um instrumento alquímico. – PORTA, G. della. *De distillationibus libri IX*. Estrasburgo, 1609.

77a, 77b. Telésforo, o Cabiro ou "familiaris" de Esculápio. – Ambas as figuras tiradas de ROSCHER, W.H. [org.]. *Ausführliches Lexikon der griechischen und römischen Mythologie*, p. 316 [Bibl. *B*: Lexikon, Ausführliches].

78. Maria Prophetissa. – MAIER, M. *Symbola aureae mensae* II, p. 57, ilustração do frontispício [Bibl. *B*].

79. O rei Sol com seus seis filhos-planetas. – BONUS, P. *Pretiosa margarita novella de thesauro ac pretiosissimo philosophorum lapide* [Org. por Janus Lacinius.] [Bibl. *B*; também *A*: BIBLIOTHECA CHEMICA CURIOSA].

80. Mercúrio gira a roda de oito raios. – *Speculum veritatis*. Codex Vaticanus Latinus 7286 (século XVII). Roma: Biblioteca Vaticana.

81. "Sol et ejus umbra" (o sol e sua sombra) – A terra está situada entre a luz e as trevas. – MAIER, M., p. 133 [60].

82. O Anthropos com os quatro elementos. – De um manuscrito russo do século XVIII (Propriedade particular).

83. Dante na rosa celeste. – [69].

84. A fonte no jardim cercado de muros. – BOSCHIUS, J. Símbolo CCLI, Class. I, tab. XVI [37].

85. A flor de oito pétalas. – *Recueil de figures astrologiques*. Ms. 14770 (século XVIII). Paris: Bibliothèque Nationale.

86. O aparelho de destilação alquímica. – KELLEY, E., p. 109 [16].

87. A Virgem representada como vaso da Criança divina. – INMAN, Th. *Ancient Pagan and Modern Christian Symbolism Exposed and Explained.* Nova York, 1879.

88. Visão do Santo-Graal. – *Le Roman de Lancelot du Lac.* Ms. 116, fol. 610^v (século XV). Paris: Bibliothèque Nationale.

89. O Pelicano, como alegoria de Cristo. – BOSCHIUS, J. Símbolo LXX, class. I, tab. IV [37].

90. O urso representa o aspecto perigoso da "prima materia". – Fol. 82 [9].

91. Anima mundi. – THURNEYSSER ZUM THURN, L. *Quinta essentia, das ist die höchste subtilitet, krafft und wirckung, beyder der fürtrefflichsten und menschlichem geschlecht am nützlichsten Künsten der Medicin und Alchemy.* Leipzig, 1574, p. 92

92. O processo alquímico no zodíaco. – *Ripley Scrowle* [30].

93. A "Montanha dos Adeptos". – MICHELSPACHER, St. *Cabala, speculum artis et naturae, in alchymia.* Augsburg, 1654.

94. O Etna. – BOSCHIUS, J. Símbolo XXX, class, II, tab. II [37].

95. O "Ludus puerorum" [jogo de crianças]. – TRISMOSIN, S., prancha XX [32].

96. Pataeken (deuses-crianças prestativos). – I, p. 104 [61].

97. A "grande viagem" (peregrinatio). – MAIER, M., p. 183 [31].

98. O ovo filosófico. – Codex Palatinus Latinus 412 (século XV). Roma: Biblioteca Vaticana.

99. Símbolo do tempo do lapis. – Fol. 74 [9].

100. Horóscopo. – STRAUSS, H.A. *Der astrologische Gedanke in der deutschen Vergangenheit.* München, 1926, p. 54.

101. Cristo na Mandorla. – CLEMEN, P. *Die romanische Monumentalmalerei in den Rheinlanden*. 2 vols. Düsseldorf, 1916, fig. 195, p. 260.

102. Osíris com os quatro filhos de Horus. – BUDGE, E.A.W. *Osiris and the Egyptian Resurrection*. Londres, 1909. Ilustração do frontispício (detalhe).

103. Sponsus et sponsa [Esposo e esposa]. – Accademia, Venezia.

104. Deus como Trindade. – PEDRO LOMBARDO. *De sacramentis*. Codex Vaticanus Latinus 681 (século XIV). Roma: Biblioteca Vaticana.

105. A Virgem como personificação do céu estrelado. – *Speculum humanae salvationis*. Codex Palatinus Latinus 413 (século XV). Roma: Biblioteca Vaticana.

106. O "Elixir da Lua". – CARBONELLI, G., p. 155, fig. 189 (detalhe) [27].

107. A Virgem carregando o Salvador. – *Speculum humanae salvationis* [105].

108. Maya, circundada pelo uróboro. – MÜLLER, N., tab. I, fig. 91 [72].

109. Os quatro evangelistas. – MOLSDORF, W. *Christliche Symbolik der mittelalterlichen Kunst* (Hiersemanns Handbücher X). Leipzig, 1926, prancha VI.

110. Desenho de areia dos índios navajo. – STEVENSON, J. "Ceremonial of Hasjelti Dailjis and Mythical Sand Painting of the Navajo Indians". In: *Eighth Annual Report of the Bureau of Ethnology to the Secretary of the Smithsonian Institution* 1886/1887 (Washington, 1891), p. 229-285, prancha CXXI.

111. A "cauda pavonis" [cauda do pavão]. – BOSCHIUS, J., símbolo LXXXIV, class. I, tab. V [37].

112. Os símbolos principais da alquimia. – TRISMOSIM, S., ilustração do frontispício da edição francesa [32].

113. Forno da Lua e do Sol. – *Mutus liber,* p. 14 (detalhe) [2].

114. Os quatro estágios do processo alquímico. – MYLIUS, J. D., p. 96, fig. 2 [21].

115. A "nigredo" [negrume]. – JAMSTHALER, H., p. 118 [59].

116. Hermafrodita coroado. – Fascículo 6577 (século XVII). Paris: Bibliothèque de l'Arsenal.

117. Anthropos como "anima mundi". – ALBERTO MAGNO. *Philosophia naturalis*. Basel, 1560.

118. O par irmão-irmã no "banho da vida". – THEATRUM CHEMICUM BRITANNICUM, p. 350 [1].

119. Forno alquímico. – GEBER (Jabir ibn Hayyan). *De alchimia libri tres.* Estrasburgo, 1529, frontispício.

120. Mercurius no vaso. – BARCHUSEN, J.C. *Elementa chemiae.* Imprimés R. 6927, fig. 75. Paris: Bibliothèque Nationale, 1718.

121. As transformações de Mercurius no vaso hermético. – Ms. Sloane [Add.] 5245, fol. 2. Londres: British Museum.

122. As doze operações alquímicas. – NORTON, S. *Mercurius redivivus, seu Modus conficiendi lapidem philosophicum tum album, quam rubeum e Mercurio.* Frankfurt, 1630.

123. Hermafrodita. – *Hermaphroditisches Sonn- und Mondskind,* p. 16 (detalhe) [3].

124. Os alquimistas operando. – *Mutus liber,* p. 13 (detalhe) [2].

125. Mercurius como hermafrodita do Sol e da Lua (rebis). – MYLIUS, J.D., p. 354, fig. 5 [21].

126. Os seis dias da Criação, culminando no sétimo dia. – HILDEGARD VON BINGEN. *Scivias.* Ms. (século XII), Mosteiro de Oblatas [de Santa Hildegard]. St. Rupertus, Bingen.

127. A transfiguração de Mercurius no fogo. – BARCHUSEN, J.C., fig. 76 [120].

128. Hermes Trismegistos. – ZADITH BEN HAMUEL (Zadith Senior). *De chemia senioris antiquissimi philosophi libellus.* Estrasburgo, 1566.

129. "Spiritus" [espíritos] personificados. – *Tractatus... de alchimia.* fol. 60a (detalhe) [9].

130. A serpente mercurial. – BARCHUSEN, J.C., fig. 58-61 [120].

131. Adão como "prima materia". – *Miscellanea d'Alchimia.* Ms. Ashburnham 1166 (século XV). Firenze: Biblioteca Medicea-Laurenziana.

132. Representação dos conteúdos "secretos" da obra. – *Mutus liber,* fig. 3 [2].

133. Alquimistas trabalhando no opus. – *Mutus liber,* p. 6 [2].

134. Saturno é cozido no banho. – TRISMOSIN, S. [32].

135. O crânio como símbolo da "mortificatio" de Eva. – *Miscellanea d'Alchimia* [131].

136. Deus ilumina o artifex. – BARCHUSEN, J.C,, fig. 2 [120].

137. Alquimista meditando. – JAMSTHALER, H., p. 27 [59].

138. O espírito mercurial da "prima materia". – MAIER, M., p. 85 [60].

139. Hermes, fazendo aparecer magicamente a alma alada do interior de uma urna funerária. – HARRISON, J.E. *Themis. A Study of the Social Origins of Greek Religion.* Cambridge, 1912, p. 295, fig. 78.

140. O artifex com sua "soror mystica". – *Tractatus... de alchimia*, fol. 99 [9].

141. O artifex com o livro e o altar. – KELLEY, E., p. 118 [16].

142. Representação da sequência das etapas do processo alquímico. – LIBAVIUS, A. *Alchymia... recognita, emendata et aucta.* Frankfurt, 1606, Commentarium, II, p. 55.

143. Alquimistas operando. – *Mutus liber*, p. 7 (detalhe) [2].

144. À esquerda: três artistas na biblioteca; à direita: o auxiliar trabalhando no, laboratório. – MAIER, M. *Tripus aureus, hoc est, Tres tractatus chymici selectissimi*, p. 373 [Bibl. *B*].

145. Laboratório e oratório. – KHUNRATH, H. *Amphitheatrum sapientiae aeternae solius vere, Christiano-kabalisticum, divino-magicum... Tertriunum, Catholicon.* Hanau 1604, tab. III.

146. Mercurius como "símbolo unificador". – VALENTINUS, B. *Duodecim claves*, clavis II [Bibl. *A*: MUSAEUM HERMETICUM, p. 396].

147. Uróboro. – BERTHELOT, M. *Collection des anciens alchimistes grecs.* Paris, 1887, p. 132.

148. O Mercurius unindo os pares de opostos. – *Figurarum aegyptiorum secretarum* [23].

149. O Rei doente (a "prima materia"). – *La Sagesse des anciens.* Ms. (século XVIII), de propriedade do autor.

150. O mercúrio penetrante. – *Speculum veritatis* [80].

151. Os prisioneiros do inferno. – IZQUIERDO, S. *Praxis Exercitiorum spiritualium P.N.S. Ignatii.* Roma, 1695, p. 72.

152. Acima: Saturno; embaixo: a regeneração no banho. – *Tractatus... de alchimia*, fol. 73 [9].

153. O artifex retira o "homunculus" do vaso hermético. – KELLEY, E., p. 108 [16].

154, 155. O Rei com seis planetas (metais); O Rei renovado. – KELLEY, E., p. 122 e 125 [16].

156. A díade (Dia e Noite). – DURRIEU, P. *Les très riches heures de Jean de France, Duc de Berry.* Paris, 1904, prancha 13.

157. A "anima Mercurii". – *Figurarum aegyptiorum secretarum,* p. 1 [23].

158. O "moinho de hóstias". – MOLSDORF, W., prancha X [109].

159. A "coniunctio" da alma e do corpo. – *Les grandes heures du Duc de Berry.* Ms. Latin 919 (1413). Paris: Bibliothèque Nationale.

160. Símbolo da Arte como união dos opostos água-fogo. – ELEAZAR, A., p. 10 [10].

161. A "prima materia" como Saturno. – *Mutus liber,* p. 7 (detalhe) [2].

162. O desencadeamento dos opostos no caos. – MAROLLES, M. de. *Tableaux du temple des muses.* Org. por Z. Châtelain. Amsterdam, 1733, tableau I.

163. A Terra como "prima materia". – MYLIUS, J.D., fig. 1, p. 96 [21].

164. Mercurius de pé sobre o caos redondo. – *Figurarum aegyptiorum secretarum,* p. 45 [23].

165. "L'occasione": um Mercurius sobre a esfera terrestre. – CARTARI, V. *Le Immagini de i dei de gli antichi,* p. 400 [Bibl. *B*].

166. O rei do mar gritando por socorro. – TRISMOSIN, S., prancha VII [32].

167. Alegoria da união anímica dos opostos. – *Rosarium philosophorum* [25].

168. O rei, como "prima matéria", devorando o filho. – LAMBSPRINCK, *De lapide philosophico figurae et emblemata,* fig. 13 [Bibl. *A:* MUSAEUM HERMETICUM, p. 367].

169. O "leão verde" devorando o sol. – *Rosarium philosophorum* [25].

170. A "viagem marítima noturna". – *Biblia pauperum.* Nova edição da Gesellschaft der Bibliophilen. Weimar, 1906, fig. 170.

171. Viagem marítima noturna de Hércules na taça do sol. – DOELGER, F.J. *Die Fischdenkmäler in der frühchristlichen Plastik, Malerei und Kleinkunst.* Münster i.W., 1927, IV, prancha 163.

172. Jonas saindo da goela da baleia. – *Speculum humanae salvationis* [67].

173. O assassinato do rei. – STOLCIUS DE STOLCENBERG, D., fig. CI [48].

174. Jonas dentro da baleia. – EISLER, R. *Orpheus – the Fisher.* Prancha XLVII [Bibl. *B*].

175. O lobo como "prima materia". – MAIER, M. *Scrutinium chymicum,* Emblema XXIV [60].

176. Jonas no ventre da baleia. – Saltério de Chludoff, Mosteiro dos monges de São Nicolau em Präobraschen, Rússia. Tirado de TIKKANEN, J.J. *Die Psalterillustration im Mittelalter.* Helsingfors, 1895, I, p. 24, fig. 22.

177. A "ressurreição". – *Biblia pauperum.* Fig. 170 [170].

178. A pomba como símbolo do espírito que se liberta. – *De summa et universalis medicinae sapientiae veterum philosophorum.* Ms. 974, fig. 18 (século XVIII). Paris: Bibliothèque de L'Arsenal.

179. A Trindade alquímica. – LAMBSPRINCK, p. 371 [168].

180. A Trindade cristã com o Espírito Santo representado por um homem alado. – MOLSDORF, W., prancha I [109].

181. A face do Sol. – BOSCHIUS, J. Símbolo CXII, class. I, tab. VII [37].

182. Cristo Salvador das almas. – CLEMEN, P., p. 397 [101].

183. Divindade andrógina. – LAJARD, J.B.F. *Mémoire sur une représentation figurée de la Vénus orientale androgyne* (Nouvelles Annales de l'Institut archéologique I). Paris, 1836, p. 163.

184. Os três jovens na fornalha ardente. – EHRENSTEIN, Th. *Das Alte Testament im Bilde.* Wien, 1923, p. 818.

185. A tríade como unidade; a quaternidade pousando sobre o binário. – VALENTINUS, B., clavis IX, p. 415 [146].

186. A árvore de coral no mar. – KOEMSTEDT, R., fig. 79 [18].

187. O dragão vomita Jasão. – LAIGNEL-LAVASTINE, M., I p. 148 [61].

188. A árvore dos filósofos. – MYLIUS, J.D., p. 316 [21].

189. O dragão com a árvore das Hespérides. – BOSCHIUS, J. Símbolo LVII, class. III, tab. IV [37].

190. A árvore do culto com serpente. – FOERSTEMANN, E. (org.). *Fragment aus einer altmexikanischen Mayahandschrift in der Königlichen Offentlichen Bibliothek zu Dresden.* Dresden, 1892, prancha XXVI (detalhe).

191. O derramamento do Espírito Santo. – SPRINGER, A. *Handbuch der Kunstgeschichte.* 7. ed., 4 vols. Leipzig, 1902-1904, II, p. 194, fig. 254.

192. A quatemidade da cruz no zodíaco. – BÖHME, J. *De signatura rerum.* Ilustração do frontispício [Bibl. *B*].

193. A rosa branca e a vermelha. – *Trésor des trésors.* Ms. 975, fig. 11 e 12 (aprox. de 1620-1650). Paris: Bibliothèque de l'Arsenal.

194. Sulfur como sol, Mercurius como lua. – BARCHUSEN, J.C., fig. 9 [120].

195. Criador, macrocosmo e microcosmo em forma humana. – HILDE-GARD VON BINGEN. *Liber divinorum operum.* Codex 1942, fol. 9r (século XII). Lucca: Biblioteca governativa.

196. As três manifestações do Anthropos. – *Ripley-Scrowle*, n. 2 (detalhe) [30].

197. Cristo no centro dos quatro rios do Paraíso etc. – PEREGRINUS. *Speculum virginum, seu Dialogus cum Theodora virgine.* Codex Palatinus latinus 565 (século XIII). Roma: Biblioteca Vaticana.

198. Anser [ganso] respective cygnus [cisne] Hermetis. – *Hermaphroditisches Sonn- und Mondskind*, p. 54 [3].

199. Representação do hermafrodita com a esfera alada do caos. – JAMS-THALER, H., p. 75 [59].

200. Águia e cisne como símbolos do "spiritus" sublimado. – MYLIUS, J.D., p. 126, fig. 13 [21].

201. A Sapientia como mãe dos sábios. – *Tractatus... de alchimia,* fol. 53 [9].

202. Mesa de comunhão com sete peixes. – EISLER, R., prancha LIX [174].

203, 204, 205. A serpente Chnufis com uma coroa de sete raios; a serpente com cabeça de leão e doze raios; deusa do destino como serpente de sete cabeças. – KING, C.W., prancha III, fig. 7 e 2; p. 119 [45].

206. Helios em seu carro puxado por quatro cavalos. – TIKKANEN, J J., I p. 25, fig. 25 [176].

207. A ascensão de Elias ao céu. – EHRENSTEIN, Th., p. 699 [184].

208. Mercurius como "anima mundi". – *Turba philosophorum.* Codex Latinus 7171 (século XVI). Paris: Bibliothèque Nationale.

209. A esfera alada como produto final do "opus". – BALDUINUS, C.A. *Aurum superius et inferius aurae superioris et inferioris hermeticum.* Frankfurt e Leipzig, 1675, frontispício.

210. O Mercurius renovado como "foetus spagyricus". – MAIER, M., emblema I [60].

211. O deus do ar Aer. – *Recueil des fausses Décrétales*. Ms. (século XIII). Bibliothèque de Reims.

212. Representação tricéfala da Trindade. – *Speculum humanae salvationis* [67].

213. Moisés golpeia a rocha e a água jorra. – EHRENSTEIN, Th., p. 384 [184].

214. Símbolo da transformação hermética. – NORTON, S., fig. 2 [122].

215. A conclusão do processo. – *Mutus liber*, p. 15 [2].

216. O artifex como sacerdote. – MAIER, M., p. 507 [78].

217. A "serpens mercurialis" crucificada. – ELEAZAR, A. (Abraham le Juif). *Livre des figures hiéroglyphiques*. Ms. français 14765 (século XVIII). Paris: Bibliothèque Nationale.

218. O "Banho dos filósofos". – MYLIUS, J.D., p. 224, fig. 4 [21].

219. O "etíope" como "nigredo". – TRISMOSIN, S., prancha VIII [32].

220. Representação da Lua. – Codex Urbanus Latinus 899, fol. 68r (século XV). Roma: Biblioteca Vaticana.

221. "Arbor philosophica". – NORTON, S. *Catholicon physicorum, seu Modus conficiendi tincturam physicam et alchymicam*. Frankfurt, 1630, fig. LXXXIII.

222. Cristo na Árvore da Vida. – CRISTÓFORO (?). *Il Sogno della Vergine* (em torno de 1350). Zurique: Pinacoteca di Ferrara. Pertencente à coleção de quadros do Dr. C.A. Meier.

223. Sol et Luna após a conjunção, vencidos pela morte. – MYLIUS, J.D., p. 243, fig. 6 [21].

224. A transfiguração dos corpos, representada pela coroação de Maria. – *Das Buch der heiligen Dreifaltigkeit*. Codex Germanicus 598 (1420). München: Staatsbibliothek.

225. A poção do amor oferecida ao par irmão-irmã. – MAIER, M. *Scrutinium chymicum*, emblema IV [60].

226. Conjunção dos opostos no vaso hermético. – *Trésor des trésors* [193].

227. Coniunctio. Uma figura fantástica e híbrida. – BRANT, S. *Hexastichon ... in memorabiles evangelistarum figuras* [s.l.], 1503.

228. O rei emplumado. – *Ripley Scrowle*, Ms. Add. 10.302 [30].

229. A águia como símbolo do espírito. – *Hermaphroditisches Sonn- und Mondskind,* p. 44 [3].

230. O pavão surgindo da retorta. – De um manuscrito (século XVIII) de propriedade do "Landammann" Dr. C. Rusch, Appenzell.

231. Mercurius como virgem (Pandora) e "arbor philosophica". – *Pandora,* p. 225 [13].

232. Glorificação do corpo retratado sob a forma da coroação de Maria. – Speculum Trinitatis, em *Pandora,* p. 253 [13].

233. Quaternidade cristã. – Escola Francesa (1457). Museum Basel.

234. O Cristo Ressuscitado como símbolo do "filius philosophorum". – *Rosarium philosophorum* [25].

235. Quaternidade alquímica. – *Rosarium philosophorum* [25].

236. Os conteúdos do vaso hermético. – KELLEY, E., p. 114 [16].

237. O artifex operando com sua "soror mystica". – *Mutus liber,* p. 7 (detalhe) [2].

238. A serpente de bronze de Moisés, pendendo da cruz. – ELEAZAR, A., figs. 11, 10 [10].

239. Unicórnio. – AMANN, J. [ilustrador]. *Ein neuw Thierbuch.* Versos de G.O. Schaller. Frankfurt, 1569.

240. Cervo e unicórnio. – LAMBSPRINCK, figura III, I, p. 337 [168].

241. O unicórnio domado pela Virgem. – *Tractatus... de alchimia,* fol. 87 [9].

242. O unicórnio mortalmente atingido no colo da Virgem. – Inicial. Tirada de *Historia animalium cum picturis.* Ms. Harley 4751, fol. 6^v. Londres: British Museum.

243. Brasão com unicórnio dos Senhores von Gachnang. – MERZ, W. *Oberrheinische Wappen und Siegel.* Zurique, 1927, p. 33.

244. Glorificação de Ariosto. – Da coleção de desenhos à mão pertencente a A.O. Meyer. Hamburgo. *Auctions-Katalog 184* de C.G. Börner. Leipzig: 1914, prancha 30.

245. Maria com o unicórnio no "Jardim fechado". – GYSIN, E. *Gotische Bildteppiche der Schweiz.* Basel, 1941, prancha 5 (Bildteppich, 1480).

246. Mandala com cervo, leão, grifo e unicórnio. – ZEMP, J. *Die Backsteine von S. Urban.* Zurique, 1898, p. 169.

247. Virgem e unicórnio. – TIKKANEN, J.J., I p. 43 [176].

248. Criação de Eva. – *Trésor de sapience*. Ms. 5076 (século XV). Paris: Bibliothèque de l'Arsenal.

249. Unicórnio selvagem. – BOCK, H. *Kräuterbuch*. Estrasburgo, 1595, p. 391. Do arquivo de estampas da Ciba Zeitschrift, Basel.

250. Homem selvagem cavalgando o unicórnio. – Gravura em cobre do monogramista E.S. (por volta de 1463) em GEISBERG, M. *Die Kupferstiche des Meisters E.S.* Berlin, 1924, prancha L. 269.

251. Os sete estágios do processo representados como uma unidade. – *Ripley-Scrowle*, n. 4 (detalhe) [30].

252. A castidade. – *Les Triomphes de Pétrarque*. Ms. 594 de Louis XII, fol. 134 (século XVI). Paris: Bibliothèque Nationale. Do Arquivo Eranos, Ascona, Suíça.

253. Harpócrates, circundado por um Uróboro. – KING, W., prancha II, fig. 8 [45].

254. O "Unicórnio marinho". – POMMET, P. *Histoire générale des drogues*. Paris, 1694, II p. 78. Do arquivo de estampas da Ciba Zeitschrift, Basel.

255. Vishnu em sua encarnação em forma de peixe. – Miniatura indiana do século XVIII, de propriedade do autor.

256. Monstro fabuloso. – *Hermaphroditisches Sonn- und Mondskind*, p. 57 [3].

257. As transformações do Mercurius durante o processo. – *Ripley Scrowle*, n. 3 (detalhe) [30].

258. Unicórnio e leão. – *La Dame à la Licorne* (Série de tapeçarias do século XV, representando os cinco sentidos). Musée de Cluny, Paris. Do arquivo de estampas da Ciba Zeitschrift, Basel.

259, 260. O K'i-lin anuncia o nascimento e a morte de Confúcio. – SHENG-TSI-TU. *Imagens do itinerário da vida do ser perfeito*. [s.l.], [s.d.] (aprox. século XVIII). Da coleção de imagens pertencente ao Dr. G. Dekker. Meilen.

261. O papa com o unicórnio. – SCALIGER, P. [*Explanatio imaginum.*] P. *Principis de la Scala primi tomi Miscellaneorum de rerum caussis*. Köln, 1570, p. 84; antítese de PARACELSO. *Ein auslegung der figuren 50 zu Nürenberg gefunden seind worden, gefürt in grünt der magischen weissagung durch doctorem Theophrastum von Hohenheim* (Uma interpretação das figuras encontradas em Nürenberg, conduzida com base na profecia mágica pelo doutor...). Basel (?) 1569, fig. 18 [Interpretação das figuras dos papas, presu-

mivelmente do Abade Joaquim de Fiore]. De PARACELSO (Theophrastus Bombastus von Hohenheim). *Sämtliche Werke* XII, p. 554. Org. por Karl Sudhoff [Bibl. *B*].

262. O unicórnio lunar. – Reverso de uma medalha de Antonio Pisano (1499).

263. "The Campion Pendant" (visto de frente). – EVANS, J. *Magical Jewels of the Middle Ages and the Renaissance.* Oxford, 1922.

264. O unicórnio na mandala, com a Árvore da Vida. – Tirado de um catálogo do Metropolitan Museum of Art. Nova York, 1938: *The Unicorn Tapestries,* fig. 6.

265. O unicórnio com seu reflexo. – BOSCHIUS, J. Símbolo LXXXIX, class. I, tab. 5 [37].

266. Águia bicéfala com coroa do papa e do imperador. – Codex Palatinus Latinus 412 (século XV). Roma: Biblioteca Vaticana.

267. A "materia prima" como dragão. – Cabeço tirado do tratado alquímico *Hermes Bird* de E. Ashmole, p. 213 [1].

268. "Fermentatio" (fermentação): representação simbólica da "coniunctio spirituum". – *Rosarium philosophorum* [25].

269. O Artifex e sua "soror mystica". – *Mutus liber,* p. 14 (detalhe) [2].

270. A Fênix como símbolo da ressurreição. – BOSCHIUS, J. Símbolo DCVI, class. I, tab. XXVI [37].

271. Página dos "Excerpta", 1940-1953. – Biblioteca do Autor, Küsnacht Zurique.

Referências

A. Coleções de tratados alquímicos de autores diversos

ALCHEMIA, De. Nürnberg, 1541
    I Gebri Arabis *summae perfectionis* metallorum, sive perfecti magisterii libri II [p. 20-205]
    II Rosarius minor [p. 309-337]
    III Hortulanus: Super Tabulam smaragdinam *comentarius* [p. 304-373]
    IV *Tabula smaragdina* Hermetis Trismegisti [p. 363]

ARS CHEMICA, quod sit licita exercentibus, probationes doctissimorum iurisconsultorum. Estrasburgo, 1566.
    I Septem tractatus seu capitula Hermetis Trismegisti, aurei [p. 7-31]: *Tractatus aureus*
    II *Tabula smaragdina* Hermetis Trismegisti [p. 32s.]
    III *Consilium coniugii* de massa soils et lunae [p. 48-263]

ARTIS AURIFERAE quam chemiam vocant... 2 vols. Basel, 1593.
Vol. I
    I Turba philosophorum [duas versões: p. 1-65; 66-139]
    II Allegoriae super librum Turbae [p. 139-145]
    III Enigmata ex visione Arislei philosophi, et allegorijs sapientum [p. 146-154]: *Visio Arislei*
    IV In Turbam philosophorum exercitationes [p. 154-182]
    V *Aurora consurgens*: quae dicitur aurea hora [p. 185-246; só Parte II]
    VI Rosinus ad Sarratantam episcopum [p. 277-319]
    VII Practica Mariae Prophetissae in artem alchemicam [p. 319-324]
    VIII liber trium verborum Kallid acutissimi [p. 352-361]
    IX Merlini allegoria profundissimum philosophi lapidis arcanum perfecte continens [p. 392-396]
    X Liber de arte chimica [p. 575-631]

Vol. II
    XI Morienus Romanus: Sermo de transmutatione metallorum [p. 7-54]
    XII *Rosarium philosophorum* [p. 204-384; contém uma segunda versão da *Visio Arislei*, p. 246s.]

AUREUM VELLUS oder der Guldin Schatz und Kunstkammer. [s.l.], 1600.

    I [Trismosin:] Splendor soils [p. 8-93]

    II Melchior, Kardinal und Bischof von Brixen: Ein Philosophisch Werck unnd Gesprech von dem Gelben und Roten Man [p. 301-337]

BIBLIOTHECA CHEMICA CURIOSA seu rerum ad alchemiam pertinentium thesaurus instructissimus. Org. por Johannes Jacobus Mangetus. 2 vols. Genève, 1702.

Vol. I

    I Hoghelande: De alchimiae difficultatibus [p. 336-368]

    II Hermes Trismegistus: *Traaatus aureus* de lapidis physici secreto [p. 400-445]

    III Turba philosophorum [p. 445-465; uma segunda versão p. 480-494]

    IV Allegoriae sapientum supra librum Turbae XXIX distinctiones [p. 467-479]

    V Geber: *Summa perfectionis* magisterii [p. 519-557]

    VI Lullius: Compendium artis alchymiae et naturalis philosophiae secundum naturalem cursum [p. 875-878]

    VII Raymundus Lullius: *Codicillus* seu vade mecum aut cantilena [p. 880-911]

    VIII Altus: *Mutus liber,* in quo tamen tota philosophia Hermetica, figuris hieroglyphicis depingitur [Sequência de ilustrações em seguida à p. 938]

Vol. II

    IX Bonus: Margerita pretiosa, novella correctissima [p. 1-80]

    X Rosarium philosophorum [p. 87-119]

    XI Fidnus: Liber de arte chimica [p. 172-183]

    XII Senior Zadith: De chymia [p. 198-235]

    XIII Ripleus: Liber duodecim portarum [p. 275-285]

    XIV Sendivogius: Parabola, seu enigma philosophicum [p. 474-475]

    XV Orthelius: Epilogus et recapitulatio in Novum lumen chymicum Sendivogii [p. 526-530]

    XVI Hydrolithus sophicus, seu *Aquarium sapientum* [p. 537-558]

    XVII Grasseus: Lilium inter spinas [p. 596-600]

    XVIII Arcanum Hermeticae philosophiae [p. 649-661]

MUSAEUM HERMETICUM reformatum et amplificatum. Frankfurt, 1678.

    I *Tractatus aureus* de lapide philosophorum [p. 1-52]

    II Madathanus; Aureum saeculum redivivum [p. 53-72]

    III Hydrolithus sophicus, seu *Aquarium sapientum* [p. 73-144]

    IV Joannes a Mehung: Demonstratio naturae [p. 145-171]

    V Nicolaus Flamellus: Tractatus brevis, sive Summarium philosophicum [p. 172-179]

VI Gloria mundi alias Paradysi tabula [p. 203-304]
VII Lambsprinck: De lapide philosophico [p. 337-372]
VIII Majer: Tripus aureus [p. 373]
IX Valentinus: Practica una cum duodecim clavibus etc. De magno lapide antiquorum sapientum [p. 377-432]
X Nortonus: Tractatus chymicus dictus Crede mihi sive Ordinale [p. 433-532]
XI Testamentum Cremeri [p. 533-544]
XII Sendivogius: Novum lumen chemicum, e naturae fonte et manuali experientia depromptum [p. 545-600]
XIII Novi luminis chemici tractatus alter de sulphure [p. 601-645]
XIV Philalethes: Introitus apettus ad occlusum regis palatium [p. 647-699]
XV Philalethes: Metallorum metamorphosis [p. 741-774]
XVI Philalethes: Fons chemicae philosophiae [p. 799-814]

THEATRUM CHEMICUM, praecipuos selectorum auctorum tractatus... continens.

Vols. I-III
Ursel, 1602; Vol. IV Estrasburgo, 1613; Vol. V, 1622; Vol. VI, 1661.

Vol. I
I Hoghelande: De alchemiae difficultatibus [p. 121-215]
II Dorneus: Speculativa philosophia, gradus septem vel decem continens [p. 225-310]
III Dorneus: Physica genesis [p. 367-404]
IV Dorneus: Physica Hermetis Trismegisti [p. 405-437]
V Dorneus: Physica Trithemij [p. 437-450]
VI Dorneus: Philosophia meditativa [p. 450-472]
VII Dorneus: Philosophia chemica [p. 472-517]
VIII Dorneus: Congeries Paracelsicae chemiae de transmutationibus metallorum [p. 557-646]
IX Bemardus Trevisanus: Liber de alchemia [p. 773-803]
X Zacharius: Opusculum philosophiae naturalis metallorum [p. 804-848]

Vol. II
XI Aegidius de Vadis: Dialogus inter naturam et filium philosophiae [p. 95-123]
XII Penotus (alias B. À Portu Aquinatus): Philosophi artem potius occultare conati Sunt quam patefacere... [Tabela de símbolos p. 123]
XIII Quercetanus: Ad Iacobi Auberti Vendonis De ortu et causis metallorum contra chemicos explicationem [p. 170-202]
XIV Dee: Monas hieroglyphica [p. 218-243]
XV Ventura: De ratione conficiendi lapidis [p. 244-356]

B. Bibliografia geral

ABRAHAM ELEAZAR (Abraham le Juif): Uraltes chymisches Werk... 2. ed. Leipzig, 1760 (Obra química antiquíssima).

_____. Cf. Códices e manuscritos: Paris, Bibl. Nat.

ABU'L-QASIM MUHAMMAD IBN AHAMAD AL-IRAQI. Kitab al-'ilm al muktasab fi zira at adh-dhahab (Book of Knowledge acquired concerning the

Cultivation of Gold). Traduzido e organizado por Eric John Holmyard. Paris, 1923.

AELIANUS (Claudius Aelianus). De natura animalium libri XVII. 2 vols. Leipzig, 1864-1866.

AGOSTINHO (S. Aurelius Augustinus). Opera omnia. Opera et studio monachorum ordinis S. Benedicti e congregatione S. Mauri. 11 vols. Paris, 1836-1838.

_____. In Ioannis evangelium tractatus XXXIV. Tom. III/2 [col. 2.036-2.043].

AGRIPPA AB NETTESHEYM, Henricus Cornelius. De incertitudine et vanitate scientiarum declamativo invectiva. Köln, 1584.

_____. De occulta philosophia libri III. [Köln] 1533.

ALLENDY, R.F. Le Symbolisme des nombres. Paris, 1948.

An Ancient Treatise on Alchemy entitled Ts'an Tung Ch'i written by Way Po-Yang about 142 A.D. Now translated from Chinese into English by Lu-Ch'iang Wu. With an introduction and notes by Tenney L. Davis. In: *Isis*. Cf. *Isis*.

APOKRYPHEN, Die, und Pseudepigraphen des Alten Testaments. Traduzido e organizado por E. Kautzsch. 2 vols. Tübingen, 1900. Nova ed. 1921 (Os apócrifos e pseudo-epígrafos do Velho Testamento).

APULEIUS (Lucius Apuleius Madaurensis). Metamorphosis sive lusus asini. In: Opera I. 2 vols. Altenburg, 1778.

ARISTÓTELES. De coelo libri IV. Meteorologicorum libri IV. In: A'is opera omnia Graece. Rec. Jo. Theoph. Bhule. Zweibrücken, 1791-1800.

Atharva-Veda, Hymns of the. Traduzido e organizado por Maurice Bloomfield (Sacred Books of the East XLII). Oxford, 1897.

Aurea catena Homeri. Frankfurt e Leipzig, 1723.

Aurora consurgens. Ein dem Thomas von Aquin zugeschriebenes Dokument der alchemistischen Gegensatzproblematik (Um documento atribuído a Tomás de Aquino, sobre a problemática alquímica dos opostos). Organizado e comentado por Marie-Louise von Franz, como terceira parte de C.G. Jung, Mysterium Coniunctionis (Psychologische Abhandlungen XII) (Dissertações psicológicas XII). Rascher, Zürich, 1957 [Aurora I].

_____. Cf. tb. (A) ARTIS AURIFERAE (somente II).

AVALON, A. (org.). The Serpent Power... Two works on Tantrik Yoga, translated from the Sanskrit. Londres, 1919.

BARNAUD(US) N. Triga chemica de lapide philosophico tractatus très. Leiden, 1599.

BATTIFOL, P. Studia patrística. Fasc. 1 e 2. Paris, 1889/1890 ["Le Livre de la Prière d'Asenath", fasc. 1, p. 1-37].

BAYNES, C.A. A Coptic Gnostic Treatise contained in the Codex Brucianus – Bruce Ms. 96. Bodleian Library, Oxford. Cambridge, 1933.

BERNARDO (Bernardo de Claraval) : Sermo IV de Ascensione Domini. In: "Sermones de tempore", Migne P.L. CLXXXIII, col. 35-359.

BERNOULLI, R. Seelische Entwicklung im Spiegel der Alchemie und verwandter Disziplinen (Desenvolvimento espiritual no espelho da alquimia e disciplinas conexas). In: *Eranos-Jahrbuch* III, 1935. Zürich, 1936.

BÉROALDE DE VERVILLE, F. Le Tableau des riches mventions... qui sont représentées dans le Songe de Poliphile. Paris 1600. [Contém: "Recueil Stégano-graphique".]

_____. Cf. COLONNA.

_____. Cf. FIERZ-DAVID.

BERTHELOT, M. La Chimie au moyen âge. 3 vols. (Histoire des Sciences). Paris, 1893.

_____. Collection des anciens alchimistes grecs. Paris, 1887/1888.

_____. Les Origines de l'alchimie. Paris, 1885.

BISCHOFF, E. Die Elemente der Kabbalah. (Os elementos da cabala). 2 vols. Berlin, 1913.

BÖHME, J. Des gottseligen, hocherleuchteten J'B' Teutonici Philosophi alle Theosophischen Schriften (Todos os escritos teosóficos do devoto e muito esclarecido J'B' Teutonici Philosophi). 3 vols. Amsterdam, 1682.

_____. Aurora. Morgen-Röte im Aufgang, das ist etc. (Rubor da manhã que nasce, isto é etc.) [1656].

_____. De signatura rerum. Das ist: Von der Geburt und Bezeichnung aller Wesen. (Isto é: Do nascimento e denominação de todos os seres) [1682].

_____. Gespräch einer erleuchteten und unerleuchteten Seele (Conversa de uma alma esclarecida com uma não esclarecida).

_____. Hohe und tiefe Gründe von dem dreyfachen Leben des Menschen (Razões altas e profundas da tríplice vida do homem).

_____. Vom irdischen und himmlischen Mysterium. (Do mistério terreno e celeste).

BOUSSET, W. Hauptprobleme der Gnosis (Os problemas principais da gnose). (Forschungen zur Religion und Literatur des Alten und Neuen Testaments) (Pesquisas sobre a religião e a literatura do Velho e do Novo Testamento). Göttingen, 1907.

BRANDAINES (S. Brendanus), Cf. Légende, La, latine.

BRUCHMANN, C.F.H. Epitheta Deorum quae apud poetas Graecos leguntur. Suplemento de: Ausführliches Lexicon der griechischen und römischen Mythologie (Dicionário completo da mitologia grega e romana). [Cf. Lexikon, Ausführliches.] Leipzig, 1893.

BRUNO HERBIPOLENSIS (Bispo de Würzburg). Expositio psalmorum. Migne P.L. CXLII, col. 49-568.

BUBER, S. (org.). Midrasch Tehillim. Trier, 1892 [Traduzido para o alemão por August Wünsche].

BUDGE, E.A.W. The Book of the Dead. Facsimiles of the Papyri of Hunefer, Anhai, Kerasher [org.]. Londres, 1899.

_____. The Gods of the Egyptians. 2 vols. Londres, 1904.

_____. Osiris and the Egyptian Resurrection. 2 vols. Londres, 1911. Bundahish, cf. WEST.

CARTARI, V. Le Immagini de i dei de gli antichi. Lyon, 1581. Edição francesa de Antoine du Verdier: Les Images des dieux des anciens.

CATELANUS, L. Ein schöner newer historishcer Disceurs, von der Natur, Tugenden, Eigenschafften, und Gebrauch dess Einhorns (Um belo novo discurso histórico, sobre a natureza, virtudes, propriedades e utilização do unicórnio). Frankfurt, a.M. 1625. Traduzido por Georgius Faber.

CAUSSINUS, N. De symbolica Aegyptiorum sapientia. Köln, 1623. Encadernado com:

– Polyhistor symbolicus. Köln, 1623.

CELLINI, B. Leben des B'C, Florentinischen Goldschmieds und Bildhauers von ihm selbst geschrieben (Vida de B'C, ourives e escultor florentino, escrita por ele mesmo). Tübingen 1803. [Traduzido e organizado com um apêndice por Goethe. Partes I e II].

CLEMENTE DE ALEXANDRIA. Stromata. Migne P.G. VIII col. 685 – IX col. 602.

CLEMENTE DE ROMA (Papa). Homilia II. Migne P.G. 11 col. 77-112.

Códices e manuscritos:

Küsnacht (Zurich. C.G. Jung Bibliothek. Ms. Figurarum aegyptiorum secretarum". Presumivelmente do século XVIII.

München. Staatsbibliothek. Codex Germanicus 598. "Das Buch der Heiligen Dreifaltigkeit und Beschreibung der Heimlichkeit von Veränderung der Metallen" ("O Livro da Santíssima Trindade e Descrição do sigilo da transformação dos metais"), 1420.

Paris. Bibliothèque de l'Arsenal. Ms. 973. "Explication des figures hiéroglyphiques des Egyptiens..." Século XVIII.

Paris. Bibliothèque Nationale. Ms. Latin 14006. "Aurora consurgens". Século XV.

_____. Ms. Français 14765. Abraham le Juif: livre des figures hiéroglyphiques". Século XVIII. (Contém também "Alchimie de Flamel, écrite en chiffres en 12 clefs... par Denis Molinier" ou "Pratique" [p. 204s.].) Zurich. Zentralbibliothek. Codex Rhenoviensis 172 (proveniente do Mosteiro de Rheinau). Século XV.

COLONNA, F. Hypnerotomachia Poliphili... Venezia, 1499.

_____. Cf. BÉROALDE DE VERVILLE.

_____. Cf. FIERZ-DAVID.

COSMAS. Cf. McCRINDLE.

[CTESIAS (Ktesias)]. Relicta fragmena ex Ctesiae Indicis in Ctesiae Cnidii operum reliquiae. Org. por Bahr, 1824.

CUMONT, F. Textes et monuments figurés relatifs aux mystères de Mithra. 2 vols. Bruxelles, 1896/99.

DANTE A. Die göttliche Komödie (A divina comédia). 2 vols. Stuttgart, 1871/1872.

DARMSTAEDTER, E. Alchemic des Geber (Alquimia de Geber). Berlim, 1922 [Traduzido e explanado].

DELACOTTE, J. Guillaume de Digulleville (poète normand). Trois romans-poèmes du XIVe siècle. Les pèlerinages et la divine comédie. Paris, 1932.

DEUSSEN, P. Allgemeine Geschichte der Philosophie (História geral da filosofia). 2 vols. Leipzig, 1906/1915.

DIELS, H. Die Fragmente der Vorsokratiker griechisch und deutsch (Os Fragmentos dos pré-socráticos, em grego e alemão). 2 vols. 3. ed. Berlim, 1912.

DIETERICH, A. Nekya: Beiträge zur Erklärung der neuentdeckten Petrus-apokalypse (Contribuições para a explanação do recém-descoberto Apocalipse de Pedro). 2. ed. Leipzig, 1913.

_____. DIETERICH, A. (org.). Papyrus magica Musei Lugdunensis Batavi... In: *Jahrbücher fiir dassische Philologie* (Anuários de filologia clássica), Suplemento XVI. Leipzig, 1888, p. 747-829.

DIODORUS SICULUS (Diodoro da Sicília). Bibliotheca histórica. Org. por Ludwig Dindorf. 5 vols. Leipzig, 1866-1868.

DIÓGENES LAÉRCIO. De vitis philosophorum libri X. Cum indice rerum. 2 vols. Leipzig: Tauchnitz, 1895.

DREYFUSS, J. Adam und Eva nach der Auffassung des Midrasch (Adão e Eva segundo a concepção do Midrash). Estrasburgo, 1894.

ECKHART, MEISTER. Cf. Mystiker, Deutsche.

EISENSTEIN, J.D. Ozar Midraschim. 2. ed. Nova York, 1928.

EISLER, R. Orpheus the Fisher. Londres, 1921.

ELEAZAR, ABRAHAM. Cf. ABRAHAM ELEAZAR.

[ELIEZER BEN HYRCANUS:] Pirkê de Rabbi Eliezer. Londres e Nova York, 1916 [Traduzido e organizado por Gerald Friedlander].

EMERSON, R.W. Essays: First series. Complete Works, Centenary Edition, II. Boston / Nova York, 1903.

Encyclopaedia Judaica. Das Judentum in Geschichte und Gegenwart (O judaísmo na história e na atualidade). 15 vols. Berlim, 1928s. [Org. por Jakob Klatzkin].

Encyclopaedia of Religion and Ethics. 13 vols. Edinburgh, 1908-1926. [Org. por James Hastings].

EPIFÂNIO [Panarium]. Contra octoginta haereses opus quod inscribitur Panarium sive Arcula. Migne P.G. XLI col. 173 – XLII col. 832.

Epitheta deorum. Cf. BRUCHMANN.

Esdras, 4° livro. Cf. Apokryhen, Die, und Pseudoepigraphen.

EUCHERIUS LUGDUNENSIS (Eucherius de Lyon). Formularium spiritalis intelligentiae ad Uranium. Lib. I. Migne P.L., col. 727-772.

EUSÉBIO DE ALEXANDRIA. Cf. CUMONT.

EUSÉBIO DE CESAREIA. Evangelica praeparatio. Migne P.G. XXI, col. 853-864.

EVOLA, J[ulius]. La Tradizione ermetica. Bari, 1931.

FECHNER, G.T. Elemente der Psychophysik (Elementos da psicofísica). 2 vols. 2. ed. Leipzig, 1889.

FERGUSON, J. Bibliotheca chemica. 2 vols. Glasgow, 1906.

_____. Cf. Mythology of all races.

FICINUS, M. Auctores Platonici. Venezia, 1497.

FIERZ-DAVID, L. Der Liebestraum des Poliphilo. Ein Beitrag zur Psychologie der Renaissance und der Moderne (O sonho de amor de Polifilo. Uma contribuição à psicologia da Renascença e da Idade Moderna). Rhein Verlag, Zurique, 1947.

FIGULUS, B. (Benedict Torpfer). Rosarium novum olympicum et benedictimi. Basel, 1608.

FIRMICUS MATERNUS JULIUS. Liber de errore profanarum religionum. (Corpus scriptorum ecclesiasticorum Latinorum II). Wien, 1867. Cf. também Migne P.L. XII, col. 918-1050.

FLAMEL, N. Cf. Códices e manuscritos.

FLAUBERT, G. La Tentation de Saint Antoine. Paris, 1874.

FLEISCHER, H. (org.). Hermes Trismegistus an die menschliche Seele (Hermes Trismegistus à alma humiana). Árabe e alemão. Leipzig, 1870.

FÖRSTER, M. Adams Erschaffung und Namengebung. Ein lateinisches Fragment des s. g. slawischen Henoch (A criação e denominação de Adão. Um fragmento latino...) In: Archivfür Religionswissenschaft XI (Arquivos de Ciências Religiosas XI), Leipzig, 1908, p. 477-529.

FOUCART, P.F. Les Mystères d'Eleusis. Paris, 1914.

FRANCK, A. Die Kabbala oder die Religionsphilosophie der Hebräer. Leipzig, 1844 [Tradução do francês].

FRANZ, M.-L. von (org.). Veja Aurora consurgens.

FROBENIUS, L. Das Zeitalter des Sonnengottes (A era do deus do Sol). Berlim, 1904.

GAUGLER, E. Das Spätjudentum (O judaísmo tardio). In: Mensch und Gottheit in den Religionen. Kulturhistorische Vorlesung (Homem e divindade nas religiões. Palestra histórico-cultural). Bern/Leipzig, 1942. Verlag der akademischen Buchhandlung,

GEBER (Arabs). Cf. (A) ALCHEMIA, DE, I.

Geheime Figuren der Rosenkreuzer aus dem 16ten und 17ten Jahrhundert (Figuras secretas dos rosa-cruzes dos séculos XVI e XVII). 2 vols. Altona, 1785/1788.

GOETHE, J.W. von. Werke. Vollständige Ausgabe letzter Hand. (Obras. Edição completa da última versão). 31 vols. Stuttgart: Cotta, 1827-1834:

_____. Dichtung und Wahrheit (Poesia e verdade). Vols. XXIV-XXVI e XLVIII.

_____. Faust (Fausto). Primeira parte vol. XII; segunda parte vol. XII.

GOLDSCHMIDT, L. (org.). Der babylonische Talmud (O Talmude babilônico). 12 vols. Berlim, 1929 a 1936.

GOURMONT, R. de. Le Latin mystique. Les poètes de l'antiphonaire et la symbolique au moyen âge. 2. ed. Paris, 1922.

GRENFELL, B.P. & HUNT, A. (org.). New Sayings of Jesus and Fragment of a Lost Gospel. Nova York, Londres, Toronto, Melbourne e Bombay, 1904.

GUILLAUME DE DIGULLEVILLE, Cf. DELACOTTE.

HAENDLER, O. Die Predigt. Tiefenpsychologische Grundlagen und Grundfragen (O Sermão. Fundamentos e questões básicas da psicologia profunda). 2. ed. Berlim: Alfred Töpelmann, 1949.

HALL, M.P. Codex Rosae Crucis. Los Angeles, 1938.

HAMBRUCH, P. Cf. Südseemärchen.

HAMMER, J. de: Mémoire sur deux coffrets gnostiques du moyen âge. Paris, 1832.

HARNACK, A. von: Lehrbuch der Dogmengeschichte (Compêndio da história dos dogmas). 3 vols. 5. ed. Tübingen, 1931.

HASTINGS, J. Cf. Encyclopaedia of Religion and Ethics.

HAUCK, A. Cf. Realencyclopädie für protestantische Theologie etc.

HEGEMONIUS. Acta Archelai. Org. por Charles Henry Beeson (Die grie-chischen christlichen Schriftsteller der ersten drei Jahrhunderte) (Os escrito-res cristãos gregos dos três primeiros séculos). Leipzig, 1906.

HENNING, W. Ein manichäisches Henochbuch (Um Livro de Enoque ma-niqueísta). In: *Sitzungsberichte der preussischen Akademie der Wissenschaf-ten, philosophisch-historischie Klasse* (Atas das sessões da Academia Prussia-na de Ciências, Classe filosófico-histórica) (Berlim, 1934), p. 27-35.

Henoch (Enoque). Cf. Apokryphen, Die.

_____. Cf. HENNING.

HERMES TRISMEGISTUS. And die menschliche Seele (A alma humana). Cf. FLEISCHER.

_____. Tractatus vere aureus, de lapidis philosophici secreto... cum scholiis Dominici Gnosii [*Tractatus aureus*], 1610.

Hermetica. 4 vols. Oxford, 1924-1936 [Org. por Walter Scott].

HERÓDOTO. Historiarum libri IX. 2 vols. Leipzig. 1899/1901. [Org. por H.R. Dietsch e H. Kallenberg].

HERRMANN, P. Nordische Mythologie in gemeinverständlicher Dars-tellung (Mitologia nórdica exposta de maneira acessível a todos). 2. ed. Leipzig, 1903.

HESÍODO. Théogonie (Teogonia). In: Werke, verdeutscht im Versmass der Urschrift (Obras traduzidas para o alemão no metro do original) por Eduard Eyth. 4. ed. Berlim/Stuttgart: Langenscheidt, 1855-1911.

HIPÓLITO. Elenchos [= Refutatio omnium haeresium]. (Die griechischen Schriftsteller der ersten drei Jahrhunderte) (Os escritores gregos dos três pri-meiros séculos). Leipzig, 1916 [Org. por Paul Wendland].

HOLMYARD, E.J. Cf. ABUTL-QASIM.

HOLTZMANN, A. Cf. Indische Sagen.

HOMERO. Werke (Obras). 2 vols. Stuttgart/Tübingen, 1842 [Traduzido por Johann Heinrich Voss].

HONORIUS (de Autun). Speculum de mysteriis ecclesiae. Migne, P.L. CLXXII, col. 807-1.108.

HORTULANUS, Cf. (A) ALCHEMIA, DE, III.

_____. Cf. RUSKA, J. Tabula Smaragdina [p. 180s.].

IAMBUCHUS. De mysteriis Aegyptiorum, Chaldaeorum, Assyriorum. Venezia, 1491.

INÁCIO DE LOYOLA. Geistliche Übungen (Exerdcios espirituais). Freiburg i.Br., 1939 [Traduzido por Alfred Feder, org. por Emmerich Raítz von Frentz].

_____. Indische Sagen (Lendas indianas). Jena, 1921 [Traduzido por Adolf Holtzmann, org. por M. Wintemitz.

IRINEU (Bispo de Lião). Contra omnes haereses libri quinque. Londres, 1702 [Org. por J. E. Grabe].

ISIDORO (de Sevilha). Liber etymologiarum. Basel, 1489.

Isis. International Review devoted to the History of Science and Civilisation XVIII (Bruges 1932) [Wei Po-Yang p. 210-289].

JOSEPH BIN GORION. Cf. Sagen, Die, der Juden.

JOSEPHUS FLAVIUS. Des Fürtrefflichen Jüdischen Geschicht-Schreibers F'J' Sämtliche Wercke, als zwanzig Bücher von den alten jüdischen Geschichten (As obras completas do admirável historiador judaico F'J', como vinte livros das velhas histórias judaicas). [Antiquitates Judaicae]. Tübingen, 1735.

JUBINAL, A. Cf. a Légende, La, latine.

JUNG, C.G.* Die transzendente Funktion (A função transcendente). Geschrieben, 1916, erstmals veröffentlicht in: Geist und Werk (Escrito em 1916, publicado pela primeira vez em: Espírito e obra). Zurique: Rhein Verlag, 1958 [OC, 8 (1967)].

_____. Psychologische Typen (Tipos psicológicos). Zurique: Rascher, 1921. Novas edições 1925, 1930, 1937, 1940, 1942, 1947 e 1950 [OC, 6 (1960 e 1967)].

_____. Die Beziehungen zwischen dem Ich und dem Unbewussten (As relações entre o Eu e o inconsciente). Darmstadt: Reichl, 1928. Novas edições Rascher, Zürich 1933, 1935,1939, 1945,1950, 1960 e 1966 (brochura). [OC, 7 (1964)] (Em port. Ed. Vozes: O eu e o inconsciente).

---

* Obras citadas neste volume, em ordem cronológica.

_____. Das Grundproblem der gegenwärtigen Psychologie (O problema fundamental da psicologia da atualidade). In: *Wirklichkeit der Seele*. (Psychologische Abhandlungen IV) [Realidade da alma. (Dissertações psicológicas IV)] Rascher, Zürich, 1934. Novas edições 1939, 1947 e 1969 (brochura). [Este ensaio em: OC, 8 (1967).]

_____. Über die Archetypen des kollektiven Unbewussten (Sobre os arquétipos do inconsciente coletivo). In: *Eranos-Jahrbuchl II* (1934). Rhein Verlag, Zürich, 1935. Nova edição em: Von den Wurzeln des Bewusstseins. (Psychologische Abhandlungen IX [Das raízes do consciente. (Dissertações psicológicas IX)]. Rascher, Zürich: 1954 [Este ensaio em OC, 9/1.]

_____. Einige Bemerkungen zu den Visionen des Zosimos. (Algumas observações sobre as visões de Zózimo). In: *Eranos-Jahrbuch V* (1937). Rhein Verlag, Zürich, 1938. Nova edição ampliada em: Von den Wurzeln des Bewusstseins (Psychologische Abhandlungen IX) [Das raízes do consciente (Dissertações psicológicas IX)]. Rascher, Zürich, 1954 [Este ensaio em OC, 13.]

_____. Die verschiedenen Aspekte der Wiedergeburt (Os diversos aspectos do renascimento). In: *Eranos-Jahrbuch VII* (1939). Rhein Verlag, Zürich, 1940. Nova edição ampliada "Ueber Wiedergeburt" ("Sobre renascimento") em Gestaltungen des Unbewussten (Psychologische Abhandlungen VII) [As formas do inconsciente (Dissertações psicológicas VII)]. Rascher, Zürich, 1950 [Este ensaio em OC, 9/1.]

_____. Psychologie und Religion. Die Terry Lectures 1937, gehalten an der Yale University (Psicologia e religião. Conferências Terry 1937, pronunciadas na Universidade de Yale). Rascher, Zürich, 1940. Novas edições 1942, 1947, 1961 e 1962 (brochura). [OC, 11 (1963)] (Em port., Ed. Vozes: Psicologia da religião ocidental e oriental).

_____. Das Wandlungssymbol in der Messe (Símbolo de transformação na Missa). In: *Eranos-Jahrbüch VIII* (1940/1941). Rhein Verlag, Zürich, 1942. Nova edição ampliada em: Von den Wurzeln des Bewusstseins (Psychologische Abhandlungen IX [Das raízes do consciente (Dissertações psicológicas IX)], Rascher, Zürich, 1954. [OC, 11 (1963)] (Em port., Ed. Vozes: Símbolo da transformação na missa).

_____. Paracelsica. Zwei Vorlesungen über den Arzt und Philosophen Theophrastus (Paracelsica. Duas conferências sobre o médico e filósofo Teofrasto). Rascher, Zürich, 1942 [Paracelsus als geistige Erscheinung" (O aspecto espiritual de Paracelso) em: OC, 13; "Paracelsus als Arzt" (Paracelso, o médico) em: OC, 15 (1971)] (Em port., Ed. Vozes: Estudos alquímicos).

_____. Der Geist Mercurius (O Espírito Mercurius). In: Eranos-Jahrbuch IX (1942). Rhein Verlag, Zürich, 1943. Nova edição ampliada em: Symbolik des Geistes (Psychologische Abhandlungen VI) [Os símbolos do espírito. (Dissertações psicológicas VI)] Rascher, Zürich 1948 e 1953 [OC, 13].

_____. Die Psychologie der Übertragung (A psicologia da transferência). Erläutert an Hand einer alchemistischen Bildserie, für Ärzte und praktische Psychologen (Explicada através de uma série de ilustrações alquímicas, para médicos e psicólogos praticantes). Rascher, Zürich, 1946 [OC, 16 (1858)].

_____. Über Mandalasymbolik (Sobre a simbologia da mandala). In: Gestaltungen des Unbewussten (Psychologische Abhandlungen VII) [As formas do inconsciente (Dissertações psicológicas VII)]. Rascher, Zürich, 1950 [OC, 9/1].

_____. Das göttliche Kind. Cf. JUNG, C.G. & KERÉNYI, K.

_____. Symbole der Wandlung. Analyse des Vorspiels zu einer Schizophrenie. (Símbolos da transformação. Análise do prelúdio de uma esquizofrenia). 4. ed. refundida de "Wandlungen und Symbole der Libido" ("Transformações e símbolos da libido") (1912). Rascher, Zürich, 1952 [OC, 12] (Em port., Ed. Vozes: Símbolos da transformação).

_____. Mysterium Coniunctionis. Untersuchungen über die Trennung und Zusammensetzung der seelischen Gegensätze in der Alchemie. Com a colaboração de Marie-Louise von Franz (Cf. Franz) 2(3) vols. Rascher, Zürich, 1955. Vols. 1 e 2 como OC, 14/1 e 14/2 (1968).] (Em port., Ed. Vozes: Mysterium Coniunctionis. Pesquisas sobre a separação e a composição dos opostos psíquicos na Alquimia).

JUNG, C.G. & KERÉNYI, K. Einführung in das Wesen der Mythologie. Das göttliche Kind/Das göttliche Mädchen (Introdução à natureza da Mitologia. A criança divina/A menina divina). Rhein Verlag, Zürich, 1951 [A colaboração de Jung em OC, 9/1.]

_____. Cf, WILHELM. Das Geheimnis der Goldenen Blüte (O segredo da flor de ouro, Petrópolis: Vozes).

KAUTZSCH, E. Cf. Apokryphen, Die, und Pseudoepigraphen.

KERÉNYI, K. [Karl]. Die griechisch-orientalische Romanliteratur in religionsgeschichtlicher Beleuchtung (A literatura de ficção greco-oriental sob o prisma da história das religiões). Tübingen, 1927.

_____. Cf. JUNG.

KHUNRATH, H. Amphitheatrum sapientiae aetemae solius verae etc. Hanau, 1609.

_____. Von hylealischen, das ist, pri-materialischen catholischen oder algemeinem natürlichen Chaos (Do caos hilético, ou seja, católico pri-material, ou geral e natural). Magdeburg, 1597.

KNORR VON ROSENROTH, Christian (org.). Kabbala denudata seu Doctrina Hebraeorum. 2 vols. Sulzbach/Frankfurt, 1677/1684.

KNUCHEL, E.F. Die Umwandlung in Kult, Magie und Rechtsbrauch (A transformação no culto, magia e jurisprudência (Schriften der Schweiz. Gesellschaft für Vokskunde XV) (Trabalhos da Sociedade Suíça de Etnologia XV). Basel, 1919.

KOPP, H. Die Alchemic in älterer und neuerer Zeit (A Alquimia em tempos antigos e novos). 2 vols. Heidelberg, 1886.

KORAN, Der (O Alcorão). Bielefeld, 1857. [Traduzido fielmente do árabe e provido de observações elucidativas por L. Ullmann, 4. ed.].

KRAMP, J. Die Opferanschauungen der römischen Messliturgie (As interpretações do sacrifício na liturgia romana da missa). Regensburg, 1924.

KTESIAS. Cf. CTESIAS.

LACTANTIUS FIRMIANUS. Opera omnia (Corpus scriptorum ecclesiasticorum Latinorum) 3 vols. Wien, 1890-1897 [Org. por Samuel Brandt e Georg Laubmann].

LANG, J.B. Hat ein Gott die Welt erschaffen? (O mundo foi criado por um Deus?). Francke, Bern, 1942.

Légende, La, latine de S. Brandaines avec une traduction inédite en prose et en poésie romanes, publiée par Achille Jubinal, d'après les manuscrits de la bibliothèque du Roi, remontant aux XIe, XIIe et XIIIe siècles. Paris, 1836.

LEISEGANG, H. Die Gnosis (A Gnose). Leipzig, 1924.

_____. Der heilige Geist. Das Wesen und Werden der mystisch-intuitiven Erkenntnis in der Philosophie und Religion der Griechen (O Espírito Santo. A natureza e evolução do conhecimento místico-intuitivo na filosofia e religião dos gregos). Leipzig, 1919.

Lexikon, Ausführliches, der griechischen und römischen Mythologie (Dicionário completo da mitologia grega e romana). Leipzig, 1884-1890. [Org. por W.H. Roscher e outros, 11 vols.].

LIBAVIUS, A. Alchymia... recognita, emendata, et aucta. Frankfurt am Main, 1606.

LIPPMANN, E.O. von. Entstehung und Ausbreitung der Alchemie (Origem e propagação da Alquimia). 3 vols. Berlim, 1919-1954.

Liturgisches Handlexikon (Dicionário-manual de liturgia). Regensburg, 1924.

LU-CH'IANG-WU. Cf. *Isis*.

LÜDERS, H. Die Sage von Rsyasrnga. (A lenda de R.). In: *Nachrichten von der Königlichen Gesellschaft der Wissenschatften zu Göttingen, philosophisch-historische Klasse, aus dem Jahre 1897/1* (Notícias da Sociedade Real de Ciências de Göttingen, Classe filosófico-histórica, do ano de 1897/1). Göttingen, 1897, p. 87-135.

LYDUS, I. De mensibus. Leipzig, 1898. [Org. por Richard Wünsch].

McCRINDLE, J.W. (org.). The Christian Topography of Cosmas, an Egyptian Monk. Londres, 1897.

MAIER, M. De circulo physico, quadrato, hoc est auro etc. Oppenheim, 1616.

_____. Secretioris naturae secretorum scrutinium chymicum *[Scrutinium chymicum]*. Frankfürt a.M., 1687.

_____. Symbola aureae mensae duodecim nationum. Frankfurt a.M., 1617.

_____. Viatorium, hoc est. De montibus planetarum Septem seu metallorum. Rouen, 1651.

MAIURI, A. La Villa dei misteri. 2 vols. Roma, 1931.

MANGET(US) Jo. Jacobus. Cf. (A) BIBLIOTHECA CHEMICA CURIOSA.

MASPERO, G.C.C. Etudes de mythologie et d'archéologie égyptiennes. 7 vols. Paris, 1893-1913.

MELITÃO DE SARDES: Veja CUMONT.

MEYRINK, G. Der Golem. Roman (O Golem. Romance). Leipzig, 1915.

MEYRINK, G. (org.). Thomas Aquinas; Abhandlung über den Stein der Weisen (Tomás de Aquino: Dissertação sobre a pedra filosofal). München, 1925.

Midrasch Tehillim. Cf. BUBER.

MIGNE, J.P. Dictionnaire des sciences occultes. 2 vols. Paris, 1846/1848.

MIGNE, J.P. (org.). Patrologjae cursus completus: Patrologia Latina [P.L.]. 221 vols. Paris, 1844-1864. Patrologia Graeca [P.G.]. 166 vols. Paris, 1857-1866.

MYLIUS, J.D. Philosophia reformata continens libros binos. Frankfurt, 1622.

Mystiker, Deutsche, des 14. Jahrhunderts. 2 vols. Leipzig 1845/1857 (Místicos alemães do século XIV) [Org. por Franz Pfeiffer].

Mythology of all Races [Org. por John Amott McCulloch]. Vol. 8 FERGUSON, J. & ANESAKI, M. Chinese and Japanese Mythology. Londres/ Boston 1928.

NAZARI, G.B. Della Tramutazione metallica sogni tre. Brescia, 1599.

NIERENSTEIN, M. & CHAPMAN, P.F. Enquiry into the Authorship of the *Ordinal of Alchemy*. In: *Isis* XVIII/3 (Bruges, outubro 1932), p. 290-321.

NIETZSCHE, F. Also sprach Zarathustra. Ein Buch für Alle und Keinen (Assim falou Zaratustra. Um livro para todos e ninguém). Obras, vol. 6. Leipzig, 1901.

Nilus (Sanctus). Anonymi vita S. Nili. Migne P.G. CXX, col. 9-166.

NORTON, T. The Ordinall of Alchemy. A facsimile reproduction of the Theatrum chemicum Britannicum with annotations by Elias Ashmole. Londres, 1928 [Org. por Eric John Holmyard].

OPPENHEIM, G. Fabula Josephi et Asenathae apokrypha etc. Berlim, 1886.

ORÍGENES. Homiliae in Ieremiam. Migne P.G. XIII, col. 255-544.

Pahlavi Texts. Cf. WEST.

Pandora, das ist die edlest Gab Gottes etc. (Pandora, ou seja, o mais nobre dom de Deus etc.) Basel [1588] [Org. por H. Reusner].

Papyri Graecae magicae. Die griechischen Zauberpapyri (Os papiros mágicos gregos). 2 vols. Berlim, 1928/1931 [Organizado e traduzido por Karl Preisendanz e outros].

PARACELSUS (Theophrastus Bombastus von Hohenheim). Bücher und Schrifften (livros e escritos). 2 vols. Basel, 1589/1591. [Org. por lohannes Huser].

_____. Sämtliche Werke (Obras completas). 15 vols. München/Berlim, 1922-1935. [Org. por Karl Sudhoff & Wilhelm Matthiessen].

_____. Das Buch Azoth (O livro Azoth) seu De ligne vitae. Huser vol. 2 e Sudhoff vol. 14, p. 547s.

_____. De vita longa. Sudhoff vol. 3, p. 247s.

_____. Ein ander Erklärung der gantzen Astronomie (Uma outra explicação de toda a astronomia). Huser vol. 2 e Sudhoff vol. 12, p. 447s.

_____. Philosophia ad Athenienses. Sudhoff vol. 13, p. 387s.

_____. Theoretica schemata seu Typi. Huser vol. 1, p. 670-682.

PATRITIUS (Patrizi Francesco). Nova de universis philosophia. Venezia, 1593.

[PETRONIUS (TITUS ARBITER)]. P'ii satyrae et liber Priapeorum. Berlim, 1882 [Org. por F. Buecheler].

PFEIFFER. Cf. Mystiker, Deutsche.

PHILALETHES, E. Erklärung der Hermetisch poetischen Werke Herrn Georgi Riplaei (Explicação das obras poéticas herméticas do Senhor Georgius Riplaeus). Hamburgo, 1741 [Tradução].

PHILO IUDAEUS (Alexandrinus). Opera quae supersunt. 7 vols. Berlim, 1896-1926 [Org. por Leop. Cohn & Paul Wendland].

PHILOSTRATUS. In Honour of Apollonius of Tyana. 2 vols. Oxford, 1912 [Tradução].

PHOTIUS. Bibliotheca. 2 vols. 1824/1825 [Org. por J. Bekker].

Physiologus. Cf. SBORDONE.

PICINELLUS (Picinello), Philippus. Mundus symbolicus. Köln, 1681.

Pirkê de Rabbi Eliezer. Cf. EUEZER BEN HYRCANUS.

Pistis Sophia. Leipzig, 1925 [Edição alemã por Carl Schmidt].

PITRA, G.B. (org.). Analecta sacra spicilegio Solesmensi praeparata. 8 vols. Paris, 1876-1891.

PLATÃO. Sämmdiche Werke (Obras completas). Traduzido por Hieronymus Müller, acompanhado de introdução por Karl Steinhart. 8 vols (vol. 7/1, 2). Leipzig, 1850-1866 ["Phaedros"e "Philebos" vol. 4, "Timaeos" vol. 6].

PLATO (Pseud.). Cf. (A) THEATRUM CHEMICUM (V/XXVII).

PLINIUS, S.C. Naturalis historiae libri XXXVII. Rec. Car. Mayhoff. 6 vols. Leipzig, 1878-1906. Em alemão: Die Naturgeschichte des P'S'C. (A história natural de P'S'C). Leipzig, 1881/1882 [Org. por G.C. Wittstein. 6 vols.].

PLOTINO. Opera. [Org. por Paul Henry e Hans Rudolf Schwyzer]. 2 vols. Paris, 1951 [Vol. 1: Porphyrii Vita Plotini].

PORFÍRIO. Cf. PLOTINO.

PREISENDANZ, K. (org). Papyri Graecae magicae. Die griechischen Zauber-papyri. 2 vol. Leipzig, 1928/1931.

PREUSCHEN, E. (org). Antilegomena. Die Reste der ausserkanonischen und urchristlichen Überlieferungen (Antilegomena. Os restos das tradições cristãs primitivas e não canônicas). Giessen, 1901.

PRISCILLIANUS. Opera Priscilliani quae supersunt. (Corpus scriptorum ecclesiasliconim Latinorum XVIII). Wien 1889 [Org. por Georg Schepss].

PRZYWARA, E. Deus sempre maior. Theologie der Exerzitien (Teologia dos exercícios espirituais). 3 vols. Freiburg i.Br., 1938-1940.

PUECH, H.-C. Der Begriff der Erlösung im Manichäismus. (O conceito da salvação no maniqueísmo). In: *Eranos-Jahrbuch* 1936. Zürich, 1937.

RABANUS MAURUS. Allegoriae in Sacram Scripturam. Migne P.L. XCII, col. 849-1.088.

Realencyklopädie für protestantische Theologie und Kirche (Enciclopédia real para a teologia e a Igreja protestantes). Leipzig, 1896-1913 [Org. por Albert Hauck, 3. ed. 24 vols.].

REITZENSTEIN, R. Alchemistische Lehrschriften und Märchen bei den Arabern. (Estudos e fábulas alquímicas entre os árabes). (Religionsgeschichtliche Versuche und Vorarbeiten XIX/2) (Experimentos e trabalhos preparatórios para a História das Religiões XIX/2). Giessen, 1923.

_____. Die hellenistischen Mysterienreligionen. Ihre Grundgedanken und Wirkungen (As religiões de mistérios helenísticas. Seu pensamento básico e seus efeitos). Leipzig/Berlim, 1910.

_____. Poimandres. Studien zur griechisch-ägyptischen und frühchristlichen Literatur (Estudos sobre a literatura greco-egípcia e cristã primitiva). Leipzig, 1904.

REUSNER, H. Cf. Pandora.

RHENANUS, J. Solis e puteo emergentis sive dissertationis chymotechnicae libri três. Frankfurt a.M., 1613.

RHENANUS, J. (org.). Harmoniae imperscrutabilis chymico-philosophicae decades duae. Frankfurt a.M. [Contém um texto da *Aurora Consurgens* em Decas II, p. 175s.].

RIPLAEUS, G. (Sir George Ripley), Chymische Schriften (Escritos químicos). Erfurt, 1624.

_____. Opera omnia chemica quotquot hactenus visa sunt. Kassel, 1649.

_____. Cf. *(A)* BIBLIOTHECA CHEMICA CURIOSA.

_____. Cf. *(A)* THEATRUM CHEMICUM BRITANNICUM.

ROSCHER, Wilhehn Heinrich. Cf. Lexikon, Ausführliches.

_____. Hermes der Windgott (Hermes, o deus do vento). Leipzig, 1878.

ROSENCREUTZ, C. Chymische Hochzeit (Bodas químicas). Estrasburgo, 1616.

RULAND(US), M. Lexicon alchemiae sive dictionarium alchemisticum. Frankfurt, 1612.

RUPERTUS (Sanctus). De trinitate et operibus eius. Migne P.L. CLXVII, col. 199-1.828.

RUPESCISSA, J. de. La Vertu et la propriété de la quintessence. Lyon, 1581.

RUSKA, J. Die siebzig Bücher des Gabir ibn Hajjan (Os setenta livros do Gabir Ibn Hajüan). In: *Studien zur Geschichte der Chemie* (Estudos sobre a história da química). Edição comemorativa do 70° aniversário de Edmund O. von Lippmann. Berlim, 1927 [Org. por Julius Ruska].

_____. Tabula Smaragdina. Ein Beitrag zur Geschichte der hermetischen literatur (Tabula Smaragdina. Uma contribuição à história da literatura hermética). Heidelberg, 1926.

_____. Turba Philosophorum. Ein Beitrag zur Geschichte der Alchemie (Turba Philosophorum. Uma contribuição à história da alquimia). Berlim, 1931.

_____. Die Vision des Arisleus (A visão de Arisleu). In: *Historische Studien und Skizzen zu Natur- und Heilwissenschaft* (Estudos e bosquejos históricos sobre as ciências da natureza e da saúde). Edição comemorativa do 70° aniversário de Georg Sticker [Org. por Kari Sudhoff].

Sagen, Die, der Juden (As lendas dos judeus). Reunidas e revisadas por M.J. bin Gorion. Traduzido por R. Ramberg-Berdyczewski. Organizado por Rahel e Emanuel bin Gorion [R. e E. Berdyczewski]. 5 vols. Frankfiirt a.M. 1913-1927.

SALZER, A. Die Sinnbilder und Beiworte Mariens in der deutschen Literatur und lateinischen Hymnen-Poesie des Mittelalters (Os símbolos e adjetivos de Maria na literatura alemã e na poesia hinológica latina da Idade Média). Linz, 1893.

SBORDONE, F. (org.). Physiologus. Milão, Gênova, Roma, Napoli, 1936.

SCHEFTELOWITZ, I. Das Hörnermotiv in den Religionen (O chifre como símbolo nas religiões). In: *Archiv für Religionswisenschaft* XV (Arquivos de Ciências Religiosas XV) (Leipzig, 1892), p. 451-487.

SCHMIDT, C. (org.). Gnostische Schriften in koptischer Sprache aus dem Codex Brucianus herausgegeben (Escritos gnósticos em língua copta, editados a partir do Codex Brucianus). (Texte und Untersuchungen der altchristlichen Literatur VIII) (Textos e pesquisas sobre a literatura cristã primitiva VIII). Leipzig, 1892.

SCHMIEDER, K.C. Geschichte der Alchemie (História da alquimia). Halle, 1832.

SCHRADER, E. Die Vorstellung vom μονόκερῶς und ihr Ursprung (A ideia do monoceros e sua origem). In: *Sitzungsberichte der königlichen preusstschen Akademie der Wissenschaften* (Atas das sessões da real Academia Prussiana de Ciências) (Berlim, 1892), p. 573-581.

SCHULTZ, W. Dokumente der Gnosis (Documentos da Gnose). Jena, 1910.

SCOTT, W. (org.). Cf. Hermetica.

[SENIOR (Zadith filius Hamuel)]: De chemia Senioris antiquissimi philosophi libellus. Impressão não datada [Frankfürt a.M., 1566?]. Cf. tb. *(A)* BIBLIOTHECA CHEMICA CURIOSA, XI.

_____. Tabula chymica. In: Philosophiae chymicae IV vetustissima scripta. Frankfurt a.M., 1605.

SENIOR ADOLPHUS. Azoth, sive Aureliae occultae philosophorum etc. Frankfurt a.M., 1613.

Shatapatha-Brahmana. Pan I, Books I and H. Edited and translated by Julius Eggeling (Sacred Books of the East XII). Oxford, 1882.

SILBERER, H. Probleme der Mystik und ihrer Symbolik (Problemas da mística e de seu simbolismo). Wien/Leipzig, 1914.

SPITTELER, C. Prometheus und Epimetheus. Ein Gleichnis (Prometeu e Epimeteu. Uma parábola). Jena, 1923.

Splendor Solis. Cf. *(A)* AUREUM VELLUSI (Trismosin).

STAPLETON, H.E. & HUSAINM, H. Muhammad bin Umail: His Date, Writings and Place in Alchemical History. In: *Memoirs of the Asiatic Society of Bengal* XII (Calcutta, 1933).

STEEB(US), J.C. Coelum Sephiroticum Hebraeorum. Mainz, 1679.

STEINSCHNEIDER, M. Die europäischen Übersetzungen aus dem Arabischen bis Mitte des 17. Jahrhunderts (As traduções europeias do árabe até meados do século XVII). In: *Sitzungsberichte der kaiserlichen Akademie der Wissenschaften in Wien, philosophisch-historische Klasse,* 149 und 151. (Atas das sessões da Academia imperial de ciências de Viena, classe filosófi-co-histórica, 149 e 151). 2 Partes. Wien, 1904/1905.

STICKER, G. Cf. RUSKA.

Südseemärchen (Contos dos mares do sul). (Märchen der Weltliteratur) (Contos da literatura universal). Jena, 1916 [Org. por Paul Hambruch].

Tabula Smaragdina. Cf. RUSKA.

Talmud, Der babylonische. Hebraico e alemão. Editado, com inclusão da Misnah completa, por Lazarus Goldschmidt. 9 vols. Leipzig e Den Haag, 1899-1935 (O Talmude babilônico).

TAYLOR, F.S. A Survey of Greek Alchemy. In: *Journal of Hellenic Studies* L (Londres, 1930), p. 109-139.

TERTULIANUS Quintus Septimius Clemens. Apologeticus adversus Gentes pro Christianis. Migne P.L. I, col. 257-536.

_____. De carne Christi. Migne P.L. II, col. 151-792.

_____. Liber adversus Iudaeos. Migne P.L. II, col. 595-642.

TOMÁS DE AQUINO. Cf. Aurora consurgens.

_____. Cf. MEYRINK.

Tractatus aureus. Cf. HERMES TRISMEGISTUS.

TRISMOSIN, S. Cf. (A) AUREUM VELLUS.

Ts'i-yüan. (Dicionário chinês). 26. ed. Shanghai, 1930.

Turba philosophorum. Cf. (A) THEATRUM HEMICUM XXIV, e ARTIS AURIFERAE, I, e ainda BIBLIOTHECA CHEMICA CURIOSA, III.

_____. Cf. RUSKA.

Upanishads, The. Parts I, n. [Org. por Max Müller] (Sacred Books of the East I, XV), Oxford, 1879, 1884. [Contém Brihadaranyaka e Chandogya Upanishads.]

VALENTINUS, B. Chymische Schriften all etc. (Todos os escritos químicos etc.). Hamburgo, 1700.

VALLI, L. Die Geheimsprache Dantes und der Fedeli d'Amore (A linguagem secreta de Dante e dos Fedeli d'Amore). In: *Europäische Revue* VI/1 (Revista Europeia VI/1) (Berlim, janeiro-junho 1930), p. 92-112.

Vedic Hymns. Part I: Hymns to Maruts. Part II: Hymns to Agni. Translated by F. Max Müller and Hermann Oldenberg (Sacred Books of the East XXXII, XLVI). Oxford, 1891, 1897.

VENTURA, L. De ratione conficiendi lapidis philosophici. Basel, 1571.

VIRGÍLIO (Publius Vergilius Maro). Aeneis Buch VI (Eneida Livro VI). Elucidado por Eduard Norden. 2. ed. (Sammlung wissenschaftlicher Kommentare zu griechischen und römischen Schriftstellern) (Coleção de comentários científicos sobre escritores gregos e romanos). Leipzig/Berlim, 1916.

VOLLERS, K. Chidher. In: *Archiv für Religionswissenschaft* XII (Arquivos de Ciência Religiosa XII) (Leipzig, 1909), p. 234-284.

WAITE, A.E. The Secret Tradition in Alchemy. Its development and Records. Londres, 1926.

Wasserstein der Weysen, das ist. Ein chymisch Tractätlein (A Pedra d'água filosofal, ou seja, Um tratadozinho químico). Frankfurt a.M., 1619.

WEI PO-YANG. Cf. *Isis.*

WESSELY, C. Griechische Zauberpapyrus von Paris und London (Papiros mágicos gregos de Paris e Londres). In: *Denkschriften der kaiserlichen Akademie der Wissenschaften, philosophisch-historische Classe* XXXVI (Memórias da Academia imperial de Ciências, Classe filosófico-histórica XXXVI). (Wien, 1888) 2, p. 27-208.

WEST, E.W. (org.). Pahlavi Texts (Sacred Books of the East V). Oxford, 1880 [Contém Bundahis.]

WILHELM, R. Das Geheimnis der Goldenen Blüte. Ein chinesisches Lebensbuch. (O segredo da flor de ouro. Um livro de vida chinês). Com um comentário europeu de C.G. Jung. Dom Verlag, München. Nova versão Rascher, Zürich 1938. Novas edições 1939, 1944, 1948 e 1957. [A contribuição de Jung em OC, 13 (1963)] (Em port., Ed. Vozes: JUNG, C.G. & WILHELM, R. O segredo da flor de ouro — Um livro de vida chinês).

_____. Kung-Tse, Leben und Werk (Kung-Tse, vida e obra). (Frommanns Klassiker der Philosophie XXV) (Os clássicos da filosofia de Frommann). Stuttgart, 1925.

WILKEN, U. Urkunden der Ptolemäerzeit (Documentos da época dos Ptolomeus). Berlim, 1927.

WIRTH, A. Aus orientalischen Chroniken (De crônicas orientais). Frankfurt a.M., 1894.

WOLFF, T. Einfuhrung in die Grundlagen der komplexen Psychologie. (Introdução aos fundamentos da psicologia complexa). In: Die kulturelle Bedeutung der komplexen Psychologie (O significado cultural da psicologia complexa). Edição comemorativa do 60° aniversário de CG. Jung. Berlim, 1935.

WOLFRAM VON ESCHENBAGH. Parsifal und Titurel (Parsifal e Titurel). [Org. por Karl Bartsch]. (Deutsche Classiker des Mittelalters IX-XI) (Clássicos alemães da Idade Média IX-XI). 3 vols. Leipzig, 1875-1877.

WOODROFFE, Sir J.G. Shakti and Shakta. Madras, 1920.

ZADITH SENIOR. Cf. [SENIOR].

ZELLER, E. Die Philosophie der Griechen in ihrer geschichtlichen Entwicklung dargestellt (A filosofia dos gregos exposta em seu desenvolvimento histórico). 3 vols. Tübingen, 1856.

ZIMMER, H. Kunstform und Yoga im indischen Kultbild (Forma artística e ioga no quadro cultual indiano). Berlim, 1926.

ZÖCKLER, O. Probabilismus (Probabilismo). Cf. Realencyklopädie [vol. 16, p. 66s.].

ZUNZ, L. Die gottesdienstlichen Vorträge der Juden, historisch entwickelt (As alocuções de culto religioso dos judeus em seu desenvolvimento histórico). Berlim, 1932. [Publicado pela primeira vez em 1832.]

Índice onomástico[*]

Índice de textos [*]

---

[*] Os números a) em redondo referem-se aos parágrafos; b) em expoente, às notas de rodapé; c) precedidos de "F", às figuras.

Índice analítico*

---

* Os números com asterisco referem-se às figuras.

590

Obra Completa — Vol. 12

Quintessência 165, 310, 371, 394, 442

Rainha de Sabá 443, 518[6]
Raposa (v. animais)
Rasis (Rhasis) 423[58]
Ratio, razão 356[23], 366s.
Realização (v. realidade)
Realidade 148, 283s., 308, 321, 396, 399
- como realização 239, 279, 291, 300, 308, 330, 400
Rebis 305, 343, 125*, 500, 517
Recipiente (cf. tb. vaso, Graal, Krater) 23*, 187, 338s.
- como aqua permanens 338
- ovo como 22*, 306, 338
- como fogo 338
- hermético 338s., 348, 350, 408s., 153*, 226*, 230*, 236*
- caverna como 258
- hortus como 338[19]
- cosmos como 338
- Maria como (v. Maria)
- occiput como 75*, 376[68], 516[5]
- forno como 338s.
- forma esférica, redonda do 116, 167s., 167[43], 338
- unum vas 243, 338, 404[12]
- uterus como 246s., 246[127]
- "vas bene clausum" 187s., 219s.
Redondo, tema do 53, 34*, 150, 166[41], 172, 220, 281, 164*, 165*, 166*, 209*
- vaso como (v. vaso)
- ouro como (v. ouro)
- produção do 116
- cabeça como 109[41]
- lapis como (v. lapis)
- alma como 109, 116
- como si-mesmo 150, 281
- como símbolo da totalidade 150, 242[120]

Reflexo, refletir 186, 223s., 249, 328, 411, 472
Reforma 9
Regressão 12, 79, 246
- à antiguidade 99, 112s. 178s.
- histórica 112s., 116
- à infância (v. infância)
Rei, soberano 141s., 154*, 155*, 166*, 168*, 441[55], 491s., 228*
- ressurreição do 9*
- como salvador (v. salvador)
- como filius philosophorum 155*
- como filho de Deus 497
- como hermafrodita 54*
- e rainha 334, 400, 193*
- e filho do rei 434s., 446
- doente, enfermo 149*, 491s., 496s., 498
- lapis como 141, 142
- rex marinus 132*, 166, 434s.
- como prima materia 149*, 168*
- rei-sol 79*, 210
- renascimento do 175*, 496
- aenigma regis 142, 54*
Rejeição, repúdio (tema da) 103, 111
Rejuvenescimento (v. renovação)
Religião 7s., 293s.
- paradoxalidade da 18s.
- projeção religiosa (v. projeção)
- história das religiões (v. história)
Relógio 130s., 146, 246
- do mundo 307s., 312, 323
Remédio (v. medicina)
Renascença 112
Renovação, regeneração, rejuvenescimento (cf. tb. transformação) 27*, 171, 184, 188, 152*, 454, 558
Renovação da vida 447s.
Repressão 74
ressurreição, resurrectio 441, 177*, 455, 462, 475, 270*

Conecte-se conosco:

 facebook.com/editoravozes

 @editoravozes

 @editora_vozes

 youtube.com/editoravozes

 +55 24 2233-9033

www.vozes.com.br

Conheça nossas lojas:

www.livrariavozes.com.br

Belo Horizonte – Brasília – Campinas – Cuiabá – Curitiba
Fortaleza – Juiz de Fora – Petrópolis – Recife – São Paulo

  Vozes de Bolso

EDITORA VOZES LTDA.
Rua Frei Luís, 100 – Centro – Cep 25689-900 – Petrópolis, RJ
Tel.: (24) 2233-9000 – E-mail: vendas@vozes.com.br